The 300 top Mountains of Japan.

日本三百名山
山あるきガイド

下

日本三百名山
山あるきガイド 下
Contents

赤岳（左）と阿弥陀岳

空木岳登山口のガクアジサイ

塩見岳

霧ヶ峰

仙丈ヶ岳

木曽駒ヶ岳前衛の宝剣岳

苗場山

入笠山のアサギマダラ

八ヶ岳（赤岳）

◎表紙写真
［上段：左上から時計回りに］大船山（九州）のキリシマツツジ・黒姫山（上信越・甲信）・仙丈ヶ岳（中央・南アルプスとその周辺）・人形山（東海・北陸）・鋸岳（中央・南アルプスとその周辺）・木曽駒ヶ岳千畳敷（中央・南アルプスとその周辺）
［下段：左上から時計回りに］平ヶ岳（上信越・甲信）・霧ヶ峰（上信越・甲信）・高千穂峰（九州）・赤石岳（中央・南アルプスとその周辺）・開聞岳（九州）・倶留尊山（関西）

大山

川上岳のサラサドウダン

蒜山

釈迦ヶ岳

三峰山

伊予富士

東赤石山のヒカゲツツジ

宮之浦岳登山口付近

開聞岳

コラム

本書の使い方

本書は、公益社団法人 日本山岳会が選定した「日本三百名山」に含まれるすべての山を上巻・下巻に分けて紹介したものです。個性あふれる山々が名を連ねるこれら三百名山には、初級レベルで無理なく登れるコースも多い反面、岩場や不明瞭な箇所のある難コースも数多く含まれています。上・中級コースはもちろんのこと、初級コースにも部分的に困難な箇所が含まれていることがありますので、登山レベルやコース概要、地図、そして地元自治体の情報などをしっかりとご確認いただき、無理のない計画でお出かけください。なお、本書では実際には301の山を掲載しています。これについてはP９の「日本三百名山とは」をご一読ください。

❶ 284

九州

豊後富士の名を持つ美しき双耳峰。その両峰の頂へ

❷ 由布岳 ❸
ゆふだけ

二百

標高**1583**m（西峰）

大分県

登山レベル:**中級**

技術度:★★★
体力度:★★

日 程:**日帰り**

総歩行時間:**4時間25分**

歩行距離:**7.1km**

累積標高差:登り**912m**
　　　　　下り**912m**

登山適期:**4月上旬～11月中旬**

地形図▶1:25000「別府西部」
三角点▶一等（西峰）

❹

南西側から眺めた朝の由布岳の西峰（左）と東峰。雲海の下は湯布院盆地で、由布岳の右には鶴見岳が見えている

上級
中級
初級

由布岳

🏔 山の魅力

阿蘇くじゅう国立公園内にあり、豊後富士ともよばれる九州でも人気の山。東峰、西峰の2つのピークがあり、特徴ある山容は深田久弥が日本百名山に入　❺　れなかったことを後悔したといわれるほどの美しい山だ。山頂からは大きな展望が広がり、5月下旬～6月上旬にかけてはミヤマキリシマが咲き乱れる。

⟫⟫⟫ DATA

公共交通機関【往復】JR日豊本線別府駅西口→亀の井バス別府湯布院線（約40分）→由布登山口バス停。または、JR九大本線由布院駅前バスセンター→亀の井バス別府湯布院線（約15分）→由布登山口バス停

マイカー 大分自動車道・湯布院ICから県道216・11号を経由して由布岳登山口の駐車場まで約10km。駐車場は無料と有料がある。

ヒント 由布登山口バス停を経由する便は比較的多い。タクシーを利用する場合は、別府駅より由布院駅を利用したほうが安く上がる。

問合せ先
由布市地域振興課　☎0977-84-3111
由布院温泉観光協会　☎0977-85-4464
由布・鶴見岳自然休養林保護管理協議会
（別府市農林水産課内）　☎0977-21-1133
亀の井バス　☎0977-23-0141
みなとタクシー（由布院駅）　☎0977-84-2141

❻

---

❶ 山のナンバーについて

山のナンバーに関して編集部では301山をエリアごとに分け、北海道から九州へと順にナンバリングしました。

❷ 山名について

広く使われている山名を記してありますが、たとえば東北地方の船形山のように、宮城県側では船形山、山形県側では御所山とよばれている場合などは、船形山（御所山）と括弧付きで表記しました。また、釈迦ヶ岳（高原山）、水晶岳（黒岳）のように広く知られる別名がある場合、さらには鳳凰三山のように山群名の知名度が高い場合も、観音岳（鳳凰三山）という形で山名を併記しました。

❸ 山名横の火山マークについて

気象庁によって活火山に指定されている111の火山のうち、日本三百名山に含まれる山については、山名の横に火山マークを付けました。なお、常時観測火山はP10をご参照ください。

❹ 登山データ

百 日本百名山、**二百** 日本二百名山、**三百** 日本三百名山を表します。※日本三百名山についてはP9下を参照。

標高 紹介する山の最高点標高値（三角点のある場所ではなく、その山の最も高い地点）を表記しました。コース上の最高地点ではない場合もあります。なお、最高点標高値は国土地理院「日本の主な山岳標高1003山」に準じています。

都道府県名 山頂のある都道府県名を表記しました。山頂が複数の都道府県にまたがる場合は、紹介したコースの登山口がある都道府県名を先に表記しました。

登山レベル
コースの難易度を総合的に示したものですが、あくまでも目安とお考えください。
【初級】危険箇所や迷いやすい箇所はほとんどないものの、一部に危険の少ない岩場やクサリ場、ロープ場、急な登り下りのあるコース。ある程度の登山経験が必要で、初心者の場合は経験者の同行が必要となります。技術度・体力度とも★～★★程度のレベル。
【中級】技術、体力とも初級より高いレベルを要求されるコース。歩行時間や標高差は初級と同等であっても、多くのピーク通過で体力の消耗が激しいコース、エスケープルートがなく天候急変時の対応が難しいコース、難しい岩場や岩稜のあるコース、迷いやすい箇所・分岐があるコースなども中級となります。初級者が歩く場合は、中級者以上の同行が必要です。技術度・体力度とも★★★～★★★★程度のレベル。
【上級】歩き通すのに相当な技術が必要なコース。強靭な体力、豊富な経験が要求されます。基本的に、技術度・体力度のどちらかに★★★★★のレベルがあれば上級としていますが、体力度が星5つでも技術度が低いコースは、中級とするケースもあります。逆に、技術度・体力度の星数が最高で4つの場合も、総合的に見て上級とする場合があります。

【技術度】
★………道標が完備され登山道の傾斜がゆるく、難所もない。
★★……整備された歩きやすい登山道で、危険箇所が少ない。小規模で傾斜のゆるい岩場やクサリ場、ガレ場などがある。
★★★……おおむね歩きやすいものの、通過に注意を要する岩場などがある。
★★★★……急傾斜の岩場や困難で長いクサリ場、道がわかりづらい箇所や分岐があり、難所を安全に通過する技術と経験が求められる。時に読図術も要求される。
★★★★★……滑落・転落の危険のあるヤセ尾根や浮き石の多い急峻な岩場、踏み跡の不明瞭な難所が連続する。トラブルの際の対応力も求められる。

【体力度】
★………1日の歩行時間が4時間未満で、累積標高差が500m未満。
★★……1日の歩行時間が6時間未満で、累積標高差が1000m未満。

★★★………1日の歩行時間が7時間未満で、累積標高差が1500m未満。
★★★★………1日の歩行時間が9時間未満で、累積標高差が2500m未満。
★★★★★………1日の歩行時間が9時間以上、もしくは累積標高差が2500m以上。

日程 日帰り、もしくは山麓または山小屋(避難小屋)泊の日程を表記しました。前夜泊日帰りの表記はコースが長いことを示していますので、前夜のうちに登山口に到着しているか、登山口周辺に宿泊することが望まれます。東北から日本アルプスにかけては首都圏発、関西以西は大阪発を基準としています。また、北海道、九州については最寄りの空港を起点としています。

総歩行時間 歩き始めから山頂を経て、バス停や駅、駐車場に下山するまでの歩行時間の合計で、地図内の赤いコース線上にあるポイント間の歩行タイムの合計を示しています。休憩時間は含まれていませんので、計画を立てる際は休憩時間のプラスアルファをご考慮ください。なお、歩行時間には個人差があり、ザックの重量、人数、天候などによっても異なってきますので、余裕あるスケジュールを組んでください。また、逆コースを歩く場合、歩行時間が大きく異なることがありますのでご注意ください。

総歩行距離 歩き始めから山頂を経て、バス停や駅、駐車場に下山するまでの歩行距離の合計です。地図をもとにコースの斜面に沿って算出してありますが、実際の歩行距離とは若干の差があります。

登山適期 紹介したコースを登るのに適した期間です。積雪がある山の場合は、残雪がほぼ消えて登山道が凍結する心配のなくなる時期から降雪があるまでの時期を目安としています。また、標高が低い山では6月下旬～9月上旬の暑い時期は適期からはずすこともあります。なお、残雪の量(その年の降雪量)や梅雨入り・梅雨明けの時期によって適期は前後しますので、山行計画を立てる際はその年の状況をしっかりとご確認ください。

地形図 紹介したコース全体が含まれる、国土地理院が発行する「1:25000地形図」の名称を記載しました。

三角点 紹介した山の山頂にある三角点等数を表記しました。山では一等から四等までが設置されますが、あくまでも三角測量の基準点となるものであり、標高の高い山が一等というわけではありません。また、三角点がない山も多数あります。下巻P154のコラムもご参照ください。

累積標高差の算出方法

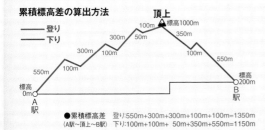

●累積標高差
登り:550m+300m+300m+100m+100m=1350m
(A駅→山頂～B駅)
下り:100m+100m+350m+550m=1150m

※往復コースおよび、登山口と下山口が同じ場所となる周回コースの場合、累積標高差は登り・下りとも同じ数字になる。

●累積標高差
本書では、単純標高差(登山コースの最高地点の標高から最低地点の標高を引いたもの)ではなく累積標高差を表記しました。累積標高差とは、登山口から下山口までのコース中の登った高度と下った高度それぞれの「累計」を表したものです。累積標高差の算出方法はイラストに示しましたが、アップダウンを何度も繰り返すコースでの累積標高差は、単純標高差と比べて大きくなる特徴があります。そのため、体力度をはかる目安として、より実際的な数値ともなります。この累積標高差が1500mを超える場合は、それなりに体力が要求されるコースであることを意識して臨んでください。なお、往復コースの場合、あるいはA地点から登ってA地点に戻るといった周回登山の場合は、登り・下りとも同じ数字となります。

※参考:標高300mを登るのに約1時間が目安となります。

次ページもお読みください▶▶▶

⑤ 山の魅力

特有の自然や動植物、独特の風貌、歴史、山岳宗教的背景など、それぞれの山が持つ魅力を紹介しました。

⑥ DATA

公共交通機関 鉄道駅から路線バスやコミュニティバスを利用して最も早く紹介の登山口に到着できる交通手段を表記しました。路線バスがない地域ではタクシーでのアクセスを紹介しましたが、駅からレンタカーを利用したほうが安上が

りになる場合もありますので、その点もご留意ください。

マイカー 原則として最寄りの高速道路のICからの経路を表記してあります。

ヒント アクセスに関するヒントを掲載しています。夜行高速バスを利用できるコースではそのアクセスも紹介しましたが、睡眠不足による疲労には十分な注意が必要です。

問合せ先 当該コースの情報を得ることのできる市町村役場や、アクセスに利用する交通機関などの電話番号です。ただし市町村役場の場合、登山道の詳細については把握していない場合があります。

地図の見方

本書に掲載されている地図は国土地理院発行の地形図をもとに制作されています（承認番号は巻末に掲載）。
①登山の際は、国土地理院発行の2万5000分の1地形図の携行をおすすめします。
②地図上のコースや山小屋などの施設は、自然災害などの影響で本書の発行後に変更、閉鎖されること等がありますので、事前に最新情報をご確認ください。
③地図上にある花の掲載位置はおおよそのエリアを示すもので、花の咲く場所を正確に示したものではありません。
④各山の地図の縮尺率は統一されていません。山行に利用する場合、あるいは地図から距離を割り出す際は、当該地図の縮尺率にご留意ください。
⑤三百名山の多くの山は、国立公園、国定公園、県立（都立・府立・道立）自然公園内のエリアにあります。これらのエリアでは緊急時を除き、キャンプ指定地以外でのテント設営やたき火は禁止されています。テントに泊まって縦走等をする場合は、本書の地図に記したキャンプ指定地（地図記号の凡例を参照）での幕営をお願いします。

地図記号の凡例

記号	説明	記号	説明	記号	説明
	本文で紹介している登山コース	1945 三角点			碑
○ △	登山コースのポイント（山マークは山頂）	1945 標高点			学校
←0:30	登山コースポイント間のコースタイム		有人小屋		警察署・交番
	サブコースとして紹介している登山コース		避難小屋		郵便局
	本書で紹介していない主な登山コース・エスケープコース		水場		市役所
-----	その他の主な登山道		トイレ		町村役場
	有料道路		花		寺院
❶	国道		登山ポスト		神社
	幅3m以上の車道		駐車場		ゴルフ場
	幅3m未満の車道や林道（軽車道）		バス停		発電所・変電所
	県界		キャンプ場		温泉
	市町村界		ホテル・旅館		史跡・名勝
	鉄道(JR)		道の駅		
	鉄道(私鉄)				
	ケーブルカー				
	ロープウェイ・ゴンドラ				
	リフト				

152 御神楽岳

御神楽温泉・津川駅

新潟県 阿賀町

1:55,000
0 500 1000m
1cm=550m
等高線は20mごと

津川IC・津川駅
袴越山 △591
室谷登山口 ❶
・498
駐車スペースあり
室谷バス停～室谷登山口間　登り約1時間、下り約45分
・509
△338
・672
栄太郎新道登山口 R
蝉ヶ平林道
笹ヤブとぬかるみの歩きづらい道。雨の日や雨後は特に苦労する。スパッツを持参したい
・548
栄太郎新道は岩稜歩きでクサリが多い上級者向きコース（栄太郎新道登山口から登り約5時間、下り4時間30分）
・覚道の頭
高頭 953
湯沢ノ頭 1184
・618 最終水場 ❷
大森山 △1048
❸ 大森
飯豊連峰が見える
尾根に取り付く
ぬかるみと笹ヤブあり
雨乞峰
シャクナゲ通り
❹ 御神楽岳 △1386
つばくろ尾根
・838
360度の大展望
御神楽岳管理舎・本名御神楽登山口
本名御神楽 1266

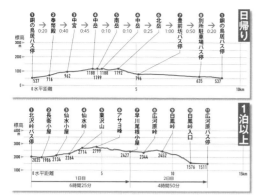

日帰り

①銅の鳥居バス停 → ②奉幣殿 0:40 → ③中宮 0:40 → ④中岳 0:45 → ⑤南岳 0:10 → ④中岳 0:10 → ⑥北岳 0:25 → ⑦豊前坊バス停 1:00 → ⑧別所駐車場バス停 → ①銅の鳥居バス停

標高 3000m 2000 1000 0 水平距離

537 716 962 1188 1199 1188 1192 796 635 537
5 10km

1泊以上

①北沢峠バス停 → ②長衛小屋 → 仙水小屋 → 仙水峠 → ③栗沢山 → ④アサヨ峰 → 早川尾根小屋 → ⑤広河原峠 → ⑥白鳳峠 → ⑩白鳳峠入口 → 広河原バス停

標高 4000m 3000 2000 1000 0 水平距離

2035 1986 2134 2264 2714 2799 2427 2344 2452 1576 1511
1日目 10 15km

6時間25分 2日目 4時間50分

高低図

コース全体のおおよその距離と標高、傾斜を表した図です。標高（縦軸）と距離（横軸）の比率が異なるため、傾斜については実際の傾斜とは一致していません。また、山頂以外の標高には若干の誤差がありますので、あくまでも登り下りの目安としてください。

日帰りコース コース中の通過ポイントとコースタイムを掲載してあります。通過ポイントの名称とコースタイムの数字は、コース概要および地図に記載されたものと一致しています。

1泊以上コース 山小屋や避難小屋、テントに泊まるコースについては、1日あたりの総歩行時間を記載しました。通過ポイントごとのコースタイムは地図をご参照ください。

コースの選定について

各山について登山道の状態や整備状況、コースタイム、アクセスなどを総合的に判断し、最も登りやすいと思われる、さらに、できる限り最短時間で登れるコースを紹介しました。ただし、"登りやすい"の判断基準はあくまでも"その山では"の意味であり、すべての登山者にとって登りやすいということではありません。おでかけの際は、当該コースの難易度やコースタイムを参考にしてご判断ください。

⑦ コース概要

ガイド文にある赤い丸の数字はコース中の主なポイントと、そのポイントを通過する順番を示しています。この数字は地図および高低図の数字とも合致していますので、地図や高低図と照らし合わせながらお読みください。

⑧ プランニングのヒント

当該コースを歩く際の参考になると思われるポイントを紹介しました。コース概要とともに必ずお読みください。

● 本書のデータは2024年4月現在のものです。アクセスに利用するバスの運行や、コラムで紹介した山小屋などの利用料金、営業期間・時間、定休日などが変更となる場合もあります。事前に最新情報をご確認ください。
● 各コースの累積標高差とコース距離の算出および、高低図の作成にあたっては、DAN杉本さん制作のソフト『カシミール3D』を利用させていただきました。

コース概要 ①銅の鳥居バス停から石段を登って②奉幣殿へ。広場を抜け、表参道の石段を登っていく。ジグザグに高度を上げて一ノ岳展望所へ、さらにクサリ場を越えると英彦山神社の③下宮に出る。椎児落としを過ぎると登る⑦産霊神社（行者堂）まで続く。大杉が立ち並ぶ参道を登ると、英彦山神社上宮が立つ④中岳に着く。右手の⑤南岳を往復してこよう。④中岳に戻り、東の⑥北岳へ向かう。クサリのある岩場を下り、望雲台分岐から奇岩の間を抜けると高住神社のある⑦豊前坊バス停。ここから九州自然歩道を西進して⑧別所バス停へ、左の道に入り、最後は①銅の鳥居バス停へ。

プランニングのヒント 下山路の豊前坊〜別所間は並行する国道に彦山駅行きのバスが運行されているので、時間がない場合は、バスに乗っても 。ただしバスのダイヤに注意しよう。 の見頃は、ミツマタが3月下旬、ヒコサンヒメシャラが6月上旬。紅葉は10月下旬頃。

銅の鳥居バス停の便の最終便は平日、土・日・祝日とも16時過ぎ

Column

サブコース

紹介した表参道同様によく歩かれるのが、奉幣殿から表参道の南面につけられた2本のコース。衣ヶ池を経由する近道と、玉屋神社、国の天然記念物の鬼杉を経由する大回りの道があり、それぞれ大南神社の上部で合流する。分岐からは柱状節理の材木石を経てクサリ場へ登っていくが、紹介コース同様、小規模ながらもクサリ場があるので、慎重に通過しよう。奉幣殿から南岳へ、衣ヶ池経由のコースは約2時間、玉屋神社経由のコースは約3時間30分。

樹齢1200年の巨木・鬼杉

⑨ コラム・欄外情報

本文で紹介できなかった登山の注意点や、山小屋（避難小屋）、立ち寄り温泉、周辺観光などに関する情報を掲載しています。

【！】当該コースを歩く際の安全チェックポイント、火山情報などを紹介しました。

【Column】「安全のヒント」「花と自然」「サブコース」の3テーマのなかから、1〜2テーマを掲載しています。「サブコース」で紹介したコースは、地図中において緑のコース線で紹介しました。

日本三百名山とは

公益社団法人 日本山岳会が1978年に選定した300の名山のこと。深田久弥が選定した日本百名山はそのままに、そこでは取り上げられなかった200山を新たに加えたものです。こののちの1984年には、深田久弥のファンクラブである深田クラブが独自に、日本百名山に100山をプラスした日本二百名山を選定しています。この日本二百名山に選定された山はほぼすべてが三百名山にも含まれていますが、唯一の例外がありました。三百名山に選定された山上ヶ岳（奈良県）が二百名山では除かれ、その代わりに荒沢岳（新潟県）が加えられたことです。本書ではこの荒沢岳も紹介しましたので、掲載した山は合わせて301山となっています。

活火山に
指定されている三百名山

火山大国の日本では、三百名山にも活火山が多い。
平穏を保ち続けている状況にあっても、
いつ噴火が起こるのか予測することは不可能だ。
不測の事態に迅速に対応するためにも、
噴火の可能性を常に念頭において
行動することが必要になっている。

※コースガイドでは、ここに記載した山名の横に 🧍 マークを付け、活火山であることを示しています。

利尻山
羅臼岳
羊蹄山
ニセコアンヌプリ
阿寒岳（雌阿寒岳）
北海道駒ヶ岳
大雪山
樽前山
十勝岳
岩木山
八甲田山
八幡平
岩手山
秋田駒ヶ岳
栗駒山
燧ヶ岳
鳥海山
妙高山
磐梯山
蔵王山
新潟焼山
吾妻山（一切経山）
弥陀ヶ原
安達太良山
焼岳
那須岳
白山
高原山
男体山
三瓶山
日光白根山
由布岳
赤城山
雲仙岳
榛名山
箱根山
富士山
御嶽山
浅間山
草津白根山
乗鞍岳
鶴見岳
久住山（九重山）
阿蘇山
霧島山
桜島
開聞岳

①気象庁によって活火山に指定されている
111火山のうち、日本三百名山に含まれ
る火山を図示。このうち富山県の弥陀ヶ
原は立山西麓にある火砕流堆積物の台地
だが、立山連峰自体は火山ではないため、
気象庁では「弥陀ヶ原」と表記している。
②赤字の火山は、火山監視・警報センターに
おいて火山活動を24時間体制で監視し
ている火山（常時観測火山）。

※参考資料：気象庁HPより

上信越・甲信

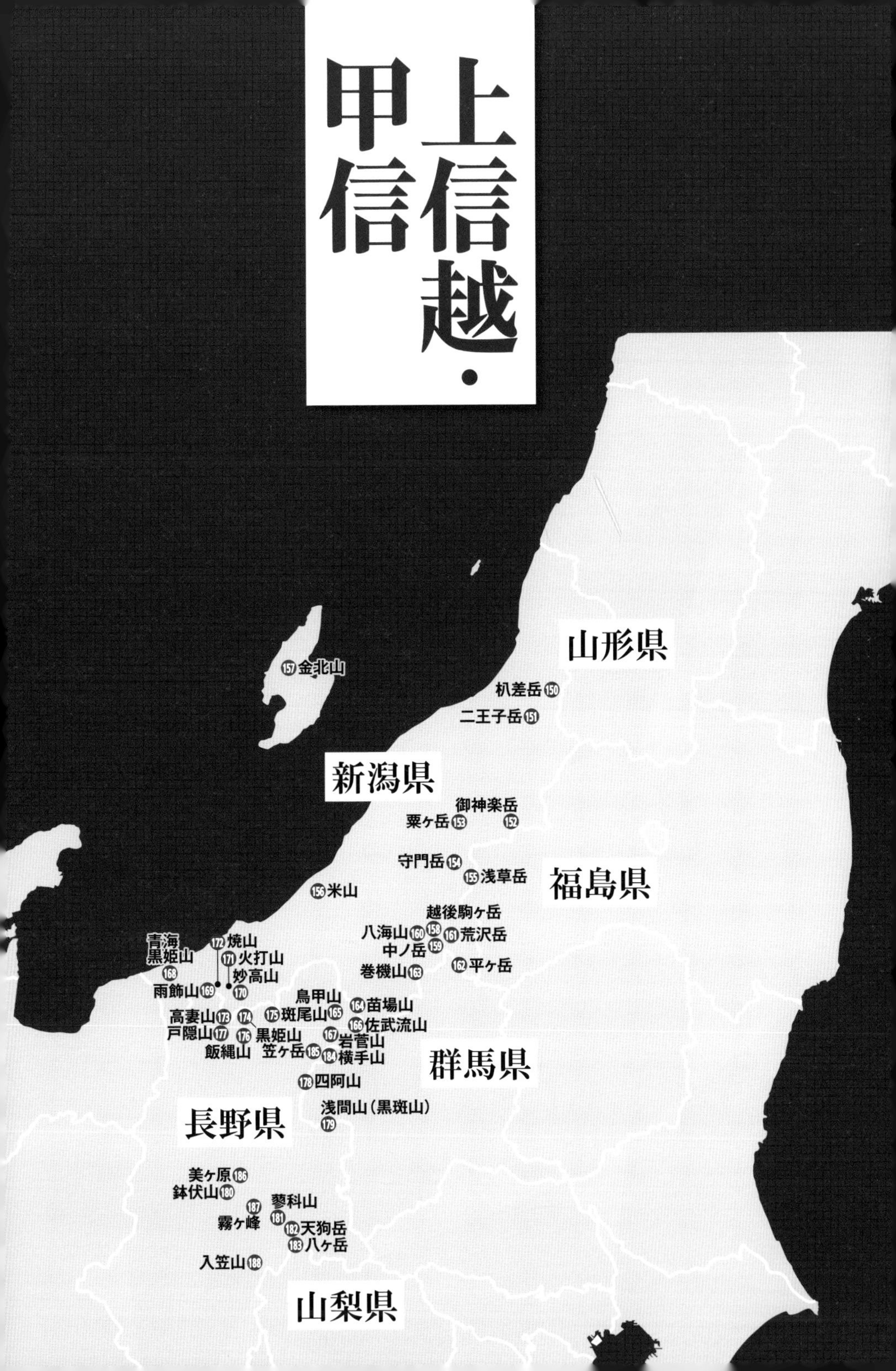

山形県
157 金北山
杁差岳 150
二王子岳 151
新潟県
御神楽岳
粟ヶ岳 153
152
守門岳 154
155 浅草岳
福島県
156 米山
越後駒ヶ岳
八海山 160 158
161 荒沢岳
中ノ岳 159
青海
黒姫山
168
172 焼山
171 火打山
妙高山
雨飾山 169
170
巻機山 163
162 平ヶ岳
鳥甲山
高妻山 173
174
175 斑尾山 165
164 苗場山
戸隠山 177
176 黒姫山
166 佐武流山
167 岩菅山
飯縄山
笠ヶ岳 185
184 横手山
群馬県
178 四阿山
浅間山（黒斑山）
179
長野県
美ヶ原 186
鉢伏山 180
187
蓼科山
霧ヶ峰
181
182 天狗岳
183 八ヶ岳
入笠山 188
山梨県

飯豊連峰北端の花の名山。尾根道をひたすら登る

杁差岳
（えぶりさしだけ）

標高1636m

新潟県

登山レベル：上級

技術度：★★★
体力度：★★★★★

日　程：前夜泊日帰り

総歩行時間：**10時間10分**

歩行距離：**12km**

累積標高差：登り**1610m**
　　　　　　下り**1610m**

登山適期：**7月上旬〜10月上旬**

地形図▶1：25000「杁差岳」「二王子岳」
三角点▶三等

頼母木小屋からの杁差岳と鉾立峰（左）。山名の「杁」は、山中に農具の"えぶり"（代掻きの一種）に似た雪形が現れることから

山の魅力

飯豊連峰北部にある日本二百名山。山頂からは飯豊連峰や朝日連峰などが一望できる。花の名山でもあり、7〜9月にかけて、稜線上をハクサンフウロや

ニッコウキスゲなど多くの花が飾る。その稜線上へは急斜面の登りこそ続くが、飯豊連峰では珍しく、少ないアップダウンで上がることができる。

>>> DATA

公共交通機関【往復】JR羽越本線中条駅→タクシー（約50分）→奥胎内ヒュッテ→乗合タクシー（10分）→足ノ松尾根登山口

マイカー　日本海東北自動車道・中条ICから国道7号、県道53号などを経由して奥胎内ヒュッテへ約35km。奥胎内ヒュッテから先は上記乗合タクシーを利用する。

ヒント　足ノ松尾根登山口への乗合タクシーは6月上旬〜9月下旬の土・日曜、祝日のみの運行（2024年

は運行未定）。乗合タクシーを利用しない場合、奥胎内ヒュッテ〜足ノ松尾根登山口間は登り約1時間、下り約55分。

問合せ先
胎内市商工観光課（乗合タクシーも）
　　　　　　　　　　　　　☎0254-43-6111
関川村地域政策課　　　　　☎0254-64-1478
中条タクシー　　　　　　　☎0254-44-8888
藤観光タクシー　　　　　　☎0254-39-1015

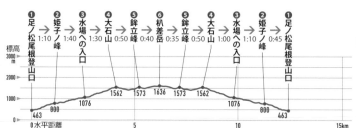

①足ノ松尾根登山口	②姫子ノ峰	③水場への入口	④大石山	⑤鉾立峰	⑥杁差岳	⑤鉾立峰	④大石山	③水場への入口	②姫子ノ峰	①足ノ松尾根登山口
1:10	1:40	1:30	0:50	0:40	0:35	0:50	1:00	1:10	0:45	

標高3000m / 2000 / 1000 / 0

463　800　1076　1562　1573　1636　1573　1562　1076　800　463

0水平距離　　　5　　　10　　　15km

山頂部のニッコウキスゲ

欄外情報　山小屋◎奥胎内ヒュッテ：☎0254-48-0161。登山者用素泊まりプラン4400円〜。6111。素泊まり2000円。　杁差岳避難小屋：☎0254-64-1478。無人。　頼母木（たもぎ）小屋：☎0254-43-6111

コース概要
①足ノ松尾根登山口から足ノ松尾根に入り、ひたすら高度を上げていく。小規模な岩場を越えると**②姫子ノ峰**に出て、ここからアップダウンの道になる。急坂と岩場を慎重に通過すると滝見場だ。英三ノ峰、ヒドノ峰を過ぎると**③水場への入口**がある（水場は5分ほど下る）。なおも急斜面の尾根を登っていく。笹原の西ノ峰の先で**④大石山**の主脈稜線分岐に出て、杁差岳へは左に進む。大きなアップダウンで**⑤鉾立峰**を越え、藤島玄翁レリーフ、次いで飯豊連峰屈指のお花畑が広がる杁差岳避難小屋を過ぎると、**⑥杁差岳**にたどり着く。展望を満喫したら、往路を引き返す。

プランニングのヒント
日帰り登山者が大半だが、余裕のある行動を取るならば大石山から主脈稜線を南東に50分ほど登った頼母木小屋利用をすすめたい。シーズン中は管理人が常駐し、小屋前に清水が導水されている。ただし素泊まりのため、食料や寝具などを持参する必要がある。

> 足ノ松尾根は晩夏から秋にかけてスズメバチが多い。黒い服を着ない、帽子を被る、肌を露出しないなどの対策を取る。

安全のヒント

通過困難箇所はないコースだが、足ノ松尾根の標高730mと830m地点に短い岩場があり、滑落に要注意。下山時も乗合タクシーの時間に気を取られ、転倒などの事故を起こさないこと。標高が高くない山だけに、夏の暑さはこたえる。コース下部の風通しの悪い樹林帯は、なるべく早朝の涼しいうちに通り抜ける。逆にコース上部は日差しを遮る物がないだけに、真夏の晴天時は水や塩、スポーツドリンクを多めに用意し、熱中症対策を万全にしたい。

ロープのある岩場を慎重に越えていく

50 杁差岳

（地図）

- •716
- •912
- 大熊小屋・大石ダム
- •904
- カリヤス平
- 1123・
- 1534・千本峰・大石ダム
- 前杁差岳
- 権内尾根
- •649
- 一ノ峰
- 二ノ峰
- •813
- 795・
- 杯清水
- 大熊尾根
- 二ノ池
- **⑥杁差岳**
- 1636△
- 関川村
- •983
- 1050・
- 東へ5分ほど下る。秋は水量少ない
- 玄翁像
- 杁差岳避難小屋
- •700
- 飯豊連峰の周知に功績のあった藤島玄氏のレリーフ
- **鉾立峰⑤**
- 1573
- 山頂直下は急斜面
- •586
- •920
- 大樽山
- 1101
- •1339
- アゴク峰
- 1467
- 0:40 0:35
- マイカーはここまで
- 奥胎内
- 徒歩の場合は登り約1時間、下り約55分
- 1146
- 展望
- 1420
- 1315・
- 最低鞍部
- 0:50
- 急斜面が続く
- ゲート
- 奥胎内ヒュッテ（立ち寄り入浴可）
- •604
- 慰霊碑
- 頼母木川
- 新潟県胎内市
- •1143
- 強い風に注意
- 北へ約5分下る（急なうえ足場悪い）
- 西ノ峰
- 1562
- 1567
- 地神北峰
- 足ノ松尾根登山口 ①
- ブナ林
- 775・
- 923・
- 足ノ松尾根
- 奥胎内トンネル
- 姫子ノ峰
- ②
- 1095
- イチジ峰
- **大石山④**
- 素泊まり
- 奥胎内橋
- ブナ坂
- 1:40 1:10
- 1:30 1:00
- 1623△
- 頼母木小屋
- •667
- 奥胎内ダム
- 1:10 0:45
- △800
- ③
- 水場への入口
- 往復1時間40分
- 御用平
- 英三ノ峰
- ヒドノ峰
- •967
- 6〜9月は奥胎内ヒュッテ〜足ノ松尾根登山口間乗合タクシー運行（所要約10分）
- 滝見場
- •982
- ヤセ尾根の急斜面が続く。下山時スリップ注意
- やせた岩稜の通過
- **N**
- **1:50,000**
- 759
- 池平峰
- 1025
- •893
- •874
- 0 500 1000m
- 1cm=500m
- 等高線は20mごと

飯豊連峰を望む頂へ唯一のコースで登る

二王子岳
（にのうじだけ）

二百

標高**1420**m

新潟県

登山レベル:**中級**

技術度:★★★
体力度:★★★

日　程:前夜泊日帰り

総歩行時間:**7時間5分**

歩行距離:**10.7km**

累積標高差:登り**1242m**
　　　　　　下り**1242m**

登山適期:**5月中旬～11月上旬**

地形図▶1:25000「上赤谷」「二王子岳」
三角点▶二等

飯豊連峰から見た二王子岳の全容。どっしりとした姿が印象的だ

上級
中級
初級

二王子岳

山の魅力

新潟県新発田市の東方にある、飯豊連峰の前衛の山。地元の農事暦に密接にかかわってきた山で、「二王子さま」とよばれ親しまれてきた。現在も年間約1万人の登山者が訪れる人気の山だが、その目当ては何といっても、山頂からの飯豊連峰の全容や新潟平野を一望するすばらしい景観だろう。

>>> DATA

公共交通機関【往復】JR羽越本線・白新線新発田駅→タクシー（約30分）→二王子神社

マイカー 日本海東北自動車道・聖籠新発田ICから国道7号、県道535・202号、南俣林道を経由して二王子神社へ約19km。神社付近の御岳橋を渡った先に市営駐車場（無料・約70台）がある。

ヒント 新発田駅からバス利用（新発田市コミュニティバス・川東小乗り換え）も可能だが、二王子神社へは最寄りの田貝バス停から1時間以上歩くことになる。また、運行が平日のみで往路は午前中の便がない。

問合せ先
新発田市観光振興課　☎0254-28-9960
新発田市観光協会　　☎0254-26-6789
新発田観光タクシー　☎0254-22-3188
新潟交通観光バス（新発田市コミュニティバス）
　　　　　　　　　　☎0254-23-2111

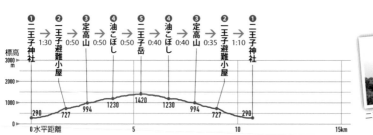

① 二王子神社 → 1:30 → ② 二王子避難小屋 → 0:50 → ③ 定高山 → 0:50 → ④ 油こぼし → 0:50 → ⑤ 二王子岳 → 0:40 → ④ 油こぼし → 0:40 → ③ 定高山 → 0:35 → ② 二王子避難小屋 → 1:10 → ① 二王子神社

標高3000m / 2000 / 1000 / 0
290　727　994　1230　1420　1230　994　727　290
0 水平距離　　5　　10　15km

二王子岳山頂の青年の鐘

欄外情報 山小屋◎山中には2軒の避難小屋（一王子避難小屋、二王子避難小屋）があり、天候急変時に利用価値が高い。また山麓の二王子神社にはキャンプ場がある。キャンプ場の詳細は二王子神社里宮（☎0254-25-2536）へ。

コース概要 ❶二王子神社から杉林の道を進み、一合目を過ぎると急登となる。神子石の脇を通り、水場のある二合目を過ぎると一王子神社の石祠と❷一王子避難小屋が立つ三合目に着く。ここからいったんゆるやかな登りとなるが、次第に傾斜が強くなり、雑木林のなかを登ると五合目の❸定高山に出る。鴨池の端をたどり、六合目へ。❹油こぼしの急登をこなすと七合目。お花畑がある八合目、さらに三王子神社へと登っていく。神社を過ぎると稜線に出て、一気に展望が開ける。琵琶池畔を過ぎ、奥の院跡で進路を北に変える。カマボコ形の二王子避難小屋を見ながら進むと❺二王子岳だ。山頂に着くと、眼前に飯豊連峰が広がっている。下山は往路を引き返す。

プランニングのヒント 残雪も少なくなる花と新緑の6月、10月下旬の紅葉がベストシーズン。山中には水場は何カ所かあるがトイレはないので、登山口の二王子神社ですませておこう。

山頂部が広いため、ガスがかかると方向がわかりづらい。特に登山道が隠れている残雪時は要注意。

安全のヒント

二王子岳は地元の中学生が遠足登山で登るような山だけに、通過困難といえるような場所はない。ただし、標高1230m地点の油こぼしは急斜面でコース唯一のクサリやロープ場があり、慎重に通過する必要がある。特に下りや雨で濡れているときはスリップに注意したい。

油こぼしのロープ場。ストック持参の場合はザックにしまおう

151 二王子岳

二ノックス スノーパーク

黒石山
1100

新潟県
新発田市

胎内市

田貝バス停〜
二王子神社間
徒歩約1時間

鉾立杉

二王子神社

一合目

神子石

二王子避難小屋

1:10
1:30

急斜面

❶

❷ 二王子避難小屋

❸ 定高山
994

六合目

0:35
0:50

油こぼし

飯豊連峰の眺望

お花畑

❹

七合目

0:40
0:50

三王子神社

0:40
0:50

奥の院跡

❺ 二王子岳
1420
二王子避難小屋

二本木山 1424

上下の2つの鴨池がある

クサリやロープのある急斜面。下山時注意

妹背滝

南俣林道

1:50,000

N

500　1000m

1cm＝500m
等高線は20mごと

「下越の谷川岳」に通過困難箇所のないコースで登る

御神楽岳
（みかぐらだけ）

標高1386m

新潟県

登山レベル：中級

技術度：★★★
体力度：★★★

日　程：**前夜泊日帰り**

総歩行時間：**7時間15分**

歩行距離：**10.2km**

累積標高差：登り**1159m**
　　　　　下り**1159m**

登山適期：5月中旬～11月中旬

地形図▶1：25000「御神楽岳」
三角点▶二等

栄太郎新道側から見上げた、岩の鎧をまとったかのような御神楽岳

山の魅力

新潟県阿賀町の南方にあり、「下越の谷川岳」の異名どおり険しい岩稜や岩壁を持つ。それだけに敷居の高い山だったが、近年、西面の室谷コースが再整備され、一般登山者でも楽しめる山となった。通過困難箇所もなく、ブナや紅葉、迫力あるスラブ（滑らかな一枚岩）の眺めが楽しめる。

>>> DATA

公共交通機関　【往復】JR磐越西線津川駅→タクシー（約40分）→室谷登山口

マイカー　磐越自動車道・津川ICから国道49号、県道227号を経由して室谷登山口へ約25km。登山口に数台分の駐車スペースがある。

ヒント　バス利用の場合は津川駅から室谷バス停まで新潟交通観光バスに乗車し、室谷登山口まで1時間ほど歩く。ただし、バスは往復とも午前1便、午後2便

のみだけなので、往路か復路のどちらかはタクシーの利用を考慮したい。

問合せ先

阿賀町上川支所振興係	☎0254-95-2211
阿賀タクシー	☎0254-92-2450
津川タクシー	☎0254-92-2440
新潟交通観光バス	☎0254-92-2430

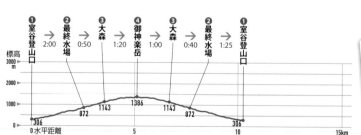

❶室谷登山口	→ 2:00	❷最終水場	→ 0:50	❸大森	→ 1:20	❹御神楽岳	→ 1:00	❸大森	→ 0:40	❷最終水場	→ 1:25	❶室谷登山口

標高
3000
m
2000
1000
306　872　1143　1386　1143　872　306
0水平距離　0　5　10　15km

雨乞峰の道標

欄外情報　立ち寄り温泉◎御神楽岳のある阿賀町の旧上川地区には御神楽温泉があり、2軒の施設で立ち寄り入浴ができる。　ブナの宿小会瀬（こあせ・宿泊可）☎0254-95-3535。　みかぐら荘☎0254-95-2121。

コース概要 ❶**室谷登山口**からしばらくは沢沿いに進む。小さな沢を渡り、ブナ林に入る。ところどころに設置された山頂への所要時間が記された標識を目印に標高を上げていくと、やがて❷**最終水場**に出る。これまでの沢筋から尾根道に入り、なおも登っていく。展望のよい❸**大森**を過ぎ、「シャクナゲ通り」へ。ここからゆるやかな登りを20分ほどこなすと、栄太郎新道が合流する雨乞峰に着く。ここから下ってわずかに登ると、二等三角点がある❹**御神楽岳**にたどり着く。360度の大展望が広がる山頂を後に、往路を下っていく。

プランニングのヒント ブナの新緑は5月下旬、紅葉は10月中旬頃。体力と時間に余裕があれば、山頂の南にある本名御神楽まで足を延ばそう（往復約1時間30分）。御神楽岳同様、すばらしい景観が楽しめる。また、本名御神楽からさらに福島県側に15分ほど下った場所に避難小屋の御神楽岳管理舎が立ち、近くに水場もある。

> 室谷コースは、雨後にはぬかるんだ箇所が多いので、スパッツを用意しておくといいだろう。下山時はスリップにも注意。

サブコース

この山では比較的歩きやすい室谷からのコースを紹介したが、本来の御神楽岳の魅力を満喫できるのが、東面の栄太郎新道（蝉ヶ平コース）だ。途中からは、本家である谷川岳の一ノ倉沢に負けず劣らずの迫力ある岩壁群が眺められる。ただしクサリやヤセ尾根のある険しい岩稜帯や沢の通過があるコースだけに、チャレンジできるのは岩場歩きに慣れた上級者のみ。起点の栄太郎新道登山口から湯沢出合を経て御神楽岳山頂へは登り約5時間。

高さ約800mを誇る湯沢の大岩壁

152 御神楽岳

◀津川駅・津川IC

御神楽温泉・津川駅▲

袴越山 △591

•498

•672

室谷登山口 ❶

駐車スペースあり

徒歩点

•548

栄太郎新道登山口 P

笹ヤブとぬかるみの歩きづらい道。雨の日や雨後は特に苦労する。スパッツを持参したい

△338

•509

室谷バス停〜室谷登山口間 登り約1時間、下り約45分

室谷コース

1:25 2:00

栄太郎新道は岩稜歩きでクサリ場が多い上級者向きコース（栄太郎新道登山口から登り約5時間、下り約4時間30分）

覚道の頭

高頭 953

蝉ヶ平コース・栄太郎新道

湯沢の大岩壁

湯沢出合

•618 **最終水場** ❷

大森山 △1048

尾根に取り付く

0:40 0:50

❸ **大森**

飯豊連峰が見える

1:00 1:20

湯沢ノ頭 1184

山伏尾根

氷晶尾根

笹倉沢

新潟県
阿賀町

ぬかるみと笹ヤブあり

シャクナゲ通り

雨乞峰

❹ **御神楽岳**
▲1386

つばくろ尾根

N

1:55,000
500 1000m
1cm＝550m
等高線は20mごと

△659

•838

360度の大展望

本名御神楽
△1266

御神楽岳管理舎・本名御神楽登山口▼

ヒメサユリ咲く稜線から遠く佐渡島を望む

粟ヶ岳
あわがたけ

新潟県

登山レベル:**中級**

技術度:★★
体力度:★★★

日　程:日帰り

総歩行時間:**6時間15分**

歩行距離:**12.8km**

累積標高差:登り**1318m**
　　　　　下り**1379m**

登山適期:**5月下旬～10月下旬**

地形図▶1:25000「粟ヶ岳」
三角点▶二等

加茂市の水源地にある貯水池から見上げた粟ヶ岳。四季折々に姿を変え、訪れる人たちの目を楽しませている

上級

中級

初級

粟ヶ岳

山の魅力

新潟県加茂市と三条市の境、県の中部エリアに位置する山。標高はそう高くはないが、堂々としたその姿は両市にとってシンボル的な存在だ。ピンク色の

ヒメサユリが多く咲く山としても知られ、6月の花期には多くの登山者が訪れる。日本海をはじめとする、山頂からの展望もすばらしい。

>>> DATA

公共交通機関【行き】JR信越本線加茂駅→かもんバス（約30分）→水源地バス停　【帰り】八木ヶ鼻温泉バス停→越後交通バス（約40分）→JR信越本線東三条駅

マイカー　北陸自動車道・三条燕ICから県道1・9・244号を経由して粟ヶ岳県民休養地の駐車場（無料）まで約26km。

ヒント　加茂駅からのかもんバス（市民バス）は早朝運行がないので、余裕をもった山歩きのためにもタク

シーを利用したほうがいいだろう。

問合せ先
加茂市商工観光課　☎0256-52-0080
加茂市環境課（かもんバス）☎0256-52-0080
三条市営業戦略室　☎0256-34-5605
粟ヶ岳ビジターセンター　☎0256-53-3180
越後交通三条営業所　☎0256-38-2215
加茂タクシー　☎0256-52-0230
三条タクシー　☎0256-33-1661

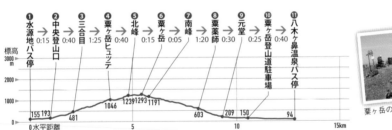

① 水源地バス停 →0:15 ② 中央登山口 →0:40 ③ 三合目 →1:25 ④ 粟ヶ岳ヒュッテ →0:40 ⑤ 北峰 →0:15 ⑥ 粟ヶ岳 →0:05 ⑦ 南峰 →1:20 ⑧ 粟薬師 →0:30 ⑨ 元堂 →0:25 ⑩ 粟ヶ岳登山道駐車場 →0:40 ⑪ 八木ヶ鼻温泉バス停

標高3000m / 2000 / 1000

155 193　481　1046　1239 1293 1191　603　209 150　94

0 水平距離　5　10　15km

粟ヶ岳の山頂

欄外情報　立ち寄り温泉◎加茂七谷温泉美人の湯:加茂側登山口近く。☎0256-41-4122。入浴料800円。10～21時。第2・4水曜休。　いい湯らてい:三条側登山口。☎0256-41-3011。入浴料900円。10～21時。第3水曜休。

コース概要 ❶水源地バス停から車道を歩き、第二貯水池の❷中央登山口から登山道に入る。杉林の尾根を登ると❸三合目で、ここから本格的な登りが始まる。ブナが目立つ大栃平を過ぎ、ハシゴやクサリ場を越えると❹粟ヶ岳ヒュッテだ。山頂まではもう少し。花期ならヒメサユリ咲く道を行くと❺北峰で、中峰を越えれば❻粟ヶ岳の山頂だ。山頂からは南西に急坂を下り、❼南峰から岩稜の午ノ背を経て❽粟薬師へ。この先、❾元堂を通過すると林道となり、❿粟ヶ岳登山道駐車場からは車道を⓫八木ヶ鼻温泉バス停へと歩く。

プランニングのヒント ここでは加茂市側から三条市側へと抜けるコースを紹介したが、マイカーでのアクセスが多いせいか、多くの登山者は往復コースをとっているようだ。なお、この粟ヶ岳の周辺には三百名山が多い。近くでは守門岳、浅草岳、御神楽岳、会津朝日岳、少し足を延ばせば、越後三山や米山あたりも連続山行が可能だ。

5月上旬頃はまだ山頂付近に雪の残っていることがある。雪に不慣れな人は5月中旬〜下旬以降の登山がおすすめだ。

安全のヒント

困難な箇所のないコースだが、一部にハシゴやクサリ場、急坂があり、特にハシゴは濡れていると大変滑りやすくなる。下山路の午ノ背は狭い岩稜で通過に注意が必要。

花と自然

例年、6月の前半あたりを中心に、山頂付近ではピンク色のヒメサユリが咲き誇る。東北南部、上越近辺にしか咲かない貴重なユリで、絶滅危惧種にも指定されている。

登山道脇に咲くヒメサユリ

登り下りともブナ林の急斜面。下りは滑落に注意

守門岳
すもんだけ

二百

標高**1537**m（袴岳）

新潟県

登山レベル：**中級**

技術度：★★★
体力度：★★★

日　程：日帰り

総歩行時間：**5時間55分**

歩行距離：**9.2km**

累積標高差：登り**986m**
　　　　　　下り**1259m**

登山適期：**6月中旬〜10月下旬**

地形図▶1：25000「穴沢」「守門岳」
三角点▶二等

大白川コースからの袴岳。山頂の南面には大雲沢の上部が荒々しい姿を覗かせる

上級
中級
初級

守門岳

🏔 山の魅力

新潟県長岡市の東方に堂々たる姿を誇示する山で、古くから中越地方の人々に親しまれてきた。山頂部は主峰の袴岳、大岳、青雲岳の3峰からなり、山腹は豊かなブナ林、山上は池塘が点在する草原が広がっている。山頂へは数本の登山コースがあり、急登こそあるが、登りやすいコースが大半だ。

>>> DATA

公共交通機関 【行き】JR只見線越後須原駅→タクシー（約40分）→保久礼小屋入口　【帰り】二口登山口→タクシー（約30分）→越後須原駅

マイカー 関越自動車道・小出IC（2024年秋に魚沼ICへと名称変更）から国道291・252・290号、県道70・407・347号を経由して二口登山口へ約30km。保久礼小屋へは徒歩約1時間。

ヒント 公共交通機関利用の場合は、下山時の

タクシーは要予約。行きの車中で予約を手配しておく方法もある。マイカーの場合、下山口の二口登山口か登山口の保久礼小屋入口、その中間の二分登山口の駐車場を利用する（すべて無料）。

問合せ先
魚沼市観光課　　　☎025-792-9754
魚沼市観光協会　　☎025-792-7300
栃尾観光協会　　　☎0258-51-1195
観光タクシー　　　☎025-792-1100

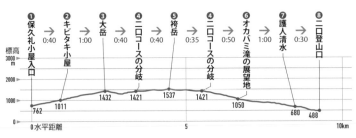

①保久礼小屋入口 →0:40 ②キビタキ小屋 →1:00 ③大岳 →0:40 ④二口コースの分岐 →0:40 ⑤袴岳 →0:35 ⑥二口コースの分岐 →0:50 ⑥オカバミ滝の展望地 →1:00 ⑦護人清水 →0:30 ⑧二口登山口

762 1011 1432 1421 1537 1421 1050 680 488

稜線上の木道

欄外情報 立ち寄り温泉◎寿和温泉：登山口に最も近いJR只見線入広瀬駅から徒歩5分のところにある立ち寄り入浴施設。室内浴場や露天風呂のほか、サウナもある。☎025-796-3033。入浴料700円〜。12〜20時。木曜休。

コース概要 ❶保久礼小屋入口から登り始める。保久礼小屋、ついで二口登山口からの合流点を通過すると、ブナ林の尾根道となる。❷キビタキ小屋からも尾根の登りが続く。不動平からは視界が開けてきて、登りきると❸大岳に着く。ここからは稜線を南へ進む。鞍部の網張へ下り、登り返すと下山路の❹二口コースの分岐に出る。木道をゆるやかに登っていくと、守門岳最高点の❺袴岳にたどり着く。展望を楽しんだら❹二口コースの分岐へ戻り、左手の二口コースへ。❻オカバミ滝の展望地を経て、谷内平まで急な尾根道を下る。❼護人清水の先で小尾根を越えて急斜面を下ると二口平に出る。あとは車道を❽二口登山口へ。

プランニングのヒント 首都圏からの日帰りはやや難しく、前泊して登山に臨みたい。前泊はJR只見線沿線などに宿がある。稜線上の花を楽しむなら6月下旬～7月中旬にかけてがベストだが、この頃は梅雨時だけに、晴れ間を狙って行動したい。

登山道では、マムシと遭遇することがある。向こうからは攻撃してこないので、マムシから離れて通り過ぎること。

安全のヒント

下山路の二口コースは登山道下部に急斜面や幅の狭い尾根の通過がある。ここを通過する時は疲労が溜まっているころだけに、滑落には十分注意すること。

二口コースにある狭い岩尾根。滑落に注意

サブコース

南面の大原からの大白川コースは、登山口へのアプローチが短く、最も登山者が多い。大原登山口から急斜面を登って三ノ芝へ。あとは稜線上を袴岳へとゆるやかに登っていく。

154 守門岳

長岡市

三条市

守門岳

- ❶ 保久礼小屋入口
- ❷ キビタキ小屋
- ❸ 大岳 1432
- ❹ 二口コースの分岐
- ❺ 袴岳 1537
- ❻ オカバミ滝の展望地
- ❼ 護人清水
- ❽ 二口登山口

1388 中ッ又岳

急斜面の登り

保久礼小屋

保久礼コース 不動平

0:40 / 0:25　第一展望台　第二展望台　1:00 / 0:45

展望よい

網張　お花畑　0:40

二分キャンプ場跡（二分登山口）

中の高地沢

二口コース　1:10 / 0:50

木道　0:40

青雲岳　0:35

猿倉山

0:40 / 0:30

二口平

谷内平

1:20 / 1:00

オカバミ沢

スリップ注意

袴越 1527

❼ 護人清水

急斜面を下る

オカバミ滝の展望地

一ノ芝

二ノ芝

三ノ芝（小烏帽子）

守門岳の最高点。360度の大展望

マイカー登山の利用者が多いコース。登山口から三ノ芝までは急登の連続（登り約3時間30分、下り約2時間30分）

大池登山口

藤平山 1144

藤平尾根（大広瀬コース）

新潟県
魚沼市

田小屋登山口

登山口から藤平山までは徒渉が多い。雨天時、増水時は入山しないこと

1:50,000
500　1000m
1cm=500m
等高線は20mごと

道幅が狭い

二口登山口～保久礼小屋間約1時間

大白川駅・小出IC

大原登山口

上信越・甲信

7月でも雪の残る高山植物とブナ林の山

浅草岳
（あさくさだけ）

三百

標高**1585m**

新潟県・福島県

登山レベル:**初級**

技術度:★★
体力度:★★

日　程:日帰り

総歩行時間:**5時間5分**

歩行距離:**7.5km**

累積標高差:登り**735m**
　　　　　　下り**735m**

登山適期:**6月中旬〜10月下旬**

地形図▶1:25000「守門岳」
三角点▶一等

南面の剣ヶ峰から見た初夏の
浅草岳

上級 中級

初級

浅草岳

🔺 山の魅力

守門岳(P20)の東方、新潟県魚沼市と福島県只見町の境に位置する一等三角点のある山。山頂部には草原と池塘があり、7月上旬には可憐なヒメサユリが咲く。紹介した新潟県側からのコースは福島県側に比べると穏やか。8月以降の残雪がない時期なら、初級者でもトライできることだろう(P23コラム参照)。

>>> DATA

公共交通機関【往復】JR只見線大白川駅→タクシー(約30分)→ネズモチ平駐車場

マイカー　関越自動車道・小出IC(2024年秋に魚沼ICへと名称変更)から国道252号、県道70・385号を経由してネズモチ平駐車場へ約40km。約100台分の駐車スペースがある。

ヒント　公共交通利用の場合、起点となる大白川駅にはタクシーが常駐していないので、事前の予約が必要。その際、帰りの予約もしておくこと。なお、アクセス路線となるJR只見線は本数が極端に少ないだけに、人数がまとまっている場合はJR上越線小出駅からタクシーを利用することも考慮したい。

問合せ先
魚沼市観光課　　☎025-792-9754
魚沼市観光協会　☎025-792-7300
観光タクシー　　☎025-792-1100
小出タクシー　　☎025-792-0019

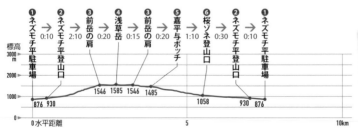

❶ネズモチ平駐車場 →0:10 ❷ネズモチ平登山口 →2:10 ❸前岳の肩 →0:20 ❹浅草岳 →0:15 ❸前岳の肩 →0:20 ❺嘉平与ボッチ →1:10 ❻桜ゾネ登山口 →0:30 ❷ネズモチ平登山口 →0:10 ❶ネズモチ平駐車場

標高3000m / 2000 / 1000

876 930　1546 1585 1546　1485　1058　930 876

0 水平距離　　5　　10km

桜ゾネ登山口の浅草の鐘

欄外情報　立ち寄りスポット◎ネズモチ平駐車場の約2.5km手前に、浅草岳周辺の自然環境を紹介する浅草山麓エコ・ミュージアム(☎025-793-7480・入園無料)がある。登山前や登山後にぜひ立ち寄ってみたい。

コース概要 ❶ネズモチ平駐車場を後に車道を進むと、10分ほどで❷ネズモチ平登山口。ここで林道から離れ、登山道に入る。ぬかるみ混じりの道をしばらくたどると、ブナソネ（ソネ＝尾根のこと）の登りとなる。急斜面をひたすら登ると稜線上の❸前岳の肩に出る。左に進み、草原に延びる木道を歩くと❹浅草岳の山頂だ。360度の展望が楽しめるが、なかでも眼前の鬼ヶ面山の大岩壁は圧巻だ。山頂から❸前岳の肩に戻り、西へ延びる桜ゾネに入る。❺嘉平与ボッチを越え、スリップに注意して下っていくと浅草の鐘がある❻桜ゾネ登山口に出る。ここから右手の林道を40分ほど進むと、❶ネズモチ平駐車場に戻ってくる。

> コース中には水場がないので、ネズモチ平駐車場で必ず給水をしておこう。盛夏は思いのほか暑いだけになおさらだ。

プランニングのヒント 首都圏からの日帰りはやや難しく、前泊して登山に臨みたい。前泊地としては、登山口手前の大白川地区か五味沢地区の宿泊施設がおすすめだ。この山を代表する花であるヒメサユリの見頃は、例年7月上旬頃。

安全のヒント

年にもよるが、ヒメサユリの最盛期となる7月上旬でも雪渓が残ることがあるだけに、この時期に登る場合は念のために軽アイゼンを用意しておくとよいだろう。

花と自然

浅草岳は花も多く、7月は代表的な花であるヒメサユリやトキソウ、シラネアオイ、8月は山頂部の湿原に咲くキンコウカ、9月はオヤマリンドウなどが山中を彩る。

浅草岳を代表する花・ヒメサユリ

155

浅草岳

155 浅草岳

浅草山麓エコ・ミュージアム、五味沢、大白川駅

白崩沢

ネズモチ平駐車場 ❶

ゲート

0:10

ヤスブ沢

増水時は困難

福島県
只見町

❷ ネズモチ平登山口

林道は車両通行不可

小沢の徒渉

早坂尾根

浅草の鐘

0:30
0:40

ネズモチ平コース

浅草林道

ゾネ登山口 ❻

新潟県
魚沼市

ブナソネ

1:40
2:10

前岳～浅草岳間は7月末ころまで残雪あり。スリップ注意

入叶津登山口

一等三角点がある。360度の大展望

赤土の滑りやすい道。スリップ注意

1:10
1:30

桜ゾネ

急登。スリップ注意

木道

前岳の肩
❸

0:15
0:20

浅草新道

天狗の庭

1485

N

1:25,000

250　500m

1cm＝250m
等高線は10mごと

嘉平与ボッチ ❺

0:20
0:30

1568
前岳

1585

❹ 浅草岳

鬼ヶ面山・六十里越登山口

剣ヶ峰・田子倉登山口

156

民謡にうたわれる名山に最短コースから登る

米山
よねやま

上級 中級 初級 米山

三百

標高993m

新潟県

登山レベル:初級

技術度:★
体力度:★

日　程:日帰り

総歩行時間:2時間20分

歩行距離:3.7km

累積標高差:登り476m
　　　　　　下り476m

登山適期:6月上旬〜11月上旬

地形図▶1:25000「柿崎」
三角点▶一等

米山の山頂で憩う登山者と日本海。空気が澄んでいれば、日本海でいちばん大きな島、佐渡島も望める

🏔 山の魅力

柏崎市の南西に位置し、日本海からせり上がるかのような秀麗な姿の山。かつての新潟県は米山を境に、米山から北が下越後、南が上越後とよばれていた時期もあった。民謡の「三階節」や「米山甚句」でもその名が知られ、山頂には日本三大薬師のひとつともいわれる米山薬師堂が立つ。米山講中の参拝者も多い。

>>> DATA

公共交通機関【往復】JR信越本線柿崎駅→頸北観光バス(約30分)→水野バス停→徒歩(約1時間10分)→水野林道登山口

マイカー 北陸自動車道・柿崎ICから国道8号、県道25号などを経由して水野林道登山口まで約13km。登山口に10台程度の駐車スペースあり。

ヒント バスは1日2〜4本。水野バス停はデマンド運行区間となり、電話での予約が必要。ただし、登山に適した時間帯のバスは始発の往路1本のみで、スケジュールが狂うとバスは利用できなくなる。基本的にマイカーかタクシーでアクセスするコースといえる。なお、水野林道登山口に通じる林道は道幅が狭いため、すれ違いには十分注意したい。

問合せ先
上越市柿崎区総合事務所　☎025-536-6701
頸北観光バス　　　　　　☎025-536-2219
頸城ハイヤー柿崎出張所　☎025-536-2218

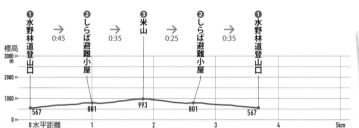

①水野林道登山口		②しらば避難小屋		③米山		②しらば避難小屋		①水野林道登山口
	0:45		0:35		0:25		0:35	
567		801		993		801		567

標高3000m / 2000 / 1000 / 0　0水平距離　1　2　3　4　5km

山頂に立つ米山薬師堂

欄外情報 山小屋◎山頂避難小屋:米山山頂に立つ。先進的なバイオトイレはあるが、寝具はないので注意しよう。水場は大平コース側に約200m下った水場分岐からすぐ。無料。問合せは、上越市柿崎区総合事務所まで。

コース概要 ❶水野林道登山口から急な階段を登る。少しハードなのでじっくりと登ろう。ブナ林を歩き、よく整備された階段を登れば下牧コースと合流する。このすぐ先に❷しらば避難小屋がある。展望が開けてくると最後のひと登り。あせらずにいこう。石に書かれた「あと100m」を過ぎると大きな避難小屋の立つ❸米山の山頂だ。一等三角点と原三角点のある山頂には米山薬師堂とバイオトイレがある。山頂からの日本海や佐渡島の展望を楽しんだら往路を戻ろう。階段部分でつまづかないよう、一歩一歩をしっかりと。

プランニングのヒント 米山に登るコースは数本あり、体力に合った登山道を選択することができる。ここで紹介したコースは、登山口まで車で入れば最短コースとなる。タクシーでアクセスした場合は、地元の学校登山でも歩かれる大平コースを下ってJR信越本線米山駅まで歩いてもいい。山頂から駅まで約3時間だ。

山頂には現在の三角点の前身でもある「原三角点」がある。ほかに確認されているのは、雲取山、白髪岩(群馬県)のみの貴重なものだ。

花と自然

米山は花の山でもある。ムラサキヤシオやイワカガミ、ショウジョウバカマ、そして数は少ないがシラネアオイも見ることができる。また、山頂の避難小屋に泊まれば、朝の影米山を見ることができるかも。

ムラサキヤシオ(上)と山頂からの影米山(下)

柏崎市

新潟県 上越市

山頂から約200m下。大平コース脇。要煮沸

大平登山口から山頂まで約2時間30分

マイカー利用でなければ山頂から大平コースを下ってJR信越本線米山駅へ向かってもいい(約3時間)

佐渡島や越後三山、頸城連峰などを一望

米山薬師堂 993 熊野権現

山頂避難小屋

ロープのあるヤセ尾根

❷しらば避難小屋

下牧ベース993 分岐

休憩施設

米山表登山口

水野神社

❶水野林道登山口

水野林道

水野バス停〜水野林道登山口間
登り約1時間10分、下り約55分

1:50,000
1cm=500m
等高線は20mごと

0 500 1000m

柿崎駅・柿崎IC

上信越・甲信

佐渡島の最高峰を1泊2日で縦走する

きんぽくさん

金北山

南面の白雲台から見た秋の金北山と日本海

三百	
標高1172m	

新潟県

登山レベル:中級

技術度:★★★
体力度:★★★

日　程:1泊2日

総歩行時間:7時間35分

1日目:1時間20分

2日目:6時間15分

歩行距離:15.9km

累積標高差:登り923m

下り979m

登山適期:5月中旬〜11月上旬

地形図▶1:25000「両津北部」
　　　　「金北山」「沢根」
三角点▶二等

上級
中級
初級

金北山

🗻 山の魅力

佐渡島の最高峰である金北山は変則的な気象条件下にあり、低山でありながらも高山植物が分布し、その数は300を超すといわれる。日本海の大海原と新潟平野の雄大な展望が広がる山頂へは白雲台から車道を往復するのが最短コースだが、北東のドンデン山からの縦走の人気が高い。

>>> DATA

公共交通機関　【行き】両津港→タクシー（約50分）→ドンデン山荘　【帰り】白雲台→タクシー（約40分）→両津港

マイカー　両津港から国道350号、県道45・81号を経由してドンデン山荘へ約15km。

ヒント　両津港へは新潟港から佐渡汽船のフェリーまたはジェットフォイルが運航。4月下旬〜5月下旬の毎日、両津港〜ドンデン山荘間に予約制バス「ドンデンライナー」（約50分）が運行される。また、4月下旬〜5月下旬の毎日、白雲台から両津港行きの予約制バス「金北山ライナー」（約50分）が運行される。

問合せ先

佐渡観光交流機構	☎0259-27-5000
佐渡トレッキング協議会	☎0259-23-4472
佐渡汽船	☎025-245-6122
新潟交通佐渡（ライナーバス）	☎0259-52-3200
エビス観光タクシー	☎0259-23-4116

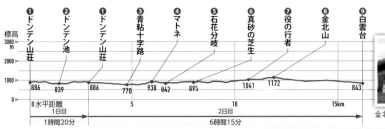

①ドンデン山荘　②ドンデン池　①ドンデン山荘　③青粘十字路　④マトネ　⑤石花分岐　⑥真砂の芝生　⑦役の行者　⑧金北山　⑨白雲台

標高3000m 2000m 1000m 0

886　839　886　770　938　842　895　1041　1172　843

0 水平距離　5　10　15km
1日目　2日目
1時間20分　6時間15分

金北山神社

欄外情報　登山届◎金北山〜白雲台間は防衛省管理道路を歩くが、事前に佐渡トレッキング協議会に登山届を提出する必要がある。FAXまたはメールのどちらでもかまわない。登山届用紙の入手方法は問合せを。

コース概要

標高約900mのドンデン山荘を起点に、大佐渡山脈を南下し、佐渡島の最高点である金北山を目指すコース。草原や池、樹林が現れる広い尾根をたどっていく、花々を眺めながらの稜線歩きが楽しめる。

1日目 この日は金北山とともに佐渡島登山の人気の山である、ドンデン山へと足を延ばす。宿泊するドンデン山荘で宿泊受け付けをすませたら、軽荷で出発しよう。

❶**ドンデン山荘**の脇から登山道に入り、春ならレンゲツツジ、夏はハマナスなど花の多い道を、ドンデン山の最高点である尻立山へと登っていく。ちなみにドンデン山とよばれるピークはなく、北面のドンデン池やタダラ峰などを中心とする一帯の総称を指す。展望のよい尻立山から北東へ進み、キャンプ場への道を左に分けると避難小屋が立つ❷**ドンデン池**に出る。

広々とした高原をのんびり散策したら、往路を❶**ドンデン山荘**へと引き返す。

2日目 ドンデン山荘から車道を20分ほど進むと金北縦走路の入口があり、ここを左に入って樹林の道を下っていく。10分ほどで、4月から5月にかけて花の多いアオネバ渓谷からの道が合流する❸**青粘十字路**(青粘峠)に出る。ここからは登山道となる。展望こそないが、林床にカタクリやシラネアオイ、キクザキイチゲなどが咲く樹林の道をマトネへと登っていく。

小広い芝生状のピークである❹**マトネ**(笠峰、孫次郎山)からは、展望のよい稜線歩きとなる。進行方向に目指す金北山、左に両津湾と加茂湖、右に外海府海岸を眺めながらの快適な縦走が楽しめる。ちなみにこのあたりの稜線は、西からの強い季節風により、風をまともに受ける西斜面はザレ場に、風の当たりが弱まる東面は樹林帯になっている。芝生のような道を進み、右手から石花登山口からの道が合流する❺**石花**

稜線上は風が強く、体があおられることも。樹木が少なく吹きさらしの場所もあるだけに、引き返すことも考慮したい。

花と自然

佐渡島は島の中央を寒暖両系の植物境界線(北緯38度)が通っていることから、山中ではシラネアオイやカタクリ、キクザキイチゲなど多くの花が見られる。なかでも代表的な花が、雪割草の別名を持つオオミスミソウ。「雪割」の名前どおり、3月下旬から雪解けに合わせるように咲いていく。ただしこの時期の稜線上は、まだ雪に覆われている。花はドンデン高原でも見られるが、最も多いのは青粘十字路の南にあるアオネバ渓谷沿いだ(サブコース参照)。

オオミスミソウ。本州の日本海側に分布

分岐へ下っていく。ザレ場や高木帯を抜けると❻**真砂の芝生**に着く。

縦走路の中間地点となる真砂の峰を越え、小さな登降を繰り返しながら徐々に標高を上げていく。水場のあるイモリ平、天狗の休み場を過ぎ、春先ならまだ残雪の多い道をゆるやかに登っていくと、2体の石仏が鎮座する❼**役の行者**に出る。

ここで進路を大きく右へと変え、金北山を目指す。7月にはカキツバタが咲く湿地

途中にあるイモリ平の水場は、春先は雪で埋もれている可能性があるだけに、事前にドンデン山荘で給水しておきたい。

ドンデン山最高点・尻立山付近を歩く

マトネからは東面がザレ場の稜線を進む。強風に注意

湿地状のあやめ池。7月はカキツバタが見られる

上級 **中級** 初級

金北山

状のあやめ池(残雪期は埋もれていることがある)を過ぎると急な登りに差しかかり、やがて金北山神社の立つ❽**金北山**に着く。

山頂からは、晴れていれば眼下に国仲平野や加茂湖をはじめとする佐渡島の景観はもちろん、日本海越しに米山や妙高山などの新潟県を代表する山々、北アルプスや遠く鳥海山や能登半島まで望める。なお、レーダードーム跡の南西にある山頂トイレの設置期間は6～11月。

金北山からは防衛省管理道路(許可制。詳細はP26「欄外情報」を参照)に入り、北ヶ嶽、二ノ岳の脇を縫うように進んで行く。金北山から1時間半ほどで車止めのゲートに出て、それを抜けるとまもなく終点の❾**白雲台**にたどり着く。白雲台には売店があり軽食が取れるので、タクシーの待ち時間に利用するといいだろう。

山小屋情報

●ドンデン山荘(ドンデン高原ロッジ):登山口のドンデン高原にある、佐渡市営の施設。宿泊(1泊2食付1万1800円)はもちろん、喫茶や昼食、立ち寄り入浴(11～22時・500円)ができるほか、島内のトレッキング情報も提供している。展望デッキからは佐渡島や対岸の新潟市街の見事な夜景が堪能できる。4月下旬～11月中旬営業。☎0259-23-2161。なお、北面のドンデン高原にはドンデン避難小屋が立っており、緊急時に利用可能。

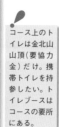
コース上のトイレは金北山山頂(要協力金)だけ。携帯トイレを持参したい。トイレブースはコースの要所にある。

プランニングのヒント

今回は登山口のドンデン山荘に昼頃に着くことを想定しているが、夕方に着く場合は翌日早朝に出発し、ドンデン山登山後に直接、青粘十字路に向かうほうが効率よく歩くことができる。

登山は春から秋まで楽しめるが、春の花が咲き揃う4月下旬～5月上旬はまだ稜線上には雪が残る。アイゼンまでは必要ないが、慎重に行動するに越したことはない。

この山がある佐渡島は観光の島でもあるだけに、下山後にもう1泊して佐渡金山や外海府海岸などの観光、新鮮な魚介類などのグルメ、温泉を堪能したい。寺社仏閣巡りも楽しい。

サブコース

時間に余裕があれば、起点をドンデン山荘の7km手前にある青粘登山口としてもいい。コースはアオネバ渓谷沿いに登っていくが、アオネバ渓谷はドンデン高原周辺でも随一の花の名所だけに、オオミスミソウに彩られる4月中旬～5月上旬は特におすすめだ(青粘登山口～青粘十字路間の登り約50分)。

そのほか、金北山山頂へは沢口、栗ヶ沢、姫ヶ沢(いずれも山頂まで約2時間30分)、横山(山頂まで約3時間20分)の各登山口からのコースが南面から延びている。いずれも歩く人は多くないが、通過困難箇所のないコースだ。

松倉山
△804

石花登山口

平城畑
654 △

追分

（笠峰・孫次郎山）
マトネ **4**
938

ジャバミ
741 △

カタクリ

入川

金剛山 ↑

ドンデン高原キャンプ場

ドンデン避難小屋

ドンデン山の最高点

青粘十字路
（青粘峠）

ドンデン池

タダラ峰

論天山
873 △ **2**

ドンデン山

尻立山
940

金北縦走路入口

824 △ **3**

0:40

レンゲツツジ
ハマナス

0:35
0:30

934 △ **1** ドンデン山荘
（ドンデン高原ロッジ）

0:25　0:20

烛台兎

0:40
0:50

カレー清水

886

0:45
0:50

石花分岐 **5**

4月下旬〜5月下旬の毎日、両津港〜
ドンデン山荘間を「ドンデンライナー」
が運行。午前2便、午後2便

大滝山
786 △

両側に海を眺めながらの
爽快な稜線歩き。ただし
風が強い

ツンブリ平
935

真砂の芝生 **6**

真砂の峰

1:25
1:35

イモリ平

△946

青粘登山口

4〜5月にかけ、オオ
ミスミソウをはじめ
多くの花が見られる
（登り50分、
下り約40分）

岨巒堂山
△751

アップダウンを繰り返し
ながら役の行者へ

天狗の休み場

新潟県
佐渡市

金北山 **8**

北ヶ嶽

1172

0:30
0:40

役の行者 **7**
•1049

金北山神社

両津港

2体の石仏がある

佐渡島の最高点。
展望よい

1:50
1:30

二ノ岳
1005

金北山〜白雲台間は
車道歩き

天狗岩
•849

神子岩

マツムシ平
△875

防衛省管理道路

1055
妙見山

沢口登山口

姫ヶ沢
登山口

横山登山口

通行の際は事前に佐渡
トレッキング協議会へ
の登山届け提出が必要

9 白雲台

展望台

交流
センター白雲台

4月下旬〜5月下旬の毎日夕方、
両津港行きの「金北山ライナー」
が運行。1便のみ

大佐渡スカイライン

航空自衛隊
佐渡分屯基地

新保川

栗ヶ沢
登山口

国道350号・両津港

凡例の縮尺
1:50,000
500　1000m
1cm=500m
等高線は20mごと

1:900,000
0　10km

入江崎

大佐渡山脈

内海府海岸

外海府海岸

新潟港

日本海

ドンデン山

金北山

両津湾

両津港

佐渡金山

佐渡空港

姫津

佐渡市

新穂潟上温泉

八幡温泉

佐渡島

小佐渡山脈

台ヶ鼻

鴻ノ瀬鼻

沢崎鼻

小木温泉

直江津港

越後三山の２峰をたどる展望と花のロングコース

越後駒ヶ岳・中ノ岳

越後駒ヶ岳 **百**
中ノ岳 **二百**

標高2085m（中ノ岳）
標高2003m（越後駒ヶ岳）

新潟県

登山レベル：上級

技術度：★★★
体力度：★★★★

日　程：前夜泊2泊3日

総歩行時間：19時間15分

1日目：5時間5分
2日目：6時間10分
3日目：8時間

歩行距離：24.5km

累積標高差：登り1950m
**　　　　　　下り2737m**

登山適期：7月上旬～10月中旬

地形図 ▶ 1：25000「八海山」「兎岳」
三角点 ▶ 一等（越後駒ヶ岳）
　　　　　三等（中ノ岳）

奥只見湖のある銀山平から見
上げた越後駒ヶ岳

上級　中級　初級

越後駒ヶ岳・中ノ岳

🔺 山の魅力

信濃川の支流、魚野川流域から見ればすぐにそれとわかる山々が、越後駒ヶ岳・中ノ岳・八海山の越後三山（魚沼三山）だ。ここでは大きな展望と豊富な高山植物に恵まれた稜線をたどる越後駒ヶ岳～中ノ岳コースを紹介する。食事や水を担いで避難小屋に2泊する、上級者向けのロングコースだ。

>>> DATA

公共交通機関【行き】JR上越線小出駅→タクシー（約50分）→枝折峠頂上　【帰り】野中バス停→南越後観光バス（約30分）→JR上越線六日町駅

マイカー　関越自動車道・小出IC（2024年秋に魚沼ICへと名称変更）から県道70号、国道352号を経由して枝折峠の駐車場（無料）まで25km。

ヒント　復路の野中バス停からの夕方のバス便は平日2本、土・日曜、祝日1本のみ。タクシーなら十字峡まで入る。魚沼市では9月中旬～10月下旬、登山口の枝折峠に早朝アクセスできる「うおぬま滝雲シャトルバス」を運行しており、登山にも活用できる。発着場所などの詳細は魚沼市観光協会（☎025-792-7300）まで。

問合せ先
魚沼市観光課（駒の小屋も）　☎025-792-9754
南魚沼市商工観光課　　　　　☎025-773-6665
六日町観光協会（タクシー案内も）☎025-788-1703
南越後観光バス六日町営業所　☎025-773-2573

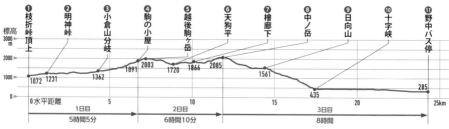

①枝折峠頂上　②明神峠　③小倉山分岐　④駒の小屋　⑤越後駒ヶ岳　⑥天狗平　⑦檜廊下　⑧中ノ岳　⑨日向山　⑩十字峡　⑪野中バス停

標高
3000m
2000m
1000m
0

1072　1231　1362　1891　2003　1720　1866　2085　　　1561　　　　435　　　　285

0 水平距離　　5　　　　10　　　　15　　　　20　　25km

1日目　　2日目　　　3日目
5時間5分　6時間10分　8時間

欄外情報　山小屋◎駒の小屋：越後駒ヶ岳山頂直下の避難小屋。簡単な寝具あり。協力金1泊2000円。　中ノ岳避難小屋：中ノ岳山頂。要協力金。※いずれの小屋も炊事用具が必要で、中ノ岳避難小屋はシュラフも持参すること。

コース概要

1日目 ❶枝折峠頂上のトイレ横から登山道に入る。尾根を歩き、銀の道を左に分けた先が❷明神峠。ここから登下降を繰り返しながら高度を上げ、道行山への分岐を過ぎてしばらくで、駒の湯への道が分岐する❸小倉山分岐だ。低木帯のゆるやかな道はだんだんときつくなり、前駒から岩稜帯を登れば❹駒の小屋に到着する。

2日目 まずは越後駒ヶ岳を目指す。小屋の裏手から尾根を登り、稜線に出たら右に行けば❺越後駒ヶ岳の山頂だ。山頂から南下する。水無川渓谷へのコースを右に分け、笹の茂る道を下れば❻天狗平。ここからはやせた尾根のアップダウンが❼檜廊下へと続く。滑落に注意して歩きたい。檜廊下からいったん下って登り返せば、八海山への分岐点に中ノ岳避難小屋が立ち、すぐ先が❽中ノ岳の山頂だ。

3日目 この日は下山となるが、標高差1500mの長くつらい下りが続くハードな1日。中ノ岳から南下し、すぐに右へと十字峡に向かう。急下降から池塘のある❾日向山を過ぎ、なおも急下降を続けると❿十字峡。ここから車道を約2時間20分歩いて⓫野中バス停へと下山するが、便数が少ないので事前に確認を。

プランニングのヒント

体力に自信があれば1泊2日で歩くことも可能。ただし、どちらか1日は10時間を軽く超えるハードな行程となる。

駒の小屋にある水場は雪解け水のため、例年、7月下旬〜8月上旬頃には利用できなくなる。その場合は、小屋から2、3分下ったところにある水場を利用する。また、駒の小屋には薄手の毛布と銀マットが用意されているが、混雑次第で十分に利用できない可能性もある。翌日の中ノ岳避難小屋での宿泊も考慮すれば、シュラフは必携品となる。

中ノ岳避難小屋には天水タンクがあって調理用の水を得ることが可能だが、できるだけ節水を心がけてほしい。

中ノ岳から十字峡への下山コースはハードな下りが続く。下部にはクサリ場もあるので、一歩ずつ着実に下ろう。

花と自然

越後駒ヶ岳から中ノ岳へと続く尾根筋にはたくさんの高山植物が咲く。日本固有種で絶滅危惧種のオオサクラソウ(ミヤマサクラソウ)をはじめ、数多くの花々と出会うことができるだろう。

オオサクラソウ(上)とタテヤマリンドウ(下)

サブコース

駒の湯山荘から越後駒ヶ岳へ

【コース】JR小出駅→(タクシー)→駒の湯山荘→小倉山→駒の小屋→越後駒ヶ岳

枝折峠からの登路がメインコースとなる前はよく歩かれていたコース。駒の湯山荘から小倉山まで標高差1000mほどの急坂が続く。越後駒ヶ岳を往復するだけなら、枝折峠から登り、帰りはこの道を下ってもいい。下山後は駒の湯山荘で温泉につかれる。登り約7時間・下り約4時間45分。中級。

日向山付近から振り返った中ノ岳

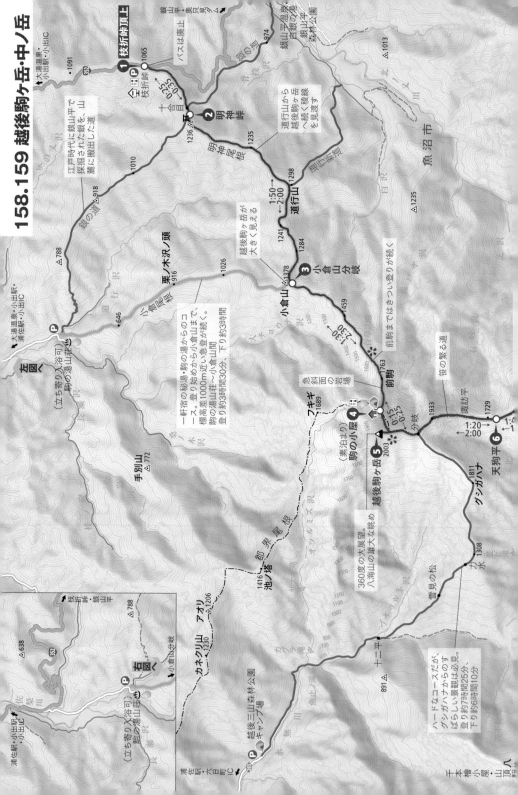

魚沼市

大湯温泉・
小出駅・小出IC

銀山平・
奥只見ダム

① 枝折峠頂上
△1065
バスは廃止

全図 P
枝折峠
0:35
←
0:25

十合目

② 明神峠
△1236

明神尾根

道行山から
越後駒ヶ岳
へ続く稜線
を見渡す

江戸時代に銀山平で
採掘された鉱を、山
麓に搬出した道

越後駒ヶ岳が
大きく見える

③ 小倉山分岐
△1378

小倉山まではきつい登りが続く

前駒までは
きつい登りが続く

前駒
1763

笹の繁る道

諏訪平
1933

△1729

1:20
2:00
⑥ 天狗平

グシガハナ
1811

一軒の秘湯、駒の湯からのコ
ース。登り始めから小倉山まで
標高差1000m近い急登が続く。
登り約3時間30分、下り約3時間

駒の湯山荘

左図へ

越後駒ヶ岳が
大きく見える

栗ノ木沢ノ頭
△916

銀の道

△788

△918

手ノ又沢

1010

657

1091

974

△1013

△1235

1298
道行山

1:50
2:00
←

1241

1284

1235

1026

646

1459

1:30
2:30

ブナ林
1689

0:15
0:25

④ 駒の小屋
（素泊まり）

⑤ 越後駒ヶ岳
△2003

360度の大展望
八海山の雄大な眺め

急斜面
の岩場

ネッヅ沢

笹ミズ沢

△772
毛別山

郡倉尾根

池ノ塔
1416

カネクリ山
△1230

アオリ
△1206

越後三山森林公園
キャンプ場

ハードなコースだが、
グシガハナからのす
ばらしい景観は必見。
登り約7時間25分、
下り約6時間10分

力水
1308

雪見の松

891 △

十二平

左図
（立ち寄り入浴可）
駒の湯山荘

右図
（立ち寄り入浴可）
駒の湯山荘

P

P

P

△638

△788

小倉山分岐

枝折峠・
銀山平

佐梨川

浦佐駅・小出駅・
小出IC

浦佐駅・六日
町IC

千本檜小屋・
八海山頂上

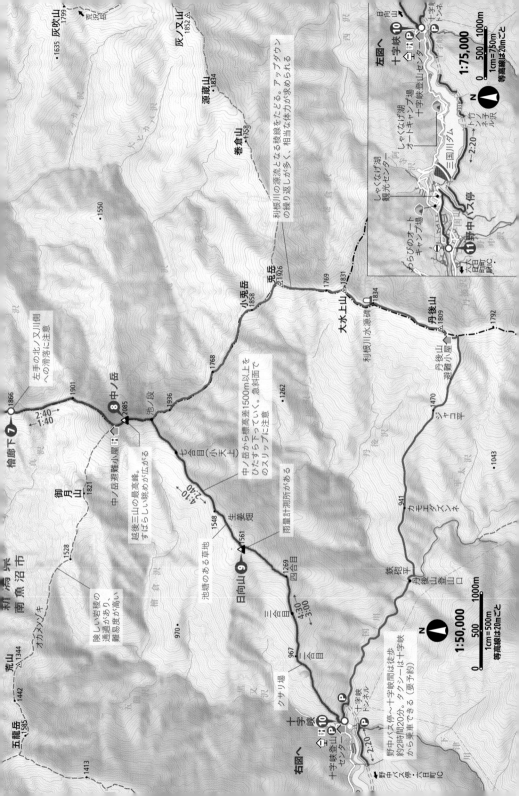

絶壁にかかるいくつものクサリ場を越える上級コース

八海山
はっかいさん

二百

標高1778m（入道岳）

新潟県

登山レベル：**上級**

技術度：★★★★
体力度：★★★

日　程：1泊2日

総歩行時間：**8時間10分**

1日目：**2時間35分**
2日目：**5時間35分**

歩行距離：**7.5km**

累積標高差：登り**830m**
　　　　　　下り**830m**

登山適期：**6月中旬〜10月下旬**

地形図▶1：25000「五日町」「八海山」
三角点▶三等（薬師岳）

釈迦岳の頂から白河岳のクサリ場を振り返る。中間点の山上からは八ツ峰の岩峰群が一望され、魚沼の穀倉地帯も見下ろせる

🏔 山の魅力

御嶽山の王滝口、武尊山、秩父御岳山などを開山した普寛行者によって開かれた修験道の山。越後駒ヶ岳と中ノ岳とともに越後三山として親しまれ、険しい岩峰が連なる八ツ峰のスリル満点の登下降は岩場好きにはたまらない。山上からの展望も爽快で、迂回路を利用して岩峰に立てるのも魅力だ。

>>> DATA

公共交通機関【往復】JR上越線・ほくほく線六日町駅→南越後観光バス（約30分）→八海山スキー場バス停（徒歩約5分）→六日町八海山スキー場ロープウェー山麓駅→八海山ロープウェー（5〜7分）→山頂駅

マイカー 関越自動車道・六日町ICから国道291号、県道214号を経由して八海山ロープウェーの駐車場（無料）まで約12km。新潟方面からは小出ICから国道291号、県道214号を経由して約22km。

ヒント ロープウェーは4月下旬〜11月中旬運行。8時30分〜16時（土・日曜、祝日は〜16時30分）。5月下旬〜11月中旬には早朝ロープウェー（7時30分〜）が運行される。

問合せ先
南魚沼市商工観光課　　　　　☎025-773-6665
六日町観光協会（タクシー案内も）☎025-788-1703
南越後観光バス六日町営業所　☎025-773-2573
八海山ロープウェー　　　　　☎025-775-3311

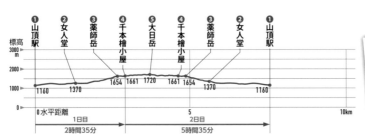

①山頂駅	②女人堂	③薬師岳	④千本檜小屋	⑤大日岳	④千本檜小屋	③薬師岳	②女人堂	①山頂駅
1160	1370	1654	1661	1720	1661	1654	1370	1160

標高3000m 2000m 1000m

0 水平距離　　　　5　　　　10km
1日目　　　　　　2日目
2時間35分　　　　5時間35分

地蔵岳の山頂

欄外情報 山小屋◎千本檜小屋：☎080-5079-3375。1泊2食付7000円、素泊まり4000円。7〜10月下旬。管理人が常駐し、要予約。女人堂と八海山遥拝所も避難小屋として利用できる。

コース概要 ❶山頂駅からゆるやかに進み、急坂を越えると❷女人堂。さらに水場を過ぎ、長いクサリ場を越えて❸薬師岳からわずかに進むと❹千本檜小屋に着く。本日はここに泊まることにしよう。翌朝、小屋の先の八ツ峰への分岐を見落とさずに地蔵岳へと向かう。不動岳から絶壁が続き、下が見えない岩場や切れ落ちたトラバースを進み、少ない足場を頼りに白河岳へ。足場が確かな岩場を越えると休憩に適した摩利支天岳。さらに剣ヶ峰を過ぎ、クサリ場を登れば❺大日岳だ。山頂から下が見えないクサリ場を下って迂回路へ。鉄バシゴを下って絶壁のトラバースを越え、地蔵岳下から往路を戻る。

プランニングのヒント 日帰りも可能だが、休日はクサリ場が渋滞するので山中泊が無難。岩場が苦手であれば不動岳往復か迂回路で釈迦岳(白川岳)か大日岳へ。しかしクサリ場が連続し、大日岳の登下降もあるので熟練者の同行が必要だ。

迂回路のトラバースの足場はしっかりしているが、クサリは決して離さずに。午前中は足場が濡れているので要注意だ。

安全のヒント

不動岳の次の七曜岳への左手が鋭く切れ落ちた登降は枝などをつかんで慎重に通過しよう。また下が見えないクサリ場では前の登山者が下りきったことを確認してからクサリに取り付くようにしよう。

不動岳のクサリ場を下る

160

八海山

160 八海山

N

1:50,000

0　500　1000m

1cm＝500m
等高線は20mごと

大倉口

展望台 1121

八海山遥拝所

ロープウェーを利用しない場合、登り約2時間30分、下り約1時間30分

❶山頂駅

池ノ峰 1296

1:25
1:00

•1087

•1064

濁池 ジュウタン池

六日町八海山スキー場 所要5〜7分

モリアオガエルが生息している

❷女人堂 1370

祓川の水場

展望のよいピーク。初級者はここで引き返す

0:55

❸薬師岳

0:40

0:15

新潟県 南魚沼市

アラチ沢

クサリ

•1364

△1654

地蔵岳 1707

❹

白河岳・釈迦岳 迂回路分岐

1:50

山頂部の八ツ峰は不動岳、釈迦岳、摩利支天岳、剣ヶ峰など8つのピークと19カ所ものクサリ場が続く険しい道

千本檜小屋

八海山

避難小屋

八ツ峰

❺大日岳 1720

クサリ、ハシゴ

山麓駅 P 八海山スキー場

日大セミナーハウス

•690

•406

八海神社

△452

登り専用

二合目登山口

清滝

入道岳 (丸岳) 1778

八海山の最高点。大日岳から往復約1時間30分

屏風道

迂回路を往復してもいい

屏風沢

P

•624

新開道

1268 カッパ倉

入道沢

•1322

1590 五龍岳

1585

中ノ岳・越後駒ヶ岳

二合目登山口〜大日岳間登り約6時間、下り約4時間30分

中ノ岳への縦走路は遭難の多い危険な道

奥只見の秘境に位置するスリルと展望の山

荒沢岳
<small>あらさわだけ</small>

二百

標高1969m

新潟県

登山レベル:上級

技術度:★★★★
体力度:★★★★

日 程:前夜泊日帰り

総歩行時間:8時間15分

歩行距離:9.8km

累積標高差:登り1485m
**　　　　　　下り1485m**

登山適期:6月下旬〜10月中旬

地形図▶1:25000「奥只見湖」
三角点▶二等

越後駒ヶ岳の登山口にあたる枝折峠から見た荒沢岳（右から2つめのピーク）。山頂の左から手前に下るヤセ尾根が登山コースだ

🏔 山の魅力

大きな鳥がその翼を広げたかのような迫力ある山容、上信越の展望台ともいえる大パノラマ、そして長いクサリ場などの連続する困難な登山が、奥只見という山奥にありながらも人気のある理由。百名山にも三百名山に選定されず、二百名山にのみ選定されている唯一の山でもある。

>>> DATA

公共交通機関【往復】JR上越新幹線浦佐駅→南越後観光バス急行（約1時間20分）→白光岩バス停

マイカー　関越自動車道・小出IC（2024年秋に魚沼ICへと名称変更）から県道70号、国道352号、奥只見シルバーラインを経由して荒沢岳登山口まで約24km。荒沢岳登山口の駐車場（無料）以外にも、国道352号沿いの奥只見湖寄りに大きな駐車場（無料）がある。

ヒント　バス（急行）は6月上旬〜10月上旬の土・日曜、祝日（お盆と10月上旬〜11月上旬は毎日）運行。ただし、登山にはきわめて使いづらい時刻の運行のため（10月上旬〜11月上旬のみ、白光岩バス停から16時台の便がある）、タクシー利用も考慮したい。

問合せ先
魚沼市観光課　　　　　　☎025-792-9754
魚沼市観光協会　　　　　☎025-792-7300
南越後観光バス小出営業所☎025-792-8114
小出タクシー　　　　　　☎025-792-0019

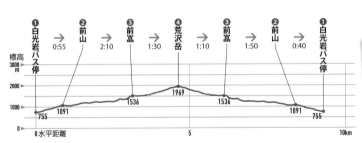

①白光岩バス停	→	②前山	→	③前富	→	🔺荒沢岳	→	③前富	→	②前山	→	①白光岩バス停
	0:55		2:10		1:30		1:10		1:50		0:40	

標高3000m / 2000 / 1000 / 0
755　1091　　　1536　　1969　　1536　　　1091　　755
0水平距離　　　　　　　　　　5　　　　　　　　　　10km

登山口のある銀山平からの荒沢岳

欄外情報　立ち寄り温泉◎湯之谷温泉郷:魚沼市街から奥只見へと続く国道352号沿いに点在する薬師、葎沢、芋川、折立、大湯、栃尾又、駒ノ湯、銀山平の各温泉の総称。立ち寄り入浴の詳細は魚沼市観光協会まで。

コース概要 **❶白光岩バス停**(はっこうがん)(てい)近くの登山口から山道に入る。**❷前山**(まえやま)までの急登をこなし、前山からはいくつかのピークを越える尾根道を行く。やがて、鉄バシゴやクサリが頻繁に現れるようになり、目の前に前嵓の大岩壁が姿を現す。ここからが核心部。スラブ状の岩をいったん下り、長いクサリで岩壁をトラバースする。岩場が湿っているときは滑落に注意したい。続いて道は岩場の登りへと変わり、これでもかというほどのクサリが**❸前嵓**(まえぐら)の頂まで続く。前嵓からは再び稜線を歩くが、やせていて気が抜けない。山頂手前ピークのトラバースは要注意だ。やっとたどりついた**❹荒沢岳**(あらさわだけ)は大パノラマの頂。下山は往路を戻るが、クサリ場は登り以上の緊張を強いられる。三点確保を忘れず慎重に。

プランニングのヒント 6月上旬〜10月中旬以外の時期、雪の重みからクサリや岩を守るために、前嵓のクサリ場からクサリが外される。取り外し以降はロープが必要となる。

歩行時間が長いうえに険しい場所が多く、下山での時間的な余裕を確保するためにも早朝のスタートを心がけたい。

安全のヒント

コースの核心部は、山頂の手前に立ちはだかる前嵓。"クサリ天国"とよばれるだけあって、足元の切れ落ちた岩壁にクサリ場が連続する。クサリ場自体はそれほど難易度は高くないが、問題は下る際の高度感。高度に対する感覚やコンディションによって難易度が大きく異なってくるのがこの山の難しさでもある。一歩一歩、慎重に足を運ぼう。また、荒沢岳は気象条件の厳しいエリアにある。天気の悪化を感じたら、無理せずに引き返してほしい。

前嵓（右の岩峰）と荒沢岳山頂

161 荒沢岳

新潟県
魚沼市

❶白光岩バス停
❷前山 1091
❸前嵓 1536
❹荒沢岳 1969

0:55 / 0:40
2:10 / 1:50
1262
最低鞍部
1:30 / 1:10

クサリ、ハシゴの連続。落石・滑落注意

「荒沢岳へ1.8キロ」の標柱がある

前嵓からもヤセ尾根が続く

下山時に花降岳方面への主稜線に入り込まないこと

360度の大展望

N
1:50,000
0　　500　　1000m
1cm=500m
等高線は20mごと

花降岳 1891
本城山 1758
西ノ城 1610

アプローチ、歩行距離ともに長い体力勝負の百名山

平ヶ岳
ひらがたけ

百

標高2141m

新潟県・群馬県

登山レベル:**上級**

技術度:★★★
体力度:★★★★★

日　程:前夜泊日帰り

総歩行時間:**12時間10分**

歩行距離:**21.4km**

累積標高差:登り**1728m**
　　　　　　下り**1728m**

登山適期:6月下旬～10月上旬

地形図▶1:25000「平ヶ岳」「会津駒ヶ岳」「尾瀬ヶ原」
三角点▶二等

山頂部最東端の池ノ岳からなだらかな平ヶ岳山頂を望む。周囲は広大な湿原帯だ

🏔 山の魅力

尾瀬ヶ原の北方にそびえる日本百名山。奥深いところに位置しているだけに、周囲の山上からでなければその姿を確認できない、秘峰中の秘峰。その名のとおり平坦な山頂部を持ち、そこには湿原と池塘が広がっている。登山道は中級者向きの中ノ岐コースと、上級者向きの鷹ノ巣コースの2本のみ。

>>> DATA

公共交通機関【往復】JR上越新幹線浦佐駅→南越後観光バス特急・急行(約1時間15分)→奥只見ダムバス停→奥只見観光(渡船40分)→尾瀬口バス停→会津バス(約10～15分)→平ヶ岳入口バス停

マイカー 関越自動車道・小出IC(2024年秋に魚沼ICへと名称変更)から国道291・352号、県道50号を経由して平ヶ岳登山口へ約57km。登山口に約30台が停められる無料の駐車場がある。

ヒント 尾瀬口～平ヶ岳入口間のバスは6月上旬から10月中旬までの運行で、1日2便。帰りの平ヶ岳入口発の最終は15時台後半。渡船と会津バスは乗車の3日前までに魚沼市観光協会に予約が必要。

問合せ先
魚沼市観光協会(予約バス・登山コース)
　　　　　　　　　　　　　　☎025-792-7300
南越後観光バス小出営業所　☎025-792-8114
奥只見観光(渡船)　　　　　☎025-795-2750

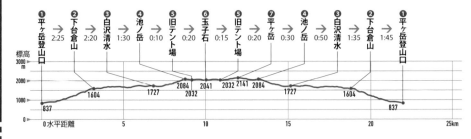

❶平ヶ岳登山口 →2:25 ❷下台倉山 →2:20 ❸白沢清水 →1:30 ❹池ノ岳 →0:10 ❺旧テント場 →0:20 ❻玉子石 →0:15 ❺旧テント場 →0:20 ❼平ヶ岳 →0:30 ❹池ノ岳 →0:50 ❸白沢清水 →1:35 ❷下台倉山 →1:45 ❶平ヶ岳登山口

標高3000m / 2000 / 1000 / 0
837　1604　1727　2084　2032　2041　2032 2141 2084　1727　1604　837
水平距離　5　10　15　20　25km

欄外情報 前泊◎登山口の近くに清四郎小屋(6月上旬～10月下旬営業)があり、宿泊以外に売店や食堂としても営業している。宿の主人は平ヶ岳の登山道に詳しい。☎090-2558-0028。1泊2食付8500円～。

コース概要 ❶平ヶ岳登山口から林道を進むと登山口で、右へ入る。しばらく登ると狭い登山道になる。急斜面を登ると❷下台倉山に着く。台倉山を越え、台倉清水、❸白沢清水を通過する。なおも急斜面を登るとやがて木道が現れ、山頂部北東端の❹池ノ岳に着く。道標に従い水場・玉子石方面の木道を進み、10分ほどで分岐に出る。左に行くと❺旧テント場があり、荷物を置いて❻玉子石を往復してこよう。旧テント場に戻ったら、平ヶ岳山頂を目指す。分岐を右に進むと❼平ヶ岳山頂だ。湿原と展望を楽しんだら山頂を後に❹池ノ岳へ向かい、往路を下っていく。大変長い下山道なので、ていねいに着実に下るようにしたい。

プランニングのヒント 健脚者なら日帰り可能だが、それでも早朝の暗いうちから登り始める必要があり、前夜に山麓の民宿に泊まるか車中泊が大前提となる。疲労が激しい時や時間の余裕がない時は、玉子石の往復をカットすること。

かつてのテント場は現在、緊急時を除いて幕営禁止。緊急時に利用せざるをえない場合、水は平ヶ岳沢の沢水を利用することになる。

安全のヒント

距離の割には通過困難箇所のないコースだが、下台倉山への登りの途中に両側が切れ落ちている場所がある。雨天時や下山時など、滑らないように注意したい。

下台倉山へと続く砂礫混じりの急斜面

サブコース

北面には、紹介する鷹ノ巣コースの半分の時間で登れる、中級者向きの中ノ岐コースがある。ただし、通行するには銀山平の民宿に宿泊することなどの条件がある。

162 平ヶ岳

ミョウカン山・1642

下台倉山 ❷ 1604 ▲ 2:25 1406 1:45

銀山平

新潟県 魚沼市

1634・

下図へ

中ノ岐林道終点

1690

2:20 1:35

△1887

白沢清水 ❸

台倉山 △1695

山頂への最短コース（登り約4時間、下り約2時間50分）だが、登る場合は銀山平の民宿に宿泊することが前提となる

←0:10→ (❹←❺)

池ノ岳 姫池

1:30 0:50

鷹ノ巣コース

台倉清水

・1746

1751

5分ほど下った場所にあるが、水流が細く涸れていることが多い

←0:20 0:15→

❹ 2084

1903

玉子石 ❻

2076

旧テント場 ❺

0:30← →0:35

緊急時以外、幕営禁止

こちらも涸れていることが多い

2つの丸い石が積み重なったように見える

0:15← →0:20

平ヶ岳 ❼ 2141 2140

三角点は樹林の中

尾瀬口・小出IC 清四郎小屋

鷹ノ巣高原 キャンプ場

鷹ノ巣

群馬県 みなかみ町

花の多い湿原には木道が敷かれている

鷹ノ巣山 △1623

砂礫混じりのヤセ尾根

鷹ノ巣〜平ヶ岳登山口間徒歩約10分

約30台

上図へ

352

N

1:50,000

500　1000m

1cm=500m
等高線は20mごと

❷ 下台倉山 △1604

1406 前坂

2:25 1:45

登山口 平ヶ岳入口

P ❶ 平ヶ岳登山口

尾瀬御池・檜枝岐

湿原が広がる山上へ急傾斜の尾根を登る

巻機山
(まきはたやま)

標高1967m（最高点）

新潟県・群馬県

登山レベル:中級

技術度:★★★
体力度:★★★★

日　程:前夜泊日帰り

総歩行時間:8時間25分

歩行距離:12.1km

累積標高差:登り1505m
　　　　　　下り1505m

登山適期:7月上旬〜10月中旬

地形図▶1:25000「巻機山」
三角点▶一等（割引岳）
　　　　三等（牛ヶ岳）

ニセ巻機山から巻機山の山頂部を望む。なだらかな山容が印象的

🏔 山の魅力

機織り伝説が残る巻機山は、最高峰の本峰や三角点のある割引岳、牛ヶ岳、御機屋の4つのピークの総称。山上には池塘が点在し、高山植物も豊富。その湿原はかつてはオーバーユースにより荒れ果てていたが、さまざまな人の手により、30年以上の時を経て美しさを取り戻している。

>>> DATA

公共交通機関【往復】JR上越線六日町駅→タクシー（約30分）→桜坂駐車場

マイカー 関越自動車道・塩沢石打ICから県道28号、国道291号を経由して桜坂駐車場へ約15km。有料の駐車場がある。

ヒント 六日町駅から清水バス停まで南越後観光バスが運行（約30分）。清水から桜坂駐車場へは徒歩40分。ただしバスは1日3便と少なく、下山時の清水バス停発のバスは14時台の後は17時台までない。人数がまとまっていれば、JR上越新幹線越後湯沢駅からタクシーを利用する方法もある。

問合せ先
南魚沼市商工観光課　　　☎025-773-6665
南魚沼市観光協会　　　　☎025-783-3377
南越後観光バス六日町営業所　☎025-773-2573
マルカタクシー　　　　　☎025-782-1155

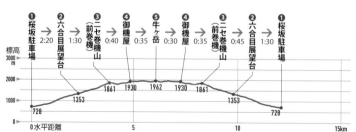

①桜坂駐車場 2:20 ②六合目展望台 1:30 ③ニセ巻機山（前巻機） 0:40 ④御機屋 0:35 ⑤牛ヶ岳 0:30 ④御機屋 0:35 ③ニセ巻機山（前巻機） 0:45 ②六合目展望台 1:30 ①桜坂駐車場

標高3000m 2000m 1000m 0
728 1353 1861 1930 1962 1930 1861 1353 728
0 水平距離　　　5　　　10　　　15km

御機屋の山頂

欄外情報 前泊◎登山拠点となる南魚沼市清水地区に5軒の民宿がある。山菜採りの名人が多く、各宿で素朴な料理が味わえる。なかでも雲天（☎025-782-3473）は宿のご主人が登山コースに詳しい。

コース概要 ❶桜坂駐車場先の分岐で井戸尾根に入るが、八合目まではひたすら粘土質の歩きづらい急斜面を登っていく。❷六合目展望台からは、天狗岩とヌクビ沢の雪渓が見渡せる。八合目で傾斜がゆるみ、植生保護のため整備された階段状の道を進むと❸ニセ巻機山に着く。木道を下ると巻機山避難小屋がある。なだらかに進み、竜王ノ池とよばれる池塘の脇を登ると、「巻機山山頂」の表記のある❹御機屋に着く。ここで引き返す登山者も多いが、東の牛ヶ岳へ往復してこよう。湿原の広がる木道を進み、巻機山最高点（本峰）の南直下を抜ける。さらに進むと❺牛ヶ岳だ。展望を楽しんだら❹御機屋へ戻り、井戸尾根を下る。

プランニングのヒント マイカーなら日帰り往復も可能だが、井戸尾根の登降はかなりきついだけに、体の負担を考えると、山麓の清水集落に前泊したい。通過困難箇所がないので初級者でも登れるが、疲労感が強いときは途中から引き返すこと。

> 井戸尾根の八合目までは粘土質の道で歩きづらい。靴ひもを全体的にしっかり締め、かかとの浮きを抑えるといい。

サブコース

Column

上級者に限るという条件付きだが、桜坂からヌクビ沢を遡行するコースもある。沢歩きなので盛夏でも涼しさを感じるが、遅くまで残る雪渓や進路をふさぐ滝、クサリ場のトラバース、急峻な草付きなどの通過困難箇所がある。雪渓の崩壊が落ち着く秋に上級者が2人以上で登るコースだろう。なお、ヌクビ沢は下山には決して利用しないこと。ほかには割引岳に直接登る天狗尾根コースもあるが、こちらも井戸尾根よりワンランク難しくなる。

井戸尾根からのヌクビ沢（右の雪渓）と天狗岩

お花畑から急斜面を登って池塘が点在する山頂へ

苗場山
なえばさん

百

標高2145m

新潟県・長野県

登山レベル:**中級**

技術度:★★
体力度:★★★★

日　程:前夜泊日帰り

総歩行時間:**7時間20分**

歩行距離:**10.7km**

累積標高差:登り**1083m**
　　　　　　下り**1083m**

登山適期:**7月上旬〜10月中旬**

地形図▶1:25000「苗場山」
三角点▶一等

池塘の点在する苗場山の山頂部。右上に自然体験交流センターの屋根が見える

🏔 山の魅力

広大な湿原の山頂に点在する苗代を思わせる池塘群の景観がこの山ならではの魅力になっている。登山口周辺のブナの原生林から湿原地帯、さらに長い稜線へとなかなかハードな行程だが、下の芝付近から山頂まで豊富な高山植物に覆われた道が続き、登りの疲れをやわらげてくれることだろう。

>>> DATA

▶**公共交通機関**【往復】JR上越新幹線越後湯沢駅→タクシー (約45分)→和田小屋

▶**マイカー** 関越自動車道・湯沢ICから国道17号、かぐらスキー場みつまたステーションを経て、祓川登山口駐車場(旧町営第2リフト駐車場)まで約19km。駐車場は有料。駐車場から和田小屋へは、さらにスキーゲレンデのなかの林道を徒歩約25分(下りは約20分)。

▶**ヒント** タクシーは越後湯沢駅前に常駐している

る。花や紅葉シーズンの休日の駐車場は朝から混雑するので、早着を心がけたい。

▶**問合せ先**
湯沢町企画観光課　☎025-784-4850
湯沢町観光協会　☎025-785-5505
アサヒタクシー　☎0120-1094-81
ゆざわ魚沼タクシー　☎0120-44-2025

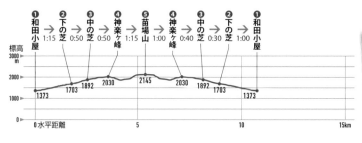

❶和田小屋 →1:15 ❷下の芝 →0:50 ❸中の芝 →0:50 ❹神楽ヶ峰 →1:15 ❺苗場山 →1:00 ❹神楽ヶ峰 →0:40 ❸中の芝 →0:30 ❷下の芝 →1:00 ❶和田小屋

標高 1373 1703 1892 2030 2145 2030 1892 1703 1373

段差は小股で乗り越えよう

欄外情報 山小屋◎苗場山自然体験交流センター:山頂直下の山荘。☎080-7183-4024。1泊2食付1万1000円。要予約。和田小屋:☎025-788-9221。1泊2食付1万2000円。営業は6月上旬から10月中旬の金・土曜。

コース概要 ❶和田小屋から祓川コースを登る。スキーゲレンデを登り、右手の森に入る。ここからしばらく湿潤なブナの原生林を登る。樹林帯を抜けて❷下の芝のお花畑から湿地帯のなかの木道が続き、❸中の芝の先で小松原コースを合わせて登っていく。❹神楽ヶ峰を過ぎていったん下り、途中に湧く冷たい雷清水で喉を潤して急下降していく。鞍部から豊富な花に覆われた道をたどると「お花畑」と名づけられた広大な花の斜面に出る。さらに進むとようやく山頂部が正面に見え、急登して雲尾坂上部のヒカリゴケを覗き、ロープを伝って登りつめると広大な湿原に飛び出す。池塘が点在する平坦な湿原を進むと広場のような❺苗場山の頂に着く。下山は雲尾坂を慎重に下り、往路を戻る。

プランニングのヒント 前夜に越後湯沢周辺か登山口の和田小屋に泊まるか、山頂直下に立つ山小屋、苗場山自然体験交流センターに宿泊する。

山頂直下の急斜面「雲尾坂」はさほど狭くはないが両側が切れ落ちているので、特に下りはスリップなどに注意して慎重に歩こう。

Column

サブコース

四方から登山道が延びるが、マイカー利用であれば長野県側の秋山郷からの小赤沢コースが最短で、山頂まで約3時間50分。

花と自然

中の芝周辺にはニッコウキスゲが群生し、神楽ヶ峰にはタテヤマウツボグサなどが咲く。また、「お花畑」周辺にはクルマユリ、オヤマリンドウなど多くの花が見られる。山頂部もワタスゲなど湿性植物の宝庫だ。

コースで見かけたアサギマダラ

164

苗場山

切り立ったヤセ尾根が手ごわい秋山郷の岩峰

鳥甲山
とりかぶとやま

二百

標高2038m

長野県

登山レベル：上級

技術度：★★★★
体力度：★★★★

日　程：前夜泊日帰り

総歩行時間：8時間35分

歩行距離：9.3km

累積標高差：登り1367m
　　　　　　下り1594m

登山適期：6月上旬〜10月中旬

地形図▶1：25000「鳥甲山」「切明」
三角点▶二等

白嵓ノ頭へ急登が続く。鳥甲山山頂はなかなか見えてこない。登りも下りも急坂で縦走路は岩尾根になっている

山の魅力

かつて秘境ともよばれた北信州の秋山郷にそびえたつ秀峰。豪雪エリアの山なので山容は谷川岳に似て険しい。車でもバスでもアプローチが長く、行きにくい山のひとつであり、前泊が基本となる。登山道は整備されているが、稜線部はヤセ尾根の縦走となる。それなりの準備と心がまえが必要だ。

>>> DATA

▶公共交通機関【行き】JR上越新幹線越後湯沢駅→南越後観光バス（約55分）→津南バス停→南越後観光バス（約20分）→見玉バス停→乗合タクシー秋山郷線（約50分）→和山　【帰り】屋敷から乗合タクシーで往路を戻る。

▶マイカー　関越自動車道・塩沢石打ICから国道353・117・405号を経由して秋山郷の猿平まで約55km。上信越自動車道・豊野飯山ICからは国道117・405号を経由して猿平まで約78km。

▶ヒント　乗合タクシーは利用前日の17時までに要予約。予約は運行会社の森宮交通まで。なお、乗合タクシーの路線内は自由乗降区間となる。

▶問合せ先
栄村商工観光課　　　　　　☎0269-87-3355
栄村秋山郷観光協会　　　　☎0269-87-3333
南越後観光バス津南営業所　☎025-765-3647
森宮交通（乗合タクシー）　☎025-766-2949
十日町タクシー津南　　　　☎025-765-5200

① 和山 →1:00 ② 猿平 →3:00 ③ 白嵓ノ頭 →1:20 ④ 鳥甲山 →1:30 ⑤ 屋敷山の肩 →1:30 ⑥ 屋敷登山口 →0:15 ⑦ 屋敷

標高
3000
m
2000
1000
0

906　　1021　　　　1944　2038　　　　　1450　　867　755

0 水平距離　　　　　　5　　　　　　　10　　　　　　15km

鳥甲山山頂

欄外情報　前泊◎秋山郷：屋敷温泉や切明温泉、小赤沢地区などに旅館や民宿がある。切明温泉は秋山郷最奥にあり、川畔に自然の露天風呂がある。詳細は栄村秋山郷観光協会へ。

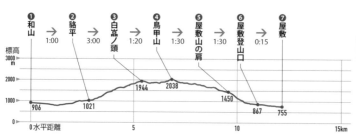

コース概要 ❶和山から❷貉平へと歩き、ブナ林の道を急登する。稜線に出ると苗場山や岩菅山が展望できる。ヤセ尾根をたどりコブを越えていくと❸白嵓ノ頭に到着。いったん下って登り返したカミソリ岩付近がいちばんの核心部。クサリ場や崩壊地では慎重な行動を。❹鳥甲山の山頂は雑木に囲まれ展望はあまりない。下山もいくつかコブを越えながら下っていく。赤嵓ノ頭から赤嵓ノ肩へは樹林帯の下りだ。❺屋敷山の肩から屋敷への下りはかなり急で、滑りやすい道が続く。❻屋敷登山口からは集落を抜け❼屋敷へ。マイカーの場合、屋敷登山口から林道を1時間ほどで貉平に戻ることができる。

プランニングのヒント 鳥甲山は車で行く人が多く、登山口にも下山口にも駐車スペースがある。バス利用の場合は便数が少ないため、秋山郷の屋敷温泉などに前泊するのがよい。登山口までは歩いて行けるが、宿に頼んで送ってもらうのがよいだろう。

赤嵓ノ肩からの下山路は黒土で滑りやすくスリップや滑落に注意。足の疲れが出てくる後半だけに稜線部以上に注意。

安全のヒント

鳥甲山の稜線は、灌木があるためにそれほどの高度感がない場所も多いが、実際は両側が切れ落ちているところばかりで気が抜けない。なかでもカミソリ岩は人一人通るのがやっとの岩稜で、クサリも安定していない。クサリ場ではクサリに頼らず、三点確保で落ち着いた行動を。

カミソリ岩や馬の背など難所に注意

Column

165

鳥甲山

65 鳥甲山

△1642
西ノ岩菅

勘五郎滝

観音沢

屋敷
屋敷温泉

小赤沢・津南バス停・
堰沢石打IC

栄小秋山分校

屋敷登山口 ❻

屋敷山 △1453
屋敷山の肩 ❺

1:30
2:20

急斜面を下る

0:15

長野県
栄村

広瀬滝

赤嵓ノ肩 1675

駐車スペースあり

秋山郷

△1048
西ノ平

見山

赤嵓ノ頭

1:30
2:20

秋山林道

上ノ原

鳥甲山 ❹
2038

分岐

馬の背

黒木尾根

中津川

977

のよさの里

樹林に囲まれている

カミソリ岩

1:10
1:20

•1568

東面が切れ落ちた
本コース最大の難所

1000

屋敷登山口～貉平間
徒歩約1時間

栃川高原
キャンプ場

1944

白嵓ノ頭 ❸

2:00
3:00

•布岩

982

0:50
1:00

和山温泉

❶和山

405

N

1:50,000

•万仏岩
1437

ヤセ尾根の登り
（クサリ・ハシゴあり）

❷貉平

秋山郷

堺

△1180

500   1000m

1cm＝500m
等高線は20mごと

尾根に出る

切明温泉

佐武流山

長野・新潟県境の深山に秘境・秋山郷から登る

佐武流山
（さぶりゅうやま）

長野県・新潟県

登山レベル：**上級**

技術度：★★★
体力度：★★★★★

日　　程：**前夜泊日帰り**

総歩行時間：**10時間**

歩行距離：**20.3**km

累積標高差：登り**1801**m
　　　　　　下り**1801**m

登山適期：**6月上旬〜10月下旬**

地形図▶1：25000「佐武流山」
三角点▶二等

残雪期の佐武流山。夏道が整備されていなかった時代、佐武流山に登る登山者が見ていた山の姿だ

上級 中級 初級

佐武流山

山の魅力

スキーリゾートで知られる苗場山の南に位置し、かつては残雪期にしか登ることのできなかった奥深い山。だが、西側山麓の長野県栄村が数年をかけ、無雪期にも登れるようにと登山道を整備した。栄村の最高峰でもあり、急坂の登山道をたどってパノラマの山頂に立ったときの感動はひとしおだ。

>>> DATA

公共交通機関【往復】JR上越新幹線越後湯沢駅→南越後観光バス（約55分）→津南バス停→南越後観光バス（約20分）→見玉バス停→乗合タクシー秋山郷線（約55分）→切明・林道ゲート分岐→徒歩（約25分）→林道ゲート

マイカー 関越自動車道・塩沢石打ICから国道353・117・405号を経由して林道ゲートまで約56km。車はゲート周辺の路肩に邪魔にならないように停める。

ヒント 乗合タクシーは利用前日の17時までに要予約。予約は運行会社の森宮交通まで。乗合タクシーの路線内は自由乗降区間となる。なお、バス・乗合タクシー利用の場合は、前泊と下山後の宿泊が必要となるため、やはりマイカーかタクシーでアクセスする山といえる。

問合せ先

栄村秋山郷観光協会	☎0269-87-3333
南越後観光バス津南営業所	☎025-765-3647
森宮交通（乗合タクシー）	☎025-766-2949
十日町タクシー津南	☎025-765-5200

標高
3000m

❶林道ゲート 1:20 ❷檜俣川入口 0:15 ❸檜俣川徒渉点 1:00 ❹物思平 1:10 ❺ワルサ峰 0:55 ❻西赤沢源頭の分岐 ❼佐武流山 0:45 ❻西赤沢源頭の分岐 0:35 ❺ワルサ峰 1:00 ❹物思平 0:40 ❸檜俣川徒渉点 0:20 ❷檜俣川入口 1:20 ❶林道ゲート

2000
1065 1285 1179 1565 1870 1918 2192 1918 1870 1565 1179 1285 1065

0
0 水平距離　　　　　5　　　　　10　　　　　15　　　　　20　　　　　25km

白砂山方面からの佐武流山と苗場山（右）

欄外情報 立ち寄り温泉◎楽養館：栄村の小赤沢地区にある日帰り温泉。赤褐色の湯が特徴だ。☎025-767-2297。入浴料600円。10〜18時。4月下旬〜11月上旬営業（要問合せ）。水曜休。

コース概要 ❶林道ゲートから中津川檜俣川林道を上流へと歩く。月夜立岩の下部を通過すると❷檜俣川入口。ここから急下降して❸檜俣川徒渉点で檜俣川を渡る。道はすぐに急登となり、❹物思平でいったんゆるやかになったあと、展望の開ける❺ワルサ峰へと再び急登する。やがて❻西赤沢源頭の分岐。緊急時にビバークも可能な坊主平を経て、ゆるやかなピークを越えた先が❼佐武流山のパノラマの頂だ。下山は慎重に往路を戻ろう。

熊の生息エリアなので、熊除け鈴などの対策をしっかりと。薄暗い時間帯の登山は避けたい。秋はスズメバチにも注意。

プランニングのヒント 休憩も含めると軽く10時間を超える行動時間になるので、日の短い秋の登山はよほどの健脚でないと厳しくなる。日中時間の長い6〜7月あたりの登山が望ましい。もちろんヘッドランプは必携。山頂からは北側の苗場山と南側の白砂山に向けて踏み跡が付いているが、特に白砂山への尾根筋は踏み跡が不明瞭になり、ヤブの繁茂する無雪期は困難。エキスパートが残雪期に歩くコースだ。

安全のヒント

檜俣川の徒渉は、増水して濁ると危険度が高まる。ロープは渡されているが、足元をすくわれたらあまり役には立たない。当日、雨の予報があるときは登山の延期を考えよう。

花と自然

樹林帯の多い山でもあり、花とはあまり縁がなさそうに思われるが、シャクナゲをはじめシラネアオイ、イワカガミ、ゴゼンタチバナ、シラヒゲソウ、ギンリョウソウなど多種の花が登山道脇に咲く。

上部で多く見られるシャクナゲ

166 佐武流山

津南駅・国道117号
和山
1423
月夜立岩
❶林道ゲート
エラクボ平
数台分の駐車スペース
1086
大岩山
1947
鉾岩
檜俣川入口
1569
切明
切明発電所
中津川檜俣川林道本道
1265
林道ゲート分岐
1430
1:20
1233
増水時注意
檜俣川
0:15
0:20
❷
❸ 檜俣川徒渉点
徒渉点からワルサ峰まで急登が続く
赤倉山・苗場山
物思平 ❹
1:00
0:40
❺ ワルサ峰
1870
ナラズ山
2052
1:10
1:00
分岐から15分
0:40
0:35
水無尾根
1128
1631
1777
猿面峰
坊主平
❻ 西赤沢源頭の分岐
緊急時ビバーク可
長野県
栄村
山ノ内町
笠法師山
1919
東電歩道
新潟県
湯沢町 1765
0:45
0:50
❼ 佐武流山
2192
白砂山への道はヤブに覆われている
1170
1887
苗場山方面の眺めがよい
1:55,000
500 1000m
1cm=550m
等高線は20mごと
野反湖
白砂山

ぬかるみの多い縦走路を抜け露岩の急坂を登る

岩菅山
（いわすげやま）

長野県

登山レベル:**中級**

技術度:★★
体力度:★★★

日　程:前夜泊日帰り

総歩行時間:**6時間10分**

歩行距離:**12.3km**

累積標高差:登り**682**m
　　　　　下り**998**m

登山適期:**6月上旬〜10月中旬**

地形図▶1:25000「岩菅山」
三角点▶一等

寺小屋峰からノッキリへは湿潤な樹林帯のなかを小さなアップダウンを繰り返していくが、時折目指す岩菅山が姿を現す爽快な縦走路が続く

🔺 山の魅力

豊富な花が見られる高山植物園がある山頂駅の展望台からは横手山、笠ヶ岳、さらに北信五岳、北アルプスへと三百名山の大パノラマが展開する。志賀山の山腹に湖水をたたえる、透明度が高い大沼池の景観も必見。ゲレンデから一歩踏み込むと一変して素朴な山道が続き、静かな山歩きが楽しめる。

>>> DATA

▶**公共交通機関**　【行き】長野電鉄湯田中駅→長電バス（約45分）→発哺温泉バス停→東館山ゴンドラリフト（7分）→東館山頂駅　【帰り】一ノ瀬スキー場バス停→長電湯田中駅行きバス（約45分）→長野電鉄湯田中駅

▶**マイカー**　上信越自動車道・信州中野ICから県道29号、志賀中野道路（有料）、国道292・403号、県道471号経由で約29km。発哺温泉山麓駅と高天ヶ原スキー場に駐車場あり。

▶**ヒント**　東館山ゴンドラリフトの運行期間は6月中旬〜11月上旬。運行時間は9〜16時（季節により変動あり）。

▶**問合せ先**

山ノ内町産業振興課	☎0269-33-1107
志賀高原観光協会	☎0269-34-2404
長電バス湯田中営業所	☎0269-33-2563
東館山ゴンドラリフト	☎0269-34-2231

① 東館山頂駅 →0:55→ ② 寺子屋峰 →0:15→ ③ 金山沢ノ頭 →1:25→ ④ ノッキリ →0:45→ ⑤ 岩菅山 →0:25→ ④ ノッキリ →1:00→ ⑥ アライタ沢 →0:30→ ⑦ 分岐 小三郎小屋跡 →0:55→ ⑧ 一ノ瀬スキー場バス停

標高
3000m
2000
1000
0

1972　2125　2130　　　2073　2295　2073　　1658　1642　　1656

0 水平距離　　　5　　　10　　　15km

岩菅山の山頂

▶**欄外情報**　立ち寄り温泉◎湯田中駅前温泉楓の湯:湯田中駅前にある日帰り入浴施設。10〜21時。入浴料300円。第1火曜休（祝日の場合は翌日）。発哺温泉の西発哺温泉ホテル、ホテルひがしだてでも入浴ができる。

コース概要 ❶東館山頂駅から高山植物園を抜けて、寺子屋スキー場のゲレンデの上部から登山道に入ると❷寺子屋峰だ。樹林越しに横手山や笠ヶ岳が眺められるゆるやかな縦走路が続く。❸金山沢ノ頭からは時折樹林帯を抜け出し、志賀高原奥座敷の山並みの展望が開けて爽快だ。しかし樹林帯にはぬかるみが点在して歩きづらい。❹ノッキリに着いたら荷物をデポし、ガレ場の急坂を登って❺岩菅山を往復。あとはひたすら下り、❻アライタ沢から上条用水路に沿った平坦な道を、❼小三郎小屋跡分岐を経て❽一ノ瀬スキー場バス停へ。

! アライタ沢は増水時には通行できないこともあるので事前に確認。不可の場合は山頂駅往復。ぬかるみの通過にも注意。

プランニングのヒント 夏期と9月の土・日曜、祝日と10月前半は高天ヶ原スキー場のサマーリフトが9時から運行するので、これを利用して東館山へ行くこともできる。ゴンドラとリフトの運行期間以外の場合は逆コースのほうが体力的には楽だ。高天ヶ原スキー場から登る場合、リフト終点手前の二股を右へ進み山頂駅へ約1時間。

花と自然

標高2000mの東館山頂駅周辺には東京ドーム2つ分の広大な敷地内に約500種もの花が咲き競う高山植物園がある。初夏のニッコウキスゲの群生に始まり、8月のヤナギラン、さらに9月からはリンドウが見頃になる。また展望台からの志賀高原の山並みや北信五岳の眺めが爽快。

高山植物園を彩るヤナギラン

167 岩菅山

聖平登山口から車道を歩いて一ノ瀬寮バス停に向かってもいい（アライタ沢から約1時間10分）

岩菅山から往復約1時間20分。岩菅山同様展望のよい山頂

北信五岳や北アルプスなどを望む

裏岩菅山 2341

切明温泉↑

2337

焼額山スキー場

❼小三郎小屋跡分岐 底清水

聖平登山口 1645

岩菅山避難小屋 岩菅山 ❺ 2295 岩菅神社

山の神スキー場

一ノ瀬寮

ダイヤモンドスキー場

上条用水路

0:55

尾根から外れる

急斜面。スリップ注意

0:30

一ノ瀬スキー場バス停 高天ヶ原バス停間約15分

岩巣護橋

マイカー利用の周回向けコース。登り約1時間

1:30 1:00 1893

0:45 2072 0:25 ❹ノッキリ

❽一ノ瀬スキー場バス停

ファミリースキー場

❻アライタ沢

ベンチがある

西館山△1757

ブエモン 東館山 1994

寺小屋スキー場

2042

長野県山ノ内町

高天ヶ原スキー場

1669

高天ヶ原

西発哺温泉ホテル

発哺温泉

1998

0:55 0:50

武右衛門池

❶東館山頂駅

登山道入口

0:15 0:10

2125 ❷寺小屋峰

1:25 1:15

2085

目指す岩菅山が正面に現れる

N

東館山ゴンドラリフト

発哺温泉スキー場

志賀高原 ひがしたて トンネル

発哺温泉山麓駅

始めはスキー場のゲレンデを登る

❸金山沢ノ頭

赤石山

1:50,000

0 500 1000m

1cm=500m 等高線は20mごと

↓蓮池・湯田中駅・信州中野IC

日本海を間近に見下ろす一等三角点の山

青海黒姫山
おうみくろひめやま

標高1221m

新潟県

登山レベル:**中級**

技術度:★★
体力度:★★★★

日　程:前夜泊日帰り

総歩行時間:**7時間35分**

歩行距離:**7.7km**

累積標高差:登り**1169m**
　　　　　　下り**1169m**

登山適期:6月上旬～11月上旬

地形図▶1:25000「小滝」
三角点▶一等

青海の市街地から見た青海黒姫山。海沿いの平地からどんと盛り上がった姿が印象的だ。山頂からは大きな展望が広がる

山の魅力

富山県との県境近く、日本海に面してそびえる山で、関東の武甲山のように山全体が石灰岩から成っている。かつては北面の鉱山から登山道が延びていたが、現在はここで紹介する清水倉からのコースだけとなった。この山の北麓は今も石灰岩の鉱山となっていて、その採掘量は国内でも有数。

>>> DATA

公共交通機関【往復】えちごトキめき鉄道青海駅→タクシー（約10分）→清水倉登山口　※駅から登山口まで歩くと約1時間。

マイカー　北陸自動車道・糸魚川ICから国道148・8号、県道155号を経由して登山口の駐車場（無料）まで約12km。

ヒント　登山口の駐車場は約10台分と狭いので、土・日曜や祝日などは早めの到着が望ましい。青海駅からタクシーを利用する場合は事前に予約しておいたほうがいい。

問合せ先

糸魚川市青海事務所　☎025-562-2260
糸魚川市商工観光課　☎025-552-1511
糸魚川タクシー　　　☎025-552-0818
小型タクシー　　　　☎025-552-0026

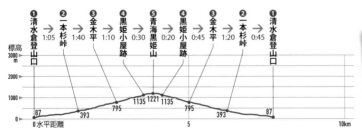

標高
3000m

① 清水倉登山口 →1:05→ ② 一本杉峠 →1:40→ ③ 金木平 →1:10→ ④ 黒姫小屋跡 →0:30→ ⑤ 青海黒姫山 →0:20→ ④ 黒姫小屋跡 →0:45→ ③ 金木平 →1:20→ ② 一本杉峠 →0:45→ ① 清水倉登山口

2000

1000
87　　393　　795　1135 1221 1135　795　　393　　87

0 水平距離　　　　　　5　　　　　　10km

山頂の鳥居と祠

欄外情報　立ち寄り入浴◎親不知交流センター　まるたん坊:温泉ではないが、展望風呂から日本海の夕日が眺められる。☎025-562-3002。入浴料300円。13時30分～18時30分。火曜休。宿泊は1泊2食付8800円～。

コース概要 ❶清水倉登山口から杉林を歩く。しばらく行くとサワグルミの林に変わるが、このあたりは道標や赤テープに注意して歩こう。やがて大きな杉の立つ❷一本杉峠。峠の先で道は左カーブし、石灰岩が散乱する道となる。きつい斜面を登ると❸金木平だが、ここにある水場は夏には涸れる。金木平の先で道は急勾配となり、ロープ場が連続する。踏ん張りどころだ。急坂を登りきれば❹黒姫小屋跡で、最後の急登を経て山頂部の稜線に出れば❺青海黒姫山の山頂は間もなくだ。下山は往路を戻るが、ロープ場は慎重に。

プランニングのヒント 海が近いため、標高が100mに満たない地点から登り始めることになり、標高差は1100mにも及ぶ。急登が連続する箇所もあるので、欄外情報で紹介した親不知交流センターや糸魚川市街の宿に前泊し、体調を整えてから登山に臨みたい。えちごトキめき鉄道は本数が少ないので、運行時刻は事前に確認を。

金木平の上部は大変な急斜面となり、ロープ場が連続する。雨天時だけでなく特に下山の際はスリップに注意を。

花と自然

杉林から広葉樹林に変わったあたりから山頂にかけて、シラネアオイ、タカネバラ、イブキジャコウソウ、キリンソウなどの花を見ることができる。標高1000m付近では、新潟県の県花、雪椿の群生も見られる。

シラネアオイ(上)とイブキジャコウソウ(下)

168

青海黒姫山

---

168 青海黒姫山

→青海駅・国道8号

清水倉

新潟県
糸魚川市

・383

発電所・

清水倉橋

清水倉
P ・カネヨリサイクルセンター

❶ 清水倉登山口

・256

前
山
尾
根

北
尾
根

ロープのある急斜面

大きな沢と出合う

黒姫
小屋
跡

青
海
川

1:05←
→0:45

ビニールテープなどの
マーキングを頼りに進む

盛夏は
涸れる

金木平
❸

1010・

0:30→
←0:20

一等三角点と
黒姫権現社がある

炭焼き窯跡

1:10←
→0:45

❹

橋
立

一本杉峠❷

夫婦縄文杉

西稜のピーク

❺ 青海黒姫山
▲1221

♣青海川硬玉産地
(橋立ヒスイ峡)
国指定天然記念物

石灰岩の
滑りやすい道

橋
立

1:40↓
1:20↑

視界が一気に開ける

N

根曲がりカエデの大樹がある

尻
高
沢

1:25,000

0   250   500m

1cm=250m
等高線は10mごと

169

美しいブナ林を歩いて「猫の耳」とよばれる双耳峰へ

雨飾山
（あまかざりやま）

百

標高1963m

長野県・新潟県

登山レベル：**中級**

技術度：★★★
体力度：★★★

日　程：前夜泊日帰り

総歩行時間：**7時間15分**

歩行距離：**13.4km**

累積標高差：登り**1224m**
　　　　　　下り**1224m**

登山適期：**6月中旬～10月下旬**

地形図▶1：25000「雨飾山」
三角点▶二等

名前のとおり一面の笹原が広がる笹平から、雨飾山の山頂部を望む

上級
中級
初級

雨飾山

🔺 山の魅力

妙高連峰の西端、新潟・長野県境に位置する独立峰的な山で、見事なブナ林や豪快な岩峰など、山の魅力が満載。メインとなる登山道は長野側の小谷温泉道と新潟側の薬師尾根道の2コース。マイカー利用の往復登山が中心だが、どちらも山のいで湯が湧くだけに、両コースをつなぐ山行もおすすめだ。

>>> DATA

公共交通機関 【往復】JR大糸線南小谷駅→小谷村営バス（約40分）→雨飾高原バス停

マイカー 北陸自動車道・糸魚川ICから国道148号、県道114号を経由して雨飾高原キャンプ場へ約46km。または長野自動車道・安曇野ICから国道147・148号、県道310・329・114号を経由して雨飾高原キャンプ場へ約80km。キャンプ場に約80台分の無料駐車場がある。

ヒント バスは4月上旬～11月下旬の運行。雨飾高原バス停発の最終バスは17時。南小谷駅から登山口の雨飾高原キャンプ場までタクシー（約40分）を利用すれば、歩行時間が1時間ほど短縮できる。

問合せ先
小谷村観光地域振興課　☎0261-82-2585
アルピコ交通（小谷村営バス）☎0261-72-3155
小谷観光タクシー　☎0261-82-2045

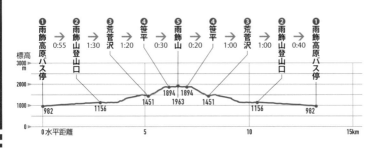

① 雨飾高原バス停 →0:55 ② 雨飾山登山口 →1:30 ③ 荒菅沢 →1:20 ④ 笹平 →0:30 ⑤ 雨飾山 →0:20 ④ 笹平 →1:00 ③ 荒菅沢 →1:00 ② 雨飾山登山口 →0:40 ① 雨飾高原バス停

標高3000m / 2000 / 1000 / 0

982　1156　1451　1894 | 1894　1963　1451　1156　982

0 水平距離　5　10　15km

笹平手前のガレ場

欄外情報 前泊◎小谷温泉：雨飾山南麓に湧く温泉。宿泊施設は山田旅館（☎0261-85-1221）と奥の湯 雨飾荘（☎0261-85-1607）がある。山田旅館は日帰り入浴も可能（入浴料700円、10～15時、無休）。

コース概要 ❶雨飾高原バス停から車道を1時間ほどで駐車場のある❷雨飾山登山口に出る。木道のある湿地帯を抜けると、尾根の取り付き点に出る。緩急のある斜面を登っていき、途中で尾根を横切って荒れ気味の沢を下ると、布団菱の岩峰を望む❸荒菅沢に着く。対岸から樹林帯に入ると急な登りとなる。ガレ場のある急斜面をひたすら登っていくと主稜線上の❹笹平に出る。ここからは笹を切り拓いた道を行く。薬師尾根道を右に見送り、きつい斜面を登ると❺雨飾山にたどり着く。山頂は最高点の南峰と石仏や祠のある北峰の双耳峰だが近接しているので、両方登ろう。山頂での展望を満喫したら、往路を引き返す。

プランニングのヒント 前日は山麓の小谷温泉か奥の湯に宿泊する。その際に時間があれば、南山麓の鎌池の散策をしてみよう。例年ブナ平周辺の新緑は6月上旬から下旬、紅葉は10月中旬が見頃となる。花も多く、7〜8月にかけて笹平周辺を彩る。

大雨後は荒菅沢が増水し、徒渉困難なこともある。登りなら引き返そう。笹平から上部は遮るものがなく、雷などには要注意。

Column

安全のヒント

笹平手前にハシゴやクサリのかかるガレ場がある。難易度の高い場所ではないので慎重に通過すれば問題ないが、混雑することもあるので、その際は譲り合いの気持ちを心がけたい。

サブコース

新潟県側の雨飾山荘を起点とする、薬師尾根道もよく歩かれる。紹介コース同様、通過困難箇所はないが、上部は急傾斜の登りが続く。雨飾山荘（☎090-9016-3212）は温泉もあり、前泊地に最適。

雨飾山荘は立ち寄り入浴も可（入浴料500円）

169

雨飾山

69 雨飾山

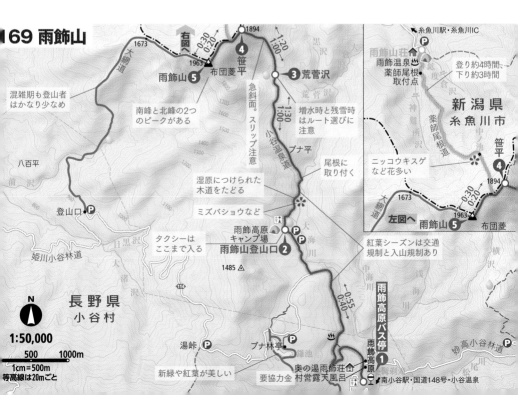

混雑期も登山者はかなり少なめ

八百平

前沢

登山口 P

姫川小谷林道

右図へ
0:30 0:20
1894
❹
笹平
1963 布団菱
雨飾山 ❺

南峰と北峰の2つのピークがある

急斜面。スリップ注意

湿原につけられた木道をたどる

ミズバショウなど

タクシーはここまで入る

1673

木綿道

1:20 1:00
黒沢
❸荒菅沢

荒菅沢

1:30 1:00

増水時と残雪時はルート選びに注意

尾根に取り付く

雨飾高原キャンプ場

雨飾山登山口 ❷

1485 △

糸魚川駅・糸魚川IC
P
雨飾山荘
雨飾温泉
薬師尾根
取付点

登り約4時間、下り約3時間

新潟県
糸魚川市

薬師尾根道

笹平 ❹

ニッコウキスゲなど花多い

1673

左図へ

0:30 0:20
1894

1963 雨飾山 ❺ 布団菱

紅葉シーズンは交通規制と入山規制あり

N

1:50,000

500 1000m
1cm=500m
等高線は20mごと

長野県
小谷村

湯峠 P

ブナ林亭 P

鎌池

新緑や紅葉が美しい

奥の湯雨飾荘
要協力金 村営露天風呂

0:55 0:40

雨飾高原バス停 ❶

雨飾高原

南小谷駅・国道148号・小谷温泉

岩と花と火山の個性的な頸城三山を縦走する

妙高山・火打山・焼山

妙高山	百	
火打山	百	
焼山	三百	

標高**2462**m（火打山）
標高**2454**m（妙高山南峰）
標高**2400**m（焼山）

新潟県

登山レベル：中級

技術度：★★★
体力度：★★★★

日　程：前夜泊2泊3日

総歩行 時間：**20時間20分**

1日目：7時間25分
2日目：10時間30分
3日目：2時間25分

歩行距離：**30.7km**

累積標高差：登り**3223**m
　　　　　　下り**3223**m

登山適期：6月中旬～10月上旬

地形図▶1：25000「妙高山」「赤倉」「湯川内」
三角点▶一等（妙高山）
　　　　三等（火打山）
　　　　二等（焼山）

溶岩原が広がる広大な妙高山の山頂。遠方の山は焼山（左）と火打山

山の魅力

頸城三山とよばれる新潟を代表する名山。急峻で男性的な妙高山と花の湿原に横たわる穏やかな山容の火打山、さらに噴煙を上げて火山活動を繰り返す焼山へと個性的な三山の縦走が楽しめる。ニホンライチョウの分布北限の焼山は新潟県唯一の活火山で、2024年4月現在、噴火警戒レベル1。

>>> DATA

【公共交通機関】【往復】しなの鉄道北しなの線妙高高原駅→頸南バス（約50分）→笹ヶ峰バス停

【マイカー】上信越自動車道・妙高高原ICから国道18号、県道39号を経由して、笹ヶ峰バス停先の火打・妙高山登山道入口の登山者用無料駐車場まで約17km。

【ヒント】バスは7月上旬～10月下旬の運行で、午前2本と午後1本ずつと少ないので要確認。タクシーは妙高高原駅から笹ヶ峰バス停まで約40分。

【問合せ先】
妙高市観光商工課	☎0255-74-0021
妙高市危機管理室（火山情報）	☎0255-74-0002
糸魚川市防災センター（火山情報）	☎025-552-0119
新赤倉観光協会	☎0255-87-2700
頸南バス	☎0255-72-3139
高原タクシー	☎0255-86-3141

標高
4000m
3000
2000
1000

①笹ヶ峰バス停 1307
②黒沢出合 1575
③高谷池・黒沢池分岐 2063
④黒沢池ヒュッテ 2010
⑤長助池分岐 2035
妙高山 2454
⑥南峰 2035
⑤長助池分岐 2010
④黒沢池ヒュッテ 2104
⑦高谷池ヒュッテ 2462
⑧火打山 2381
⑨影火打 2400
⑩焼山
⑨影火打 2381
⑧火打山 2462
⑦高谷池ヒュッテ 2104
③高谷池・黒沢池分岐 2063
②黒沢池分岐 1575
①笹ヶ峰バス停 1307

0 水平距離　5　　10　　15　　20　　25　　30　　35km
1日目　　　　2日目　　　　3日目
7時間25分　　10時間30分　　2時間25分

【欄外情報】山小屋◎黒沢池ヒュッテ☎0255-86-5333。1泊2食付9500円。素泊り6500円。5月の連休と7～10月。要予約。　高谷池ヒュッテ☎0255-78-7588。1泊2食付1万500円。素泊り7000円。4月下旬～10月下旬。要予約。

コース概要

1日目 ❶笹ヶ峰バス停から舗装路を登って登山口へ。シラカバ林を抜け、❷黒沢出合の先から十二曲りとよばれる九十九折の急登が続き、段差の激しい箇所も越えていく。ひたすら登り、❸高谷池・黒沢池分岐（富士見平）を黒沢池方面へ折れ、ゆるやかな湿原をいくと❹黒沢池ヒュッテに着く。チェックインをすませ、樹林帯の登りに取り付く。大倉乗越を越え、❺黒沢池・長助池分岐を過ぎると妙高山への急登が始まる。木の根が張り出したワイルドな急坂を登ると、ようやく妙高山の北峰に達し、岩の庭園のような花の道をわずかに進むと最高点の妙高山の❻南峰に着く。山頂から目指す火打山と焼山を眺め、往路をたどって❹黒沢池ヒュッテに戻る。

2日目 湿地を左手に眺めて茶臼山を越え、❼高谷池ヒュッテへと向かう。余分な荷物をデポし、木道を歩いて天狗の庭へ。火打山を映す池の縁の湿原を通り、ひと登りして小さな広場の雷鳥平から花に覆われた道を急登していくと、ようやく❽火打山に達する。好展望のゆったりとした山頂から噴煙を上げる焼山を目指してハイマツ帯を下る。❾影火打は焼山が眼前に迫る花の咲く山頂。❿焼山へは胴抜ヶ切戸まで狭い稜線を下り、ヤブのやや多い急坂を登り返す。疲れる道なので無理しないように。焼山からは❼高谷池ヒュッテへと戻ろう。

3日目 ❼高谷池ヒュッテから高谷池・黒沢池分岐を経て❶笹ヶ峰バス停へ。

プランニングのヒント

噴火活動によって焼山に入山規制が敷かれたときの登山は影火打までとなり、その場合、前夜泊1泊2日の行程となる。

体力に自信があれば高谷池のテント泊もおすすめ。池に隣接した水はけがよいキャンプサイトはロケーションにも恵まれ、水も豊富で快適だ。

焼山は一時、噴火警戒レベルが「2」の段階にあったが2024年4月現在は「1」。とはいえ、噴火への警戒は常に怠りなく。

大倉乗越から長助池分岐の間には滑りやすい細道があるので注意。また十二曲りの段差の激しい箇所は悪天時は特に慎重に下るようにしよう。

安全のヒント

黒沢池・長助池分岐から妙高山へは極めて急な悪路が続くので、特に雨天時の下降はスリップに十分注意し、木の根などで確保しながら慎重に下るようにしよう。

花と自然

火打山への湿原は高山植物が豊富。特に高谷池から天狗の庭にかけてはミヤマキンバイ、ハクサンコザクラ、アオノツガザクラなどの見事な群生の中を歩く。

ワタスゲ咲く天狗の庭と火打山

サブコース

①妙高高原スカイケーブルで妙高山へ
【コース】山頂駅→天狗堂→妙高山

山頂駅から大谷ヒュッテ、天狗堂を経由して妙高山南峰へ。クサリ場あり。山頂駅から山頂への往復約7時間。中級。

②燕新道から長助池経由で妙高山へ
【コース】燕温泉→黄金清水→長助池→妙高山

燕温泉先の麻平から燕新道に入り、黄金清水、黒沢池・長助池分岐を経由して妙高山へ。山頂への往復約8時間30分。中級。

天狗の庭付近からの高谷池と高谷池ヒュッテ

林道焼山線第2ゲート・笹倉温泉→

黒菱山
△1949

糸魚川市

賽の河原

大曲

水無谷

・2124

鬼ヶ城

坊々抱岩
1876

林道第2ゲートから焼山へ
登り約5時間、下り約4時間

避難
小泊
屋岩

活火山だけに、気象庁
の噴火警戒レベルをチェ
ックしておきたい

360度の大展望

雷鳥平

火打山 **8**
2462

10 焼山
2400

影火打 **9**
2384

富士見峠

2:50→
←2:40

胴抜ヶ切戸

0:30↓
0:20

1:10→
←1:45

1734

木道

裏金山
△2122

笹に覆われた道

←金山・雨飾山

ハクサンコザクラや
ワタスゲなど花が多い

天狗の庭

8月でも残雪を
見る年がある

高谷池

1:05↓
1:15

・2171

嘉平治岳
△2035

・1856

高谷池ヒュッテ **7**
要煮沸

茶臼山

木道

火打山〜焼山間は火山活動による立入規制の
影響などにより、ヤブに覆われた部分や転石
の多い箇所がある。アップダウンもあって1日
の行動時間が長くなることから、体力に自信
のある上級者以外の人は火打山で引き返した
ほうがいい。登山届の提出は必須。

黒沢岳
△2212

黒沢池

0:50↓
0:40

0:40

高谷池・黒沢池分岐 **3**

富士見平

ガレ場の通

1849

笹ヶ峰から焼山へのコースは
登り約7時間20分、下り約5時
間30分。手入れこそされてい
るが、全般的に荒れ気味

(鎧山)
老山 △1730

携帯トイレブース

弥八山
△1927

一等三角点があ

ひたすらジグザグ
の急登が続く

1:30↓
1:00

1790

十二曲り

長野県
小谷村

ヒコサの滝

薬師岳
△1802

小谷温泉

杉野沢橋

2 黒沢出合

0:55↓
0:45

1690

笹ヶ峰 △1545

乙見山峠

赤尾岳
△1441

かりま橋

ブナ原生林の
木道歩き

食事付きの宿泊可

明星荘

笹ヶ峰バス停 **1**

P

P

京大ヒュッテ

休暇村妙高笹ヶ峰キャンプ場

笹ヶ峰牧場

△1531

笹ヶ峰ダム

笹ヶ峰牧場

清水ヶ池

N

1:50,000

0   500   1000m

1cm=500m
等高線は20mごと

天狗山
△1451

・1309

新潟県
妙高市

燕温泉バス停〜黒沢池・長助池分岐間
登り約3時間30分、下り約2時間40分

2024年4月現在、燕温泉〜麻平間は
橋の損傷により通行止め

黄金清水

神奈山
△ 1909

大倉山
△ 2171

登山道崩壊箇所あり

麻平

燕温泉

燕温泉バス停

関温泉スキー場
関温泉

休暇村妙高

妙高トンネル

関見峠

関山

妙高CC

坪岳
△ 755

藤巻山
△ 945

⑤ 黒沢池・長助池分岐

急斜面。
スリップ注意

湯道分岐

歩行時間はゴンドラ利用のコー
スとさほど変わらないことから、
このコースもよく歩かれる。北
地獄谷をはさんで2本の道があ
り、どちらを歩いてもいい

丸山
△ 1153

赤倉温泉スキー場

足湯公園

滝の湯

赤倉温泉

北峰
△ 2446
妙高山

前山
△ 1932

天狗堂

ジャンプ競技場

赤倉郵便局

⑥ 南峰
2454

・ 1686

赤倉観光リゾートスキー場

山頂駅

所要11分

妙高高原スカイケーブル

新赤倉三又路

新赤倉温泉

日原山

赤倉山 △
2141

・ 2018

妙高山の最高点。
妙高大神の祠が立つ

大谷ヒュッテ

ゴンドラ利用のコース。天狗堂
〜妙高山間にクサリ場や高度感
のあるトラバース箇所あり。
山頂駅から登り約4時間10分、
下り約2時間50分

山麓駅

一本杉

スカイケーブルの運行時間・
期間外の場合はこの道をたどる
(登り約2時間、下り約1時間30分)

赤倉ゴルフコース

・ 776

妙高高原駅・妙高高原IC

池の平温泉スキー場

三ッ山
△ 1031

池の平温泉

妙高高原ビジターセンター

・ 722

ノ峰
△ 1468

妙高杉ノ原スキー場

五八木

シブタ川

杉野沢温泉
苗名の湯 滝泉

高山麓
民の森

杉野沢局
杉野沢

修験道場の険しい道を行くロングコース

高妻山
たかつまやま

百

標高2353m

長野県・新潟県

登山レベル：上級

技術度：★★★★
体力度：★★★★

日　程：前夜泊日帰り

総歩行時間：8時間45分

歩行距離：12.6km

累積標高差：登り1505m
　　　　　　　下り1505m

登山適期：6月中旬～10月中旬

地形図▶1:25000「高妻山」
三角点▶二等

八丁ダルミから見上げた高妻山。古くから修験者に歩かれ、コース中には10の石祠が置かれている

上級
中級
初級

高妻山

🏔 山の魅力

黒姫山の隣にそびえる、戸隠連山の最高峰。標高が高いのに長野・新潟県の麓からは見えにくい位置にあり、孤高の雰囲気を保っている。人手の入っていない自然の樹相が残され、中級山岳の草花をたくさん見ることができる。登山道は稜線伝いにあるだけで、登山ルートは限られる。

>>> DATA

公共交通機関【往復】JR北陸新幹線長野駅→アルピコ交通バス（約1時間25分）→戸隠キャンプ場バス停

マイカー 上信越自動車道・信濃町ICから県道119・36号を経由して戸隠キャンプ場まで約15km。または、長野ICから戸隠バードラインなどを経由して約32km。戸隠キャンプ場バス停前に登山者専用駐車場（無料）がある。

ヒント 長野駅からのバスは戸隠キャンプ場行きを利用する。タクシーだと45分ほどかかる。マイカーの場合、長野ICはより首都圏から近いが、長野市街を通過するうえに距離も長い。信濃町ICからの道はすぐに山道に入るので信号も少なく早い。

問合せ先

長野市戸隠支所	☎026-254-2325
戸隠牧場	☎026-254-3074
戸隠キャンプ場	☎026-254-3581
アルピコ交通長野営業所	☎026-254-6000

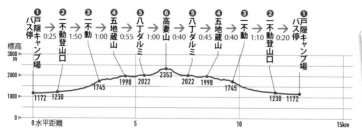

①戸隠キャンプ場バス停 0:25 ②一不動登山口 1:50 ③一不動 1:00 ④五地蔵山 0:55 ⑤八丁ダルミ 1:00 ⑥高妻山 0:40 ⑤八丁ダルミ 0:45 ④五地蔵山 0:40 ③一不動 1:10 ②一不動登山口 1:10 ①戸隠キャンプ場バス停

標高3000m・2000m・1000m
1172　1230　1745　1998　2022　2353　2022　1998　1745　1230　1172

0 水平距離　5　10　15km

高妻山山頂部の十阿弥陀

欄外情報 立ち寄りスポット◎戸隠神社中社の門前と、そのすぐ南に位置する戸隠神社宝光社の門前には合わせて40軒ほどのそば店がある。登山の後はそば店巡りも楽しそうだ。

コース概要 ❶戸隠キャンプ場バス停から戸隠牧場内の車道を進み、❷一不動登山口先のゲートから牧場外に出る。大洞沢沿いを遡る道で徐々に高度を稼げば、クサリのある滑滝だ。続いて帯岩とよばれる横広の岩場をトラバース。戸隠山主稜線までは猛烈な急登になる。途中、氷清水を経て、もうひと登りで避難小屋がある❸一不動だ。高妻山の登山コースには10の仏様がいて、一不動のあとは二釈迦、三文殊などと続き❹五地蔵山に至る。この先で道は直角に曲がり、さらに長い急登とコブを越えていく。❺八丁ダルミから銅鏡のある十阿弥陀を経て❻高妻山に到着する。山頂は360度の展望が開ける。下山は往路を慎重に戻る。

プランニングのヒント 戸隠牧場から弥勒尾根を経由して六弥勒へと続く弥勒新道が開設されている。通過困難箇所はないが急坂。上部は竹の根が多く、濡れていると滑るので注意。また、高妻山の前後に戸隠山（P66）をプランに加えてもよい。

氷清水の先には水場はない。山頂近くまで草原帯の尾根道を行くので熱中症に注意。水を十分に持っていきたい。

安全のヒント

一不動から五地蔵山まではヤセ尾根を登る。右側が切れているので注意したい。山頂に近づくほどに胸突きの急坂となる。九勢至からは木登りするようにハイマツに頼って登るところもある。下りも笹や木の根が露出していて滑りやすいので注意して下りたい。

草原帯の花が緊張を解いてくれる

173 高妻山

右図へ

新潟県 妙高市

オオヤマリンドウ、ミネウスユキソウなどのお花畑

高妻山 ❻ 2353

八丁ダルミ～高妻山間は300mの標高差を越える

乙妻山 2318 妙高市

乙妻山へは往復約2時間。不明瞭箇所あり

❺八丁ダルミ
八観音

0:40 九勢至
1:00

0:45
0:55

黒姫山や妙高山、北アルプスなどを見渡す

コースは全般的に急斜面が続いている。六弥勒へ登り約3時間35分、下り約2時間20分

高妻山 ❻ 2353

左図へ

0:40
1:00

↑黒姫山

信濃町

黒姫駅・信濃町IC

七薬師

六弥勒

五地蔵山 ❹ △1998

弥勒新道（徳武新道）

1533△

1596

古池
黒姫
古池キャンプ場
種池

長野県
長野市

オオバギボウシやツリガネニンジンなどが咲く

地獄谷

四普賢

三文殊

二釈迦

1:00
0:40

一不動 ❸

一不動避難小屋

携帯トイレブースあり

戸隠山はP66参照

帯岩

氷清水

滑滝

大洞沢

1:10
1:50

弥勒新道登山口

牧柵のゲート

牧柵のゲート

戸隠牧場

滑滝～氷清水間はところどころにクサリが架かる

1888
屏風岩

△1883

❷一不動登山口

管理事務所

0:20

0:25

九頭龍山

戸隠山 1904

蟻の塔渡
天狗の露地
百間長屋
五十間長屋
戸隠神社奥社
⛩奥社バス停・トイレ

八方睨 1900
剣の刃渡

小徑やきやま沢

丸山 ・1278

❶戸隠キャンプ場バス停

↓長野駅・長野IC

N

1:50,000

0　500　1000m

1cm=500m
等高線は20mごと

弥勒新道登山口

大橋
戸隠神社
里宮

イースタンキャンプ場

戸隠キャンプ場

上信越・甲信

ブナの原生林を登り、苔むした西登山道を下る

黒姫山
（くろひめやま）

標高2053m

長野県

登山レベル:中級

技術度：★★★
体力度：★★★★

日　程：前夜泊日帰り

総歩行時間：**8時間20分**

歩行距離：**17.9km**

累積標高差：登り**1119m**
　　　　　　下り**1119m**

登山適期：**6月中旬〜10月中旬**

地形図▶1：25000「高妻山」「信濃柏原」
三角点▶二等

野尻湖付近から見上げた黒姫
山。豪雪地帯の山だけあって、
山麓は新緑でも山頂には雪が
残る

上級
中級
初級

黒姫山

🏔 山の魅力

均整のとれた山容から信濃富士とよばれ、北信五岳の一山としても人気が高い。山名の由来になっている黒姫の伝説が残され、伝説ゆかりの種池と峰ノ大池のほかに古池、七ツ池が山腹と山上に点在する。山腹ではブナとダケカンバの見事な美林が見られ、下山路の西登山道は苔むした原始の森が魅力だ。

>>> DATA

公共交通機関 【往復】JR北陸新幹線長野駅→アルピコ交通バス（約1時間25分）→戸隠キャンプ場バス停
マイカー 上信越自動車道・信濃町ICから国道18号、県道119号、国道18号、県道36号などを経由して大橋の駐車スペースまで約13km。大橋の先の西新道登山口にも駐車スペースがある。上信越自動車道・長野ICもしくは須坂長野東ICから善光寺、県道37号、506号、戸隠バードラインを経由した場合は大橋まで約38km。

ヒント 戸隠中社から先の、戸隠奥社、戸隠キャンプ場までのバス便は季節運行なので、事前に曜日や時刻を把握しておきたい。

問合せ先

長野市観光振興課	☎026-224-8316
戸隠観光協会	☎026-254-2888
アルピコ交通長野営業所	☎026-254-6000
飯綱ハイヤー	☎026-253-7474
鳥居川観光タクシー	☎026-253-2525

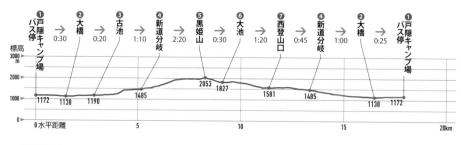

①戸隠キャンプ場バス停 → 0:30 → ②大橋 → 0:20 → ③古池 → 1:10 → ④新道分岐 → 2:20 → ⑤黒姫山 → 0:30 → ⑥大池 → 1:20 → ⑦西登山口 → 0:45 → ④新道分岐 → 1:00 → ②大橋 → 0:25 → ①戸隠キャンプ場バス停

標高3000m 2000m 1000m 0m

①戸隠キャンプ場 1172　1138　③古池 1190　④新道分岐 1485　⑤黒姫山 2053　⑥大池 1827　⑦西登山口 1581　④新道分岐 1485　②大橋 1138　①戸隠キャンプ場 1172

0水平距離　5　10　15　20km

欄外情報 立ち寄りスポット◎黒姫高原コスモス園：黒姫山東麓の黒姫高原スノーパークにあり、コスモスの開花期にはリフトが運行する。☎026-255-3171。7月下旬〜10月上旬。近くには黒姫童話館もある。

コース概要 ❶戸隠キャンプ場バス停から車道を進み、❷大橋の分岐からなおも車道を歩いて西新道登山口へ。❸古池から湿潤な森を登り、❹新道分岐を経て新道に入る。ブナとシラカバの林から尾根に出るとしらたま平で、高妻山と焼山の展望が開ける。野尻湖を見下ろしてゆるやかに進み、大池分岐から急坂をひと登りすると❺黒姫山に到着する。大池分岐に戻り、木に付けられたリボンを頼りに荒れた道を下れば❻大池だ。ぬかるみを進むと天狗岩の大岩に道がふさがれるが、岩を越えるとゆるやかになり❼西登山口に着く。この先❹新道分岐からは大橋林道を経由して❷大橋へと下り、❶戸隠キャンプ場バス停に戻る。

プランニングのヒント 大橋からゲートを抜けて林道を歩き、新道分岐へと登るほうが10分ほど短縮できるので、天候などによってコースを変更するといいだろう。西登山道は整備されていないので、特に悪天候の場合は往路をそのまま下るほうが無難だ。

西登山道は年により6月中旬まで残雪があり、苔むした不明瞭な道が続くので、落ち着いてルートを確認しながら下るようにしよう。

サブコース

黒姫高原登山口から小泉登山道をたどって黒姫乗越へ。表登山道を合わせて山頂に立つ。往復約7時間。中級。乗越から七ツ池経由で歩いてもいい。黒姫駅からのバス便あり。

花と自然

山腹は全体に湿潤な樹林帯に覆われ、ミズバショウが多く見られる。特に古池の湖畔には広大な群生地があり、新道分岐への森や大ダルミ付近でも見ることができる。

古池のミズバショウ

175

静かな樹林帯を歩き、急下降して山麓のいで湯へ

斑尾山
（まだらおやま）

三百

標高1382m

長野県

登山レベル：初級

技術度：★★
体力度：★★

日　程：日帰り

総歩行時間：3時間30分

歩行距離：7.1km

累積標高差：登り725m
**　　　　　　下り587m**

登山適期：4月下旬～10月下旬

地形図▶1：25000「飯山」「替佐」
三角点▶一等

菜の花咲く千曲川河川敷から見た斑尾山。北斜面には広大なスキー場が広がる

🔺 山の魅力

妙高、黒姫、戸隠、飯縄と並ぶ北信五岳の一山。山麓のなかでも特に信州中野周辺から北信五岳を眺めたとき、斑尾山は標高こそ低いが五岳に欠かせない秀麗な姿を見せている。麓に近づくと、のどかな山村を見守るふるさとの山の風情が漂い、全山樹林帯に覆われた静かな山歩きを楽しむことができる。

>>> DATA

公共交通機関 【行き】しなの鉄道北しなの線古間駅→タクシー（約10分）→斑尾登山道入口。またはJR北陸新幹線飯山駅→タクシー（約25分）→斑尾登山道入口【帰り】まだらおの湯→タクシー（約30分）→JR北陸新幹線飯山駅。またはタクシー（約25分）→JR飯山線蓮駅

マイカー 上信越自動車道・豊田飯山ICから県道96号で登山口付近の駐車スペースまで約7km。斑尾登山道入口バス停前の空き地に駐車することになる。

ヒント 斑尾登山道入口には、しなの鉄道北しなの線黒姫駅を発着する長電バスの停留所があるが、登山に適したバス便はないのでマイカーかタクシーを利用したい。

問合せ先
飯山市商工観光課　☎0269-67-0731
信濃町産業観光課　☎026-255-3114
斑尾高原観光協会　☎0269-64-3222
野尻湖タクシー　☎026-219-2829
飯山観光ハイヤー　☎0269-63-3232

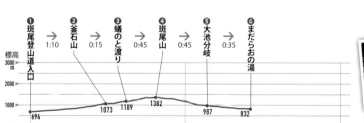

❶斑尾登山道入口 →1:10→ ❷釜石山 →0:15→ ❸蟻のと渡り →0:45→ ❹斑尾山 →0:45→ ❺大池分岐 →0:35→ ❻まだらおの湯

標高3000m

694　1073　1189　1382　987　832

0水平距離　5　10km

斑尾山の山頂

欄外情報 立ち寄り温泉◎まだらおの湯：2024年4月にリニューアルした日帰り温泉。内風呂・露天風呂を備えるほか、食事処やカフェ、キャンプ場もある。☎0269-38-3000。入浴料500円。10～21時。火曜休。

コース概要 終始樹林帯に覆われた歩きやすい静かな山道が続くが、単調なので思いのほか長く感じる。❶斑尾登山道入口から林道を直進して杉林の登山道に入る。ゆるやかに進み、林道を横切って自然林の道を登ると二合目の❷釜石山に出る。シラカバ混じりの明るい尾根を行くと❸蟻のと渡りとよばれる稜線になるが難なく通過し、後方の展望が開けると大明神岳に着く。コース中唯一、野尻湖方面の展望が利く小広場なので大休止していこう。ピークから300mほど進むと小さな祠が佇む❹斑尾山の山頂に達する。樹林に覆われた山頂を後にして大池方面へ明るいブナ林を下る。林道にぶつかったら左折して❺大池分岐へ。ここで右折し、大池の手前で左折すれば❻まだらおの湯に着く。

「まだらおの湯」への下山路は急なうえに滑りやすい道なので、特に雨天の時はスリップなどに注意して下るように。

プランニングのヒント 標高が低く、全コース樹林帯の中を歩くので春と秋が登山適期になる。マイカー利用の場合は往復登山にするか、下山後にタクシーを呼ぶことになる。

サブコース

斑尾高原スキー場からリフトに沿ってスキーゲレンデを登っていき、万坂峠からの道（信越トレイル）を合わせて登ると山頂に達する。往復約2時間20分（初級）。このコースは下山路としても利用でき、下山後は斑尾高原ホテル（☎0269-64-3311）内の温泉で山の汗を流せる。斑尾山にはほかにも多くのトレッキングコースがあり、大池分岐から斑尾高原スキー場方面に進めば、飯山駅へのバス便がある斑尾高原ホテルに下れる。

斑尾高原スキー場からの斑尾山

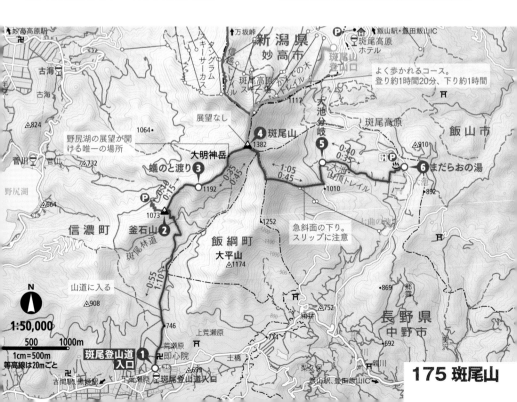

すばらしい展望を誇る「北信五岳」の一座

飯縄山（飯綱山）

二百

標高1917m

長野県

登山レベル:初級

技術度:★★
体力度:★★

日　程:日帰り

総歩行時間:**5時間30分**

歩行距離:**9.4km**

累積標高差:登り**864m**
　　　　　　下り**794m**

登山適期:**6月上旬～10月中旬**

地形図▶1:25000「若槻」「戸隠」
三角点▶二等

北アルプスの大パノラマを背に南登山道・西登山道分岐の上を登る。すぐ上の南峰に出ると妙高山、火打山、焼山の頸城三山も望める

山の魅力

明るい高原にそびえる山なので樹林帯は光があふれ、八ヶ岳から北アルプス、さらに戸隠山から妙高山、火打山、焼山の頸城三山への大展望が開ける稜線歩きがこのコースの醍醐味になっている。山岳修験の道場としての歴史をもつが、全体を通して歩きやすいので学生などの集団登山も多い。

>>> DATA

公共交通機関 【行き】JR北陸新幹線長野駅→徒歩(約7分)→長野バスターミナル→アルピコ交通バス(約50分)→飯綱登山口バス停　【帰り】戸隠中社バス停→アルピコ交通バス(約1時間10分)→長野駅

マイカー 上信越自動車道・長野ICから県道37号、国道117号、戸隠バードラインを経由して、飯綱登山口バス停近くの一ノ鳥居苑地駐車場(無料)まで約21km。

ヒント 長野バスターミナルへは、新宿・池袋からの高速バス、大阪・京都からの高速バスも運行している。マイカーの場合、往復登山となるが、駐車場は飯綱登山口バス停側だけでなく、戸隠中社側にもあるので、いずれか好きなコースを登ればいい。

問合せ先
長野市観光振興課　☎026-224-8316
戸隠観光協会　　　☎026-254-2888
アルピコ交通長野営業所　☎026-254-6000

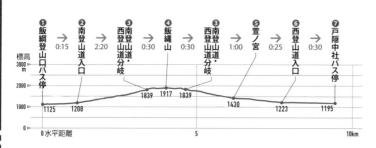

① 飯綱登山口バス停 →0:15→ ② 南登山道入口 →2:20→ ③ 南登山道・西登山道分岐 →0:30→ ④ 飯縄山 →0:30→ ③ 南登山道・西登山道分岐 →1:00→ ⑤ 萱ノ宮 →0:25→ ⑥ 西登山道入口 →0:30→ ⑦ 戸隠中社バス停

標高 3000m / 2000 / 1000 / 0

1125 / 1208 / 1839 / 1917 / 1839 / 1430 / 1223 / 1195

0 水平距離　　5　　10km

登山道に立つ石仏

欄外情報 立ち寄り温泉◎戸隠神告げ温泉:戸隠中社の手前にある日帰り入浴施設で、下山後の入浴に好適。地粉を使った手打ちそばも食べられる。☎026-254-1126。入浴料700円。10～19時。木曜休。

コース概要 登り下りともにアップダウンがなく歩きやすい。❶**飯綱登山口バス停**から林道を進み、一ノ鳥居のある❷**南登山道入口**から登山道に入る。13体の菩薩像を数えながら明るい樹林帯を行く。視界のいい日なら、やがて後方に八ヶ岳や富士山が姿を見せ始める。駒つなぎの場を過ぎ、短いクサリ場を越えて水場を過ぎると、今度は北アルプスの大展望が開ける。樹林帯を抜ければさらに爽快な稜線になり、❸**南登山道・西登山道分岐**から急登して飯綱山南峰を越えると❹**飯綱山**の山頂に達する。❸**南登山道・西登山道分岐**に戻り、戸隠中社へと少々荒れた笹道を下る。樹林帯に入って❺**萱ノ宮**を過ぎ、❻**西登山道入口**から舗装道を右へ進むと戸隠神告げ温泉がある。さらに進めば❼**戸隠中社バス停**だ。

プランニングのヒント 隣接する戸隠山、高妻山、黒姫山はいずれも登山口が戸隠バードライン沿いに続いている。連続登山の計画を立てるのも面白いだろう。

下山道に特に危険はないが、ところどころに木の根が張り出した段差の激しい箇所がある。一歩ずつ慎重に下りたい。

サブコース

戸隠中社バス停を起点に、瑪瑙山を経由して飯綱山に登るのもいい。バス停から戸隠スキー場方面へ林道を進むとスキーゲレンデの下に着く。スキー場に沿って瑪瑙山へと登っていく。途中の分岐はどちらをとってもいい。瑪瑙山の山頂からはいったん下って登り返す。迫力のある戸隠山や高妻山、妙高山などの展望も開ける。飯綱山の山頂までは間もなくだ。往復約6時間30分。レベルは初級だが、健脚向きのコースとなる。

コースの途中に立つ道標

76 飯綱山

1:50,000
500　1000m
1cm=500m
等高線は20mごと

上信越・甲信

ナイフリッジの難所を越えて絶壁の稜線を歩く

戸隠山
（とがくしやま）

上級 中級 初級 戸隠山

二百

標高1904m

長野県

登山レベル：**上級**

技術度：★★★★★

体力度：★★★

日　程：前夜泊日帰り

総歩行時間：**6時間50分**

歩行距離：**8.7km**

累積標高差：登り**905m**

　　　　　下り**947m**

登山適期：5月上旬〜10月中旬

地形図▶1：25000「高妻山」
三角点▶なし

絶壁上のピーク、八方睨への最後の登り。後方に蟻の塔渡と剣の刃渡のナイフリッジ、さらに山麓の鏡池を見下ろす

🗻 山の魅力

修験道の修行の山道には幅50cmの蟻の塔渡と、さらに狭い剣の刃渡のナイフリッジの通過があり、岩歩きの好きな上級者に人気。蟻の塔渡までにも険しいクサリ場が連続するが、山頂部の稜線までの距離が短いので体力的には比較的楽に山頂に立て、切り立った稜線からの高度感のある眺めは爽快。

>>> DATA

公共交通機関【行き】JR北陸新幹線長野駅→アルピコ交通バス（約1時間20分）→戸隠奥社入口バス停 【帰り】戸隠キャンプ場バス停→アルピコ交通バス（約1時間25分）→長野駅

マイカー 上信越自動車道・信濃町ICから国道18号、県道119号、国道18号、県道36号を経由して奥社入口まで約15km。または上信越自動車道・長野ICもしくは須坂長野東ICから善光寺、県道37・506号、戸隠バードラインを経由して約35km。戸隠奥社入口に無料と有料の駐車場がある。

ヒント 戸隠中社から先、戸隠奥社入口、戸隠キャンプ場までのバスは季節運行なので要確認。

問合せ先
長野市戸隠支所　☎026-254-2325
アルピコ交通長野営業所　☎026-254-6000
飯綱ハイヤー　☎026-253-7474

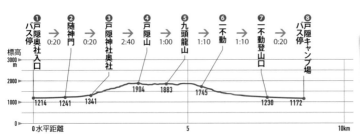

①戸隠奥社入口バス停 →0:20 ②随神門 →0:20 ③戸隠神社奥社 →2:40 ④戸隠山 →1:00 ⑤九頭龍山 →1:10 ⑥一不動 →1:10 ⑦一不動登山口 →0:20 ⑧戸隠キャンプ場バス停

標高3000m 2000 1904 1883 1745 1000 1214 1241 1341 1230 1172
0 水平距離 0 5 10km

帯岩のトラバース

欄外情報 前泊◎戸隠キャンプ場：戸隠キャンプ場バス停前にあり、高妻山、黒姫山、飯縄山の連続登山のベース基地として便利。☎026-254-3581。4月下旬〜11月上旬。

コース概要 ①戸隠奥社入口バス停を出発し②随神門を抜ける。③戸隠神社奥社からは急登が始まり、かつての修験道行場の名残が残る百間長屋や西窟などを過ぎていく。クサリ場や岩場のトラバースを経て、さらにクサリ場を登ると蟻の塔渡だ。幅50cmほどのナイフリッジを四つんばいなどで慎重に進み、さらに狭い剣の刃渡を左側の足場を頼りに越える。最大の難所を過ぎ、八方睨からわずかで④戸隠山だ。右側が切れ落ちた稜線上をアップダウンし、⑤九頭龍山を経て急斜面を登って一気に下ると⑥一不動だ。湧水を過ぎ、急斜面のクサリ場をトラバースし、滑りやすい滑滝のクサリ場を下る。あとは沢に沿って下るのみ。牧柵ゲートを抜けて⑦一不動登山口を過ぎれば⑧戸隠キャンプ場バス停に着く。

プランニングのヒント 終始難所が続くので荒天時や天候が急変した場合は登山を見合わせよう。逆コースで往復する場合はアプローチが長いので早朝に発とう。

一不動下のクサリ場は傾斜こそ強くないが、滑りやすいので慎重に。また増水時は登山路が沢のようになるので注意。

安全のヒント

最大の難所、蟻の塔渡と剣の刃渡にはエスケープルートがない。1カ所クサリが付けられた迂回路があるが、どちらも高度感があり危険度は大差がない。岩場や高所が苦手な人は逆コースで往復するか、経験者に同行してもらうようにしよう。できればザイルなどで確保して通過するようにしたい。また山上の稜線も絶壁上の道が続くので注意しよう。

ナイフリッジは四つんばいで慎重に

177

戸隠山

177 戸隠山

1:50,000

N

500　1000m
1cm＝500m
等高線は20mごと

高妻山　七観音
六弥勒　△1998
五地蔵山
弥勒新道（徳武新道）
四普賢
三文殊
二釈迦
一不動 ⑥
一不動避難小屋
（携帯トイレブースあり）
帯岩
氷清水
屏風岩　1888
九頭龍山 ⑤　△1883
戸隠山 ④
南東側が切れ落ちた稜線を歩く
1904 △
八方睨　1900
剣の刃渡
蟻の塔渡
登山道の両脇がスッパリと切れ落ちている
戸隠神社奥社 ③
天狗の露地　百間長屋　五十間長屋
長野県
長野市
院岳　2030
無念ノ峰
不動沢
尾根

△1533
1596
黒姫駅・古池
信濃町
弥勒新道登山口
戸隠牧場
大橋
黒姫駅・信濃町IC
牧柵のゲート
牧柵のゲート
一不動登山口 ⑦
管理事務所
戸隠キャンプ場
イースタンキャンプ場
丸山　1278
戸隠奥社入口バス停 ①
戸隠民俗館・戸隠流忍法資料館
戸隠森林植物園
天命稲荷
みどりが池
随神門 ②
大鳥居奥社
長野駅・長野IC
越水ヶ原
戸隠スキー場

滑滝〜氷清水間はところどころにクサリが架かる

広大な牧草地を見下ろす花の高原を歩く

四阿山
（あずまやさん）

百

標高**2354**m

長野県・群馬県

登山レベル:**中級**

技術度:★★
体力度:★★★

日　程:**日帰り**

総歩行時間:**7時間**

歩行距離:**14.9km**

累積標高差:登り**1286**m
　　　　　　下り**1286**m

登山適期:**6月上旬～10月下旬**

地形図▶1:25000「四阿山」「菅平」
三角点▶二等

根子岳山頂への山稜から後方を振り返ると、四阿山の穏やかな山稜が望まれ、大スキマの草原へと深い樹林帯が続いている

上級 **中級** 初級

四阿山

山の魅力

菅平高原の牧草地を見下ろす明るい山上歩きが楽しめ、通過困難箇所がないので、マイカーを利用すれば初級レベルとなる。根子岳へ続く「大スキマ」周辺はヨーロッパアルプスの山腹を思わせる爽快な景観が開ける。登り始めから高山植物が見られ、根子岳山頂周辺は特に多くの高山植物が咲き競う。

>>> DATA

公共交通機関【往復】JR北陸新幹線上田駅→上田バス（約55分）→菅平高原ダボスバス停。または、JR北陸新幹線上田駅→タクシー（約50分）→菅平牧場

マイカー　上信越自動車道・上田菅平ICから国道144号、406号経由で菅平牧場入口の駐車場まで約24km。菅平牧場では、牧場入場料1人200円を支払ってから入場し、駐車場を利用することになる。なお、駐車場は無料。

ヒント　バス利用の場合、菅平高原ダボスバス

停～菅平牧場間の往復約1時間30分がスケジュールに影響する。のんびり歩くにはマイカーの利用が望ましい。

問合せ先

上田市真田産業観光課	☎0268-72-4330
菅平高原観光協会	☎0268-74-2003
菅平牧場管理事務所	☎0268-74-2356
上田バス	☎0268-34-6602
菅平観光タクシー	☎0268-22-8484

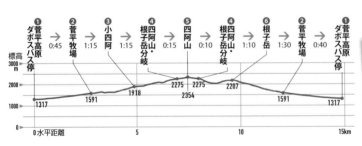

❶菅平高原ダボスバス停 →0:45→ ❷菅平牧場 →1:15→ ❸小四阿 →1:15→ ❹根子岳・四阿山分岐 →0:15→ ❺四阿山 →0:10→ ❹四阿山・根子岳分岐 →1:10→ ❻根子岳 →1:30→ ❷菅平牧場 →0:40→ ❶菅平高原ダボスバス停

標高 3000m / 2000 / 1000 / 0

1317 — 1591 — 1918 — 2275 — 2275 — 2354 — 2207 — 1591 — 1317

水平距離　5　10　15km

四阿山の群馬側山頂

欄外情報　立ち寄り温泉◎菅平プリンスホテルきら星の湯は菅平牧場近く。☎0268-74-2100。入浴料500円。上田方面には真田温泉・ふれあいさなだ館がある。☎0268-72-2500。入浴料500円。10時～21時30分。火曜休。

コース概要 ❶菅平高原ダボスバス停から車道をたどり❷菅平牧場へ。牧場から林道を歩き、登山口の看板を目印に登山道へと入る。次第に勾配が増し、後方に牧草地を見下ろして❸小四阿を過ぎると明るい山腹に出る。やがて展望が開け、砂礫の道を進む。中四阿を過ぎてケルンが積まれた露岩の稜線を越えて急登し、❹四阿山・根子岳分岐を右に進んで木段を登りきれば、信州側と上州側の2カ所に祠が立つ❺四阿山の山頂だ。山頂からはいったん❹四阿山・根子岳分岐まで戻り、往路を見送って暗い樹林帯を下る。牧草地を見下ろし、大スキマから急登すれば、開放的な❻根子岳に到着する。山頂からは急なガレ場を❷菅平牧場へと一気に下っていく。

プランニングのヒント コース上には水場がないので十分に準備しておくこと。紹介したコースは急な下り坂が何カ所かあるので、下りが苦手な人は根子岳から四阿山に向かうコースをとるといい。

難所はないが、四阿山の山腹の砂礫の道、根子岳からのガレた急な下り、大スキマへの急な下りは十分注意しよう。

Column

サブコース

パルコール嬬恋スキーリゾート夏期ゴンドラを利用して、山頂駅から約2時間15分で山頂へ。ゴンドラは7月上旬〜10月下旬の特定日のみの運行。☎0279-96-1177。要問合せ。

花と自然

5〜9月にかけてクリンソウ、ミツバオウレン、ウスユキソウなどのさまざまな花が見られ、高山植物から吸蜜するクジャクチョウなどの高山蝶も姿を見せる。

マツムシソウとクジャクチョウ

178 四阿山

1:50,000

0 500 1000m
1cm=500m
等高線は20mごと

ゴンドラ（運行日注意）を利用した標高差の少ない最短コース（登り約2時間15分、下り約1時間55分）。ただし狭い岩稜やクサリ場がある

上信越・甲信

噴煙を上げる浅間山と迫力ある火口壁を望む

浅間山（黒斑山）

（あさまやま）（くろふやま）

百

標高2404m（黒斑山）

長野県・群馬県

登山レベル:初級

技術度:★★
体力度:★

日　程:日帰り

総歩行時間:3時間15分

歩行距離:5.1km

累積標高差:登り504m
　　　　　　　下り504m

登山適期:6月中旬～10月下旬

地形図▶1:25000「車坂峠」
三角点▶なし

赤ゾレの頭まで来て初めて、浅間山がその姿を見せる。山腹の左側に前掛山へと続く登山道が見えている

上級 中級 **初級** 浅間山（黒斑山）

🔺🔺 山の魅力

活発な火山活動を続け、以前より山頂への登山が禁止されている浅間山の西に位置する黒斑山に登る。黒斑山は浅間山の火口壁に連なる山のひとつで、こ

こから眺める浅間山は迫力満点だ。コース途中からは八ヶ岳や北アルプスを望むことができ、四季を通じて多くの花々を見ることもできる。

>>> DATA

公共交通機関【往復】JR北陸新幹線佐久平駅→JRバス関東（約1時間）→高峰高原ホテル前バス停。または、JR小海線・しなの鉄道小諸駅→JRバス関東（約45分）→高峰高原ホテル前バス停

マイカー　上信越自動車道・小諸ICからチェリーパークラインを経由して車坂峠にある高峰高原ビジターセンターまで約18km。ビジターセンターはバス停のすぐ先にあり、駐車場は無料。

ヒント　バスの運行は往路・復路とも午前1本、午後1本の2本のみ。タクシーは佐久平駅、小諸駅どちらにも常駐しているが、マイカーまたはレンタカーでのアクセスが便利。

問合せ先
小諸市商工観光課　☎0267-22-1700
小諸市観光局　　　☎0267-22-1234
JRバス関東小諸支店　☎0267-22-0588

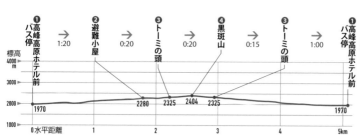

❶高峰高原ホテル前バス停	→	❷避難小屋	→	❸トーミの頭	→	❹黒斑山	→	❸トーミの頭	→	❶高峰高原ホテル前バス停
	1:20		0:20		0:20		0:15		1:00	

標高
4000m

3000

2000　1970　　　　　　　　2280　2325　2404　2325　　　　　　1970

1000

0水平距離　　1　　　2　　　3　　　4　　　5km

トーミの頭からの黒斑山

欄外情報　立ち寄り温泉◎高峰高原ホテル:車坂峠に立つ"天空の絶景宿"。浴室からの眺めもすばらしい。☎0267-25-3000。入浴料1000円（11月下旬～4月中旬は800円）。10～18時。無休。

コース概要 ❶**高峰高原ホテル前バス停**の（たかみねこうげん）（まえ）（てい）
ある車坂峠から表コースに入り、車坂山を
越えて火山礫の道を登る。振り返れば北ア
ルプスの山々も望める。道は傾斜を増し、
やがて頑丈な鉄製の❷**避難小屋**に到着す（ひなんごや）
る。避難小屋のすぐ先が赤ゾレの頭で、浅
間山が初めてその大きな姿を現す。ここか
らいったん下り、火口壁沿いの道を登れば
❸**トーミの頭**。展望のすぐれた休憩地だが、（あたま）
東側は絶壁になっている。慎重に行動した
い。ここから❹**黒斑山**まではひと登り。浅（くろふやま）
間山側の眺めが広がる。山頂から往路を戻
り、❸**トーミの頭**の先の分岐を右へと中
コースを下る。急な下りもなく、❶**高峰高原**（たかみねこうげん）
ホテル前バス停に戻る。（まえ）

プランニングのヒント 浅間山は火口より
4km以内は立入禁止区域になっているが、
登山ルートに限って立ち入りを認めている
現状にある。ただし、噴火警戒レベルは高
いままなので、噴火の可能性が常にあるこ
とを念頭において行動してほしい。

トーミの頭、
黒斑山の山頂
はともに、東
側が絶壁とな
っている。特
に黒斑山の山
頂は狭いた
め、転落には
注意したい。

サブコース

天狗温泉 浅間山荘登山口から二の鳥
居、火山館、湯の平、Jバンド分岐（賽
ノ河原）を経て、以前は浅間山山頂下
の前掛山まで登ることができたが、
最近になって、Jバンド分岐から先
は火口周辺規制により立ち入りが禁
止となっている。なお、Jバンド分
岐からトーミの頭や鋸岳に登ること
はできるが、急斜面や稜線からの滑
落には注意。天狗温泉 浅間山荘登山
口から入山した場合は、Jバンド分
岐までの往復に留めておくのが無難
なところだ。

眼下に広がる平坦地が湯の平

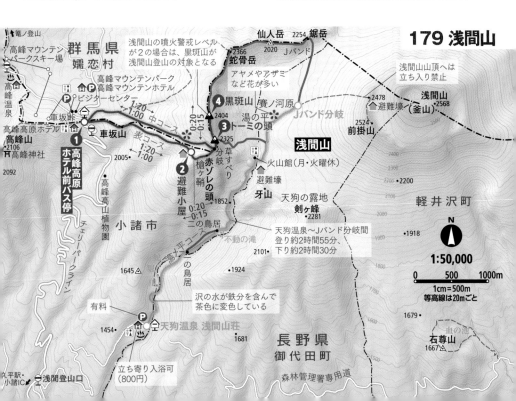

179 浅間山

浅間山の噴火警戒レベル
が2の場合は、黒斑山が
浅間山登山の対象となる

群馬県
嬬恋村

篭ノ登山
高峰マウンテン
パークスキー場
高峰マウンテンパーク
高峰マウンテンホテル
ビジターセンター
高峰温泉
車坂峠
高峰高原ホテル
高峰山
2106
高峰神社
2092
高峰高山植物園

アヤメやアザミ
など花が多い

蛇骨岳
2366

仙人岳 2254 鋸岳
2020 Jバンド

❹黒斑山
2404
湯の平
❸トーミの頭
2325
分岐 草すべり
赤ゾレの頭
2005

2478
避難壕
前掛山
2524
賽ノ河原
Jバンド分岐

浅間山山頂へは
立ち入り禁止

浅間山（釜山）
2568

浅間山

小諸市
❷避難小屋
檜鞘
1852
二の鳥居

火山館（月・火曜休）
避難壕
牙山

天狗の露地
剣ヶ峰
2281

軽井沢町

1918

1:50,000

N

中コース
1:20
1:00
表コース
1:20
1:00
0:20
0:15

0:20
0:15

不動の滝
2101

❶高峰高原ホテル前バス停

チェリーパークライン

1645

1924

天狗温泉～Jバンド分岐間
登り約2時間55分、
下り約2時間30分

有料

天狗温泉 浅間山荘
1454

沢の水が鉄分を含んで
茶色に変色している

立ち寄り入浴可
（800円）

1681

長野県
御代田町

石尊山
1667

森林管理署専用道

0   500   1000m
1cm＝500m
等高線は20mごと

小平駅・
小諸IC
浅間登山口

たくさんの花とアルプスの展望が楽しめる入門コース

鉢伏山
（はちぶせやま）

三百

標高1929m

長野県

登山レベル：初級

技術度：★
体力度：★

日　程：日帰り

総歩行時間：1時間7分

歩行距離：3.1km

累積標高差：登り129m
　　　　　　下り129m

登山適期：5月中旬〜11月中旬

地形図 ▶ 1:25000「鉢伏山」「山辺」
三角点 ▶ 一等

鉢伏山の草原を白い雲が流れる。レンゲツツジの咲く時期がこの山のいちばん輝く頃だろう

山の魅力

長野県の諏訪盆地と松本平の間にあり、山名どおり、大きくお椀を伏せたような姿を見せる。標高2000m近い山だが、山頂直下まで車道が通じているため、20分ほどで山頂に立てる。高原状の山頂部はレンゲツツジをはじめとする花が咲き、諏訪湖や松本平、北アルプス、八ヶ岳などを一望できる大展望台だ。

>>> DATA

公共交通機関 【往復】JR中央本線岡谷駅→タクシー（約1時間）→鉢伏山荘

マイカー 長野自動車道・岡谷ICから国道20号、高ボッチスカイラインを経由して鉢伏山荘へ約21km。鉢伏山荘前に約60台分の有料駐車場（500円）がある。なお、鉢伏山は入山料（300円・鉢伏山荘に支払う）が必要だが、マイカーの場合は駐車料金に含まれる。

ヒント 鉢伏山荘へは、公共交通機関の場合は

JR中央本線・篠ノ井線塩尻駅からタクシー（約55分）、マイカーの場合は長野自動車道・塩尻ICから（約20km）もアクセスできる。

問合せ先
松本市観光プロモーション課　☎0263-34-8307
岡谷市商業観光課　　　　　　☎0266-23-4811
アルピコタクシー（岡谷）　　☎0266-71-1181
美勢タクシー　　　　　　　　☎0263-52-1280

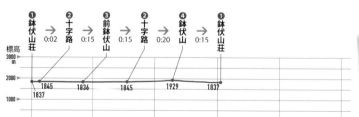

| ①鉢伏山荘 | → | ②十字路 | → | ③前鉢伏山 | → | ②十字路 | → | ④鉢伏山 | → | ①鉢伏山荘 |
| 0:02 | | 0:15 | | 0:15 | | 0:20 | | 0:15 | |

標高3000m

1845　1836　1845　1929　1837
1837

2000
1000

0 水平距離　　1　　2　　3　　4　　5km

レンゲツツジと諏訪湖

欄外情報 山小屋◎鉢伏山荘：☎090-4609-0692。1泊2食付1万500円、素泊まり6000円。5月中旬〜10月上旬の営業で、冬期営業もある。下山後の立ち寄り入浴は岡谷市街に岡谷温泉・ロマネット（☎0266-27-6080）がある。

コース概要 ❶鉢伏山荘から歩き始める。南東に進めば20分で山頂に立てるが、その前に展望のよい前鉢伏山に足を延ばそう。山荘前から未舗装の道に入り、数分で❷十字路に出る。左に進み、標識を目印に細い道に入ると❸前鉢伏山だ。鉢伏山へは❷十字路まで戻り、そのまま直進する。左に二ツ山への道を分け、ゆるく登ると❹鉢伏山に着く。山頂には三角点や鳥居、石仏などがあり、展望台からはすばらしい景観が広がっている。山頂からは来た道を戻り、途中で左折すると❶鉢伏山荘に出る。

プランニングのヒント 2時間もあれば歩き尽くせるので、物足りない人は、マイカー利用でなければ下山地を北東面の扉温泉や（十字路から約2時間）、西面の牛伏寺（鉢伏山荘から約2時間30分）に変更してもいい。マイカー利用なら、南の高ボッチ山（1665m）も併せて散策したい（約1時間）。鉢伏山を代表するレンゲツツジの花期は6月中旬～7月上旬にかけて。

通過困難箇所はないが、山頂部は広々として目印が少ないだけに、濃霧時は方向に注意する。

花と自然

鉢伏山は花が多く、代表的なレンゲツツジをはじめ、マツムシソウやニッコウキスゲ、マルバダケブキなどが初夏から秋にかけて山上を飾る。しかし、近年はシカの食害により、その数を減らしつつある。

マツムシソウ（上）とマルバダケブキ（下）

180

鉢伏山

180 鉢伏山

長野県
松本市

前鉢伏山 ❸
1836

北アルプスや美ヶ原などを見渡す

道標を目印に細い道に入る

鉢伏山荘から牛伏寺へは、下り約2時間30分（逆コース約3時間30分）

鉢伏山荘 ❶

十字路 ❷

0:15

0:02
0:02

展望地

0:20
0:15

P

0:20
0:15

レンゲツツジ
マツムシソウ
ハクサンフウロなど

1812

ぶなの木権現

牛伏寺分岐

高ボッチ山・岡谷駅・岡谷IC

鉢伏神社
山頂展望台
360度の展望

鉢伏山 ❹
1929

一等三角点

岡谷市

宮入山

扉温泉

わさび沢

森林管理署
小屋跡

山麓の名湯・扉温泉からのコース。道はよく整備されている。十字路～扉温泉間登り約3時間、下り約2時間

N

1:25,000

0   250   500m
1cm=250m
等高線は10mごと

二ツ山

急坂をたどって名山たちを一望する広大な山頂へ

蓼科山
（たてしなやま）

百

標高2531m

長野県

登山レベル:初級

技術度:★★
体力度:★★

日　　程:日帰り

総歩行時間:4時間5分

歩行距離:5.9km

累積標高差:登り726m
**　　　　　　下り828m**

登山適期:6月中旬〜10月中旬

地形図▶1:25000「蓼科山」
三角点▶一等

女神湖から独立峰のような蓼科山を望む。ここからだと山腹にかかるゴンドラや将軍平からの急登、広い山頂の様子などがよくわかる

🏔 山の魅力

八ヶ岳連峰の北端に位置する蓼科山は、周囲からもひと目でわかる独立峰のような山容が特徴的。山頂は岩が折り重なり、ちょっとした運動場のような広さで、各方面の展望が楽しめる。山腹のシラビソやコメツガの森もきれいだ。中腹や山上に山小屋があるので、北八ヶ岳の山々へと縦走するにもよい。

>>> DATA

公共交通機関【行き】JR中央本線茅野駅→タクシー（約50分）→蓼科牧場→蓼科牧場ゴンドラリフト（5分）→山頂駅　【帰り】蓼科山登山口バス停→アルピコバス（約1時間）→茅野駅

マイカー　中央自動車道・諏訪ICから国道152号、県道40号などを経由して蓼科山七合目まで約30km。中部横断自動車道・佐久南ICからは国道120号、県道40号を経由して約33km。七合目に約50台分の無料駐車場あ

り。マイカーの場合、往復登山となるが、周回登山をしたい場合はコラムの「サブコース」を参照。

ヒント　蓼科山登山口からのバス便は少ない。親湯入口まで下れば（徒歩約1時間15分）便数が増える。

問合せ先

立科町産業振興課	☎0267-88-8412
信州たてしな観光協会	☎0267-55-6654
アルピコ交通茅野営業所	☎0266-72-7141
アルピコタクシー	☎0266-71-1181

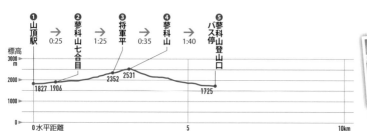

① 山頂駅 →0:25 ② 蓼科山七合目 →1:25 ③ 将軍平 →0:35 ④ 蓼科山 →1:40 ⑤ 蓼科山登山口バス停

標高3000m / 2000 / 1000 / 0

1827　1906　　2352　2531　　　　1725

0水平距離　　　5　　　10km

蓼科山山頂から北横岳を展望

欄外情報　山小屋◎蓼科山荘:☎090-1553-4500。1泊2食付1万円。4月下旬〜11月上旬。月・火曜休。　蓼科山頂ヒュッテ:☎090-7258-1855。1泊2食付1万1000円。4月下旬〜11月初旬。火〜木曜休。　ともに要予約。

コース概要 ❶山頂駅先の諏訪大社御柱の横から山道に入り、駐車場がある❷蓼科山七合目へと登る。シラビソやコメツガの森を登り、途中、馬返しを経て天狗ノ露地へ。さらに、ガレ場を登っていけば蓼科山荘が立つ❸将軍平だ。ここから樹林を抜け露岩を急登すれば蓼科山頂ヒュッテ前を通り❹蓼科山の頂上となる。広い山上からは360度の展望が広がり、中央に蓼科神社奥宮がある。下山は山頂ヒュッテから山頂部を巻くように露岩を下る。やがて急な下りとなり、傾斜がゆるむと2120m道標。再び急下降していけば、やがて女乃神茶屋（休業中）が立つ❺蓼科山登山口に下り立つ。

プランニングのヒント 蓼科山からは北八ヶ岳の天狗岳（P76）が近い。一度下山してから渋の湯へと移動してもよいが、日程に余裕があれば、北横岳、縞枯山、麦草峠、高見石から天狗岳へ縦走すると面白い。北横岳ヒュッテ、黒百合ヒュッテなどに泊まっての2泊3日行程となる。

> 山頂はガスに巻かれると方向を見失いやすい。ペンキ印をはがさないこと。夏は雷雲に注意。雷鳴が聞こえてきたら、早めに避難。

サブコース

車なら大河原峠を起点に将軍平経由で山頂に登り、将軍平へ戻ってから天祥寺原へ下り、大河原峠へと戻る周回コースも人気。標高差が小さく初級者でも無理なく周回できる。

安全のヒント

将軍平から山頂への登りと山頂から蓼科山登山口への下りの露岩帯では足元に気をつけて登下降したい。段差が大きいところでは、ストックはしまい、三点確保で通過しよう。

大岩が転がる将軍平への下り道

181 蓼科山

マイカー利用の場合、大河原峠を起点にした周回コースが便利。山頂往復も含めて1周約4時間10分

1:60,000

500　1000m

1cm=600m
高線は20mごと

双耳の姿を見せる北八ヶ岳の最高峰へ

天狗岳

（てんぐだけ）

二百

標高2646m（西天狗）

長野県

登山レベル：中級

技術度：★★
体力度：★★★

日　程：日帰り

総歩行時間：5時間50分

歩行距離：8.2km

累積標高差：登り909m
　　　　　　　下り909m

登山適期：6月中旬～10月下旬

地形図▶1:25000「蓼科」
三角点▶二等

中山峠付近から眺めた天狗岳。左の鋭峰が東天狗で右の丸い峰が西天狗。左奥に見えている山は硫黄岳

上級
中級
初級

天狗岳

🔺 山の魅力

八ヶ岳連峰は硫黄岳の北部にある夏沢峠を境にして北八ヶ岳と南八ヶ岳に区別されるが、天狗岳はその北八ヶ岳の最高峰である。東天狗と西天狗があって

どちらも展望はすばらしいが、西天狗のほうが若干標高が高く三角点もそちらにある。岩稜の山だが、南八ヶ岳に比べると比較的穏やかな山である。

>>> DATA

公共交通機関【往復】JR中央本線茅野駅→タクシー（約55分）→唐沢鉱泉

マイカー　中央自動車道・諏訪ICから八ヶ岳ズームライン、エコーラインなどを経由して唐沢鉱泉駐車場まで約23km。唐沢鉱泉の約50m手前に無料駐車場あり（約40台）。

ヒント　公共交通利用の場合、唐沢鉱泉に宿泊する人は茅野駅からの送迎バスが利用できる（事前予約

制）。そのほか、茅野駅から渋の湯行きの路線バスで辰野館前バス停下車。バス停から唐沢鉱泉まで徒歩約1時間20分。

問合せ先
茅野市観光案内所	☎0266-73-8550
八ヶ岳観光協会	☎0266-73-8550
アルピコ交通茅野営業所	☎0266-72-7141
第一交通（タクシー）	☎0266-72-4161

❶唐沢鉱泉　→1:00→　❷枯尾ノ峰分岐　→2:00→　❸西天狗　→0:20→　❹東天狗　→1:00→　❺黒百合ヒュッテ　→0:45→　❻唐沢鉱泉分岐　→0:45→　❶唐沢鉱泉

標高3000m / 2000 / 1000 / 0

1866 / 2144 / 2646 2640 / 2393 / 2188 / 1866

0 水平距離　5　10km

唐沢鉱泉の源泉

欄外情報 山小屋◎唐沢鉱泉：☎0266-76-2525。1泊2食付1万5550円～。4月中旬～1月中旬。　黒百合ヒュッテ：☎0266-72-3613。1泊2食付1万1000円、素泊まり7000円。通年営業。

コース概要 ❶唐沢鉱泉から西尾根登山口であるしゃくなげ橋を渡り登山道へ。深い静かな森で苔なども美しい道である。❷枯尾ノ峰分岐から尾根になっても同じような道が続くが、第一展望台から一気に視界が開ける。ここからは展望を楽しみながらの登りになる。しばらくなだらかに行き、岩場の急登をペイントに従って登れば❸西天狗に着く。ここから❹東天狗までは20分ほど。東天狗は縦走路上にあるので人も多い。どちらも展望は最高だ。東天狗から岩稜を注意して通過し、天狗の奥庭を経て❺黒百合ヒュッテへと下るが、中山峠を経由する道のほうがいくぶん楽かもしれない。ヒュッテからは❻唐沢鉱泉分岐を経て❶唐沢鉱泉まで戻ることができる。

プランニングのヒント 登山口の唐沢鉱泉がすでに標高1870mもあるので標高差はあまりないが、岩場の大きな段差などで意外に足が疲れる。ショートコースだと侮らず、休憩の時間はしっかり確保することが大切だ。

東天狗から天狗の奥庭を経て黒百合ヒュッテに下る道は岩がゴロゴロしている。疲労による転倒には十分注意したい。

サブコース

天狗岳への登山口は紹介したコースのほかにもたくさんある。多く歩かれているのは茅野市側の渋の湯から中山峠を経由して登る道で、渋の湯から東天狗の往復は約6時間50分（中級）。地図には入っていないが、夏沢峠から根石岳を越えて天狗岳に登るコースは、根石岳からの迫力ある天狗岳がすばらしい。夏沢峠への登山道は、小海町側は稲子湯や本沢温泉、茅野市側は夏沢鉱泉など、いずれも山の温泉が拠点となり、楽しいコースだ。

根石岳頂上から見た荒々しい西天狗

182

天狗岳

182 天狗岳

長野県 茅野市

小海町

渋の湯バス停～唐沢鉱泉分岐間は、登り約1時間30分、下り1時間

渋の湯バス停から唐沢鉱泉まで約1時間

岩のゴロゴロした沢沿いの道。転倒注意

中山峠経由のコースもある（黒百合平へ1時間）

溶岩台地は視界不良時はルート選びに注意。初級者は中山峠を経由したほうがいい

ガレの急斜面。スリップ注意

急斜面。スリップ注意

ともに大展望

1:25,000

1cm=250m
等高線は10mごと

0　250　500m

スタンダードコースから八ヶ岳の盟主・赤岳に立つ

八ヶ岳
やつがたけ

横岳から見た赤岳。その名のとおり、岩が赤っぽい。左下の小屋が赤岳天望荘で、赤岳山頂に見えているのが赤岳頂上山荘。右遠方の高峰は北岳

百

標高2899m（赤岳）

長野県・山梨県

登山レベル:**上級**

技術度:★★★★
体力度:★★★

日　程:1泊2日

総歩行時間:10時間30分

1日目:5時間5分

2日目:5時間25分

歩行距離:18.9km

累積標高差:登り1746m

下り1746m

登山適期:6月下旬～10月中旬

地形図▶1:25000「八ヶ岳西部」
　　　　　「八ヶ岳東部」
三角点▶一等（赤岳）

上級
中級
初級

八ヶ岳

🏔 山の魅力

中部山岳ではアルプスと人気を二分するエリア。険しい岩稜の続く、最高峰・赤岳がそびえる南八ヶ岳と、深い森がハイカーを魅了する北八ヶ岳で形成される。八ヶ岳の固有種や咲くエリアが限定される希少高山植物も多く、花愛好者にも人気が高い。登りやすい山だが、高山病には十分気をつけたい。

>>> DATA

公共交通機関【往復】JR中央本線茅野駅→アルピコ交通バス（約50分）→美濃戸口バス停

マイカー 中央自動車道・諏訪南ICから県道425号、ズームライン、鉢巻道路経由で美濃戸口まで約10km。美濃戸口に有料駐車場が2カ所ある。

ヒント バスは夏の一時期以外は特定日の運行となるため、事前に確認すること。夏期は、東京から美濃戸口まで夏山登山バス（毎日あるぺん号）も運行されている。また、マイカーなら美濃戸口の先の美濃戸まで入れるので、歩行時間が短縮できる。

問合せ先
茅野市観光課　☎0266-72-2101
八ヶ岳観光協会　☎0266-73-8550
アルピコ交通茅野営業所　☎0266-72-7141
アルピコタクシー　☎0266-71-1181
毎日あるぺん号　☎03-6265-6966

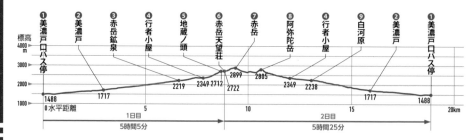

①美濃戸口バス停 ②美濃戸 ③赤岳鉱泉 ④行者小屋 ⑤地蔵ノ頭 ⑥赤岳天望荘 ⑦赤岳 ⑧阿弥陀岳 ⑨行者小屋 ⑨白河原 ②美濃戸 ①美濃戸口バス停

標高
4000m
3000
2000 2899 2805
2219 2349 2712 2722 2349 2238
1000 1488 1717 1717 1488
0水平距離　　5　　　　10　　　　15　　　　20km
1日目　　　　2日目
5時間5分　　5時間25分

欄外情報 山小屋◎赤岳鉱泉:☎090-4824-9986。1泊2食付1万3000円。　行者小屋:☎090-4740-3808。1泊2食付1万3000円。
赤岳天望荘:☎0266-74-2728。1泊2食付1万4000円～。　赤岳頂上山荘:☎090-2214-7255。1泊2食付1万2000円。

コース概要

1日目 ❶**美濃戸口バス停**から林道を❷**美濃戸**へ。北沢経由で赤岳鉱泉へ向かう。堰堤広場までは林道だが、ここから本格的な登山道となる。何度か橋を渡ってゆるやかに登ると❸**赤岳鉱泉**だ。中山乗越を経て❹**行者小屋**へ。稜線へは急登と岩稜帯が続く地蔵尾根を登る。❺**地蔵ノ頭**からはやせた稜線を進むと❻**赤岳天望荘**に着く。

2日目 天望荘から急なザレ場の斜面をジグザグに登れば❼**赤岳**の山頂だ。下りは険しい岩場。途中まで文三郎道を歩き、最初の分岐を中岳方面へ。行者小屋への道を見送り、中岳を越えて阿弥陀岳へと登り返す。クサリやハシゴのかかる急な岩場の先が❽**阿弥陀岳**の山頂だ。山頂からは往路を中岳との鞍部まで慎重に下り、ここから行者小屋へ急斜面を下山する。文三郎道との合流点を過ぎればゆるやかになり、❹**行者小屋**に到着。帰りは南沢を下る。❾**白河原**を経て深い森が美しい樹林帯を歩き、❷**美濃戸**からは往路を戻る。

プランニングのヒント

行者小屋より上部はどのコースを選んでも緊張を強いられる険しい岩稜帯が続く。初級者だけで登るのは避けたい。八ヶ岳は山小屋が充実しているので、それらを利用しながら、体力や技術、天候に応じて行程を決めよう。また、美濃戸口の八ヶ岳山荘（☎0266-74-2728）には仮眠室（有料）が設置されているので活用するといい。

サブコース

①阿弥陀岳から御小屋尾根を下山

【コース】阿弥陀岳→不動清水→御小屋山→美濃戸口

阿弥陀岳から直接、美濃戸口へと下るコース。行者小屋経由より人も少なく静かな山歩きができる。ただし長く標高差もあり、不動清水までは険しい岩場や急な下りもあるので、山慣れた人向き。阿弥陀岳山頂か

！ 八ヶ岳は標高が3000m近くあるため高所障害が出やすい。ゆっくり登ること、そして十分な水分補給を心がけたい。

！ 標高が高いため、春や秋は気温次第で雪やミゾレが降る。独立峰で風も強いので、防寒・防風対策はしっかりと。

ら美濃戸口まで約4時間。上級。

②赤岳から横岳を経て硫黄岳へ

【コース】赤岳→横岳→硫黄岳→美濃戸→美濃戸口

八ヶ岳の人気コース。1日目は行者小屋から文三郎道を経由して赤岳に登り、赤岳頂上山荘か赤岳天望荘に泊まる。横岳も険しい岩場が続くので慎重に。硫黄岳からの爆裂火口は大迫力だ。赤岳天望荘から美濃戸口まで約6時間。上級。

花と自然

八ヶ岳には、本州ではここと白馬岳一帯でしか見られないウルップソウやツクモグサ、八ヶ岳の固有種ヤツガタケキスミレ、ヤツガタケキンポウゲなどの希少種が咲く。これらの花を見るためだけに登る人も多い。

ツクモグサ（上）とウルップソウ（下）

もろい岩稜帯が続く地蔵尾根

八ヶ岳

箕冠山

箕冠山・天狗岳

夏沢峠

本沢温泉

山びこ荘

ヒュッテ夏沢

日本有数の高所温泉

夏沢鉱泉

オーレン小屋

・2283

崩壊した縁に近寄らないこと

南牧村

△2742

・2760

硫黄岳

方向注意

地蔵ノ頭～赤岳鉱泉間
下り約3時間30分、
登り約4時間

峰ノ松目
2568△

赤岩ノ頭

2656

コマクサの大群落

大ダルミ

硫黄岳山荘

駒草神社

・2292

増水時は南側の
巻き道へ

2:00
1:20

北沢

ハシゴ

台座ノ頭
2795

ウルップソウ

堰堤広場

増水時の高巻き道

北沢コース

赤岳鉱泉

3

八ヶ岳

横岳
2830

奥ノ院

無名峰

奥ノ院～二十三夜峰間は
クサリとハシゴが連続す
る八ヶ岳屈指の難所

2825

三叉峰

横岳登山口

0:40
0:30

中山乗越

もろい岩場の急登が
続く。クサリやハシゴ
も多いので慎重に

石尊峰

鉾岳

美濃戸中山
・2387

急坂

森の中をたんたんと歩く

白河原

9

0:30
0:20

行者小屋

4

地蔵尾根

最後の水場

南沢

日ノ岳

二十三夜峰

地蔵ノ頭

5

1:20
1:00

0:05

2296

ハシゴ

不動清水

中岳道

ハシゴ、
クサリ

1:10
1:40

雨天時、
階段で滑ら
ないように

文三郎道

赤岳天望荘

6

急な斜面。混雑時
は落石に注意

△2805

阿弥陀岳

8

岩場のある急斜面。
スリップ注意

中岳

0:25
0:40

県界尾根

2599

・2564

赤岳南面の下りは、当コース一の
難所。クサリに頼り過ぎず慎重に

1:20
1:10

2899

赤岳頂上山荘

赤岳

7

大天狗・美し森バス停

真教寺尾根

中央稜

本谷

石尊

南稜

八ヶ岳の最高峰。
360度の大展望

2504

赤岳沢

立場岳
2370

キレット小屋

山梨県
北杜市

北峰

権現岳

牛首山・
美し森バス停

184 登山リフトを使ってパノラマの山頂へ

横手山（よこてやま）

三百 標高**2307**m 群馬県・長野県

登山レベル：初級	技術度：★★	体力度：★	日程：日帰り
総歩行時間：2時間50分	歩行距離：約7.4km		
累積標高差：登り229m 下り818m	登山適期：5月下旬〜10月下旬		

公共交通機関【行き】JR北陸新幹線長野駅→長電急行バス（約1時間50分）→渋峠バス停→リフト（10分）→横手山 【帰り】硯川バス停〜長電バス（約45分）→長野電鉄湯田中駅 **マイカー** 上信越自動車道・信州中野ICから渋峠まで約36km。

🏔 山の魅力

草津温泉の西、群馬・長野県境に位置し、北アルプスをはじめとした雄大な展望が楽しめる。リフトで山頂まで行き、スキー場のゲレンデ脇を下って四十八池の湿性高山植物を楽しむコースがおすすめ。

コース概要 山頂にある横手山頂ヒュッテの先から登山道を下る。のぞきへの道を分けると急斜面の下りとなる。木の根が多いので、スリップには十分注意したい。スキーゲレンデ脇を通り、小ピークを2つ越えれば草津峠分岐。硯川に下る道を左に見送り、鉢山に登り返してから四十八池入口へと下る。ワタスゲやヒメシャクナゲなどの咲く湿原をぜひ散策しよう。散策を終えたら四十八池入口から渋池のある前山湿原へと向かう。前山湿原から硯川バス停までリフトもあるが、歩いて下ってもすぐだ。

渋峠から夏山リフトで山頂へ

問合せ先
山ノ内町観光商工課	☎0269-33-1107
志賀高原観光協会	☎0269-34-2404
長電バス長野営業所	☎026-296-3208
横手山リフト	☎0269-34-2600

---

185 特異なスタイルの鋭峰に最短コースで登る

笠ヶ岳（かさがたけ）

三百 標高**2076**m 長野県

登山レベル：初級	技術度：★	体力度：★	日程：日帰り
総歩行時間：45分	歩行距離：約0.8km		
累積標高差：登り167m 下り167m	登山適期：5月下旬〜10月下旬		

公共交通機関【往復】長野電鉄湯田中駅→タクシー（約40分）→笠岳峠（峠の茶屋） **マイカー** 上信越自動車道・信州中野ICから志賀中野道路、国道292号などを経由して笠岳峠まで約32km。

🏔 山の魅力

横手山の西側に対峙してそびえる鋭峰。山頂からの北アルプスや妙高エリアの展望がすばらしい。かつては北側山麓の熊ノ湯から登るコースが一般的だったが、近年は峠から往復する登山者が多い。

コース概要 峠の茶屋が立つ笠岳峠から道標に従って登山道に入る。最初はジグザグの登山道もいつしか段差の大きい急な階段を登るようになり、ロープの張られた岩場などの通過も交えて笠ヶ岳の山頂に達する。30分とかからない登りだが、階段が多く傾斜はきつい。展望を楽しんだら下山となるが、急な階段では手すりを離さないように下りたい。なお、すぐ隣には同じ三百名山の横手山がある。こちらはリフトを使って山頂に立てるので、1日で2山登ることも十分可能だ。

横手山の登山道から見た笠ヶ岳

問合せ先
山ノ内町観光商工課	☎0269-33-1107
志賀高原観光協会	☎0269-34-2404
長電バス湯田中営業所	☎0269-33-2563
長電タクシー湯田中営業所	☎0269-33-3161

186 北アルプスを眺めながら牧場の高原を歩く

百 標高**2034**m（王ヶ頭） 長野県

美ヶ原
うつくしがはら

登山レベル：初級	技術度：★	体力度：★	日程：日帰り
総歩行時間：2時間30分		歩行距離：約10.1km	
累積標高差：登り301m 下り301m		登山適期：5月中旬〜10月下旬	

▶**公共交通機関** 【行き】JR篠ノ井線松本駅→タクシー（約1時間）→山本小屋 【帰り】美ヶ原高原美術館バス停→タクシー（約1時間）→松本駅 ▶**マイカー** 中央自動車道・岡谷ICから国道142号、県道460号を経由して山本小屋の駐車場まで約34km。松本ICからもほぼ同距離。 ▶**問合せ先** 松本市観光プロモーション課☎0263-34-8307 アルピコタクシー松本営業所☎0263-75-1181

美ヶ原のシンボル・美しの塔

🏔 山の魅力

運動靴でも歩ける起伏のないコースがあることや、山頂にホテルがある安心感、そして北アルプスの雄大な眺めがハイカーに人気の秘密。ただし山麓からの登山道は歩きがいがある。

コース概要 山本小屋から南西へと牧場のなかのハイキングコースを行く。やがて右手に美しの塔が見えてくる。しばらくそのまま進み、右に大きくカーブしてゆるやかに登れば最高点の王ヶ頭だ。ここには通年営業の王ヶ頭ホテルがある。ホテルから西へと展望のすばらしい王ヶ鼻を往復したら、来た道を戻る。

---

187 草原と湿原を花々が彩る展望のハイキング

百 標高**1925**m（車山） 長野県

霧ヶ峰
きりがみね

登山レベル：初級	技術度：★	体力度：★	日程：日帰り
総歩行時間：2時間50分		歩行距離：約7.2km	
累積標高差：登り244m 下り398m		登山適期：5月中旬〜10月下旬	

▶**公共交通機関** 【行き】JR中央本線茅野駅→アルピコ交通バス（約1時間5分）→車山肩バス停 【帰り】八島湿原バス停→アルピコ交通バス（約10分）→霧ヶ峰インターチェンジ・アルピコ交通バス（約1時間5分）→JR中央本線上諏訪駅 ▶**マイカー** 中央自動車道・諏訪ICから国道20号、ビーナスラインを経由して車山肩の駐車場まで約20km。 ▶**問合せ先** 茅野市観光課☎0266-72-2101 アルピコ交通茅野営業所☎0266-72-7141

八島湿原の池塘から車山を望む

🏔 山の魅力

なだらかで丘のような山々に囲まれた草原と高層湿原。初夏のレンゲツツジ、夏のニッコウキスゲ、秋のヤナギランなどそこかしこに花が咲く。八ヶ岳やアルプスの眺めもすばらしい。

コース概要 車山肩バス停から、花期ならニッコウキスゲの群落を抜け車山へと登る。展望を楽しんだら急な階段を下って山頂北側の車山乗越へ。草原のなかの木道を歩き、蝶々深山を目指す。蝶々深山から草原の道を歩いて物見石を越え、急坂を鎌ヶ池のある八島湿原へと下る。あとは木道を八島湿原バス停に向かう。

---

188 花咲く湿原から大パノラマの頂へ

三百 標高**1955**m 長野県

入笠山
にゅうかさやま

登山レベル：初級	技術度：★	体力度：★	日程：日帰り
総歩行時間：3時間5分		歩行距離：約8.1km	
累積標高差：登り421m 下り421m		登山適期：5月中旬〜10月下旬	

▶**公共交通機関** 【往復】JR中央本線富士見駅→シャトルバス（約10分・無料）→富士見パノラマリゾート山麓駅→ゴンドラ（10分）→山頂駅 ※ゴンドラの運行は4月下旬〜11月上旬 ▶**マイカー** 中央自動車道・諏訪南ICから県道425号、国道20号などを経由して富士見パノラマリゾートの駐車場（無料）まで約4km。 ▶**問合せ先** 富士見町産業課☎0266-62-9342 富士見パノラマリゾート☎0266-62-5666

入笠山の山頂。後ろは八ヶ岳

🏔 山の魅力

ゴンドラを使えばビギナーでも気軽に山頂に立てる。ゴンドラ山頂駅からわずかな時間の入笠湿原は季節ごとにさまざまな花が咲き、湿原からは40分ほどの登りで大パノラマの山頂だ。

コース概要 ゴンドラ山頂駅を出たら入笠湿原へと下って行く。木道を歩いて周回し車道へと上がる。山彦荘の前を通って御所平峠登山口へ。右手斜面を途中まで登り、尾根コース、迂回コース、好きなほうを登って入笠山の山頂へ。山頂からは首切清水を経て大阿原湿原へ向かう。木道で1周したら山頂駅に戻る。

残雪期の登山

本書の中には、野伏ヶ岳(P178)や、笈ヶ岳(P196)のように、残雪期でないと登れない山がある。ここでは、残雪期の山の歩き方を紹介する。

残雪期とは

標高にもよるが、雪山において4〜6月が該当。この時期は天候が安定するので、経験者同行なら冬山初心者でもトライできる。

天候

残雪期は降雪が少なく、日照時間や気温など登山条件が好転するが、気温が上がると雪崩の恐れがある。また、悪天候になっても冬山ほど長く続かないが、天候が崩れると厳冬に逆戻りするので要注意。

服装・装備

山にもよるが、日中は思いのほか気温が上がり汗をかきやすいだけに、アンダーウエアは保温性とともに、汗をすばやく発散させる機能が重要。また、アウターは防水透湿素材のレインウエアがよい。靴は保温性の高い総皮革製のものを(または冬季用のナイロンブーツ)。装備ではアイゼンは必携で、緩斜面では6本爪のアイゼンとストック、急斜面なら10〜12本爪のアイゼンとピッケルを用意する。

歩行技術

アイゼンの爪がよく効くよう、靴底を雪面に対し平行に置き、歩幅を平地より狭めて歩く。アイゼンをズボンやスパッツに引っかけないよう、足を左右やや開き気味に歩くことも大切。アイゼンなしで緩斜面を歩く場合や、アイゼンの効きにくい雪の場合は、キックステップも有効。その際は、登りではつま先を蹴り込み、下りではかかとを踏み込み、雪面に階段を作るようにする。

［雪渓の歩き方］

鳥海山(上巻P102)や白馬岳(上巻P242)など、夏でも雪渓(高山の谷に積もった雪が、消雪期以降も広く残る場所)が見られる山がある。雪渓の通過方法も併せて紹介する。

歩行技術

登路は、気温が高い日で雪面がやわらかい場合は、スプーンカット(スプーンでえぐったような凹凸)の平らな部分に足を置く。固い雪の場合は残雪期同様、キックステップが有効。下りは、かかとの靴底のエッジを、鉛直方向気味に体重を乗せて下ろす。アイゼンはなくても通過できるが、あればより確実に歩ける。その際は、4本爪より6本爪のほうがいい。

注意点

左右と前方からの落石に注意。ガス発生時は進む方向を見誤り、コースから外れて雪渓の割れ目に転落するおそれがある。雪渓は日々変化するので、事前に宿泊する山小屋や当該自治体に状態を問い合わせておこう。

鳥海山の心字雪渓。雪面の凹凸がスプーンカット。この平らな部分に足を置く

中央アルプスとその周辺

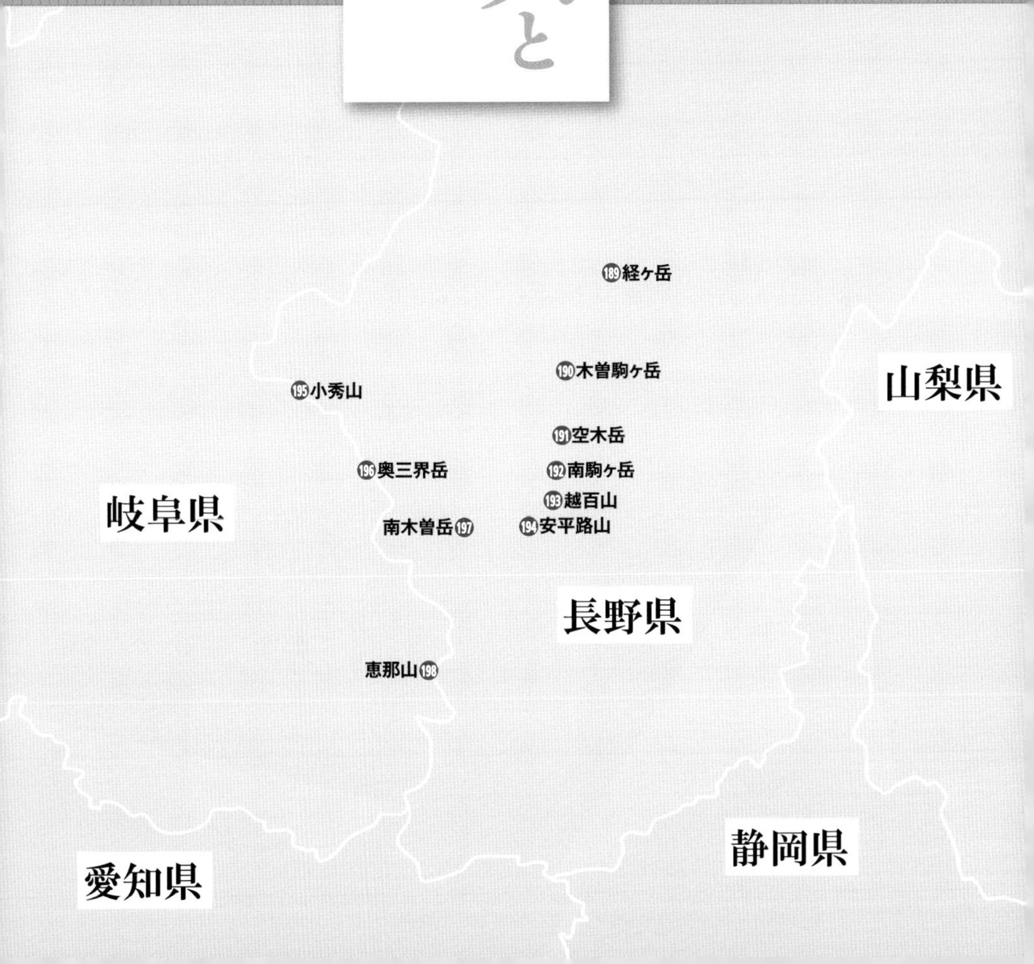
189 経ヶ岳
190 木曽駒ヶ岳
195 小秀山
山梨県
191 空木岳
196 奥三界岳
192 南駒ヶ岳
193 越百山
岐阜県
南木曽岳 197
194 安平路山
長野県
恵那山 198
静岡県
愛知県

登山口から山頂までひたすら登る中ア最北端の山

経ヶ岳
きょうがたけ

標高2296m

長野県

登山レベル:中級

技術度:★★
体力度:★★★

日　程:前夜泊日帰り

総歩行時間:7時間50分

歩行距離:14km

累積標高差:登り1588m
　　　　　　下り1588m

登山適期:5月中旬～11月上旬

地形図 ▶ 1:25000「伊那」「宮ノ越」
三角点 ▶ 二等

クマザサが繁茂する九合目付
近からの経ヶ岳

上級
中級
初級

経ヶ岳

🔺 山の魅力

南北約40kmにわたる中央アルプスの北端に位置する山だが、木曽駒ヶ岳からの稜線が伊那と木曽を結ぶ権兵衛峠で隔てられるため、独立峰のような存在感がある。霊神碑や石仏が立つ山頂からの展望はいまひとつだが、手前の八合目からは木曽駒ヶ岳や南アルプス、伊那市街を見渡すパノラマが展開する。

>>> DATA

公共交通機関【行き】JR飯田線伊那市駅→伊那バス（約30分）→羽広バス停　【帰り】羽広→タクシー（約20分）→伊那市駅　※伊那バスは伊那市駅から徒歩3分の伊那バスターミナルから乗車・下車する。

マイカー　中央自動車道・伊那ICから県道476・203号を経由して仲仙寺へ約4km。伊那市考古資料館脇に約50台分の駐車場がある。

ヒント　羽広バス停へのバスは平日と土曜が1日6便、日曜・祝日が5便。ただし最も早い便でも羽広バス停着が9時過ぎのため、タクシーの利用も考慮したい。なお、帰りの羽広からのバス便は午前のみなので、タクシーを予約しておくといい。

問合せ先

伊那市観光課	☎0265-78-4111
南箕輪村観光森林課	☎0265-72-2180
伊那バス伊那バスターミナル	☎0265-78-0007
伊那・つばめタクシー	☎0265-76-5111

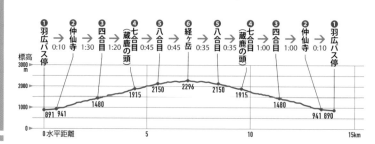

① 羽広バス停 →0:10→ ② 仲仙寺 →1:30→ ④ 四合目 →1:20→ ⑥ 七合目(蔵鹿の頭) →0:45→ ⑤ 八合目 →0:45→ ⑥ 経ヶ岳 →0:35→ ⑤ 八合目 →0:35→ ⑥ 七合目(蔵鹿の頭) →1:00→ ④ 四合目 →1:00→ ② 仲仙寺 →0:10→ ① 羽広バス停

標高3000m

891 941　1480　1915　2150　2296　2150　1915　1480　941 890

0水平距離　　　5　　　10　　　15km

経ヶ岳の山頂

欄外情報　立ち寄り温泉◎みはらしの湯:起点の羽広バス停から南に15分ほど歩いた場所にある日帰り入浴施設。☎0265-76-8760。入浴料600円。10～21時。第1・3火曜休。

コース概要 ❶羽広バス停から参道を歩き、経ヶ岳ゆかりの❷仙仙寺（羽広観音）へ。マイカー利用の場合はここが起点。寺の右手から仲仙寺コースに入り、しばらくして尾根に上がる。小ピークを巻いて行くと、大泉所コースが合流する❸四合目、仮設トイレがある五合目を過ぎ、尾根の左手へ移る。六合目からは本コースで最もきつい胸突八丁の急登が待ち受ける。登りきると四等三角点のある❹七合目（蔵鹿の頭）に出る。少し下ってまた登りとなり、❺八合目へ。ここはコース中で最も眺めのよい場所だ。クマザサが繁る道を進み、大泉山を越えてさらに登ると❻経ヶ岳の山頂だ。山頂は樹林の中で、展望はほとんどない。山頂からは往路を下っていく。

プランニングのヒント 歩行時間が長いので、極力早い時間から登り始めたい。公共交通機関利用の場合は、伊那市街などの宿に前泊し、翌日朝にタクシーでアクセスすることをおすすめしたい。

❗ 山中には水場がない。長いコースになるので、登山口の仲仙寺で必ず給水しておこう。夏場は特に多めに用意したい。

Column

安全のヒント

コース中には岩場のような通過困難箇所はないが、ひたすら登りが続くだけに、ペース配分を間違えないこと。途中でバテても、コース上に避難小屋がないだけに、無理は禁物だ。

標高約1600mの五合目。まだまだ先は長い

サブコース

近年は、標高差が少なく最短時間で登れる南西からの権兵衛峠コースの利用者が増えている（権兵衛峠登山口から往復約6時間30分）。木曽駒ヶ岳などの展望や花が楽しめる道だ。

189

経ヶ岳

189 経ヶ岳

花と大展望。中央アルプスの盟主の頂へ

木曽駒ヶ岳
（きそこまがたけ）

上級
中級
初級

木曽駒ヶ岳

百

標高2956m

長野県

登山レベル：初級

技術度：★★
体力度：★

日　程：前夜泊日帰り

総歩行時間：3時間25分

歩行距離：3.7km

累積標高差：登り444m
　　　　　　下り444m

登山適期：7月中旬〜10月上旬

地形図▶1：25000「木曽駒ヶ岳」
三角点▶一等

千畳敷から乗越浄土へと向かう登山者たち。夏の最盛期は行列ができることも珍しくない。左の鋭峰は宝剣岳

🏔 山の魅力

中央アルプスの最高峰。標高は3000mに少しだけ足りないが、その山容は他の3000m峰にひけをとらない。登山口の千畳敷は日本でも有数のお花畑として知られ、稜線ではこのエリア固有種のコマウスユキソウも見られる。天気が安定していれば初級者でも手軽に登れる数少ないアルプスの山のひとつ。

>>> DATA

公共交通機関 【往復】JR飯田線駒ヶ根駅→伊那バス（菅の台バスセンター経由・約45分）→駒ヶ岳ロープウェイしらび平駅→ロープウェイ（7分30秒）→千畳敷駅

マイカー 中央自動車道・駒ヶ根ICから県道75号を経由して菅の台バスセンターの駐車場（有料）まで約2km。ここから先はマイカー規制が実施されている。

ヒント しらび平駅へはタクシーでも行ける。始発バスより早くしらび平駅に着くことが可能だ。夏の最盛期、菅の台バスターミナルの駐車場が満車の際は、駒ヶ池と黒川平に臨時駐車場（いずれも有料）が設けられる。

問合せ先

駒ヶ根市商工観光課	☎0265-96-7724
伊那バス駒ヶ根営業所	☎0265-83-4115
駒ヶ岳ロープウェイ	☎0265-83-3107
赤穂タクシー	☎0265-83-5221
丸八タクシー	☎0265-82-4177

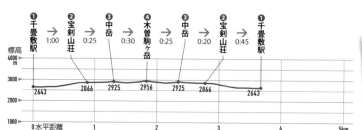

① 千畳敷駅 →(1:00)→ ② 宝剣山荘 →(0:25)→ ③ 中岳 →(0:30)→ ④ 木曽駒ヶ岳 →(0:25)→ ③ 中岳 →(0:20)→ ② 宝剣山荘 →(0:45)→ ① 千畳敷駅

標高4000m / 3000 / 2000 / 1000

2643　2866　2925　2956　2925　2866　2643

0 水平距離　1　2　3　4　5km

木曽駒ヶ岳の山頂

欄外情報 山小屋◎宝剣山荘・天狗荘・頂上山荘☎090-5507-6345（7〜11月）※期間外は☎0265-95-1919（宮田観光開発）。頂上木曽小屋☎0264-52-3882（原酒店）。ホテル千畳敷☎0265-83-3844。

コース概要 ❶千畳敷駅からカールにいったん下り、花咲く散策路を経て乗越浄土への急登に取りかかる。乗越浄土に立つと展望が開け、宝剣岳への道を分ける❷宝剣山荘から❸中岳へと登る。中岳からは木曽駒ヶ岳の大きな姿が間近だ。いったん下って頂上山荘の立つ鞍部から登り返せば、パノラマの❹木曽駒ヶ岳山頂だ。下りは往路を戻る。

プランニングのヒント 夏の最盛期は、行き帰りともロープウェイ駅で長時間待たされる。駒ヶ根高原の宿に前泊して始発バスかタクシーに乗り、帰りもできるだけ早く下山したい。午後のロープウェイなら比較的空いているので、ゆっくり出発して山上の山小屋に1泊するのも楽しい。なお、宝剣岳のチャレンジだが、クサリ場自体はそれほど困難ではないものの、混雑で予想外に時間がかかることがある。時間に余裕がない時や悪天候時は控えるようにしたい。所要時間は宝剣山荘から往復40〜50分。

中岳西側の巻き道は途中にやや険しい岩場がある。たとえ疲れていても、山慣れない人は中岳を忠実に越えるのが安全。

花と自然

木曽駒ヶ岳、中岳では固有種のコマウスユキソウをはじめ、コマクサやイワツメクサなどが見られる。また千畳敷は高山植物の宝庫。あたり一面がお花畑だが、年によって花期が異なるので、事前に情報収集を。

コマウスユキソウ（上）とクロユリ（下）

190

木曽駒ヶ岳

190 木曽駒ヶ岳

木曽町
木曽高原
福島Aコース
玉乃窪山荘
木曽前岳
2826
上松Aコース
九合目

360度の大展望
木曽駒ヶ岳 ❹
頂上木曽小屋
⛩2956
頂上山荘
駒飼ノ池
巻き道分岐
❸中岳
△2925
0.15
0.30
天狗荘
0.20
0.25
和合ノ頭
乗越浄土
宝剣山荘 ❷
宝剣岳
2931
三ノ沢分岐

濃ヶ池分岐・西駒山荘
馬ノ背
濃ヶ池
濃ヶ池分岐
濃ヶ池カール
石清水
お花畑
中央アルプス唯一の氷河湖
七合目
黒川
宮田高原

長野県
宮田村

勒銘石
伊那前岳
△2883
七合目
八合目
北御所谷

宮田高原
北御所谷

コマクサや固有種のコマウスユキソウが咲く

一部に注意箇所あり。中岳を越えたほうが安全

上松町

宝剣山荘から宝剣岳の往復は約50分

宝剣山荘〜三ノ沢分岐間はクサリの連続

お花畑の広がる急斜面
八丁坂分岐
0.45
1.00
千畳敷カール
2608
剣ヶ池
千畳敷カールは一周40分ほど

ホテル千畳敷
駒ヶ根市

駒ヶ岳神社
⛩
❶千畳敷駅
駒ヶ岳ロープウェイ
しらび平駅・駒ヶ根駅

三ノ沢岳
2676
極楽平
島田娘ノ頭
2858
大桑村
檜尾岳・空木岳

N

1:25,000

0   250   500m
1cm=250m
等高線は10mごと

花咲く長大な尾根をたどって白い砂礫の頂へ

空木岳
（うつぎだけ）

標高2864m

長野県

登山レベル：**上級**

技術度：★★★
体力度：★★★★

日　程：前夜泊1泊2日

総歩行時間：**15時間45分**

1日目：**8時間35分**
2日目：**7時間10分**

歩行距離：**23km**

累積標高差：登り**2703m**
　　　　　　下り**2703m**

登山適期：**6月中旬〜10月上旬**

地形図 ▶ 1：25000「空木岳」「赤穂」
三角点 ▶ **二等**

主稜縦走路北面の檜尾岳方面から眺めた空木岳の鋭峰。山頂一帯は岩に覆われている。左に延びる稜線が池山尾根

山の魅力

中央アルプスでは木曽駒ヶ岳、宝剣岳、中岳に次いで標高の高い山。春の残雪時の姿が、あたかも満開のウツギのように見えることからその名が付いたともいわれる。花の百名山でもあり、森林限界から上は多くの高山植物に彩られる。山頂付近は白い砂礫と緑のハイマツのコントラストがとても美しい。

>>> DATA

公共交通機関 【往復】JR飯田線駒ヶ根駅→伊那バス（約15分）→駒ヶ池バス停

マイカー 中央自動車道・駒ヶ根ICから県道75号を経由して池山道終点の駐車スペースまで約10km。

ヒント 駒ヶ根駅から駒ヶ池バス停までの運行は30分〜1時間おき。乗車距離が近いので、駒ヶ根市街に前泊した場合は、駅から池山林道終点までタクシーで行ってもいい。駒ヶ池バス停から歩き出す場合に比べ、歩行時間を2時間以上短縮できる。ただし2024年2月現在、池山林道は落石や崩壊などの危険があることから一般車通行止め（解除時期は未定）。

問合せ先

駒ヶ根市商工観光課	☎0265-96-7724
駒ヶ根観光協会	☎0265-81-7700
伊那バス駒ヶ根営業所	☎0265-83-4115
赤穂タクシー	☎0265-83-5221
丸八タクシー	☎0265-82-4177

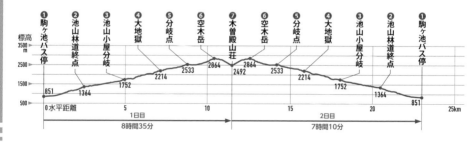

① 駒ヶ池バス停 851
② 池山林道終点 1364
③ 池山小屋分岐 1752
④ 大地獄 2214
⑤ 分岐点 2533
⑥ 空木岳 2864
⑦ 木曽殿山荘 2492
⑥ 空木岳 2864
⑤ 分岐点 2533
④ 大地獄 2214
③ 池山小屋分岐 1752
② 池山林道終点 1364
① 駒ヶ池バス停 851

標高3500m / 2500 / 1500 / 500
0 水平距離　5　10　15　20　25km

1日目　8時間35分 ／ 2日目　7時間10分

欄外情報 山小屋◎木曽殿山荘：☎090-5638-8193。1泊2食付1万2000円、素泊まり7000円。要予約。
空木駒峰ヒュッテ：素泊まりのみ。1泊6000円（寝袋1000円）。土・日曜、祝日と5人以上の利用は要予約。

コース概要 ❶駒ヶ池バス停から道標に従って❷池山林道終点へ。タカウチ場の展望台を過ぎ、池山の巻き道を行けば❸池山小屋分岐に至る。池山小屋は北西方向にわずかだ。ゆるやかな登りから急登となり、マセナギの先で❹大地獄、小地獄のクサリ場を通過する。❺分岐点まではあとひと息で、ここから避難小屋の立つ空木平を経て❻空木岳山頂に立つ。山頂から岩場の道を下り、❼木曽殿山荘で初日を終える。翌日は❻空木岳へと登り返し、往路を下るが❹大地獄付近のクサリ場やハシゴの通過は慎重に。

プランニングのヒント 池山林道が通行できるようになれば、終点までタクシーやマイカーでアプローチして体力の温存を図るのが得策。また、炊事用具と食料、炊事用の水を担いでいく体力があれば、山頂直下の空木駒峰ヒュッテに宿泊することで、空木岳から木曽殿山荘間の3時間以上に及ぶ長い登り下りのカットが可能。寝袋は小屋に用意されている。

空木岳〜木曽殿山荘間と小地獄・大地獄はクサリ場や岩場が連続する。足が疲れているときは滑落に注意して歩こう。

Column

花と自然

空木岳は花の百名山にも選ばれている。山腹ではシモツケソウやトリカブトなどが咲き、空木平避難小屋付近の一帯は、ハクサンシャクナゲ、サンカヨウ、イワオトギリ、ニッコウキスゲなどのお花畑が広がる。

サンカヨウ（上）とイワオトギリ（下）

191 空木岳

1:55,000

0　　500　　1000m

1cm=550m
等高線は20mごと

二・三百名山をセットで登る。仙涯嶺の岩場がポイント

南駒ヶ岳・越百山

みなみ こま が たけ ・ こす もやま

南駒ヶ岳	二百
越百山	三百

標高2841m（南駒ヶ岳北峰）
標高2614m（越百山）

長野県

登山レベル：上級

技術度：★★★★
体力度：★★★★

日　程：2泊3日

総歩行時間：**18時間15分**

1日目：**6時間10分**
2日目：**7時間15分**
3日目：**4時間50分**

歩行距離：**20.8km**
累積高低差：登り**2528m**
　　　　　　下り**2528m**

登山適期：**7月上旬〜10月中旬**

地形図 ▶ 1：25000「木曽須原」「空木岳」
三角点 ▶ 三等（越百山）

空木岳付近からの南駒ヶ岳。
鋭い花崗岩峰を連ねている

上級
中級
初級

南駒ヶ岳・越百山

🔺 山の魅力

空木岳（P90）の南方にある南駒ヶ岳は、南北2つのピークからなり、山頂部の東面にお花畑が広がるカールを持つ。一方の越百山は中央アルプスの南部と北部を分ける山で、南の安平路山（P94）方面へは、背丈ほどの笹に覆われた道が続く。両山の中間には、中ア三大岩峰の仙涯嶺がそびえ立つ。

>>> DATA

公共交通機関【往復】JR中央本線須原駅→タクシー（約30分）→伊奈川ダム上登山口

マイカー　中央自動車道・伊那ICから国道361・19号などを経由して伊奈川ダム上登山口へ約65km。または中央自動車道・中津川ICから国道19号などを経由して伊奈川ダム上登山口へ約45km。ダムを過ぎた先に約50台分の無料駐車場がある。

ヒント　須原駅にはタクシーが常駐していないので、あらかじめ予約をしておくこと。

問合せ先
大桑村産業振興課　☎0264-55-3080
大桑村観光協会　　☎0264-55-4566
南木曽観光タクシー　☎0264-55-4155

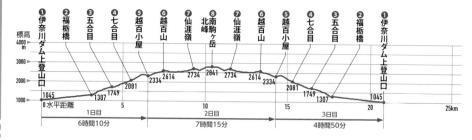

欄外情報　山小屋◎越百小屋：☎090-7699-9337。素泊まりのみ8500円。要予約で、期間外は避難小屋として開放。乾燥室がないため、着替えを多めに持参すること。南駒ヶ岳北面の摺鉢窪避難小屋は2024年4月現在、利用不可。

コース概要 ❶伊奈川ダム上登山口から今朝沢林道を❷福栃橋へ。その先が登山口で、右手の山道に入る。クマザサの斜面をジグザグに登って下のコルへ出て、さらに❸五合目へと登る。上のコルを過ぎ、木の根が張り出した急斜面を登っていき、❹七合目を目指す。最後の水場で給水して、八合目の先で福栃山を巻くように登ると❺越百小屋に着く。小屋からは約50分で❻越百山の山頂だ。ここからは中アの主脈を北上する。砂礫の道を進むと❼仙涯嶺で、この先はクサリやハシゴのある岩場となる。岩場と急な草地を鞍部まで下り、スリップに注意しながら南駒ヶ岳の南峰へと登り返す。あとは広い尾根を行くと、北アルプス北部の山々を見渡す❽南駒ヶ岳北峰にたどり着く。山頂を後に❺越百小屋でもう1泊し、❶伊奈川ダム上登山口へと下山する。

プランニングのヒント 7月から10月まで登れるが、越百小屋に管理人が常駐する10月中旬までが実質的な登山適期。

アクセス路の伊奈川林道は2024年4月現在、伊奈川ダム下1km地点～伊奈川ダム上登山口間が災害により通行止め。徒歩での通行はできる（通行止め地点から登山口まで約40分）。

越百山～南駒ヶ岳間は、花崗岩が風化した砂礫の斜面が続く。仙涯嶺の通過でひと安心し、油断してスリップなどしないようにしたい。

Column

安全のヒント

越百山～南駒ヶ岳間の仙涯嶺の岩場の通過がポイント。目もくらむような崖もあるが、要所に手がかりやハシゴ、クサリがあるので、三点確保を守れば問題なく越えられる。

サブコース

往路をダイレクトに南駒ヶ岳に登る北沢尾根経由にしてもいい。ただし倒木や岩場の通過、ルートファインディング能力が要求され、より難易度が高い（福栃橋から約5時間30分）。

北沢尾根上部は大きな岩をいくつも越えていく

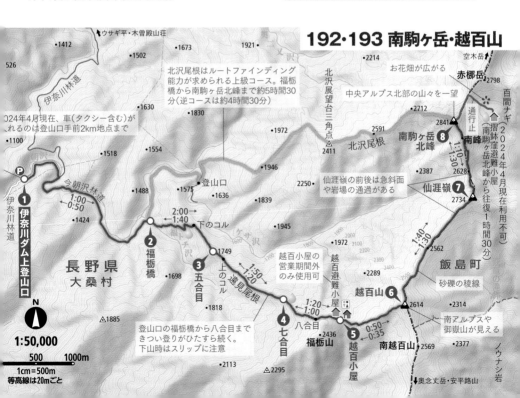

192・193 南駒ヶ岳・越百山

ウサギ平・木曽殿山荘

北沢尾根はルートファインディング能力が求められる上級コース。福栃橋から南駒ヶ岳北峰まで約5時間30分（逆コースは約4時間30分）

2024年4月現在、車（タクシー含む）が入れるのは登山口手前2km地点まで

空木岳
赤椰岳 2798

お花畑が広がる

中央アルプス北部の山々を一望

通行止

南駒ヶ岳北峰 ❽

南峰

百間ナギ（2024年4月現在利用不可）

摺鉢窪避難小屋（南駒ヶ岳北峰から往復1時間30分）

伊奈川林道

❶伊奈川ダム上登山口

長野県
大桑村

今朝沢林道
1:00
0:50

❷福栃橋

2:00
1:40

下のコル

❸五合目

上のコル
1:50
1:40

遠見尾根

越百小屋の営業期間外のみ使用可

越百避難小屋

❹七合目

八合目

❺越百小屋

福栃山 2436

登山口の福栃橋から八合目まできつい登りがひたすら続く。下山時はスリップに注意

仙涯嶺の前後は急斜面や岩場の通過がある

仙涯嶺 ❼ 2734

1:40
1:30

飯島町

砂礫の稜線

❻越百山

2614

南越百山 2569

南アルプスや御嶽山が見える

北沢展望台三角点

北沢尾根 2411

南駒ヶ岳北峰 2841
1:10
1:30
2628
2387

2562

2289

ノウナシ岩

奥念丈岳・安平路山

N

1:50,000

500   1000m

1cm=500m
等高線は20mごと

中央アルプスとその周辺

腰までのヤブ漕ぎの先に待つ静寂の山頂

あんぺいじやま

安平路山

標高**2364**m

長野県

登山レベル:**上級**

技術度:★★★★
体力度:★★★★

日　程:**1泊2日**

総歩行時間:**13時間5分**

1日目:**6時間**
2日目:**7時間5分**

歩行距離:**29.1km**

累積標高差:登り**1947**m
　　　　　　下り**1947**m

登山適期:**5月下旬〜6月下旬、9月中旬〜10月下旬**

地形図 ▶ 1:25000「南木曽岳」「兀岳」
三角点 ▶ 三等

安平路山（左）をバックに立つ安平路避難小屋。小屋からは窓越しにきれいな星空が眺められる

上級
中級
初級

安平路山

山の魅力

中央アルプスの南部に位置する。岩稜が主体の北部とは対照的に、針葉樹林とクマザサに覆われている。登山道は大平宿と越百山からの縦走コースのみで、ともにヤブ漕ぎでも前に進む体力と、ルートファインディング能力が求められる。以前は南面の大西沢からの道もあったが、廃道になって久しい。

>>> DATA

公共交通機関【往復】JR飯田線飯田駅→タクシー（約1時間）→大平宿

マイカー 中央自動車道・飯田ICから国道153・256号、県道8号を経由して大平宿へ約30km。無料の駐車場がある。

ヒント 大平宿から東沢林道を3kmほど行くと車止めのゲートがあり、数台の車が停められる。タクシーも大平宿から先に入ってくれることがあるので、事前に相談してみよう。

問合せ先

飯田市商業観光課　☎0265-22-4852
南信州観光公社（大平宿の宿泊）
　　　　　　　　　☎0265-28-1747
飯田タクシー　　　☎0265-22-1111
アップルキャブ　　☎0265-28-2800

	標高3500m	①大平宿	②車止めゲート	③摺古木自然園休憩舎	④摺古木山	⑤シラビソ山	⑥安平路避難小屋	⑦安平路山	⑥安平路避難小屋	⑤シラビソ山	④摺古木山	③摺古木自然園休憩舎	②車止めゲート	①大平宿

標高値: 1138, 1333, 1774, 2169, 2265, 2146, 2364, 2146, 2265, 2169, 1774, 1333, 1138

0 水平距離　5　10　15　20　25　30km
1日目（6時間）　2日目（7時間5分）

欄外情報 山小屋◎安平路避難小屋：☎0265-22-4852（飯田市商業観光課）。収容10人、無料。冬期は積雪のため使用不可。無人小屋につき、食料や寝具などを持参すること。水場は安平路山側へ20分ほどの場所にある。

コース概要 ❶大平宿（おおだいらじゅく）が起点。東沢林道に入り、約1時間で駐車スペースがある❷車止めゲート（くるまどめゲート）へ。左右に方向を変えながら林道を登ると、❸摺古木自然園休憩舎（すりこぎしぜんえんきゅうけいしゃ）に出る。ここで登山道に入り、緩急のある登りを経て分岐へ。摺古木山への道が二手に分かれるが、近道となる右の道に入る。急登で鞍部に出て、左に進むと❹摺古木山（すりこぎやま）山頂だ。ここからは笹藪のある縦走となる。笹に隠れた倒木に気をつけながらアップダウンを繰り返し❺シラビソ山（やま）へ。踏み跡に注意しながら下ると❻安平路避難小屋（あんぺいじひなんごや）だ。20分ほどで水場に出て、山頂に向け腰までの笹をかき分けながら登っていく。たどり着いた❼安平路山（あんぺいじやま）は、樹林に囲まれ展望はない。帰路は往路を慎重に下っていく。

プランニングのヒント 健脚者なら車止めゲートから日帰りで往復できるが、基本的には安平路避難小屋で1泊する。登山は5月から10月まで可能だが、笹が濡れる梅雨時と、体力を消耗する盛夏は避けたい。

個人のホームページでは摺古木自然園休憩舎まで車で上がっている内容のものを見かけるが、飯田市では、車止めのゲートから先は、一般車は通行の自粛をお願いしている。

安全のヒント

摺古木山～安平路山間は、道が腰までの深さの笹に覆われた箇所がある。笹で道が見えないだけに、踏み外してしまわないよう慎重に歩こう。隠れている倒木にも注意。要所に進行方向の目印になる赤布があるので、足元ばかりでなく、周囲もよく確認しよう。笹は朝露で濡れているので、早い時間に歩く場合は、あらかじめ雨具を着用しておくとよい。ちなみに雨具は、笹による切り傷や、ダニの付着の対策にもなる（布地の衣服より払い落としやすいメリットも）。

腰ほどの深さの笹。赤布を見落とさないこと

194

安平路山

194 安平路山

・1849
奥念丈岳・越百山
大桑村
・1863
安平路避難小屋❻
1:00
0:45
△1443
▲2364 ❼
・1799
・2138
安平路山
奥念丈岳へはより深いヤブ漕ぎが続く
南駒ヶ岳や越百山、恵那山などを望む
・1906
0:30
0:50
・2096
シラビソ山❺
▲2265
赤布を目印に笹原を進む
・1865
2083
1:30
1:20
・1979
・1725
天然公園展望台
❹摺古木山
長野県
△2169
ヤブの中の小ピークをいくつも越える
南木曽町
分岐
・1950
・1669
風穴山
・2058
急登。下山時スリップ注意
飯田市
△2028
・2018
1:30
1:10
1:70,000
摺古木自然園休憩舎❸
0 500 1000m
△1832
摺古木山休憩舎
1cm=700m
床浪高原
大平宿からここまで林道歩き
・1577
大平砂防ダム
等高線は20mごと
駐車スペースあり
車止めゲート❷
・1312
1744
・1521
1:30
・1676
・1365
左図へ
飯田駅・飯田IC
水源取入口
黒川
駐車スペースあり
1:00
0:50
宿泊施設あり
西俣川
大平砂防ダム
右図へ
車止めゲート❷
大平宿
❶大平宿

滝の連続する渓谷と岩場を越えパノラマの頂へ

小秀山
こひでやま

コース半ばにある兜岩。大きな展望の開ける絶好の休憩地だ。ここまで来ると道はなだらかになり、山頂もあと少し

二百

標高1982m

岐阜県・長野県

登山レベル:中級

技術度:★★★
体力度:★★★★

日　程:前夜泊日帰り

総歩行時間:8時間

歩行距離:12.2km

累積標高差:登り1390m
　　　　　下り1390m

登山適期:5月上旬～11月上旬

地形図▶1:25000「滝越」
三角点▶二等

上級
中級
初級

小秀山

🏔 山の魅力

岐阜県中津川市の北部、長野県との県境にそびえ、御嶽山を眼前に望む。美しい滝と淵が連続する乙女渓谷二ノ谷、スリリングな岩場、上部の高原地帯、そして山頂からの大展望と、みどころの多い山だ。ここでは、二ノ谷の渓谷を登り、二ノ谷と三ノ谷とを分ける尾根道を下る周回コースを紹介しよう。

>>> DATA

公共交通機関【往復】JR高山本線下呂駅→タクシー（約40分）→乙女渓谷キャンプ場管理棟。または、JR中央本線坂下駅→タクシー（約1時間10分）→キャンプ場管理棟

マイカー　中央自動車道・中津川ICから国道256号などを経由して乙女渓谷キャンプ場まで約43km。キャンプ場の有料駐車場（キャンプ場宿泊者は無料）を利用。

ヒント　下呂駅から濃飛バスの加子母線を利用して、舞台峠または小和知で下車し（乗車時間約30分）、車道を約5km歩いて乙女渓谷キャンプ場まで行くことができるが、車道歩きが長いうえ、バスの本数も少ないので、マイカーかタクシーの利用をおすすめしたい。

問合せ先
中津川市加子母総合事務所　　☎0573-79-2111
濃飛バス下呂営業所　　　　　☎0576-25-2126
乙女渓谷キャンプ場（加子母森林組合）☎0573-79-3333
ヒダタクシー　　　　　　　　☎0576-25-3030

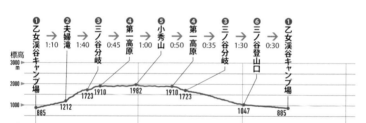

① 乙女渓谷キャンプ場 →1:10→ ② 夫婦滝 →1:40→ ③ 三ノ谷分岐 →0:45→ ④ 第一高原 →1:00→ ⑤ 小秀山 →0:50→ ④ 第一高原 →0:35→ ③ 三ノ谷分岐 →1:30→ ⑥ 三ノ谷登山口 →0:30→ ① 乙女渓谷キャンプ場

標高3000m　2000　1000
885　1212　1723　1910　1982　1910　1723　1047　885
0水平距離　5　10　15km

夫婦滝の展望台

欄外情報　前泊◎乙女渓谷キャンプ場:さまざまな大きさのバンガローや宿泊棟があり、前泊に最適。食事は自炊でコイン式シャワーもある。☎0573-79-3333。1棟3200円～。7～9月営業。

コース概要 **❶乙女渓谷キャンプ場**管理棟の横から、二ノ谷の散策道を歩く。途中まで観光客も混じる木道を歩いてねじれ滝、和合の滝などを過ぎれば豪快な**❷夫婦滝**。滝の上部から沢を離れ、木の根が張り出した急坂を行く。かもしか渡りの岩場とよばれる岩を慎重に越えれば**❸三ノ谷分岐**だ。なおも急登を続け、展望の広がる兜岩を過ぎると**❹第一高原**で、ここからは開放的な道が続く。最後のひと登りで避難小屋・秀峰舎の立つ**❺小秀山**の山頂だ。下りは**❸三ノ谷分岐**まで往路を戻り、ここから尾根道を下る。急傾斜の道を慎重に下れば**❻三ノ谷登山口**で、あとは林道を**❶乙女渓谷キャンプ場**管理棟まで戻る。

プランニングのヒント 歩行時間が約8時間、休憩なども含めると9時間を超えるロングコースとなるので、マイカーで早朝に到着できる場合以外は、キャンプ場での前泊が前提となる。また、前泊した際もできるだけ早発ちを心がけたい。

二ノ谷は沢沿いに木道や木橋が設置されているが、木は濡れていると大変滑るので、スリップや転倒に注意しよう。

安全のヒント

小秀山最大の難所といわれているのが"かもしか渡りの岩場"。高さが約7mあり、きつい斜度なのにクサリは付けられていない。手がかり足がかりが豊富なので経験があれば危険ではないが、濡れているときは十分な注意が必要だ。

かもしか渡りの岩場を慎重に越える

95 小秀山

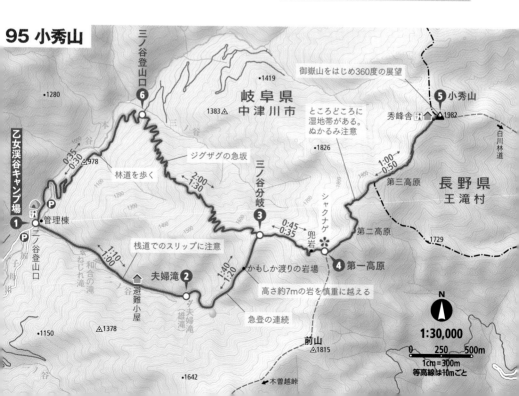

三ノ谷登山口 ❻

•1280

•1419

岐阜県
中津川市

1383 △

御嶽山をはじめ360度の展望

❺小秀山

秀峰舎 ▲ △1982

白川林道

ところどころに湿地帯がある。ぬかるみ注意

•1826

乙女渓谷キャンプ場

P
管理棟 ❶
P
二ノ谷登山口

0:35
0:30
△978

林道を歩く

ジグザグの急坂

2:00
1:30

三ノ谷分岐 ❸

0:45
0:35

シャクナゲ

兜岩

1:00
0:50

第三高原

第二高原

長野県
王滝村

•1729

桟道でのスリップに注意

1:10
1:00

和合の滝
ねじれ滝

夫婦滝 ❷

避難小屋

雄滝夫婦滝

1:40
1:20

かもしか渡りの岩場

高さ約7mの岩を慎重に越える

❹第一高原

急登の連続

•1150

△1378

前山
△1815

N

1:30,000

0   250   500m
1cmは300m
等高線は10mごと

•1642

← 木曽越峠

変化に富む道を歩く阿寺山地最南部の山

奥三界岳(奥三界山)

（おくさんがいだけ）（おくさんかいさん）

三百

標高1811m

岐阜県・長野県

登山レベル:中級

技術度:★★
体力度:★★★★

日　程:日帰り

総歩行時間:**8時間25分**

歩行距離:**15.3km**

累積標高差:登り**1489m**
　　　　　　下り**1489m**

登山適期:**5月上旬〜11月上旬**

地形図▶1:25000「奥三界岳」
三角点▶三等

南面から奥三界岳を遠望する。シンボルだった木曽ヒノキは減ってしまったが、シャクナゲの群落は健在だ

山の魅力

恵那山の北部から御嶽山に向かって延びる阿寺山地の最南部に位置する。かつては木曽ヒノキの森に覆われていたが、現在の山上部は笹原が目立つ明るい雰囲気の山となっている。シャクナゲが多く、山頂直下ではミズバショウを見られる。林道歩きの長いのが難だが、林道沿線の景色もなかなかのものだ。

>>> DATA

公共交通機関【往復】JR中央本線坂下駅→北恵那バス（約15分）→夕森公園口バス停→徒歩（約20分）→川上林道ゲート

マイカー　中央自動車道・中津川ICから国道19・256号、県道3・411号を経由して川上林道ゲート手前の駐車場(無料)まで約25km。

ヒント　坂下駅から夕森公園口バス停への北恵那バスの朝便は2本のみ。時間切れになって帰りのバス

に乗り遅れても困るので、往路だけでもタクシーを利用したい。

問合せ先
中津川市川上総合事務所　☎0573-74-2111
北恵那交通(バス)　　　　☎0573-66-1555
夕森渓谷キャンプ場　　　☎0573-74-2144
近鉄東美タクシー　　　　☎0573-66-1221
サカガワ観光(タクシー)　☎0573-75-3107

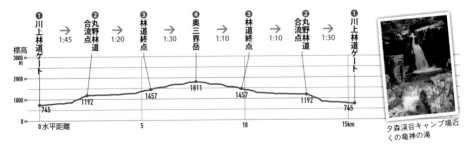

標高3000m

❶川上林道ゲート → 1:45 → ❷丸野林道合流点 → 1:20 → ❸林道終点 → 1:30 → ❹奥三界岳 → 1:10 → ❸林道終点 → 1:10 → ❷丸野林道合流点 → 1:30 → ❶川上林道ゲート

745	1192	1457	1811	1457	1192	745

0水平距離　　　5　　　10　　　15km

夕森渓谷キャンプ近くの竜神の滝

欄外情報　立ち寄り温泉◎付知峡倉屋温泉 おんぽいの湯:マイカー利用者向けだが、国道256号を北上した付知町にある。☎0573-82-5311。入浴料800円。10〜22時。第4水曜休(祝日の場合は翌日)。

上級
中級
初級

奥三界岳（奥三界山）

コース概要 ❶川上林道ゲートから舗装された林道をしばらく歩く。銅穴の滝を左に見て少し行くと、登山道が左へと分岐している。道はすぐに吊橋（右記、MAP参照）を渡り、ここからコース最大の急登が始まる。展望が開けずらいが、ここは頑張りどころだ。やがて❷丸野林道合流点で、今度は未舗装の林道歩きだ。昇龍の滝を経て、❸林道終点から再度、登山道に入る。笹原から沢状のガレを登り、足元が悪くなってくると山頂も近い。鏡池のある小湿地を過ぎれば❹奥三界岳の山頂だ。下りは慎重に往路を戻ろう。

プランニングのヒント 歩行時間が大変長いため、公共交通機関でアクセスする場合は、高速夜行バスを利用するか、あるいは中津川市街やキャンプ場に前泊する必要がある。なお、同じ阿寺山地の尾根続きに二百名山の小秀山、南下すれば百名山の恵那山がある。日程と体力が許せば、これらの山に登るのもいいだろう。

登山口にある吊橋は2024年4月現在、老朽化により登山道ともに通行禁止（復旧時期未定）。沢を徒歩で通過する登山者もいるが、増水時は非常に危険。

昇龍の滝の先の林道には崩壊箇所がある。踏み跡がついているが、落石の危険もあるので速やかに通過したい。

花と自然

多くの花に恵まれた山ではないが、6月の山頂付近ではシャクナゲの群落を見ることができる。イワカガミやヤグルマソウなども咲くが、山頂直下では5月、数は少ないながらもミズバショウが白い姿を見せてくれる。

シャクナゲは6月が花期となる

196 奥三界岳

大桑村

小湿地

奥三界岳 ❹
1811

展望台がある

稜線に出る

沢状のガレを登る。
足元注意

長野県
南木曽町

1:10
1:30

1550

枯木のタオ

林道終点 ❸

壊れた作業小屋がある

1500

昇龍の滝

古い木の橋を渡る

1521
夕森山

1472

かなり荒れた林道。
浮き石での転倒や
捻挫に注意

1:30
1:20

三界岳
1600

岐阜県
中津川市

1248

❷丸野林道
合流点

1575

急斜面。
スリップ注意

1219

1054

丸野林道

銅穴の滝

1:45
1:30

登山口

田立天然公園

N

1:50,000

500   1000m
1cm＝500m
等高線は20mごと

夕森渓谷キャンプ場・夕森公園口バス停・
坂下駅・中津川IC へ

P ❶川上林道ゲート

川上川

1230

川上林道

吊橋の腐食によって2024年4月現在、
吊橋、登山道とも当面の間、通行止め

田立の滝

山上からの中央アルプスや御嶽山などの眺めを楽しむ

南木曽岳 （なぎそだけ）

三百

標高**1679m**（最高点）

長野県

登山レベル：**中級**

技術度：★★
体力度：★★★

日　程：日帰り

総歩行時間：**6時間**

歩行距離：**13.1km**

累積標高差：登り**1177m**
　　　　　　下り**1177m**

登山適期：**4月下旬〜11月下旬**

地形図 ▶ 1：25000「南木曽岳」
三角点 ▶ 二等

摩利支天の展望台より南木曽岳を振り返る。切り立った岩棚から目を転ずれば、谷をはさんで広く恵那山方面が展望できる

上級
中級
初級

南木曽岳

山の魅力

中央アルプスの南西部に位置し、別名「金時山」ともよばれる。古くから山岳信仰の山として親しまれ、山上からは乗鞍岳や御嶽山、中央アルプス、恵那山などの大展望が広がる。山頂へは急斜面が続くが、中腹に広がるコウヤマキの天然林がきれい。桟橋や木段もよく整備され、変化ある山歩きが楽しめる。

>>> DATA

公共交通機関【往復】JR中央本線南木曽駅→おんたけ交通バス（約15分）→尾越バス停

マイカー　中央自動車道・中津川ICから国道19・256号、額付本谷林道を経由して約30kmで山麓避難小屋。中央自動車道・飯田山本ICから国道153・256号、額付本谷林道経由約30kmで山麓避難小屋。避難小屋前（約7台）と100mほど下に駐車場（約15台）あり。

ヒント　南木曽駅からのバスは1日5便運行しているが、バス停からの長い車道歩きを考えるとマイカー利用が一般的。国道256号から駐車場がある山麓避難小屋までは全線舗装されているが、キャンプ場から先は道幅が狭くなるので、ハンドル操作やすれ違いなどに注意して通行したい。

問合せ先
南木曽町観光協会　☎0264-57-2727
おんたけ交通南木曽営業所　☎0264-57-2346
南木曽観光タクシー　☎0264-57-3133

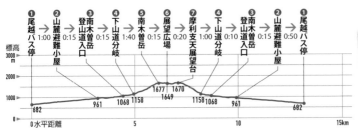

①尾越バス停 1:00 ②山麓避難小屋 0:15 ③南木曽岳登山道入口 0:15 ④下山道分岐 1:40 ⑤南木曽岳 0:15 ⑥展望広場 0:15 ⑦摩利支天展望台 1:00 ④下山道分岐 0:10 ③南木曽岳登山道入口 0:15 ②山麓避難小屋 0:50 ①尾越バス停

標高3000m
2000
1000
0

682 | 961 | 1068 1158 | 1677 1670 1649 | 1158 1068 | 961 | 682

0 水平距離　　5　　10　　15km

樹林に囲まれた南木曽岳山頂

欄外情報　立ち寄り温泉◎マイカー利用者向けだが、登山口に近い蘭地区のTAOYA木曽路（☎050-3852-4861）、南木曽岳東麓の富貴畑高原にあるホテル富貴の森（☎0264-58-2288）、滝見の家（☎0264-58-2165）などで日帰り温泉が楽しめる。

コース概要 ❶尾越バス停から南木曽山麓蘭キャンプ場を経て林道を❷山麓避難小屋まで上がる。林道ゲート手前から自然研究路を進めば❸南木曽岳登山道入口。山道に入り、木橋を渡り登ると❹下山道分岐だ。登りは左へ行く。途中、喉ノ滝、金明水などを過ぎると、コウヤマキの天然林だ。急な丸太階段、クサリ場、桟橋を抜け、尾根道を左から回り込むように登れば❺南木曽岳の山頂だ。樹林に囲まれ展望はない。小さく下ると南木曽岳避難小屋を経て❻展望広場に到着。下山は摩利支天方面へ。途中、❼摩利支天展望台の分岐があるので往復する。あとは❹下山道分岐へと下るだけ。コースの大半が丸太の階段なので足元に注意しよう。分岐からは往路を戻る。

プランニングのヒント バス利用の場合、始発を逃すと、帰りのバスに間に合わない。状況に応じて山麓避難小屋までタクシーを利用しよう。中津川市内に1泊すれば、恵那山(P102)も登山できる。

トイレは山麓と山上の避難小屋脇にある。山頂のトイレは環境保全型でチップ制だ。

Column

安全のヒント

下山道は丸太階段の連続だ。ところどころ段差があるので、勢いよく下って行くと膝を痛めるので注意。ストックはしまい、周囲の木々やロープなどをつかんだほうが安心だ。

サブコース

展望広場から上の原へのコースをたどり南木曽駅へと下ることもできる。ただし、標高差は約1300mあり、コースタイムも駅までは約3時間30分と健脚者向き。

丸太階段などが多い下山道

197

南木曽岳

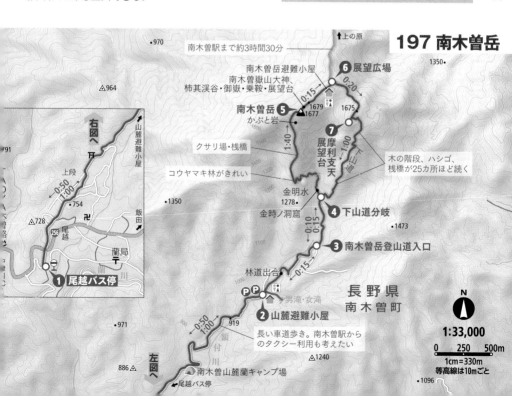

197 南木曽岳

中央アルプスの最南端にどっしりと構える

恵那山
（えなさん）

標高2191m（最高点）

岐阜県・長野県

登山レベル：中級

技術度：★★
体力度：★★★★

日　程：前夜泊日帰り

総歩行時間：**7時間50分**

歩行距離：**12.3km**

累積標高差：登り**1338m**
　　　　　　下り**1338m**

登山適期：6月上旬〜10月中旬

地形図▶1：25000「中津川」「伊那駒場」
三角点▶一等

千両山から見た恵那山。平坦な部分の左端が山頂で、右端が前宮ルート分岐となる。山頂まではまだまだ遠い

左級
中級
初級

恵那山

◢ 山の魅力

中央アルプスの最南端にあって、美濃第一の標高を誇る山。岐阜県の恵那市や中津川市から東側を望めば、どっしりと大きな姿がいやおうなく目に飛び込んでくる。その山名は天照大神胞衣神話に由来するといわれ、船を伏せたかのようなスタイルから船伏山（ふなぶせやま）ともよばれている。

>>> DATA

公共交通機関【往復】JR中央本線中津川駅→タクシー（約45分）→神坂峠

マイカー　中央自動車道・中津川ICから国道19号、県道7号、林道大谷霧ヶ原線を経由して神坂峠まで約26km。駐車場は峠付近に2カ所あり、いずれも無料。

ヒント　長野県側からのアクセスは富士見台高原ロープウェイ ヘブンスそのはらが起点となり、ロープウェイ、リフト、富士見台高原バスを乗り継いで神坂峠へ。

アクセスの詳細、ロープウェイの営業についてはヘブンスそのはらのホームページ参照。

問合せ先
中津川市観光課　☎0573-66-1111
阿智村商工観光課　☎0265-43-2220
東鉄タクシー　☎0573-78-2135
富士見台高原ロープウェイ ヘブンスそのはら
　　　　　　☎0265-44-2311

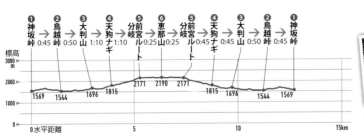

①神坂峠 →0:45 ②鳥越峠 →0:50 ③大判山 →1:10 ④天狗ナギ →分前宮岐ルート ⑤恵那山 →0:25 ⑤分前宮岐ルート →0:45 ④天狗ナギ →0:45 ③大判山 →0:50 ②鳥越峠 →0:45 ①神坂峠

標高
3000m
2000
2171 2190 2171
1569 1544 1696 1815　　　1815 1696 1544 1569
1000

0水平距離　　5　　　10　　15km

避難小屋の恵那山山頂小屋

棚外情報 立ち寄り温泉◎中津川温泉クアリゾート湯舟沢：温泉のほか隣接してホテル花更紗があり、前泊にもおすすめ。☎0573-69-5000。入浴料700円〜。10〜20時（土・日曜、祝日は〜21時）。第2木曜休（祝日の場合は翌日）。

コース概要 ❶**神坂峠**から尾根に沿って登る。ほどなく見事な眺望の千両山で、ここから小さなコブをいくつか乗り越えれば❷**鳥越峠**に到着する。道は左に折れ、笹原を水平に歩く。ウバナギの崩壊地を右に見て登り返すと❸**大判山**。登り最後の展望所だ。樹林帯を行くと❹**天狗ナギ**の大崩壊地で、迂回路が作られている。急登を経て❺**前宮ルート分岐**まで来ればあとは楽。分岐から左に向かい二乃宮、三乃宮、四乃宮の社、さらに避難小屋である恵那山山頂小屋、五乃宮、六乃宮、奥社を過ぎれば待望の❻**恵那山**山頂だ。展望を楽しむなら展望台か山頂小屋の裏手がいい。下りは往路を戻る。

プランニングのヒント 下りも登り返しが多いため、所要時間や労力は登りと大きな差がないことを前提にスケジュールを組もう。また、前泊地として、神坂峠にある素泊まりの山小屋、萬岳荘（☎070-2667-6618）に宿泊する方法もある。駐車場があるので、食材の持ち込みにも便利だ。

ここで紹介したコースには水場がない。歩行時間が長いので、特に夏は水をたっぷりと用意して登るようにしたい。

花と自然

お花畑が広がる山ではないが、林床にはゴゼンタチバナやマイヅルソウ、ヒメタケシマランなどの小さな花が目を楽しませてくれる。サラサドウダンやシャクナゲ、ブナ、ミズナラなどの樹木も美しい。

マイヅルソウ（上）とサラサドウダン（下）

198 恵那山

1:50,000
500　1000m
1cm＝500m
等高線は20mごと

神坂峠から往復20分。素泊まりだが4000円で宿泊できる

展望台〜萬岳荘間は富士見台高原バスが運行（神坂峠は通過）

シャクナゲ群生地。花期は5月下旬から

岐阜県
中津川市

❶神坂峠
❷鳥越峠
❸大判山
❹天狗ナギ
❺前宮ルート分岐
❻恵那山

上級者向きのコース

急斜面が続く

（避難小屋）
恵那山山頂小屋
恵那神社奥宮
展望台あり

神坂山
萬岳荘
古代東山道
池ノ平
中央自動車道
恵那山トンネル
飯田駅・園原IC

中津川駅・中津川IC
富士見台
強清水
神坂峠遺跡
大檜駐車場
千両山
富士見台
パノラマコース
展望台
センターハウス
展望台リフト
山頂駅
ペアリフト
広河原登山口
ヘブンスそのはら
スキーパーク
富士見台高原ロープウェイ
朝日松
神坂神社
暮白の滝

長野県
阿智村

広河原ルート

本谷林道

1716m地点

山頂への最短コース
（登り約4時間30分、下り約3時間）

登山者用駐車場

黒井沢登山口

三乃宮付近
前宮ルート
飯田駅・園原IC
山麓駅

体力と気力を奪う・ヤブ漕ぎ

道がない尾根上に繁茂する笹や低木などをかき分けて進む行為を「ヤブ漕ぎ」という。三百名山では、男鹿岳（上巻P154）や安平路山（P94）はその代表的な山だ。

服装と道具

歩くにあたっては通常の装備や道具で十分だが、以下の点に注意したい。

- **長袖シャツ・ズボン**　手足の引っかき傷やダニ対策のため、長袖・長ズボンを着用する。
- **レインウエア**　笹や樹木の枝で破けることもあるので、高価なものではなく、捨てても惜しくないものを。首周りの保護にも役に立つ。
- **手袋・スパッツ**　手袋は手の切り傷予防、スパッツは小枝などが靴の中に入り込むのを防止する。手袋は革製がベストだが軍手でもOK。
- **ゴーグル**　笹や枝から目を保護する。
- **GPS**　最低限、現在地とそこまでの軌跡が確認できる。予備のバッテリーも忘れずに。

ストックはヤブの中では役に立たない。持参する場合は折り畳み式にして、ヤブを通過する際はザック内に収納しておく。

歩く際の注意点

【歩行技術】

進む際は、両足を踏ん張り、平泳ぎのように両手でヤブをかき分ける。頭→肩→胸の順に体を動かし、足がそれについていくイメージだ。笹で足元が見えないだけに、踏み外してしまわないよう慎重に歩く。隠れている倒木にも注意。体力を消耗するので、できれば2人以上で入山し、ときどきトップを交代しながら進む。間隔が近過ぎると前の人がはじいた枝が顔に当たることも。また、5m離れた程度でお互いの姿が見えなくなることもある。

【ルートファインディング】

ルートは原則尾根沿いに進む。行動中は周囲の地形をよく見渡し、地形図やコンパス（あればGPS）で現在地の確認をする。背丈ほどのヤブで見通しが悪いときは、木に登って確かめる。進行方向の目印になる赤布にも注目する。沢筋沿いに下らないこと。滝に出て、進退窮まることになる。いずれにしろ、肝心なのは不安を感じたら無理に進まず引き返すことだ。

【その他の注意点】

笹ヤブで怖いのが、草の葉の裏などに潜むマダニ。レインウエアを着ておけば、表面のコーティングにより払い落としやすい。

残雪期の登山

笹がじゃまなら、残雪期に登ればいいのでは、と思うだろう。笹は雪の下に埋まり、天候も安定するので確かに歩きやすいが、雪崩や滑落の危険や、雪が腐って歩きづらいなど、別の難しさがある（P84「残雪期の登山」参照）。

背丈ほどのヤブ。1時間あたりで通常の道の半分から3分の1程度しか進まないだけに、体力面だけでなく精神的にもこたえる

南アルプスとその周辺

鋸岳 189
甲斐駒ヶ岳
200
202 アサヨ峰
203 地蔵岳（鳳凰三山）
仙丈ヶ岳 201
204 北岳
205 間ノ岳
206 農鳥岳
215 櫛形山
塩見岳
207

長野県

山梨県

奥茶臼山 222
208 荒川岳（悪沢岳）
209 赤石岳
聖岳 210
216 笊ヶ岳
211 上河内岳
212 茶臼岳
217 七面山
池口岳 214
213 光岳
218 山伏
熊伏山 223
219 大無間山
220 黒法師岳

静岡県

221 高塚山

甲斐駒ヶ岳のお隣。三百名山最難関の山のひとつ

鋸岳
（のこぎりだけ）

二百

標高2685m

長野県・山梨県

登山レベル：上級

技術度：★★★★★
体力度：★★★★★

日　程：前夜泊1泊2日

総歩行時間：16時間30分
1日目：6時間50分
2日目：9時間40分

歩行距離：19.5km
累積標高差：登り1874m
下り1874m

登山適期：6月下旬〜10月中旬

地形図 ▶ 1：25000「甲斐駒ヶ岳」
三角点 ▶ なし

南アルプス林道の歌宿バス停付近から見た鋸岳の全容。左側の沢が角兵衛沢で、右側の沢は熊の穴沢。いちばん高く見えるピークは第二高点

山の魅力

仙流荘から北沢峠までの南アルプス林道バスに乗ったことがある人なら、バスの車窓から見える鋸岳の険しい山容に魅入ってしまったことがあるだろう。

少しずつ登山道の整備も進んでいるが、いまだに登頂には苦労を強いられる。しかしながら苦労してたどりついた山頂では360度の絶景が待っている。

>>> DATA

公共交通機関【往復】JR飯田線伊那市駅→JRバス関東（約25分）→高遠駅→伊奈市営バス（約25分）→戸台パークバス停（乗り換え）→南アルプス林道バス（約15分）→戸台大橋バス停

マイカー　中央自動車道・伊那ICから国道361・152号、県道212号など経由して戸台河原駐車場まで約26km。戸台川の河原に無料駐車場、登山ポストあり。

ヒント　7〜10月の特定日、夜行の毎日あるべ

ん号が東京から仙流荘まで運行されている（予約電話 ☎ 03-6265-6966）。早朝には仙流荘に到着するので、南アルプス林道バスの始発に乗ることができる。

問合せ先
伊那市南アルプス課　　　　　　　☎0265-98-3130
伊那市企画政策課（伊那市営バス）☎0265-78-4111
JRバス関東伊那支店　　　　　　　☎0265-73-7171
南アルプス林道バス　　　　　　　☎0265-98-2821

標高 3000m / 2000 / 1000 / 0

① 戸台大橋バス停 973
② 戸台河原駐車場 1015
③ 砂防堰堤 1116
④ 角兵衛沢案内板 1306
⑤ 岩小屋下の大岩 1684
⑥ 鋸岳 2685
⑤ 岩小屋下の大岩 1684
④ 角兵衛沢案内板 1306
③ 砂防堰堤 1116
② 戸台河原駐車場 1015
① 戸台大橋バス停 973

0 水平距離　5　10　15　20km
1日目　6時間50分　2日目　9時間40分

欄外情報 立ち寄り入浴◎仙流荘：南アルプス林道バスの始発場所にある宿。温泉ではないが、立ち寄り入浴ができる。前夜泊にも便利。☎0265-98-2312。入浴料600円。10〜20時。火曜休（11〜4月は休館）。

コース概要 ❶戸台大橋バス停から❷戸台
河原駐車場へと車道を進み、駐車場からは
河原歩き。思いのほか時間がかかるが、❸
砂防堰堤からもうひと頑張りで❹角兵衛沢
案内板に到着する。ケルンの立つ対岸に渡
ったら、踏み跡とテープを追って樹林帯を
進む。やがて岩礫が押し出している角兵衛
沢に入り、沢を詰めていく。沢のなかほど
まで進むと宿泊地の❺大岩下の岩小屋。幕
営スペースと水場がある。さらに沢を詰め
ていく。斜度が上がりきつくなるが、徐々
に空が広くなり稜線に近づいているのを実
感する。沢を登り切ると角兵衛沢のコルで、
急登をひと登りすれば大展望の❻鋸岳（第
一高点）だ。下りは往路を慎重に戻る。

プランニングのヒント コース上の幕営ポイ
ントは、角兵衛沢出合、大岩下の岩小屋の
２カ所のみと思っておいたほうがいい。登
山口を早出できない場合などは初日は角兵
衛沢出合までにし、翌朝、軽身で早出して
山頂を往復する、という計画も可能だ。

もろい岩でで
きているとい
っても過言で
はない山なの
で、急登箇所
などで岩を手
がかりにする
のは非常に危
険である。

この山には、
ヘルメットや
ザイル、ハー
ネスを装備し
たパーティ以
外は立ち入ら
ないように。

199

鋸岳

199 鋸岳

富士見町

山梨県
北杜市

△1971

黒河内 長谷

本山荘（廃業）

戸台河原駐車場は2024年4月現在、
土砂災害の影響で当面の間、使用不可。
マイカーの人は仙流荘前の駐車場を利用する

編笠山 △2514

ガラガラの岩屑の急斜面。
下山時は特に注意

横岳 2142

角兵衛沢の 三角点ピーク
コル △2607 角兵衛沢ノ頭

△1382
・1552

幕岩

・12062

・1534

❷戸台河原駐車場

河原に沿って歩く

・1451

横岳峠

大崩ノ頭

❻鋸岳
第一高点
2685

熊の穴沢ノ頭
甲斐駒ヶ岳

〜1（仮設）

砂防堰堤

戸台川沿いの道
は増水時注意

1:20 1067

❸

白岩

戸台川

南アルプス林道

枯れている
ことがある

クサリのある
ヤセ尾根

第二高点
2675

2:50→
←2:40

鹿の窓

中ノ川乗越

長野県
伊那市

・1360

橋本山荘
（廃業）

・1274

丹渓荘
（廃業）

三ツ石山
△2017

砂防堰堤
・角兵衛沢

1185

1:30→
←1:10

樹林帯につけられた
ジグザグの登り

角兵衛の
大岩

3:30→
←2:10

❺大岩下の
岩小屋

嫦娥岳
△2047

（仮設）

戸
台

・968

❶
戸台大橋
バス停

❷

駐車場
台河原

上図へ

N

1:50,000

0   500   1000m

1cm＝500m
等高線は20mごと

角兵衛沢案内板 ❹

熊の穴沢出合
案内板

歌宿

角兵衛沢同様
岩屑の歩きづらい道

・1451

山丹
荘渓
跡

甲斐駒ヶ岳へは
険しい岩稜が続く

歌宿バス停〜角兵衛沢
案内板間1時間30分
（逆コース2時間）

仙丈ヶ岳

△1373

丹渓
登山口
新道

丹渓新道

北沢峠

北沢峠

八丁坂

白く輝くピラミダルなスタイルの峰

甲斐駒ヶ岳
（かいこまがたけ）

百

標高**2967m**

山梨県・長野県

登山レベル:**中級**

技術度:★★★
体力度:★★★★

日　程:**前夜泊日帰り**

総歩行時間:**7時間10分**

歩行距離:**8.2km**

累積標高差:登り**1247m**
　　　　　　下り**1247m**

登山適期:**7月上旬～10月中旬**

地形図▶1:25000「甲斐駒ヶ岳」「仙丈ヶ岳」
三角点▶一等

駒津峰から眼前に迫る花崗岩の山上を目指す。仙丈ケ岳から北岳、さらに富士山へと続く大パノラマを背に明るい稜線を行く

上級
中級
初級

甲斐駒ヶ岳

🏔 山の魅力

東日本に数多くある駒ヶ岳の最高峰が甲斐駒ヶ岳。山麓からの眺めは場所によって山容が変わり、どっしりとした岩峰と端正なピラミッド形の尖峰が登高意欲を誘う。山上は想像を超える純白の花崗岩に覆われ、ユニークな景観が展開する。迫力ある岩山の割に困難箇所はなく、週末は渋滞するほど込み合う。

>>> DATA

公共交通機関【往復】JR中央本線甲府駅→山梨交通バス（約2時間）→広河原→南アルプス市営バス（約25分）→北沢峠バス停　※長野県側からはP110を参照。

マイカー　中部横断自動車道・白根ICから芦安市営駐車場（無料）まで約13km。マイカー規制のため、ここからは山梨交通バスや乗合タクシーで広河原へ。※長野県側からのアクセスはP110を参照。

ヒント　南アルプス市営バスの運行は6月下旬～11月上旬。広河原～北沢峠間はバス、歩行ともに当面の間、通行止め。北沢峠へは長野県側からのみアクセス可。

問合せ先

南アルプス市観光施設課	☎055-282-6294
南アルプス市上下水道局（市営バス）	☎055-282-2082
北杜市白州総合支所	☎0551-42-1117
山梨交通バス	☎055-223-0821
山梨県タクシー協会（乗合タクシー）	☎055-262-1212

❶北沢峠バス停 →0:10→ ❷長衛小屋 →0:30→ ❸仙水小屋 →0:40→ ❹仙水峠 →1:30→ ❺駒津峰 →1:30→ ❻甲斐駒ヶ岳 →1:00→ ❺駒津峰 →0:40→ ❼双児山 →1:10→ ❶北沢峠バス停

標高4000m / 3000 / 2000 / 1000

2035　1986　2134　2264　2740　2967　2740　2649　2035

0 水平距離　5　10km

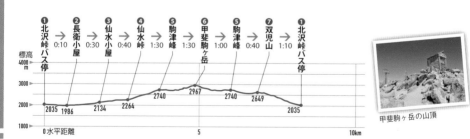

甲斐駒ヶ岳の山頂

欄外情報 山小屋◎北沢峠こもれび山荘☎080-8760-4367。1泊2食付1万2000円～。　長衛小屋☎090-2227-0360（または☎090-8485-2967）。1泊2食付1万100円。　仙水小屋☎0551-28-8173。1泊2食付8000円。すべて要予約。

コース概要 ❶北沢峠バス停からいったん林道を戻り、❷長衛小屋を経て北沢沿いの道を❸仙水小屋へ。しばらく登ると大きな岩が集積するゴーロで、慎重にルートを選んで進み、❹仙水峠に立つ。❺駒津峰へと急登し、山頂に向けて岩稜をアップダウンしていく。段差の激しい岩場もあるので慎重に。直登ルートとの分岐は右に行き、岩場を抜けると花崗岩に覆われた斜面が現れる。踏み跡を頼りに高度を稼げば、立派な祠の立つ❻甲斐駒ヶ岳だ。大展望を楽しんだら❺駒津峰まで戻り、往路から分かれてハイマツ帯のザレ状の道を下っていく。小さなピークの❼双児山から樹林帯になり、ひたすら下れば❶北沢峠バス停だ。

プランニングのヒント 駒津峰から山上へは木の根をつかんで進む段差の激しい稜線が続くのでクライミング用の手袋は必携。週末は登山路が渋滞することもあるので、北沢峠を早朝に発ちたい。仙水小屋の先には水場がないので飲料水の準備は忘れずに。

> 駒津峰から山頂へと続く稜線は段差の激しい箇所が多く、岩や木の枝づたいの急な登下降が続く。荒天時は注意を。

Column

安全のヒント

仙水峠下のゴーロはルートがわかりづらく足元も安定しない。焦らず落ち着いて歩を進めたい。足元だけでなく、全体を見るようにするといい。また、山上部の花崗岩の砂礫の道では濃霧の際、ルート選びは慎重に。

仙水峠下のゴーロ(上)と山上部の花崗岩帯(下)

200 甲斐駒ヶ岳

長野県
伊那市

尺峠と山梨県側の広河原間のアルプス市営バスは、災害復工事のため2024年度の運行は上。当該区間は歩行も不可

樹林帯の急斜面を下っていく

360度の大展望 — 甲斐駒ヶ岳 ❻
2967

鋸岳
七丈小屋・竹宇駒ヶ岳神社

悪天候時、摩利支天への道に入りこまないように

タカネツメクサ

1:30
1:00

八方石

摩利支天

仙丈ヶ岳を見ながらの下り

駒津峰 ❺
2740

滑りやすい砂礫の道

甲斐駒の姿が美しい

双児山 ❼
2649

1:00
0:40

不動岩

2502

2536

1:00
1:30

駒津峰まで急登が続く

北杜市

山梨県
南アルプス市

1:50
1:10

2183

❹ 仙水峠
2264

摩利支天の迫力ある眺め

仙水小屋 ❸

0:40
0:30

ゴーロ歩きは慎重に

北沢峠こもれび山荘

北沢峠バス停 ❶

大平山荘

南アルプス林道

道標に従って左の登山道へ進む

仙丈一合目

2195

広河原・甲府駅

❷ 長衛小屋

0:30
0:25

北沢

栗沢山

仙水小屋の手前まで北沢の右岸をたどる

栗沢山
2714

アサヨ峰・鳳凰山

1:25,000

N

0　　250　　500m
1cm=250m
等高線は10mごと

山頂から馬の背ヒュッテへと花の稜線を歩く

仙丈ヶ岳
（せんじょうがたけ）

百

標高**3033**m

長野県・山梨県

登山レベル:**中級**

技術度:★★★
体力度:★★★★

日　程:**前夜泊日帰り**

総歩行時間:**7時間55分**

歩行距離:**8.8**km

累積標高差:登り**1158**m
下り**1158**m

登山適期:**7月上旬〜10月中旬**

地形図▶1:25000「仙丈ヶ岳」
三角点▶二等

小仙丈尾根から見た仙丈ヶ岳。山頂直下に広がる大きな圏谷は小仙丈カール

上級
中級
初級

仙丈ヶ岳

▲ 山の魅力

南アルプスの3000m峰としては最北端に位置し、隣にそびえる男性的な甲斐駒ヶ岳とは対象的な優美な姿から「南アルプスの女王」と讃えられている。3つのカールを擁する山上には豊富な高山植物が見られ、登山道も整備されているので、経験者が同行すれば初級者も楽しめる3000m峰として人気が高い。

>>> DATA

公共交通機関【往復】JR飯田線伊那市駅→JRバス関東（約25分）→高遠駅→伊那市営バス（約25分）→戸台パークバス停→南アルプス林道バス（約55分）→北沢峠バス停。または、JR中央本線茅野駅→JRバス関東（約1時間30分）→戸台パークバス停　※山梨県側からのアクセスはP108「甲斐駒ヶ岳」を参照。

マイカー　中央自動車道・伊那ICから国道361・152号などを経由して仙流荘まで約24km。この先はマイカー規制のため、仙流荘先の駐車場（無料）に停める。
※山梨県側からのアクセスはP108「甲斐駒ヶ岳」を参照。

ヒント　南アルプス林道バスの運行期間は6月中旬〜11月中旬。

問合せ先
伊那市南アルプス課　　　　　　☎0265-98-3130
伊那市企画政策課（伊那市営バス）☎0265-78-4111
JRバス関東伊那支店　　　　　　☎0265-73-7171
南アルプス林道バス　　　　　　☎0265-98-2821

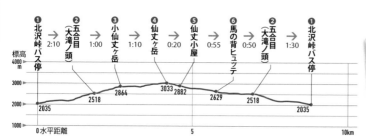

①北沢峠バス停 →2:10→ ②五合目（大滝ノ頭） →1:00→ ③小仙丈ヶ岳 →1:10→ ④仙丈ヶ岳 →0:20→ ⑤仙丈小屋 →0:55→ ⑥馬の背ヒュッテ →0:50→ ②五合目（大滝ノ頭） →1:30→ ①北沢峠バス停

標高
4000m

3000

2000　2035　　　2518　　2864　　3033 2882　　2629　　2518　　　　　2035

1000

0 水平距離　　　　　　　　　5　　　　　　　　　10km

小仙丈ヶ岳直下のハイマツ帯

欄外情報　山小屋◎仙流荘:☎0265-98-2312。　北沢峠こもれび山荘:☎080-8760-4367。　仙丈小屋:☎090-1883-3033。　馬の背ヒュッテ:☎090-2503-2630。いずれも要予約。

コース概要 ❶北沢峠バス停から❷五合目（大滝ノ頭）まで緩急を交えた登りが続き、六合目から爽快なハイマツ帯の中を歩く。山頂を望む❸小仙丈ヶ岳から短い岩場を下り、鞍部から砂礫混じりの露岩の道を登り切ると好展望の❹仙丈ヶ岳に達する。山頂からは北西へと下り、広大なお花畑を過ぎると❺仙丈小屋。小仙丈尾根への巻き道を見送り、防鹿柵に囲まれた道を過ぎれば豊富な水が流れる❻馬の背ヒュッテだ。冷たい水で喉を潤し、薮沢出合まで下って沢を渡るとゆるやかな横道になる。携帯トイレブースが設置されている薮沢小屋を過ぎて雪渓を越えれば❷五合目（大滝ノ頭）だ。あとは往路を戻ろう。

> 小仙丈ヶ岳の先の岩場は、途中で二股に分かれる。どちらのルートをとっても問題はないが、左側が下りやすいだろう。

プランニングのヒント 隣の甲斐駒ヶ岳と登山口が同じなので、日程に余裕をもたせて北沢峠を起点に２つの百名山に登る登山計画を立てたい。北沢峠こもれび山荘では読書スペースも充実しているので、悪天時の逗留も快適だ。

花と自然

山頂直下から馬の背ヒュッテにかけてイワベンケイ、キバナノコマノツメ、イワヒゲ、タカネツメクサ、シナノコザクラなど多くの高山植物が見られる。特に仙丈小屋上部の斜面には広大なお花畑が広がっている。しかし、甲斐駒ヶ岳から塩見岳にかけてニホンジカによる食害で一部の高山植物やシラビソなどの樹木が被害を受けている。なかでも馬の背ヒュッテ上部では被害が多く、登山道の両側が防鹿柵で囲まれている。

山頂直下に咲くチシマギキョウ

201 仙丈ヶ岳

薮沢経由の道で山頂を往復しても、時間的、技術的に差はない

北沢峠こもれび山荘 2036

丹渓新道登山口

小岩峰 2639

丹渓新道

大平山荘

❶ 北沢峠バス停

甲斐駒ヶ岳

仙水峠

長衛小屋

栗沢山 2306

初夏でも残雪が多い。初心者はこの時期は下山に利用しないこと

二合目 2195

馬ノ背三角点 2716

携帯トイレブース

樹林帯の急な斜面を登る

長野県
伊那市

馬ノ背

馬の背ヒュッテ

2519

❷ 五合目（大滝ノ頭）

南アルプス林道

北沢峠と山梨県側の広河原間の南アルプス市営バスは、災害復旧工事のため2024年度の運行は休止。当該区間は歩行も不可

山梨県
南アルプス市

広河原・甲府駅

カの食害により が減っている

2698

❻

0:55
1:00

0:50
1:00

薮沢小屋
夏期は
管理人が入る

0:40
1:00

2864

森林限界を抜ける

盛夏は涸れることあり

仙丈小屋 ❺

小仙丈尾根

❸ 小仙丈ヶ岳

お花畑が広がる

小仙丈カール

地蔵尾根
分岐

0:45
1:10

山頂付近も花が多い

カールを抱く仙丈ヶ岳のすばらしい眺め

2436

N

1:30,000

0　　250　　500m

1cm＝300m
等高線は20mごと

仙丈ヶ岳 ❹
3033

野呂川越

薮沢カール

甲斐駒ヶ岳と鳳凰山を結ぶ早川尾根の盟主

アサヨ峰
（あさよみね）

三百

標高2799m

山梨県

登山レベル：中級

技術度：★★★
体力度：★★★

日　程：前夜泊1泊2日

総歩行時間：11時間15分

1日目：6時間25分

2日目：4時間50分

歩行距離：12.5km

累積標高差：登り1263m
　　　　　　下り1787m

登山適期：7月上旬～10月中旬

地形図▶1:25000「鳳凰山」「仙丈ヶ岳」
三角点▶三等

北沢峠付近から見たアサヨ峰
（右）。その左に見えているの
は稜線続きの鳳凰三山

山の魅力

鳳凰三山と甲斐駒ヶ岳を結ぶ裏道のような早川尾根
にある山。一見すると地味な尾根と思いがちである
が、アサヨ峰とその近辺からは、甲斐駒ヶ岳、仙丈

ヶ岳をはじめとするアルプス北部の山々や八ヶ岳、
富士山など最高の展望が広がる。特に野呂川をはさ
んだ対岸にある北岳の姿は迫力満点である。

>>> DATA

公共交通機関【往復】JR中央本線甲府駅→山梨交通
バス（約2時間）→広河原バス停→南アルプス市営バス
（約25分）→北沢峠バス停。※長野県側からのアクセス
はP110を参照。

マイカー　中部横断自動車道・白根ICから芦安市
営駐車場（無料）まで約13km。マイカー規制のため、こ
こからは山梨交通バスか乗合タクシーで広河原へ。※長
野県側からのアクセスはP110を参照。

ヒント　南アルプス市営バスの運行は6月下旬
～11月上旬。広河原～北沢峠間はバス、歩行とも当面の
間、通行止め。北沢峠へは長野県側のみからアクセス可。

問合せ先
南アルプス市観光施設課　☎055-282-6294
南アルプス市上下水道局（市営バス）☎055-282-2082
北杜市白州総合支所　☎0551-42-1117
山梨交通バス　☎055-223-0821
山梨県タクシー協会（乗合タクシー）☎055-262-1212

①北沢峠バス停　②長衛小屋　③仙水小屋　④仙水峠　⑤栗沢山　⑥アサヨ峰　⑦早川尾根小屋　⑧広河原峠　⑨白鳳峠　⑩白鳳峠入口　⑪広河原バス停

標高
4000m
3000m
2000m
1000m

2035　1986　2134　2264　2714　2799　　2427　2344　2452　　1576　1511

0 水平距離　　　5　　　　　10　　　　　15km
1日目　　　2日目
6時間25分　　4時間50分

栗沢山からの甲斐駒ヶ岳

欄外情報　山小屋◎早川尾根小屋：長大な早川尾根の中間点に立つ、尾根上で唯一の山小屋。☎080-5076-5494。1泊2
食付9400円。素泊まり7000円。有料寝具、水場、テント場あり。

コース概要 ❶北沢峠バス停から❷長衛小屋を経由して沢沿いに登ると❸仙水小屋。ゴーロ帯を登って❹仙水峠に立ち、峠から標高差約450mの急登をこなせば展望のいい❺栗沢山に着く。ここからアサヨ峰までは快適な尾根歩きだ。❻アサヨ峰からの展望は最高で、これから歩く早川尾根の先に鳳凰三山の地蔵岳がちょこんと見える。道はやがて樹林帯となり、しばらく下ると❼早川尾根小屋に到着する。小屋からなだらかに下ると❽広河原峠。時間がない場合はここから広河原へ下ってもいい。次の❾白鳳峠からゴーロや岩場のある急な下りを慎重にこなすと❿白鳳峠入口。あとは南アルプス林道を⓫広河原バス停へと歩く。

プランニングのヒント 早川尾根小屋は素泊まりのみ(有料寝具あり)なので、宿泊には食料、炊事用具などが必要となる。寝具・食事付きを望む場合は、仙水小屋に前泊し、翌日、アサヨ峰を越えて広河原峠から広河原バス停に下るといいだろう。

アサヨ峰以東は歩く人がグッと減る。道はしっかりしているがトラブル等を回避するため、いつも以上に慎重に。

サブコース

Column

時間が許すなら、鳳凰三山(P114)を経て早川尾根を踏破するのも縦走派の人には楽しいだろう。スタートを夜叉神峠下の夜叉神ヒュッテにし、北沢峠に下山して広河原でバスを乗り継げば夜叉神ヒュッテに戻れるので、マイカーも回収しやすい。1日目は夜叉神峠を経由して南御室小屋か薬師小屋泊。2日目に鳳凰三山を踏破して早川尾根小屋泊。3日目はアサヨ峰と栗沢山を越えて北沢峠に下山。2泊3日の贅沢なコースとなる。

早川尾根からの鳳凰三山と富士山

202

202 アサヨ峰

1:60,000
0　500　1000m
1cm=600m
等高線は20mごと

山梨県
北杜市

峠と山梨県側の広河原間の〔ア〕ルプス市営バスは、災害復〔旧工〕事のため2024年度の運行〔休〕止。当該区間は歩行も不可

山頂から南西に延びる尾根に入り込まないように

栗沢山まで急斜面が続く

急斜面

一般車両通行禁止

下山時、コースに不明瞭箇所あり

急斜面が続く

夜叉神ヒュッテから北沢峠まで2泊3日の縦走コース

下山時は沢に入り込まないこと

濡れていると滑りやすい岩場。下りの際はロープ伝いに慎重に通過する

甲斐こもれび山荘
甲斐駒ヶ岳
❶ 沢峠バス停
二合目
長衛荘
二合目
平山荘
❷ 長衛小屋
南アルプス林道
❸ 仙水小屋
❹ 仙水峠
❺ 栗沢山
❻ アサヨ峰
早川尾根
早川尾根小屋 ❼
広河原峠 ❽
赤薙沢ノ頭
❾ 白鳳峠
高嶺
❿ 白鳳峠入口
⓫ 広河原バス停
南アルプス市
小太郎山
野呂川出合
北沢橋
野呂川
広河原インフォメーションセンター
広河原山荘
甲府駅・市営芦安駐車場
鳳凰山
赤抜沢ノ頭
離山
観音岳

富士山や白峰三山の展望を楽しむ南アルプス入門の縦走路

地蔵岳（鳳凰三山）

（じぞうだけ（ほうおうさんざん））

百

標高2841m（観音岳）

山梨県

登山レベル:中級

技術度:★★★
体力度:★★★★

日　程:1泊2日

総歩行時間:13時間10分

　　1日目:5時間30分
　　2日目:7時間40分

歩行距離:17.8km

累積標高差:登り1945m

**　　　　　下り2226m**

登山適期:7月上旬～10月中旬

地形図 ▶ 1:25000「鳳凰山」「夜叉神峠」
三角点 ▶ 二等（観音岳）

地蔵岳のシンボル、オベリスク。花崗岩と白砂と青松が織り成す景観はまるで日本庭園のようで、いつまで見ていても飽きない

上級
中級
初級

地蔵岳（鳳凰三山）

🏔 山の魅力

野呂川をはさんで南アルプス北部の主峰・北岳の東側に連なるのが観音岳、薬師岳、地蔵岳からなる鳳凰三山。その稜線には日本庭園のような風景が広が

り、白峰三山や富士山などを眺めながらの雲上散歩が楽しめる。鳳凰三山のシンボルとして知られる地蔵岳のオベリスクは一見の価値あり。

>>> DATA

▶ **公共交通機関** 【行き】JR中央本線甲府駅→山梨交通バス（約1時間10分）→夜叉神峠登山口バス停　【帰り】青木鉱泉バス停→茅ヶ岳観光バス（約55分）→JR中央本線韮崎駅

▶ **マイカー** マイカー利用で当コースを歩くのは不適。ただし、青木鉱泉を起点として鳳凰三山のみを縦走することは可能。青木鉱泉に有料駐車場がある（青木鉱泉宿泊者は無料）。お盆や秋の連休時は大変混雑するの

で、早めの到着を目指したい。

▶ **ヒント** 甲府駅～夜叉神峠登山口間のバスは6月下旬～11月上旬の運行。韮崎駅～青木鉱泉間のバスは春の大型連休と7～10月の特定日のみの運行。

▶ **問合せ先**
韮崎市商工観光課	☎0551-22-1111
南アルプス市観光施設課	☎055-282-6294
山梨交通バス	☎055-223-0821
茅ヶ岳観光バス	☎0551-25-6262

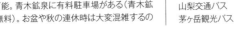

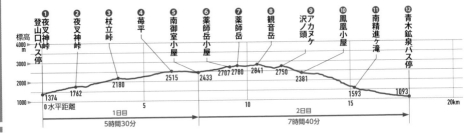

標高
4000
m
3000
2000
1000

❶夜叉神峠登山口バス停 1374
❷夜叉神峠 1762
❸杖立峠 2180
❹苺平 2515
❺南御室小屋 2433
❻薬師岳小屋 2707
❼薬師岳 2780
❽観音岳 2841
❾アカヌケ沢ノ頭 2750
❿鳳凰小屋 2381
⓫南精進ヶ滝 1593
⓬青木鉱泉バス停 1093

0 水平距離　5　10　15　20km
1日目　　　　2日目
5時間30分　　7時間40分

欄外情報 高山植物◎本コースでは、鳳凰三山にだけ生息する固有種・ホウオウシャジンが見られる。イワシャジンの変種で岩場に生育し、釣鐘型の紫色の花をつける。花期の8月に訪れたなら、花を探しながら歩いてみるものいい。

コース概要

1日目 甲府駅からのバスを**❶夜叉神峠登山口バス停**で降り、身支度をすませて樹林帯のなかにつけられた道を登り始める。途中に炭焼窯跡や祠などを見ながらジグザグに急登していき、1時間ほどで**❷夜叉神峠**に着く。峠からひと登りしたところに夜叉神峠小屋が立ち、ひと休みする登山者で賑わっている。小屋の前からは白峰三山が遠望でき、その景観を楽しみに登山口から峠まで往復するだけの人も多いようだ。

小屋から鞍部に下ったのち、樹林帯のなかの急坂を登っていく。傾斜が落ちてきて南西斜面をトラバース気味にたどると間もなくで**❸杖立峠**。ここから山火事跡まではゆるやかな道が続く。白峰三山を望める山火事跡を過ぎ、再び樹林帯のなかを登っていくと、やがて甘利山方面への道を右に分けて**❹苺平**に出る。

さらに登山道は、辻山の北東斜面をトラバースするようについている。深い森と苔が醸し出す原始の雰囲気を感じつつ道をたどれば、今宵の宿、**❺南御室小屋**に到着する。小屋の脇には清冽な水が湧いており、コース上の貴重なオアシスとなっている。

2日目 今日の行程は長いので、なるべく朝早く小屋を出発したい。小屋の裏手から樹林帯のなかを登っていき、ガマの岩とよばれる大岩を過ぎて森林限界を超えると、白砂と花崗岩の道となり、展望も開けてくる。砂払岳から**❻薬師岳小屋**の立つ鞍部にいったん下り、わずかに登り返せば、鳳凰三山の最初の一座、**❼薬師岳**の山頂だ。

山頂からはすばらしい大パノラマが広がっている。真正面には北岳がでんとそびえ、南に間ノ岳、農鳥岳と南アルプス北部の主脈が続く。条件に恵まれれば眼下一面に雲海が広がり、その上に富士山や八ヶ岳連峰がぽっかり浮かんでいる光景が見られるかもしれない。

💧 稜線上には南御室小屋以外、水場はない。1、2日目とも出発時には水を十分に用意しておきたい。

💧 アカヌケ沢ノ頭の周辺は、うっかりしていると標識を見落として違う方向に行ってしまいそうになるので要注意。

ルートは明瞭で、コース上には特に通過困難箇所はないが、疲労や病気、転倒などによる遭難事故も起きている。歩行時間が長いので体調を整えて入山するとともに、悪天候時には花崗岩上でのスリップに気をつけたい。地蔵岳のオベリスクは、ノーロープで登っている登山者もいるようだが、クライミングの経験がない人が確保なしに登るには非常に危険。転落事故もあとを絶たないので、見るだけにとどめよう。

ドンドコ沢沿いの長い道を青木鉱泉へ下る

203

地蔵岳（鳳凰三山）

極上の山岳景観を心ゆくまで楽しんだら、鞍部へ下って登り返し、観音岳へ向かう。白砂と花崗岩の稜線上のところどころには、風雪で奇妙な形に曲がりくねったカラマツが見られ、まるで別世界にいるかのような稜線漫歩が満喫できる。

やがてたどり着いた**❽観音岳**は、巨岩が積み重なる鳳凰三山の最高峰だ。ここからの展望もまた申し分なし。地蔵岳のオベリスクはもうすぐ手の届きそうなところにあり、北に続く稜線の向こうには甲斐駒ヶ

薬師岳山頂の向こうにどっしりとたたずむ北岳（右）と間ノ岳（左）

朝の稜線を薬師岳から観音岳へと向かう

稜線から雲海にぽっかりと浮かぶ富士山を遠望する

がどっしりと鎮座しているのが見える。

次のピーク、地蔵岳へは、やはり鞍部まで下って登り返していく。鞍部で鳳凰小屋への道を右に分け、30分ほどの登りで❾**アカヌケ沢ノ頭**。すぐ目の前にそびえ立つオベリスクの造形がすばらしく、北岳と甲斐駒ヶ岳も間近に見える。なんとも贅沢な景観である。

ここからわずかに下ると、小さなお地蔵さんがたくさん並ぶ賽ノ河原。オベリスクの岩峰群が圧倒的な迫力で迫ってくる。

鳳凰三山のシンボルをしっかり目に焼き付けたら、下山にとりかかろう。ザレ状の急斜面を下っていくと間もなく樹林のなかに入り、❿**鳳凰小屋**の前に出る。ここからはドンドコ沢沿いの道となり、斜面を巻いては下り、また巻いては下ることを延々と繰り返す。途中に現れる五色ノ滝、白糸ノ滝、鳳凰ノ滝、⓫**南精進ヶ滝**などを見ながらの、長い下りが続く。

ようやく山腹のトラバースが終わり、急

斜面をジグザグに下りていくと、沢沿いコースと樹林コースの分岐点に出る。沢沿いコースのほうが若干近く、傾斜もだいぶ落ちる。河原に出れば、間もなくで⓬**青木鉱泉バス停**だ。日帰り入浴もできるので、登山の汗を流してさっぱりしてから帰路につくといいだろう。

プランニングのヒント

入山口から下山口の間には6つの宿泊施設がある。2日目の行程が8時間以上と長いので、日程に余裕があるのなら、2泊3日の行程としたほうが楽だ。ただし、山小屋は時期によっては変則的な営業となるところもあり、事前に確認・予約をしておこう。青木鉱泉から韮崎駅までは、人数が揃えばタクシーを利用してもいい。天候が悪化したときやアクシデントの発生時には、薬師岳小屋から青木鉱泉に下りる中道コースがエスケープルートとなる。

サブコース

青木鉱泉を起点に鳳凰三山を周回するコースも、薬師岳小屋泊まりの1泊2日の行程で歩くことができる。アプローチにマイカーを利用できるうえ、夜叉神峠からの縦走コースよりも若干コースタイムが短くなるので、人気が高い。ほかに下山コースとして、地蔵岳から燕頭山を経由して御座石温泉バス停へ、あるいは白鳳峠経由で広河原バス停へ下りるコースもとれる。いずれも中級コース。

> 鳳凰小屋から青木鉱泉までは、ドンドコ沢沿いの急下降となる。転倒やスリップに注意してㇳㇽㇽㇳ。

山小屋情報

●夜叉神ヒュッテ：☎080-2182-2992。1泊2食付9800円。　●夜叉神峠小屋：☎055-288-2402。1泊2食付1万円。　●南御室小屋：☎090-3406-3404。1泊2食付9000円。　●薬師岳小屋：☎090-5561-1242。1泊2食付1万1000円。　●鳳凰小屋：☎0551-27-2466。1泊2食付1万円。　●青木鉱泉：☎070-4174-1425。素泊まりのみ5500円。

白峰三山を周回するロングコースを歩く

北岳・間ノ岳・農鳥岳
きただけ・あいのだけ・のうとりだけ

北岳	百
間ノ岳	百
農鳥岳	二百

標高**3193**m（北岳）
標高**3190**m（間ノ岳）
標高**3026**m（農鳥岳）

山梨県・静岡県

登山レベル：上級

技術度：★★★
体力度：★★★★

日　程：前夜泊2泊3日

総歩行時間：**20時間10分**

1日目：**7時間40分**
2日目：**8時間40分**
3日目：**3時間50分**

歩行距離：**25.2km**

累積標高差：登り**2739**m
下り**3432**m

登山適期：7月上旬～10月中旬

地形図▶1：25000「鳳凰山」「仙丈ヶ岳」「間ノ岳」「夜叉神峠」「奈良田」

間ノ岳へ向かう途中の中白峰から北岳を振り返る

上級
中級
初級

北岳・間ノ岳・農鳥岳

山の魅力

富士山に次いで日本の山岳標高第2位の北岳。奥穂高岳と同位になった標高第3位の間ノ岳。前者たちとともに白峰三山に数えられる農鳥岳。春過ぎまでは麓の甲府市街からもその名のとおり白い屏風のような神々しい姿が望める。どの山もそれらを繋ぐ稜線も展望は最高。高山植物や雷鳥にも出合える。

>>> DATA

公共交通機関【行き】JR中央本線甲府駅→山梨交通バス（約2時間）→広河原バス停　【帰り】奈良田バス停→山梨交通バス（約45分）→広河原バス停→山梨交通バス（約2時間）→甲府駅

マイカー　中央自動車道・甲府昭和ICから国道20号、県道20号を経由して市営芦安駐車場（無料・650台）まで約18km。山梨交通バスか乗合タクシーで広河原へ。

ヒント　公共交通の場合、甲府駅からの始発バス（4時台）に乗るには駅周辺に前夜泊が必要。下山口の奈良田にマイカーを置いて広河原行きのバスに乗れば、下山後の車の回収は楽になる。

問合せ先
南アルプス市観光施設課　☎055-282-6294
南アルプス市企業局（市営バス）　☎055-282-2082
早川町振興課　☎0556-45-2516
山梨交通バス　☎055-223-0821
山梨県タクシー協会（乗合タクシー）　☎055-262-1212

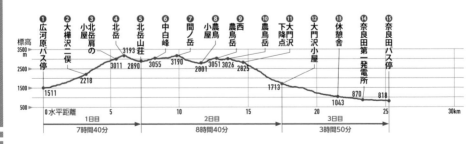

① 広河原バス停 1511
② 大樺沢二俣 2218
③ 小太郎尾根の肩の小屋 3011
④ 北岳 3193
⑤ 北岳山荘 2890
⑥ 中白峰 3055
⑦ 間ノ岳 3190
⑧ 小農鳥岳 2001
⑨ 農鳥岳 3051
西農鳥岳 3026
⑩ 農鳥小屋 2825
⑪ 大門沢下降点 1713
⑫ 大門沢小屋 1043
⑬ 休憩舎 870
⑭ 奈良田第一発電所 818
⑮ 奈良田バス停

標高 3500m / 2500 / 1500 / 500

0 水平距離 / 5 / 10 / 15 / 20 / 25 / 30km

1日目（7時間40分）／2日目（8時間40分）／3日目（3時間50分）

欄外情報　山小屋◎広河原山荘☎090-2677-0828。北岳肩の小屋☎090-4606-0068。白根御池小屋☎090-3201-7683。北岳山荘☎090-4529-4947。農鳥小屋☎090-7635-4244。大門沢小屋☎090-7635-4244。

コース概要

1日目 ❶広河原バス停から吊橋を渡り登山道へ。少し先の分岐は左へ。樹林を抜けて開けてくると、シーズン中は簡易トイレが立つ❷大樺沢二俣に到着する。ここからは右俣コースを取る。比較的斜度もゆるく歩きやすい。背後に富士山が顔を見せるようになれば間もなく小太郎尾根分岐。快適な稜線を行けば❸北岳肩の小屋だ。小屋からはところどころで急登が待ち受けるが、さほど時間もかからず❹北岳に到着する。山頂は360度の大展望。南アルプス北部の山々、富士山、中央アルプス、遠くは槍・穂高まで見渡せる。景色を堪能したら稜線を南下する。山頂直下は急な下りとなるので慎重に歩こう。斜度がゆるんでくれば❺北岳山荘も近い。

2日目 北岳山荘を早めに出発する。ゆるやかな登りを行けば❻中白峰に着く。振り返ると北岳のピラミダルな姿が美しい。少し下った後、ゆっくりと標高を上げていけば❼間ノ岳だ。北岳と同じく展望は最高。朝の景色を楽しもう。再び稜線を南下する。広い斜面を九十九折に下ると❽農鳥小屋。ここから❾西農鳥岳まではなかなかの登りになるので焦らずに。登りきってしまえば❿農鳥岳までは大きな苦労はない。山頂で最後の絶景を楽しもう。歩いて来た方向を眺めれば間ノ岳の右手に北岳が屹立している。山頂から、広い稜線に黄色の鉄塔が立つ⓫大門沢下降点へと下る。稜線に別れを告げ、ひたすら急下降する。疲れも溜まっているので慎重に。道がなだらかになってくれば⓬大門沢小屋に到着する。

3日目 小屋まででかなり標高を落とした気はするが、まだ1000m近くの下りが待っている。頼りなさ気な木橋もいくつかあるので慎重に。長い下りを黙々と歩き、3つの吊橋を渡って⓭休憩舎から林道を歩くと⓮奈良田第一発電所のバス停。バスで

お盆過ぎぐらいまでは、大樺沢の二俣周辺には雪渓が残ることが多い。雪歩きに慣れていない人は慎重に。

間ノ岳の山頂は広いので、濃霧や悪天候の時は進む方向を間違えないように注意しよう。

サブコース

連休やお盆などは北岳に多くの人が訪れる。本書で紹介した大樺沢コースでは渋滞が発生することもある。そんなときでも白根御池コースは比較的空いていることが多い。大樺沢コースのような展望はないものの、白根御池小屋までは南アルプスらしい深い森。その先の草すべりは高山植物が豊富だ。コースタイム的には紹介したコースより30分ほど多くかかるが、渋滞などでの待ち時間を考えれば混雑期ではあまり変わらないだろう。

鳳凰三山から見た冬の白峰三山

広河原に戻る場合はここで待てばいい。バスの時間がかなり開いているときや奈良田に車を止めている場合は、⓯奈良田バス停まで車道を歩くことになる。

プランニングのヒント

始発バスに乗れないときや疲労が激しい場合、初日の宿泊は無理をせずに北岳肩の小屋にしよう。その場合、2日目に大門沢小屋までたどり着くのは厳しく、2泊目は農鳥小屋になる。3日目に早出をしなければならないが、行程的には問題なくこなせる。

草すべりから北岳を見上げる

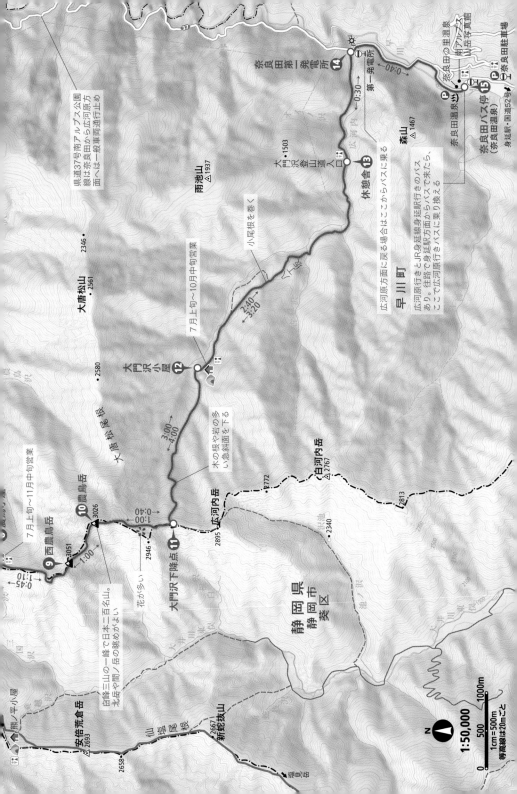

県道37号南アルプス公園線は奈良田から広河原方面へは一般車両通行止め

奈良田第一発電所 **14**

奈良田の里温泉
南アルプス
川岳写真館

第一発電所 ←0:40→

0:30

奈良田温泉 **15**

奈良田バス停 **15**
（奈良田温泉）

身延駅・国道52号→

奈良田駐車場
奈良田温泉 **①**
P 奈良田駐車場

森山
△1467

広河原方面に戻る場合はここからバスに乗る

休憩舎 **13**

大門沢登山道入口

早川町

雨池山
△1937

大門沢
登山道

広河原方面行きとJR身延線身延駅行きのバスあり。往路で身延駅方面からバスで来たら、ここで広河原行きバスに乗り換える

広河内

2346

大唐松山
2561

小尾根を巻く

7月上旬～10月中旬営業

2:40→
3:20

大門沢小屋 **12**

大唐松尾根

2580

3:00→
4:00

木の根や岩の多い急斜面を下る

2772

白河内岳
△2767

2813

2895

2340
池ノ沢池

7月上旬～11月中旬営業

農鳥岳 **10** △3026

広河内岳

静岡県
静岡市
葵区

1:00→
0:40

2946

1:00→

西農鳥岳
3051

9

0:45→
1:10

白峰三山の一峰で日本二百名山。北岳や間ノ岳の眺めがよい

花が多い

大門沢下降点 **11**

大井川

池ノ沢

農鳥小屋

三国平

三国沢

塩見新道

2667
新蛇抜山

仙塩尾根

塩川

安倍荒倉岳
熊ノ平小屋 △2693

2658

塩見岳

1:50,000

N

500   1000m
1cm＝500m
等高線は20mごと

0

南アルプスの中央にそびえる孤高の3000m峰

塩見岳
（しおみだけ）

長野県・静岡県

登山レベル：**中級**

技術度：★★★
体力度：★★★

日　程：**2泊3日**

総歩行時間：**14時間20分**

1日目：**3時間**

2日目：**5時間50分**

3日目：**5時間30分**

歩行距離：**19.4**km

累積標高差：登り**2213**m
　　　　　　下り**2213**m

登山適期：**7月上旬〜9月下旬**

地形図 ▶ 1：25000「信濃大河原」「塩見岳」
三角点 ▶ 二等

三伏山よりどっしりとしたドーム型の山容の塩見岳を展望。山腹はダケカンバやナナカマドなどの紅葉がきれい。紅葉の見頃は9月下旬から10月上旬

上級
中級
初級

塩見岳

山の魅力

南アルプスのほぼ中央にそびえる鋭鋒。鉄兜を思わせるドーム型の独特の山容は、遠方からもよく目を引き存在感たっぷり。山頂は東峰と西峰からなり、北岳をはじめとする南アルプス、中央・北アルプス、富士山までの大パノラマが広がる。三伏峠付近の花畑や山腹のシラビソ林などもきれい。

>>> DATA

公共交通機関【往復】JR飯田線伊那大島駅→伊那バス（約1時間50分）→鳥倉登山口バス停　※バスは7月中旬〜8月下旬の毎日2往復。タクシーの場合は約1時間10分。

マイカー　中央自動車道・松川ICから国道152号、県道59・22号、鳥倉林道を経由して鳥倉林道ゲート駐車場まで約36km。ゲート前の駐車場を利用。駐車場は約30台、満車時は1.2km下の第2駐車場を利用。駐車場から鳥倉登山口へは徒歩約50分。

ヒント　入下山にバスを利用する場合は、帰りの鳥倉登山口のバスが14時25分発のため2泊3日行程となる。マイカーやタクシー利用の場合は1泊2日で往復する人が多い。

問合せ先
大鹿村産業建設課　　　☎0265-48-8025
伊那バス松川営業所　　☎0265-36-2135
マルモタクシー　　　　☎0265-36-3333

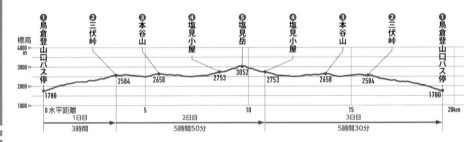

	①鳥倉登山口バス停	②三伏峠	③本谷山	④塩見小屋	⑤塩見岳	⑥塩見小屋	⑦本谷山	⑧三伏峠	①鳥倉登山口バス停
標高 4000m									
3000		2584	2658	2753	3052	2753	2658	2584	
2000	1780								1780
1000									

0水平距離　　　　　　5　　　　　　10　　　　　　15　　　　　20km
1日目　　　　　　2日目　　　　　　3日目
3時間　　　　　5時間50分　　　　　5時間30分

欄外情報　山小屋◎三伏峠小屋：☎0265-39-3110。1泊2食付1万2000円〜、素泊まり9000円〜。7〜9月。要予約。　塩見小屋：☎070-4231-3164（9〜15時）。1泊2食付1万2000円〜、素泊まり9000円〜。7月〜10月中旬。要予約。

コース概要 ❶鳥倉登山口バス停からまずはカラマツ林を急登していく。尾根に上がったら、尾根北面に延びる山道を桟道や桟橋を通過しながら三伏峠小屋の立つ❷三伏峠へ。翌朝、三伏峠から荒川岳・小河内岳方面への道を分け、三伏山へ上がると目指す塩見岳が一望できる。一度下ってから登り返すと❸本谷山。ひと息入れたら東へ下ってから山腹を巻き、権右衛門沢の源頭を経て急登する。塩見新道分岐から尾根道をたどれば❹塩見小屋だ。小屋裏手を進み天狗岩の右手を巻き、一度下ってから核心部のガレ場や岩場を急登すると❺塩見岳の西峰に立つ。最高峰の東峰を往復し、往路を戻って❹塩見小屋に宿泊する。3日目は往路を戻ることにしよう。

プランニングのヒント 塩見岳は南アルプス南部・北部の中継点に位置する。山頂から仙塩尾根をたどり間ノ岳・北岳方面へ北上したり、三伏峠から荒川岳・赤石岳方面へと南進することもできる。

山頂直下のガレ場では落石に注意しながらペンキ印に導かれて登る。岩場ではストックは仕舞い、三点確保で確実に登りたい。

Column

安全のヒント

道標はよく整備されており、道迷い箇所はないが、三伏峠までの桟橋や木段は濡れていると滑り、山頂部はガレ場や岩場が連続するので足元に注意。標高が3000m以上あるため、高山病や夏の日焼けにも注意。

山頂直下のガレ場を登っていく

三伏峠へは丸太の桟橋を通過

207

塩見岳

207 塩見岳

長野県
伊那市

1:55,000
0 500 1000m
1cm=500m
等高線は20mごと

N

小黒山
2421

大黒沢

塩見新道登山口・大曲

通行止め。復旧時期未定

塩見新道

権右衛門山
2682

❹塩見小屋

2512

2:10
2:00

携帯
トイレブース

立ち枯れの
木が目立つ

1:20
1:00

西峰
3047

天狗岩

東峰
3052

塩見岳❺

仙塩尾根経由三峰岳・蝙蝠尾根経由二軒小屋

塩川土場

塩川小屋
(休業中)

通行止め。復旧時期未定

2658

2608

❸本谷山

高茎草原のお花畑

岩礫の急斜面。
落石・滑落注意

1580

尾根取付き点

塩川ルート

•2079

1:20
1:10

•2498

•2501

北俣尾根

マイカー利用の場合は林道ゲートから鳥倉登山口まで歩く。登り約50分、下り約40分

大鹿村

静岡県
静岡市
葵区

•2458

•2687

豊口山
2231

3:00
2:20

豊口山分岐

三伏峠小屋

三伏峠❷

三伏山

水場の往復25分

•2349

•2553

2248

2590

烏帽子岳
2726

桟道。スリップ注意

•2131

タクシーはここまで入る

鳥倉林道

烏帽子岳方面に10分ほど進むと斜面にお花畑が広がる

前小河内岳
2784

鳥倉登山口❶
バス停

越路

小河内岳避難小屋・荒川前岳

南アルプスの核心部を周回するビッグな山旅

荒川岳(悪沢岳)・赤石岳

あらかわだけ　わるさわだけ　あかいしだけ

荒川岳(悪沢岳) 百
赤石岳 百

標高3141m(悪沢岳)
標高3121m(赤石岳)

静岡県・長野県

登山レベル:**上級**

技術度:★★★
体力度:★★★★

日　程:前夜泊3泊4日

総歩行時間:**22時間45分**

1日目	7時間15分
2日目	5時間50分
3日目	5時間50分
4日目	3時間50分

歩行距離:**28.6km**

累積標高差:登り**3390m**
　　　　　　下り**3390m**

登山適期:7月上旬～10月上旬

地形図 ▶ 1:25000「赤石岳」「塩見岳」

小赤石岳から見る荒川岳。最高峰の悪沢岳は東岳の別名を持つ

上級
中級
初級

荒川岳(悪沢岳)・赤石岳

🔺 山の魅力

南アルプス南部の巨峰を縦走登山で巡る。悪沢岳(東岳)、中岳、前岳という3つのピークをもつ荒川岳と、南アルプス南部の盟主ともいうべき赤石岳を登る。深い森を知る樹林の登り、大らかな尾根を行く痛快な縦走、樹海とお花畑と眺望とご来光、夏山登山のエッセンスがつまった山旅といえる。

>>> DATA

公共交通機関【往復】JR東海道新幹線静岡駅→しずてつジャストラインバス(約3時間30分)→畑薙夏期臨時駐車場→東海フォレスト送迎バス(約1時間)→椹島

マイカー　新東名高速・新静岡ICから県道27号を経由して井川、さらに県道60号で畑薙夏期臨時駐車場まで約73km。約150台、無料。畑薙夏期臨時駐車場からは東海フォレストの送迎バスで椹島へ。

ヒント　東海フォレストの送迎バスは、椹島ロッヂ、千枚小屋、赤石小屋、荒川小屋、赤石岳避難小屋、中岳避難小屋など、いずれかに宿泊する場合のみ利用可。しずてつジャストラインバス・南アルプス登山線は、夏だけの運行で1日1往復。また、東京から毎日あるぺん号(☎03-6265-6966)が畑薙第一ダムまで1日1往復。

問合せ先
静岡市環境共生課　　　　　　　☎054-221-1357
しずてつジャストライン　　　　☎054-252-0505
特種東海フォレスト観光チーム　☎0547-46-4717

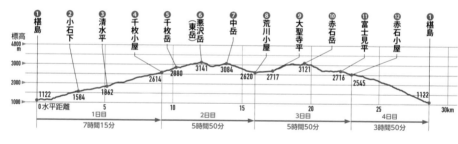

	①椹島	②小石下	③清水平	④千枚小屋	⑤千枚岳	⑥悪沢岳(東岳)	⑦中岳	⑧荒川小屋	⑨大聖寺平	⑩赤石岳	⑪富士見平	⑫赤石小屋	①椹島
標高	1122	1584	1862	2614	2880	3141	3084	2620	2717	3121	2716	2545	1122

7時間15分　5時間50分　5時間50分　3時間50分
1日目　2日目　3日目　4日目

欄外情報　立ち寄り温泉 ◎赤石温泉白樺荘:畑薙第一ダムから4kmほど下流の静岡市営温泉。食事、宿泊も可。☎054-260-2021。入浴料510円。10～18時(冬期は～17時)。火曜休(8・11月は無休)。宿泊は無休。

1 日目 ①**椹島**は南アルプス南部の一大登山基地。大井川上流のミニ上高地のようなところだ。宿泊施設やキャンプ場などがある。畑薙を一番のシャトルバスで出れば9時前には椹島をスタートできるだろう。まずは車道を少し上流に向かったところ、滝見橋のたもとから登山道に入る。奥西河内の流れを吊り橋で渡り、すぐに急な登りとなる。この奥西河内の源流に、今回登るすべての山がある。

千枚小屋までは長い登りになるが、前述の急坂を過ぎればあとは深い森のなかの登りやすい道が続く。標高差は1500mほどになるが、あわてずマイペースで登ろう。林道を横切って②**小石下**へ進む。清水平までこの林道に沿うように登山道がつけられている。③**清水平**では水が得られるので水筒を満たしておきたい。清水平から一段登ると蕨段。湿原のようなところだ。ここからひと登りしたところが見晴岩で、荒川三山と赤石岳を見ることができる。駒鳥池からはゆるい登りに変わり、30分ほどで④**千枚小屋**に到着する。

2 日目 全コース中のハイライトとなる1日だ。千枚小屋から高差300mほど登って千枚岳、稜線縦走を楽しんで悪沢岳（東岳）に立つ。早々に出発しよう。千枚小屋からしばらくは森のなかを登るが、千枚岳に近づくと森林限界を越えて眺望が広がる。⑤**千枚岳**からは展望の尾根歩き。小さな岩場を過ぎて次のピークが丸山。ハイマツのなかの砂礫の道が続く。大らかな山頂をもつ丸山から先は徐々に大岩がごろごろする悪路に変わる。岩の上を越えて行くと⑥**悪沢岳（東岳）**。荒川三山の最高峰で、赤石岳など大展望が広がり、氷河地形のカールがいくつか確認できる。

悪沢岳からはいったん急下降して、向かいに見える中岳避難小屋へと登り返す。中

千枚岳の先にある小さな岩場は手がかりが少なく滑落の危険があるので注意したい。

悪天時などのエスケープルートはないので注意。緊急避難できる山小屋は、中岳避難小屋、荒川小屋、赤石岳避難小屋の3軒。

安全のヒント

ロングルートの上に標高の高いところでの行動となるので体調を整えて臨もう。特に2日目は3000m峰をいくつもアップダウンするので好天の日を選びたい。夏の午後は雷雨にも十分注意。雷鳴が聞こえてきたら早めに山頂から下るように。コース中で滑落などに注意したいところは、千枚岳西側の岩場、荒川東岳の下降、赤石岳稜線から赤石小屋への下りとトラバース。急坂で滑りやすい細道をたどるので丁寧に行動することを心がけたい。

赤石岳から見る夕暮れの富士山

岳避難小屋のすぐ先が⑦**中岳**。わずかに下ったところが荒川小屋への分岐。この先に前岳がある。わずかな距離なのでザックを置いて往復するとよい。

分岐からはザレ場の急下降となる。お花畑が現れるが、南アルプスでも1、2を競う有名な自然庭園で、今はシカの食害から花を守るためネットが張られている。奥西河内源流の先には赤石岳が見えることだろう。お花畑を下りせせらぎの脇を行くと小ぎれいな造りの⑧**荒川小屋**。本日はここで

ガレ場では足のひねりにも注意

125

前岳のお花畑と奥西河内の源流

中岳から振り返る悪沢岳

中岳避難小屋から中岳へと登っていく

1泊することにしよう。

3日目 荒川小屋からは尾根の中腹をトラバースして⑨**大聖寺平**。気持ちのよい平坦な道だ。その先に大きくそびえるのが小赤石岳。長い急な登りを頑張れば3081mの小赤石岳。奥に見える赤石岳までさわやかな稜線歩きを楽しみたい。⑩**赤石岳**の山頂では再び大きな風景を眺めよう。向かいの聖岳が印象的だ。山頂は狭いが一段下には頂上広場があって赤石岳避難小屋がある。ハイシーズン時は管理人もいて売店もあり、宿泊もできる。

赤石岳山頂からは往路を下り、分岐から赤石小屋へと下る。お花畑のなか、猛烈な急坂を下降し、さらに尾根の腹を巻くようにトラバース道が⑪**富士見平**まで続く。このあたり、疲れも出るので注意して行動したい。ハイマツ帯からシラビソの森にかわった先で⑫**赤石小屋**が見えてくる。

山小屋情報

千枚小屋、赤石小屋、荒川小屋、椹島ロッヂは2食付で宿泊できる。いずれも電話またはホームページから予約が必要。電話予約はすべて特種東海フォレスト観光チーム ☎0547-46-4717。1泊2食付1万3000円。7月中旬～10月上旬（椹島ロッヂは4月末～11月初旬）。

きれいな千枚小屋

椹島ロッヂは登山の前後に利用できる山小屋。お風呂もあるので前泊するのもいい。立ち寄りシャワーは昼過ぎまで。

4日目 赤石小屋からは東尾根をたどる。いくつかコブを越えて行くが、次第に急坂となり、2025mピークを過ぎると急坂が続くようになる。長い下りに膝が笑うころ、最後の急降下を経て❶**椹島**に出る。

プランニングのヒント

体力に自信があれば、2日目に千枚小屋から赤石小屋まで歩くこともできる。歩行時間が11時間を優に超える長丁場になるが、天候や体調次第では途中の山小屋に宿泊も可能だ。中岳と赤石岳の避難小屋は有人で、レトルト食品やカップ麺は購入することができ、寝具（別料金）もある。

サブコース

赤石岳からさらに南部へと縦走する場合は、百間洞山の家、中盛丸山、兎岳を経て聖岳（P128）を目指せる。ただし、兎岳から聖岳へは岩場やガレ場を進むので注意したい。赤石岳から聖岳に立ち、聖平小屋までのコースタイムは約10時間。百間洞山の家（食事・寝具あり）に泊まれば無理がない。

二軒小屋ロッヂ
長期休業中

下図へ

千枚岳

椹島

上図へ

岩と砂が混在
する急な下り

南アルプスでは北岳・
間ノ岳に次ぐ標高

南アルプスの主要
な山々を見渡す

マンノー沢ノ頭
2515

荒川岳

千枚岳
5

二軒小屋

二軒小屋～千枚岳間
登り約7時間20分

丸山
3032

展望のよい前岳へは
分岐から往復20分

中岳 7

3141
悪沢岳
（東岳）
6

2973

1:10
1:30

千枚薙

2880

2497

シナノキンバイや
クルマユリなど

前岳
3068

3084

1:30

避難荒川中岳
小屋

素荒
泊川
ま中
り岳

千枚小屋
4

（小屋
から往復
10分）

2413

駒鳥池

荒川
大崩壊地

シナノキンバイを
はじめとするすば
らしいお花畑

足場が悪くロープ
が設置されている

2:15
1:50

0:45
1:00

長野県
大鹿村

荒川小屋 8

悪沢岳、赤石岳を望む

見晴岩

3:30
2:35

舟窪

2699

0:45
0:50

大聖寺平 9

蕨段

ダマシ平
2698

九十九折の急な登り

この先千枚小屋
まで水場はない

1980

3030

急勾配。スリップ注意

清水平 3

小赤石岳
3081

ラクダの背

富士見平
11

2701

北
沢
上
砂

二
俣
林
道

稜線分岐

2:00
2:20

北沢カール

2:10
2:30

0:30
0:30

赤石小屋
12

1:10
1:30

赤石岳 10

3121

2564

林道を横切る

東
俣
林
道

（素泊まり）
赤石岳避難
小屋

荒川三山や赤石岳、
聖岳などの眺望

小石下 2

1586

木賊橋

赤石岳から聖平小屋まで
約10時間。途中に百間洞
山の家がある

大
東
倉
尾
根

林道からハシゴを
登って登山道に入る

2325

2:00
2:15

静岡県

静岡市
葵区

3:50
5:30

2027

ここから椹島まで急な下りが続く

カンバ段

滝見橋

1405

1372

獅
子
骨
沢

白蓮ノ頭
2632

椹島 1

牛首峠

椹島ロッヂ

1857

聖
岳
東
尾
根

赤石沢橋

鳥森山

穴
ヶ
岳

N

1:50,000
500   1000m

1cm＝500m
等高線は20mごと

畑薙第一ダム

南アルプスとその周辺

南アルプス最南部を行くロングトレイル

聖岳・上河内岳・茶臼岳

<small>ひじりだけ・かみこうちだけ・ちゃうすだけ</small>

聖岳	百
上河内岳	二百
茶臼岳	三百

標高**3013**m（聖岳）
標高**2803**m（上河内岳）
標高**2604**m（茶臼岳）

静岡県・長野県

登山レベル：上級

技術度：★★★
体力度：★★★★

日 程：前夜泊3泊4日

総歩行時間：**25時間10分**

| 1日目：**6時間40分** |
| 2日目：**7時間** |
| 3日目：**5時間25分** |
| 4日目：**6時間5分** |

歩行距離：**30.3km**

累積標高差：登り**3567**m
　　　　　　下り**3765**m

登山適期：7月上旬〜10月中旬

地形図 ▶ 1：25000「光岳」「上河内岳」「赤石岳」

上級
中級
初級

聖岳・上河内岳・茶臼岳

上河内岳の肩少し手前の二重山稜鞍部から聖岳を振り返る

山の魅力

アルプス最南端の3000m峰である聖岳。聖岳ほどの知名度はないが、隠れた名山である上河内岳と茶臼岳。三山ともに山頂は360度の大展望が広がり、南アルプス南部の山深さがひと目でわかる。コース上にお花畑も多く、高山植物も楽しめる。上河内岳周辺は雷鳥が多く遭遇率も高い。

>>> DATA

公共交通機関【行き】JR東海道新幹線静岡駅→しずてつジャストラインバス（約3時間30分）→畑薙第一ダムバス停→東海フォレスト送迎バス（約1時間）→聖岳登山口　【帰り】畑薙第一ダムバス停から往路を戻る

マイカー　新東名高速・新静岡ICから県道27・189・60号を経由して畑薙第一ダム夏期臨時駐車場まで約72km。駐車場からは東海フォレストの送迎バスを利用。

ヒント　東海フォレストの送迎バスは同社管理の山小屋宿泊者のみ利用可で、当コースには同社管理の山小屋がないため、送迎バス終点の椹島ロッヂ（同社管理）に前泊するなど、送迎バスを利用できるよう工夫する必要がある（P129コラム参照）。

問合せ先

静岡市葵区井川支所	☎054-260-2211
しずてつジャストライン	☎054-252-0505
井川観光協会事務局	☎080-1560-6309
特種東海フォレスト観光チーム	☎0547-46-4717

標高
3500
m
2500
1500
500

①聖岳登山口 1144
②聖沢吊橋 1359
③滝見台
④聖平小屋 2175 2263
⑤薊畑
⑥聖岳 2401 3013
⑦奥聖岳 3013 2979
⑥聖岳
⑤薊畑 2401
④聖平小屋 2263
⑧上河内岳 2803
分岐地点
⑩横窪沢 2507 2604 2507
⑨分横窪点
⑪茶臼岳 2415
⑪茶臼小屋 1606
⑫横窪沢小屋
⑬ウソッコ沢小屋 1166
⑭畑薙大吊橋 945
⑮沼平 944
⑯畑薙第一ダムバス停 946

0 水平距離　5　10　15　20　25　30　35km
1日目　2日目　3日目　4日目
6時間40分　7時間　5時間25分　6時間5分

欄外情報　山小屋◎聖平小屋・茶臼小屋：☎080-1560-6309（井川観光協会）。　横窪沢小屋・ウソッコ沢小屋：無人の避難小屋（問合せは井川観光協会）。　椹島ロッヂ：問合せは特種東海フォレスト観光チーム。

1日目 「クマ出没注意!」の看板が立つ❶聖岳登山口からは急な登りで始まるがすぐに落ち着き、ひと登りで出会所小屋跡。その後はトラバース道になり標高は稼げない。スリリングな❷聖沢吊橋を渡ると一気に急登になる。登りきると架線小屋跡。しばらく尾根伝いに行く。以降はアップダウンのあるトラバースが続き、❸滝見台を過ぎ、聖沢が近くなると聖平小屋は間もなく。鉄製の橋を渡り少し行けば、広いテント場のある❹聖平小屋に到着する。

2日目 不要な荷物は聖平小屋にデポし、できるだけ早発ちする。小屋から木道を行き、すぐの分岐を右の聖岳方面へ。まもなく長野側の登山道と合流する❺薊畑に着く。しばらくは樹林の道だが、小聖岳から森林限界を越える。ヤセ尾根に気をつけながら、山頂を目指して急坂を行く。たどり着いた❻聖岳山頂は疲れも吹き飛ぶ大展望だ。❼奥聖岳を往復したのち、往路を❹聖平小屋まで戻る。

3日目 聖平小屋から上河内岳、茶臼岳を目指す。南岳を越え、二重山稜の鞍部を登り切ると上河内岳の肩。空身で❽上河内岳の山頂を往復しよう。亀甲状土までは下り。振り向くと上河内岳の端正な姿が望める。稜線に再び乗り、❾横窪沢分岐点を直進すれば、さほどの苦労もなく❿茶臼岳に着く。こちらも大展望。歩いて来た聖岳や上河内岳が稜線に続く。その後は❾横窪沢分岐点まで戻り⓫茶臼小屋へ。

4日目 茶臼小屋からはなだらかな下りで始まるが、徐々に急になり疲れが溜まった足にはきつい。⓬横窪沢小屋までは同じような下りが続く。横窪峠まで登り、しばらく行くとまた急な下りだ。⓭ウソッコ沢小屋以降は傾斜も落ち着き、吊橋で岸を変えながら上河内沢を行く。下りきるとヤレヤレ峠まで登り。疲れた体には少々こた

1日目の聖沢沿いの登山道は切れ落ちているトラバース道が多い。注意して歩こう。

4日目の茶臼小屋からの下りは不安定な階段や木橋が多い。通過は一歩一歩確実に進みたい。

サブコース

ここで紹介したコースは聖岳から茶臼岳方面に南下するが、南アルプス南部の雄、赤石岳方面に北上するコースを選択することもできる。聖平小屋から赤石岳までは10時間前後かかるが、途中には兎岳避難小屋や有人の百間洞山の家が、さらに赤石岳の山頂には有人の赤石岳避難小屋もあり、天気が安定していればそう苦労することなく歩けるだろう。また、茶臼岳からは百名山の光岳に向かうコースも選べる。茶臼岳～光岳間は5時間前後で、光岳には有人の光岳小屋がある（詳細はP132）。

聖岳の頂上標と右に浮かぶ赤石岳

える。ヤレヤレ峠からひと頑張りで⓮畑薙大吊橋に到着する。ここから畑薙湖沿いの車道を歩き、⓯沼平からは30分ほどで⓰畑薙第一ダムバス停だ。

プランニングのヒント 井川観光協会の送迎バスがなくなったことで、スケジュールに工夫が必要になっている。東海フォレストの送迎バスを利用しない場合、畑薙第一ダムから聖岳登山口まで歩くと約4時間かかる。そこから聖平小屋までの行程を合わせれば歩行時間は10時間オーバー。畑薙第一ダムを早朝に出発し、夕方まで歩き続ける体力が要求される。

亀甲状土付近から上河内岳を望む

聖岳登山口には、東海フォレスト管理の山小屋宿泊者（テント泊は除く）に限り、同社の送迎バスが停車する（下車する旨を予約時に伝えておく）。ただし畑薙発午前7時15分、聖岳発午前6時の便に限定される。なお、ここで紹介したコースに沿う山小屋は、送迎バスの終点である椹島ロッヂ（同社管理）に前泊し、翌朝、椹島発午前6時の便で聖岳登山口に向かうことになる。

鳥森山 △1571

椹島ロッヂ
椹島

赤石沢橋

赤石渡
赤石トンネル

聖岳登山口 ①
田 夏期（ほ）のみ
出会所
小屋跡
尾根を乗越す

椹島〜聖岳登山口間、徒歩約50分

聖沢吊橋 ②
急斜面
1:25 ← / → 1:30

架線小屋跡
2:05 ← / → 2:35

滝見台 ③
足場の悪い箇所がある
正面に2本の滝を望む
1:30 ← / → 1:35

白蓮ノ頭 △2633

三角点はこちらにある
奥聖岳 ⑦ △2979
2982 / 聖岳東尾根

聖岳 ⑥ △3013

小聖岳 △2662
急斜面でのスリップに注意

聖平小屋 ④
田
0:30 ← / → 0:40

菊畑 ⑤ △2315
3:10 ← / → 1:50

南岳 2702
崩壊地の通過。スリップ注意
2:55 ← / → 2:00
上河内岳の肩

上河内岳 ⑧ △2803
360度の大展望
ヤセ尾根の急斜面。スリップ注意

竹内門
2:10 ← / → 1:35

上千枚山 △2359

小兎岳 2738
兎岳 2818
兎岳避難小屋
大沢岳・赤石岳

長野県
飯田市

便ヶ島・青

月燥山
△2406

畑燥第一ダムから至白燥山山
まで徒歩約4時間

静岡県
静岡市
葵区

赤朋

△2106

△1869

△1916

東海フォレストの送迎バス（乗車条件あり、P128
ヒント参照）は7月中旬～8月末の毎日と9月1日～
10月中旬の日曜・祝日に畑燥臨時駐車場発着

井川駅・新静岡IC
静岡駅・新静岡IC

畑燥橋

約40台・東海フォレスト
の送迎バスは停車しない

東海フォレストの送迎バス（乗車条件あり、P128
ヒント参照）は4月下旬～7月中旬と9月1日～
月中旬の月・土曜は畑燥第一ダム発着

畑燥第一発電所

青燥山登山口

柿木戸滝

柿木戸橋

畑
燥
大
吊
橋

⑭

登山指導センター

P
沼平 ⑮
・1088

0:50

0:25

P

鳥
⑯

畑燥第一ダムバス停

畑燥第一ダム

ヤレヤレ沢小屋
（避難小屋）

⑬

1:50
2:00

鉄
ハ
シ
ゴ
あ
り

シグザグの急斜面

ヤレヤレ峠

畑燥湖

夏期臨時駐車場～
第一ダムバス停間
は徒歩約30分

畑燥第二ダム
夏期臨時駐車場

P

畑燥臨時駐車場
夏期臨時駐車場

1:15
1:50

中
ノ
段

急斜面

横窪峠

横窪沢小屋 ⑫
（避難小屋）

畑燥山
△1836

△1876

1:45
3:35

鳥
小
屋
屋
復

△1932

△2524

茶
臼
小
屋

⑪

0:10
0:20

展望よい

茶臼岳 ⑩
△2604

希望峰

仁田岳

ヤレヤレ峠～茶臼岳間は1957年の静岡国体に
合わせ鳥小屋尾根沿いのコースが開かれたが、
その後現在の上河内沢経由の道がメインとな
り、鳥小屋尾根の道は廃道となった

易老岳・光岳

△1876

小沢

N

1:50,000

0   500   1000m
1cm=500m
等高線は20mごと

白い岩が光る南アルプス南端の百名山へ

光岳

てかりだけ

百

標高2592m

長野県・静岡県

登山レベル:中級

技術度:★★★
体力度:★★★★

日　程:前夜泊1泊2日

総歩行時間:15時間45分

1日目:9時間
2日目:6時間45分

歩行距離:16.6km

累積標高差:登り2214m
　　　　　下り2214m

登山適期:5月中旬～11月上旬

地形図 ▶ 1:25000「光岳」
三角点 ▶ 三等

仁田岳付近から見た光岳。山頂から右へと延びる稜線は池口岳へと続いている

上級
中級
初級

光岳

🏔 山の魅力

標高3000mには足りないが、南アルプス深南部の雄として存在感を放つ。車でもアクセスが大変なために後回しにされるせいか、百名山を目指す人にとって最後の山となるケースも多いようだ。ハイマツの南限、巨木の原生林、天然記念物の亀甲状土、白く輝く光岩など、仕上げの山の魅力に満ちている。

>>> DATA

公共交通機関【往復】JR飯田線飯田駅→信南交通バス（約1時間15分）→和田→タクシー（約1時間）→易老渡。または、JR飯田線平岡駅→信南交通バス・乗合タクシー（約20分）→和田→タクシー（約1時間）→易老渡

マイカー中央自動車道・飯田ICから県道18・83・251号、国道152号矢筈トンネル、林道赤石線の下栗、市道南信濃142号を経由して芝沢ゲート前の駐車場（約30台・無料）まで約53㎞。

ヒント バスを利用しての日帰り登山は無理。7月中旬～9月下旬、地元のタクシー会社のみ要予約で易老渡まで入るが、2024年の芝沢ゲート～易老渡間のタクシー運行は未定。問合せは遠山郷観光協会まで。

問合せ先
遠山郷観光協会（アンバマイ館）　☎0260-34-1071
信南交通和田車庫　　　　　　　　☎0260-34-2031
遠山タクシー（乗合タクシー）　　☎0260-32-2061
天竜観光タクシー　　　　　　　　☎0260-36-2205

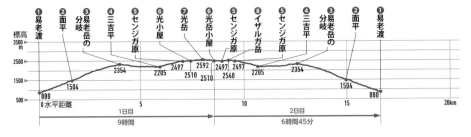

欄外情報 山小屋◎光岳小屋・☎0547-58-7077（川根本町観光交流課）。素泊まり9000円～（夕食2000円・朝弁当1500円）。7月上旬～11月上旬（2024年は改修工事のため9月23日までの営業）。

コース概要 ❶易老渡から鉄橋を渡り、登山道に入る。樹林帯を登れば、巨木が立ち並ぶ❷面平。急登が始まり、ヤセ尾根の岩場を過ぎると❸易老岳の分岐に到着する。いったん下って進めば、分水嶺の❹三吉平だ。花咲く道を歩いて水場の静高平を経て❺センジガ原を過ぎれば❻光岳小屋。❼光岳を往復してこよう。山頂からは山名の由来でもある光岩を往復したい。翌日は往路を下山するだけだが、❺センジガ原から❽イザルガ岳を往復するといい。山頂は大パノラマだ。あとは来た道を戻る。

プランニングのヒント アクセスが大変不便な山なので、前日のうちに山麓の和田の宿か現登山口の芝沢ゲート（車中泊・テント泊）まで入っておきたい。なお、国道152号から芝沢ゲートへと続く林道赤石線、市道南信濃142号線は雨などによる路肩崩壊で通行止めとなることが多い。出かける直前、遠山郷観光協会に道路状況を確認してから入山しよう。

面平から易老岳の分岐に至る尾根は急勾配。上部の岩場にはロープが設置してあるが、雨天時はスリップに注意したい。

花と自然

光岳一帯のハイマツ群生地は、南アルプス南限のハイマツ帯であり、世界の南限でもあるといわれる。また、センジガ原一帯で不思議な紋様を造る亀甲状土（アースハンモック）は国指定の天然記念物だ。

イザルガ岳のハイマツ（上）とセンジガ原（下）

213 光岳

和田・芝沢ゲート

市道南信濃142号

便ヶ島森林公園

聖光小島小屋
聖便

薊畑・聖岳

衛星公衆電話あり

❶易老渡

❷面平

1:40
1:00

の通行が可能なときは、地元のクシーのみ易老渡に入る（P132ト参照）。芝沢ゲートから易老まで歩くと約1時間30分

長野県
飯田市

諸河内

鉄製の橋を渡り
登山道に入る

レンタルテント・キャンプ場

易老沢

詳細は南信州観光公社まで☎0265-28-1747

2254

馬の背

コル

3:30
2:30

易老岳の分岐までひたすら急坂が続く

2167

茶日岳

希望峰

仁田岳
2524

2254mピークからコルへの下りは足場が悪く滑りやすい

2354

❸易老岳の分岐

静岡県
川根本町

三吉ガレ

（涸れていることが多い）

❹三吉平

1:30
1:20

涸れた沢状の道。不安定な石が多く歩きづらい

センジガ原

光岳小屋

静高平

0:15
0:10

❽イザルガ岳

2540

展望のよい山頂

1:00
1:30

加加森山
2419

光岳

❼

山の由来となった岩

光岩
2592

❺

❻

0:20

N

1:60,000

0   500   1000m

1cm=600m
等高線は20mごと

←0:20→（往復20分）

体力勝負。南アルプス深南部の鋭峰にチャレンジ

池口岳
（いけぐちだけ）

二百

標高**2392m**（北峰）

長野県・静岡県

登山レベル：**上級**

技術度：★★★
体力度：★★★★★

日　程：**前夜泊日帰り**

総歩行時間：**11時間25分**

歩行距離：**17km**

累積標高差：登り**1963m**
　　　　　　下り**1963m**

登山適期：**5月中旬～11月中旬**

地形図▶1：25000「池口岳」「光岳」
　　　　「伊那和田」「上町」
三角点▶三等（南峰）

黒薙三角点付近から見た池口岳北峰。三角点は静岡県側の南峰にあり、双耳峰の県が別になっているのは珍しい

山の魅力

南アルプスの光岳の隣に位置し、秘境遠山郷（旧南信濃村）のシンボル的存在。池口岳周辺の山々は南アルプス深南部とよばれ、かつては通好みの山だっ

たが、登山道も年々整備され、多くの人たちが訪れるようになった。コース中の“コイワカガミ街道”は登山者にとって安らぎの道となっている。

>>> DATA

公共交通機関【往復】JR飯田線飯田駅→信南交通バス（約1間15分）→和田→タクシー（約20分）→登山口。または、JR飯田線平岡駅→信南交通バス・乗合タクシー（約20分）→和田→タクシー（約20分）→登山口

マイカー　中央自動車道・飯田ICから県道18・83・251号、国道152号矢筈トンネルを経由して登山口まで約45km。登山口に7～8台分の駐車スペースあり。

ヒント　バスを利用しての日帰り登山は困難で、

前泊のための交通手段と考えたい。JR駅からタクシー利用の場合、飯田駅から登山口まで約1時間、平岡駅からは約40分。

問合せ先
遠山郷観光協会（アンバマイ館）☎0260-34-1071
信南交通和田車庫　　　　　　　☎0260-34-2031
天竜観光タクシー　　　　　　　☎0260-36-2205
遠山タクシー（乗合タクシー）　☎0260-32-2061

❶登山口 →0:30 ❷入野平 →0:40 ❸面切平 →1:30 ❹黒薙三角点 →1:20 ❺ザラ薙の頭 →1:30 ❻ジャンクション →0:30 ❼北峰 →0:50 ❽南峰 →0:50 ❼北峰 →0:20 ❻ジャンクション →1:00 ❺ザラ薙の頭 →0:50 ❹黒薙三角点 →1:00 ❸面切平 →0:20 ❷入野平 →0:15 ❶登山口

標高
3000m

2000

1000

2392 2392
2303 2376 2303
1971　　　　　　1971
1838　　　　　　　　1838
1413　　　　　　　　　　　1413
1232　　　　　　　　　　　　1232
1059　　　　　　　　　　　　　1059

0　　0水平距離　　　5　　　10　　　15　　　20km

欄外情報　立ち寄り温泉◎遠山温泉郷　かぐらの湯：南信州の秘境、霜月まつりで知られる遠山郷にある公営の温泉施設。☎0260-34-1071（遠山郷観光協会）。2024年4月現在休館中だが、再開に向けて準備中。

コース概要 ❶登山口からゆるやかに登ると❷入野平。山の神を通過すれば、ナラの大木に人面を彫った❸面切平に出る。ここからアップダウンを繰り返すつらい登りが続く。牛首を過ぎるとやがて❹黒薙三角点で、池口岳が望める。続いて❺ザラ薙の頭を越え、岩場を過ぎれば❻ジャンクション。ここからひと登りで池口岳の❼北峰だ。時間と体力に余裕があれば❽南峰を往復してこよう。下山は往路を戻るが、長い下りはペース配分をしっかりと。

プランニングのヒント 北峰から南峰への往復は想像以上に時間がかかる。疲労が激しい場合は、南峰はあきらめること。また、山頂からの下山にも時間がかかるため、昼頃までに山頂に到着できそうもない場合は潔く引き返そう。チャレンジは日中時間の長い6〜7月がベストだ。もちろんヘッドランプは必携。なお、和田にはコンビニはないがスーパーが1軒あり、9時頃から18時頃まで営業している。

登山口から70mほど先にある避難小屋は8人前後収容の小さなものだが、前泊に活用するといい。ただし水はない。

Column

花と自然

黒薙三角点とザラ薙の頭の間には、コイワカガミ街道とよばれるコイワカガミ（イワカガミ）の群生地がある。例年、6月上旬前後の花期には登山道脇がピンクの花で埋め尽くされ、登山の疲れを忘れさせてくれる。

ピンクの花が愛らしいイワカガミ

214

池口岳

214 池口岳

長野県 飯田市

静岡県 川根本町

1:50,000

0　500　1000m

1cm=500m
等高線は20mごと

南アルプスとその周辺

富士山展望台から、回復しつつあるアヤメの名山へ

櫛形山
（くしがたやま）

標高**2052**m（奥仙重）

山梨県

登山レベル:**初級**

技術度:★
体力度:★★

日　程:日帰り

総歩行時間:**5時間30分**

歩行距離:**10.3km**

累積標高差:登り**993m**
　　　　　　下り**993m**

登山適期:**4月下旬〜11月上旬**

地形図▶1:25000「小笠原」「夜叉神峠」
三角点▶三等

本コースでいちばん展望がよい見晴らし平から冠雪した富士山を眺める

上級 中級 **初級** 櫛形山

山の魅力

甲府盆地などから見ると和櫛を伏せたような山容がひと目でわかる山。花の種類が豊富な山であり、季節によって楽しめるのがうれしい。アヤメ平のアヤメは一時期なくなりかけたが、対策の結果、近年徐々に回復しつつある。櫛形山からの展望はないが、コース途中の裸山からは白峰三山が望める。

>>> DATA

公共交通機関【往復】JR中央本線甲府駅→タクシー（約1時間）→見晴らし平

マイカー　中部横断自動車道・南アルプスICから国道52号、県道108号、櫛形山林道を経由して見晴らし平まで約10㎞。無料駐車場あり。

ヒント　ウッドビレッジ伊奈ヶ湖から奥はマイクロバス等は侵入禁止なので注意。大人数のパーティーで行く場合は乗用車に分乗して行こう。伊奈ヶ湖林道、櫛形山林道の冬期閉鎖は12月上旬〜4月下旬。その時期でも麓のウッドビレッジ伊奈ヶ湖まではアクセス可能。

問合せ先
南アルプス市観光施設課　☎055-282-6294
富士川町産業振興課　　　☎0556-22-7202
YKタクシー　　　　　　☎0120-82-2121
合同タクシー　　　　　　☎055-255-5151

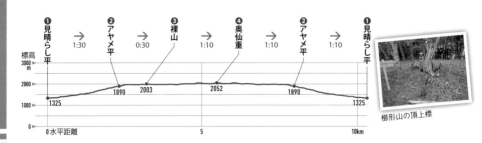

❶見晴らし平 → 1:30 ❷アヤメ平 → 0:30 ❸裸山 → 1:10 ❹奥仙重 → 1:10 ❷アヤメ平 → 1:10 ❶見晴らし平

標高3000m

1325　1890　2003　2052　1890　1325

0 水平距離　　　5　　　10km

櫛形山の頂上標

欄外情報　山小屋◎ほこら小屋:中尾根登山道と南尾根登山道が交差する祠頭にある避難小屋。小屋の前はキャンプ指定地になっている。小屋裏には水場もあり、トイレ等も清潔に保たれている。マナーを守って利用しよう。

コース概要 出発前に❶見晴らし平で甲府盆地や富士山の眺めを楽しもう。ここはカメラマンに人気の撮影スポット。木の階段で登山道に入る。よく整備され歩きやすい道だ。このあたりは花期にはレンゲショウマが咲くので、好きな人は時期を合わせるといい。なだらかに尾根を巻いていた道が少し急になると尾根に乗り、まもなく❷アヤメ平。アヤメ平からはさほど時間もかからずに❸裸山に到着。木々の隙間から白峰三山が望める。裸山からバラボタン平を経由して櫛形山の三角点がある❹奥仙重へ。特に急登もなく、苦労はしないだろう。ただし分岐では道標はしっかり確認すること。帰路は往路を戻るが、裸山は巻いて原生林コースを通るのもいい。

プランニングのヒント よく整備された山で道標もしっかりしている。ゆえに分岐が多いので、しっかり確認しながら歩こう。年間を通して楽しめる山だが、アヤメやヤマオダマキが咲く初夏がおすすめ。

5月下旬から10月中旬までのシーズン中はアヤメ平に仮設トイレも設置される。山中ではありがたい。

サブコース

整備された登山道が多い。今回紹介した北尾根登山道のほかに中尾根登山道、南尾根登山道があり、また、山頂を踏むにはいちばん早い池の茶屋登山口からも別コースが整備されている。展望や原生林を楽しみながらアヤメ平まで往復するのもいい。長くしっかりと歩きたければ、中尾根登山口の県民の森から北尾根あるいは南尾根と周回するのもよい。アクセスやスケジュール、体力に合わせてコースを選べることもこの山の魅力の一つだろう。

中尾根と南尾根登山道の交差地のほこら小屋

215 櫛形山

唐松岳・丸山

南アルプス市

丸山登山道

気持ちのよい樹林の道

1368

❶見晴らし平

北伊奈辺水公園湖

登北山尾口根

アヤメは激減

❷アヤメ平

1:10
1:30

北尾根登山道

県民の森
グリーンロッジ

裸山❸
2003

0:20
0:30

原生林コース

ウッドビレッジ
伊奈ヶ湖

陽気園

1100

1238

アルプスの眺望

1:10
1:05

1:35
1:10

1406

1300

1200

櫛形山林道

菖蒲池

ヤメ平～池の茶屋登口間、約2時間30分

南尾根合流点

1619

中尾根登山道入口

県民の森～奥仙重間
登り約3時間50分、
下り約2時間30分

甲府駅～アルプス市

伊奈ヶ湖林道

櫛形山

バラボタン平
2020

ほこら小屋
祠頭

1372

氷室神社～奥仙重間
登り約3時間20分、
下り約2時間

「櫛形山」山頂標識

櫛形山の最高点だが展望はいまひとつ

❹奥仙重
2052

ほこら小屋
(避難小屋)

南尾根登山道

氷室神社

N

1:35,000

池の茶屋林道
市川大門駅・増穂IC

櫛形山への最短コース。
登り約1時間、下り約40分

山梨県
富士川町

久保平

0   500   1000m
1cm=350m
等高線は10mごと

聖岳や赤石岳に対峙する上級者向けの双耳峰

笊ヶ岳
（ざるがたけ）

上級
中級
初級

笊ヶ岳

二百

標高**2629m**

静岡県・山梨県

登山レベル：**上級**

技術度：★★★★
体力度：★★★★

日　程：前夜泊1泊2日

総歩行時間：**12時間25分**

1日目：**5時間5分**

2日目：**7時間20分**

歩行距離：**15.2km**

累積標高差：登り**1966m**
下り**1966m**

登山適期：6月下旬〜10月中旬

地形図 ▶ 1：25000「新倉」「赤石岳」
三角点 ▶ 二等

笊ヶ岳頂上から小笊越しに望む富士山。小笊とは双耳峰のもうひとつのピークで、笊ヶ岳山頂から往復30〜40分で登ることができる

山の魅力

南アルプスのほかの山から眺めてもその双耳峰が目立つ山である。山頂は360度の大展望で南アルプス南部の山々や富士山が一望できる。特に小笊越しの富士山は有名である。どこから登っても行程的に厳しい山であるためか、登山者はあまり多くなく静かな山歩きが楽しめるだろう。

>>> DATA

公共交通機関【往復】JR東海道新幹線静岡駅→しずてつジャストライン南アルプス登山線（約3時間30分）→畑薙第一ダム→東海フォレスト送迎バス（約1時間）→椹島

マイカー 新東名高速・新静岡ICから県道27・189・60号を経由して畑薙第一ダム夏期臨時駐車場まで約72km。駐車場からは東海フォレストの送迎バスを利用。

ヒント 送迎バスを利用するには東海フォレストが運営する山小屋に1泊以上宿泊することが条件。今回の行程では椹島ロッヂに前泊か後泊することになるので問題はない。椹島ロッヂはレストハウスや風呂、写真館なども備わった快適な宿泊施設。

問合せ先
静岡市葵区井川支所　☎054-260-2211
しずてつジャストラインコールセンター
　　　　　　　　　　　☎054-252-0505
特種東海フォレスト観光チーム ☎0547-46-4717

①椹島　②滝見橋　③地点1857m　④源倉沢源流部　⑤下椹島降点　⑥笊ヶ岳　⑤下椹島降点　④源倉沢源流部　③地点1857m　②滝見橋　①椹島

標高3000m　2000　1000　0

1122　1129　1857　2094　2412　2629　2412　2094　1857　1129　1122

水平距離　0　　5　　10　　15km
1日目　2日目
5時間5分　7時間20分

笊ヶ岳頂上より荒川岳（右）と赤石岳（左）

欄外情報 山小屋◎椹島ロッヂ：☎0547-46-4717（特種東海フォレスト観光チーム）。1泊2食付1万3000円（オフシーズンは1万円）。営業期間は4月下旬〜11月上旬。

コース概要 **❶**椹島から二軒小屋方面へ15分ほど歩くと**❷滝見橋**だ。歩き始めて20〜30分で送電鉄塔。一度ピークを越してコルに下りた後は**❸1857m地点**までひたすらの登りだ。つらい登りが終わり、なだらかに登っていくと標柱に着く。ここから細い道のトラバース道が続き、尾根を越えるときには急なアップダウンもある。非常に厳しい箇所なので注意しよう。**❹倉沢源流部**は広々とした幕営適地で上流には偃松尾山のガレ場が望める。翌日、倉沢源流部から涸沢を詰めしばらく行くと**❺椹島下降点**に出る。稜線を南下して登ると森林限界を抜け、大展望の**❻笊ヶ岳**に到着する。帰路はトラバース道で特に注意したい。

プランニングのヒント 朝一番の送迎バスに乗れば、初日に倉沢源流部の幕営地に着くことは可能。日が長い時期限定だが、健脚の人は椹島に前泊して翌朝早出で日帰りも可能だ。ただ、最終バスの14時までに戻るのは難しいため後泊が必要となる。

> 上倉沢源流部の水場は涸沢を数分下ったところにある。その他、トラバース道の沢などで汲んでもよい。

サブコース

山梨県早川町の老平から笊ヶ岳に立つこともできる。こちらのコースは通過困難箇所はないが、登り出しの標高が低いためやはり楽ではない。所要時間は往復で16時間強。テント泊が必要で、山慣れた人向き。

老平の登山者用駐車場（約10台）

笊ヶ岳の南にある布引山の山頂

216 笊ヶ岳

悪沢岳　二軒小屋　下木賊沢　転付峠　生木割 2540　偃松尾山

赤石岳 2027　赤石岳

滝見橋 ❷　急登が続く　1857m地点　沢を何度も横切る。足場の悪い箇所あり　2279　下山時コース注意

椹島 ❶　椹島ロッヂ　0:15　2:00 1:20　❸ 1857　2:50 2:30　2053　2020　尾根を乗っ越す　標柱に従い倉沢側へのトラバース道へ　❹倉沢源流部　1:10 0:55　❺椹島下降点

赤石沢橋

静岡県 静岡市 葵区

大井川

鳥森山 1571　畑薙第一ダム〜椹島〜二軒小屋間東海フォレストの送迎バス運行（乗車条件あり）

笊ヶ岳 ❻ 2629　道標に従い左手へ進む　富士山や南アルプス南部の名峰を一望　小笊　ランカン尾根　往復30〜40分

倉沢

聖岳登山口

赤石ダム　赤石ダムトンネル　赤石ダム湖　赤石渡

N

1:50,000
0　500　1000m
1cm=500m
等高線は20mごと

畑薙第一ダム

2298

山梨県 早川町

布引山 2584

老平登山口〜笊ヶ岳間
登り約9時間
下り約7時間10分

老平登山口・雨畑

身延山久遠寺の奥の院で参籠修行を体験

七面山
（しちめんざん）

二百

標高**1989**m（最高点）

山梨県

登山レベル：**中級**

技術度：★★
体力度：★★★

日　程：1泊2日

総歩行時間：**10時間5分**

1日目：**5時間**
2日目：**5時間5分**

歩行距離：**15.3**km

累積標高差：登り**1888**m
　　　　　　下り**1888**m

登山適期：4月中旬～11月中旬

地形図▶1：25000「身延」「七面山」
三角点▶二等

敬慎院の随身門から登山道を
進むと、正面に七面山の山頂
が姿を見せる。秋は紅葉がき
れいだ

上級
中級
初級

七面山

🏔 山の魅力

敬慎院は富士山を眺める絶好のポイントになっているため、広い展望所は御来光を拝む白装束姿の信者でいっぱいになることもある。特に富士山頂から御来光が昇る春秋のお彼岸のころは賑わう。前夜泊日帰りが可能だが、参籠修行を体験して朝夕の富士山を眺める山上泊がこの山の大きな魅力になっている。

>>> DATA

公共交通機関【往復】JR身延線下部温泉駅→早川町乗合バス（約50分）→七面山登山口・赤沢入口バス停。または、JR身延線下部温泉駅→タクシー（約30分）→七面山登山口・赤沢入口バス停

マイカー　中央自動車道・甲府南ICから国道140・50号、県道37号を経由して約37km、または中部縦貫自動車道・増穂ICから約25kmで七面山登山口へ。登山口から林道を約3kmの羽衣の無料駐車場を利用し、逆コー

スで信仰登山の表参道を往復しよう。

ヒント　赤沢宿へ寄らない場合は羽衣からタクシー約10分で七面山登山口・赤沢入口バス停へ。

問合せ先

早川町観光協会　　　　　　　　　☎0556-48-8633
俵屋観光（はやかわ乗合バス・タクシー）
　　　　　　　　　　　　　　　　☎0556-45-2500
角瀬タクシー　　　　　　　　　　☎0556-45-2062
YKタクシー身延営業所　　　　　☎0120-00-8214

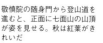

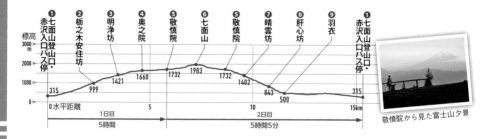

❶七面山登山口・赤沢入口バス停
❷栃之木安住坊
❸明浄坊
❹奥之院
❺敬慎院
❻七面山
❺敬慎院
❼晴雲坊
❽肝心坊
❾羽衣
❶七面山登山口・赤沢入口バス停

標高
3000m
2000
1000
0

315　999　1421　1660　1732　1983　1732　1402　843　500　315

0水平距離　　　　5　　　　　10　　　　　15km
　1日目　　　　　　　2日目
　5時間　　　　　　　5時間5分

敬慎院から見た富士山夕景

欄外情報　宿泊◎敬慎院：山上の寺院内の宿坊。一般登山者も19時と日の出時のお勤めや参籠修行（宿泊参拝）の体験、貴重な秘蔵品の拝観ができる。要予約。☎0556-45-2551。1泊2食付6500円（御開帳料含む）。

コース概要 ❶七面山登山口・赤沢入ロバ
ス停から林道へ進み、神通坊の鳥居から山
道に入る。七丁目休憩所を過ぎ、❷栃之木
安住坊から❸明浄坊へ。さらに進むと「影嚮
石」が鎮座する❹奥之院だ。石の周りを回
って御利益をいただき、サルオガゼが密生
する森を進むと❺敬慎院に着く。翌日は展
望所から御来光を拝んで樹林帯を登り、ナ
ナイタガレを眺めて進めば❻七面山の山頂
だ。❺敬慎院に戻って随身門から石段を下
り、❼晴雲坊を経て杉並木の参道を下る。
❽肝心坊では名物のトコロ天で喉を潤した
い。ひと息入れたら❾羽衣へと下ろう。白
糸の滝からは林道を歩く。途中、赤沢宿を
散策し、さらに下って橋を渡れば❶七面山
登山口・赤沢入ロバス停に着く。

プランニングのヒント 前夜泊日帰りも可能
だが、古くから残る信仰登山に触れて、宿
坊泊を体験しよう。宿坊では持ち込みの飲
食などに制約があるので要確認。また早め
にチェックインをしよう。

敬慎院から山
頂への道は登
山者が少な
く、踏み跡が
少ない不明瞭
な箇所がある
ので、ルート
を外れないよ
うにしたい。

安全のヒント

「ナナイタガレ」は足元から切れ落
ちているので、写真撮影などの時に
は近づかないように注意。20丁目付
近までは暑期にヤマビルが発生する
ので、足元に塩水などを噴霧し、常
に足元をチェックして歩くこと。

切り立った絶壁のナナイタガレ

要所に置かれたヤマビル除け用のスプレー

217

七面山

217 七面山

奈良田・西山 天島 南アルプス
プラザ
久田子 •521 高住 726

下部温泉早川IC・下部温泉駅

七面山登山口・
赤沢入ロバス停 ❶
七丁目休憩所
神通坊
大トチノキがある 327

雨畑川
雨畑湖

北参道は標高差
1300mの登りが続く
栃之木安住坊 ❷
1239△
北参道（裏参道）

山梨県
早川町
•909

宿の駅 清水屋
赤沢
赤沢宿はかつては参拝客の宿場とし
て栄えた。集落は重要伝統的建造物
群保存地区となっている

1255
明浄坊 ❸
（30丁目）
1422

身延山
•962

七面天女由来の影嚮石（よう
ごうせき）がある。石の周り
を7回唱題しながら回るとご
利益があるとされる

❹奥之院

羽衣
❾羽衣
宿泊施設あり

1661
晴36丁目
雲坊
1845
和光楼

13肝心坊
丁目
❽
23中
丁目適坊
❼
鐘楼
表参道

1062

身延町

登山者も宿泊できる

身延町

N
1:50,000
500 1000m
1cm=500m
等高線は20mごと

敬慎院 ❺
一の池
随身門

荷上げ用ケーブル
20丁目

2丁目
神力坊

富士山遥拝所

ナナイタガレ

七面山 ❻
1983
1989 希望峰

富士山の絶好の展望台

•978

鷹取山
1037△
1169

九十九折の急登を経て安倍奥の最高峰に立つ

山伏
やんぶし

三百

標高2013m

静岡県・山梨県

登山レベル:初級

技術度:★★
体力度:★★

日　程:日帰り

総歩行時間:6時間5分

歩行距離:9km

累積標高差:登り1207m
　　　　　　下り1207m

登山適期:4月下旬〜12月上旬

地形図▶1:25000「梅ヶ島」
三角点▶二等

山伏の山頂より南ア南部を遠望する。正面奥のやや左が聖岳。踏み跡をもう少し斜面のほうに行けば北岳など北部の山々も望める

南アルプスとその周辺

上級 中級 **初級** 山伏

山の魅力

山頂からは富士山をはじめ、ずらりと並ぶ南アルプスの高峰たちを一望できる。その山頂付近がヤナギランの群生地になっており、花期は7月下旬〜8月中旬。深山の趣がある安倍奥の山だが、登山道もよく整備され安心して歩けるので、シーズン中などはハイカーで賑わう山域である。

>>> DATA

公共交通機関【往復】JR東海道新幹線静岡駅→しずてつジャストライン(約1時間40分)→新田バス停→徒歩(約1時間)→西口影沢駐車場

マイカー 新東名高速・新静岡ICから県道29号、新田バス停などを経由して山伏登山口手前の西日影沢駐車場(30台・無料)まで約34km。

ヒント バス利用の場合、新田バス停から西日影沢の駐車場まで徒歩で約1時間かかるため、本コースタイムに2時間ほどプラスする必要がある。始発バスに乗れない場合は下山後の最終バスに間に合わない可能性も出てくるので前夜泊などの計画を立てよう。梅ヶ島温泉に宿はたくさんある。

問合せ先
静岡市葵区地域総務課　☎054-221-1051
静岡市治山林道課　☎054-354-2163
しずてつジャストラインコールセンター
　　　　　　☎054-252-0505

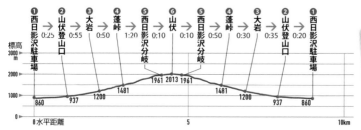

❶西日影沢駐車場 0:25 ❷山伏登山口 0:55 ❸大岩 0:50 ❹蓬峠 1:20 ❺西日影沢分岐 0:10 ❻山伏 0:10 ❺西日影沢分岐 0:50 ❹蓬峠 0:30 ❸大岩 0:35 ❷山伏登山口 0:20 ❶西日影沢駐車場

860 937 1200 1481 1961 2013 1961 1481 1200 937 860

山伏頂上より富士山

欄外情報 立ち寄り湯泉◎新田温泉黄金の湯。☎054-269-2615。入浴料700円。9時30分〜17時30分(12〜3月は〜16時30分)。月曜休(祝日の場合は翌日)。ほかに、梅ヶ島温泉やコンヤ温泉でも日帰り入浴可の旅館がある。

コース概要 ❶西日影沢駐車場（にしひかげさわちゅうしゃじょう）から林道を30分ほどで❷山伏登山口（やんぶしとざんぐち）。登山道に入るとしばらくは西日影沢沿いの道。木橋で何度か沢を渡る。使われていないワサビ田を右手に見送り、少し行くと❸大岩（おおいわ）だ。大岩から再び沢沿いを行き、水場を2つ過ぎると登山道は沢から離れる。ひと登りでベンチがある❹蓬峠（よもぎとうげ）だ。峠から尾根を巻くように付いた道を行き、ザレ気味の九十九折の急登をこなし尾根に出る。その後、何度か急登を経て稜線上の❺西日影沢分岐（にしひかげさわぶんき）に出る。道標に従い右へとなだらかな道を行くと笹原になり、シカ除けのネットに守られヤナギラン群生地がある。ここから❻山伏（やんぶし）の山頂はすぐで、富士山や南アルプス南部の展望を楽しめる。下山は往路を戻る。

プランニングのヒント よく整備された歩きやすいルートだが、標高差は1000mを越えるため、後半にバテないように休憩はこまめに。開けた場所も多いので数人のパーティーであれば休憩場所には困らない。

安倍奥はクマの多い山域で出没注意の看板が登山口など各所に設置されている。心配であれば熊鈴などで対策をしよう。

サブコース

山伏へ至る登山道は紹介したコースのほかにもたくさんある。人気があるのは記念碑公園から大谷崩を登り、新窪乗越から稜線伝いに山伏まで。大谷崩の迫力ある景色が魅力のルートだ。所要時間は山頂往復で約6時間30分ほど。ほかに歩行時間が短いのが百畳峠から安倍西山稜に乗り、山伏へ北上するルート。百畳平周辺の笹原が牧歌的で気持ちよく歩けるだろう。所要は往復で約1時間30分。最短であった大笹（山伏）峠へは林道の通行止めが続きアクセス不可。

百畳平近辺の明るく気持ちよい山道

大きな標高差と崩壊地。熟練者向きの困難なコース

大無間山
（だいむげんざん）

二百

標高2330m

静岡県

登山レベル：上級

技術度：★★★★★
体力度：★★★★★

日　程：1泊2日

総歩行時間：14時間15分

1日目：3時間30分

2日目：10時間45分

歩行距離：17.6km

累積標高差：登り2380m
　　　　　　下り2380m

登山適期：5月中旬～11月中旬

地形図▶1：25000「畑薙湖」「井川」
三角点▶一等

P4（小無間小屋の手前）から見た大無間山。遥か彼方といった風情であるがその通りで、このあと鋸歯や崩壊地の通過、小無間山への急登など数々の難所が待ち受ける

山の魅力

南アルプスの南部や深南部のほかの山々から見るとその大きな山容が目立つ山である。山頂に至るルートはいくつかあるが、井川地区の田代からが唯一の一般ルート。崩壊地の通過をはじめとしたコースの難易度ゆえか、入山者もあまり多くなく深山の静かな山歩きが楽しめるだろう。

>>> DATA

公共交通機関【往復】JR東海道新幹線静岡駅→タクシー（約2時間20分）→田代

マイカー　新東名高速・新静岡ICから県道27・189・60号を経由して田代まで約57km。田代地区には駐車場がないので、登山口近くの民宿に前泊して車を停めさせてもらうことになる。

ヒント　7～10月の特定日、毎日あるぺん号が東京から畑薙ダムまで運行されている。早朝に田代にも

停車する（予約☎03-6265-6966）。ほかの交通は利用しにくい立地だが、駐車場がないのでマイカーも不向き。人数を揃えて静岡駅か大井川鐵道井川駅からタクシーを利用するのが一般的だろう。

問合せ先

井川観光協会事務局　　　　　☎080-1560-6309
しずてつジャストラインコールセンター
　　　　　　　　　　　　　　☎054-252-0505

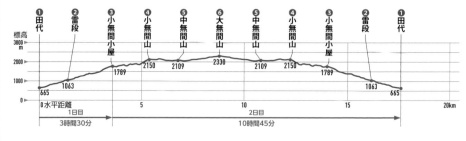

①田代　②雷段　③小無間小屋　④小無間山　⑤中無間山　⑥大無間山　⑤中無間山　④小無間山　③小無間小屋　②雷段　①田代

標高
3000
m

2000　1789　2150　2109　2330　2109　2150　1789

1000　1063　　　　　　　　　　　　　　　　　　　　　　1063

665　　　　　　　　　　　　　　　　　　　　　　　　　　665

0　水平距離　　5　　10　　15　　20km

1日目　　2日目

3時間30分　　10時間45分

欄外情報　山小屋◎小無間小屋：10人も泊まればいっぱいの小さな避難小屋。寝具や食料などテント泊と同様の装備を用意すること。

コース概要 登山口は❶田代の諏訪神社。神社から歩き出し、林道を横切って登山届ポストのある小屋脇から登山道へ。❷雷段から徐々に急になる登山道を登っていくと西側の視界が開けたP4に着く。近くに❸小無間小屋がある。翌日は小無間小屋からの急な下りから始まり、P3、P2、P1と急なアップダウンが続く。その後も崩壊地の通過、小無間山への急登と厳しい歩きを強いられる。❹小無間山からは一転、落ち着いた道になるが、踏み跡が不明瞭な場所には注意。❺中無間山を越え、展望が開ける場所を過ぎれば❻大無間山だ。山頂は木々に囲まれ落ち着いた気持ちのよい場所である。下りは往路を慎重に戻ろう。

プランニングのヒント 2日目の行程が厳しいので初日は体力を温存。翌日は明るくなったらすぐ歩き出せるよう準備をすること。不要な荷物は小無間小屋にデポするといい。帰路の小無間山～P4間は疲れもたまってつらいが、集中力を失わないように。

このコース中に水場はないので2日分の水を担ぎ上げなければならない。諏訪神社鳥居前の名水を汲んでいこう。

安全のヒント

本コースの核心は鋸歯とよばれるP3～P1のアップダウン、崩壊地の通過、小無間山への急登。険しい道のうえに石と木の根が絡まった歩きにくい路面だ。木の根でのスリップには特に注意すること。

崩壊地。一歩一歩慎重に通過

岩場の急登ではつまずきに注意が必要

219 大無間山

視界不良時や残雪期はテープなどの目印を手がかりに進む

崩壊が進んで困難度が増している。ヘルメットとロープを準備し、単独行は避けたい

アップダウンが大きく、体力の消耗が激しい

一等三角点のある山頂。下山時は山頂直下の分岐で三方嶺方面への迷い込みに注意

❺ 中無間山 △2109
小無間山 ❹ △2150
唐松谷ノ頭
0:50
0:45
崩壊地
鋸歯 P1
P2
2:00
2:30
P3
❸ 小無間小屋
1796
P4
1:00
1:20
❻ 大無間山
2330
1:30
2:20
1085
0:50
1:10
❷ 雷段
造林小屋跡
田代 ❶
田代
静岡県
静岡市
葵区
川根本町

畑薙第一ダム
1176
大網トンネル
60
畑薙第二発電所
890
小河内
諏訪神社
畑薙幹線第一号隧道
井川駅・静岡駅・新静岡IC
田代温泉
南アルプス
オートキャンプ場

N
1:50,000
500　1000m
1cm＝500m
等高線は20mごと

1805
1412
1621
1563
1710
1859

テント泊をして登る南アルプス深南部の山

黒法師岳
くろほうしだけ

標高2068m

静岡県

登山レベル:上級

技術度:★★★★
体力度:★★★★★

日　程:1泊2日

総歩行時間:16時間55分

1日目:6時間20分

2日目:10時間35分

歩行距離:23.4km

累積標高差:登り2856m

下り2856m

登山適期:4月下旬〜11月上旬

地形図▶1:25000「寸又峡温泉」
三角点▶一等

西隣のバラ谷の頭から見た黒法師岳（左）と富士山。遠くから見ても近くから見てもきれいな円錐形をした山容だ

山の魅力

どの方向から見てもきれいな円錐形をした山容で、南アルプス深南部のシンボルのような山である。山頂には＋印が×印になっている珍しい一等三角点があり、それを目当てに登ってくるマニアも多い。展望のない山頂ではあるが、少し西に行けば見晴らしもよく、深南部の山々を眺めることができる。

>>> DATA

公共交通機関【往復】大井川鐵道千頭駅→大井川鐵道バス（約40分）→寸又峡温泉バス停

マイカー　新東名高速・島田金谷ICから国道473号、県道63・77号、国道362号、県道77号を経由して寸又峡温泉まで約57km。寸又峡温泉にはいくつもの駐車場があるが、春の大型連休、お盆、紅葉時期など観光シーズンは有料。

ヒント　公共交通でのアクセスの場合、大井川鐵道は本数も少なく、その日に歩き出せる時間には寸又峡に到着できないので前泊がおすすめ。寸又峡には温泉宿も多く、早朝出発の登山者に合わせたサービスのある宿も多い。問い合わせは観光協会まで。

問合せ先
川根本町総合支所観光交流課　☎0547-58-7077
川根本町まちづくり観光協会　☎0547-59-2746
大井川鐵道　☎0547-45-4112
大鉄タクシー千頭営業所　☎0547-59-2355

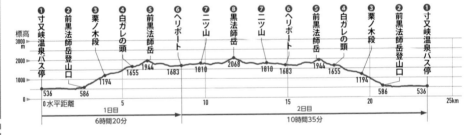

① 寸又峡温泉バス停　② 前黒法師岳登山口　③ 栗ノ木段　④ 白ガレの頭　⑤ 前黒法師岳　⑥ ヘリポート　⑦ 二ツ山　⑧ 黒法師岳　⑦ 二ツ山　⑥ ヘリポート　⑤ 前黒法師岳　④ 白ガレの頭　③ 栗ノ木段　② 前黒法師岳登山口　① 寸又峡温泉バス停

標高
3000m
2000
1000
0

536　586　1194　1655　1944　1683　1810　2068　1810　1683　1944　1655　1194　586　536

0水平距離　　5　　10　　15　　20　　25km

1日目　　　　　　　2日目
6時間20分　　　　　10時間35分

欄外情報 立ち寄り温泉◎寸又峡温泉:登山口の寸又峡温泉には日帰り入浴ができる施設や旅館も多く、下山後の入浴には事欠かない。マイカーの場合でも前泊や後泊をして、のんびりと山旅を楽しむといいだろう。

コース概要 **❶寸又峡温泉バス停**から林道を**❷前黒法師岳登山口**へ。古い石積みが残る湯山集落跡を越えるといったん林道に出る。再び登山道に入り尾根沿いの道を行けば**❸栗ノ木段**に着く。**❹白ガレの頭**から少し下って樹林帯を登り続けると**❺前黒法師岳**山頂だ。山頂からは西に延びる踏み跡を下る。下りきった廃林道をそのまま進むと**❻ヘリポート**とよばれる広場。気持ちのよい幕営適地だ。翌日はヘリポートから笹原に延びる踏み跡を稜線へ。**❼二ツ山**まではなだらかだが徐々に急になり、いくつかのアップダウンもある。最後の急登を笹につかまりながらよじ登れば広々とした**❽黒法師岳**に到着する。下りは往路を戻る。

プランニングのヒント GW後から初秋までの間、前黒法師岳登山口〜栗ノ木段はヤマビルが多い。スパッツや忌避剤などで足元を固めることはもちろん、ヤマビルが出る場所では立ち止まらないことが重要である。苦手な人は時期を外して歩こう。

このコース上には基本的に水場はないと思っておいたほうがいい。下から担ぎ上げよう。また、携帯トイレは必携

Column

安全のヒント

南アルプス深南部の名物といえば笹ヤブであるが、いまは身の丈を越えるような以前ほどの深いヤブはほとんどない。それでも黒法師岳手前の急登などでは1mを越えるところもあり、慣れない人は苦労するだろう。踏み跡を見失ったときは立ち止まり、笹をかき分けてみよう。笹の下に道が見つかることが多い。何よりも笹の茎と葉はとても滑りやすく転倒の原因になる。足の置き場に注意をし、足で笹をかき分け地面に靴が乗るように心がけながら歩くといい。

黒法師岳手前の笹ヤブは急登で歩きづらい

220

黒法師岳

220 黒法師岳

松市竜区

丸盆岳 2066
△1448
ジャンクションピーク
•1538
△1366
❽黒法師岳 △2068
二ツ山〜黒法師岳間は登山道が笹で覆われている。尾根をはずさないこと
二ツ山への登りはコース不明瞭
林道に出る
北西への尾根に入り込まないこと
シロヤシオ
変則的な一等三角点がある
❼二ツ山 北峰 △1810
1706
❻ヘリポート
ヘリポートから往復30分。涸れていることがある
❺前黒法師岳 △1944
イワカガミ
❹白ガレの頭
急坂
❸栗ノ木段 1197

N
1:50,000
0 500 1000m
1cm=500m
等高線は20mごと

湯山発電所
朝日岳
❸栗ノ木段
1197
踏み跡が交錯している
下図へ
湯山集落跡
前黒法師岳登山口
飛竜橋
❷
寸又峡温泉バス停 ❶
寸又峡温泉美女づくりの湯
大間ダム
川又夢の吊橋
千頭駅 国道362号
大間碌号
沢口山 •1097

2:00〜2:30
1:30↓/↑1:10
1:30↑/↓1:10
0:35↓/↑0:40
0:40↓/↑1:10
0:40↑/↓1:10
0:50↓/↑1:30
1:00↑/↓1:40
1:00↑/↓0:40
0:50↓/↑

南赤石基幹林道は廃道

静岡県
川根本町
•1238
•1308
1721△
•1390
湯山林道
上図へ

初級者でも登れる南アルプス深南部前衛の山

たかつかやま
高塚山

三百

標高1621m

静岡県

登山レベル:初級

技術度:★
体力度:★★

日　程:日帰り

総歩行時間:5時間

歩行距離:10.3km

累積標高差:登り852m
　　　　　　下り852m

登山適期:4月中旬～11月下旬

地形図▶1:25000「蕎麦粒山」
三角点▶二等

木々に包まれた広い尾根が山頂へと続く。新緑や紅葉の時期に歩きたい山だ

山の魅力

山の周辺は新緑と紅葉の時期がすばらしい。特に今回のコース上にはシロヤシオが多く、花期(5月中旬～6月初旬)の山行がおすすめ。高塚山の山頂からの展望はないが、通過する蕎麦粒山からは富士山や大無間山が望める。登山道もよく整備され快適な山歩きが楽しめる。

>>> DATA

公共交通機関【往復】JR東海道本線静岡駅→山犬段送迎タクシー(約3時間)▸山犬段

マイカー　新東名高速・島田金谷ICから国道473・362号を経由して川根本町市街地まで約30km。

ヒント　登山口の山犬段に通じる南赤石基幹林道は一般車および一般タクシー通行止めのため、静岡市の千代田タクシーが運行する山犬段送迎タクシーを利用する。送迎タクシーは春～秋にかけての土・日曜、祝日を中心に運行され、静岡駅(北口)以外に、川根本町役場庁舎と町内の宿泊施設・ウッドハウスおろくぼで乗降ができる。料金は静岡駅～山犬段が往復1万2000円、町内～山犬段が往復5000円。要予約。

問合せ先

川根本町総合支所観光交流課　☎0547-58-7077
川根本町まちづくり観光協会　☎0547-59-2746
大井川鐵道　☎0547-45-4112
千代田タクシー(山犬段送迎タクシー)☎054-297-5234

標高
3000 m
2000
1000

① 山犬段 → ② 蕎麦粒山 0:35 → ③ 五樽沢のコル 0:35 → ④ 三ツ合山 0:50 → ⑤ 高塚山 0:35 → ④ 三ツ合山 0:30 → ③ 五樽沢のコル 0:40 → ② 蕎麦粒山 0:45 → ① 山犬段 0:30

1402　1628　1436　1602　1621　1602　1436　1628　1402

0 水平距離　　5　　10　　15km

山犬段山小屋

欄外情報 山小屋◎山犬段山小屋:登山口に直結した場所に立つので前泊するのもいい。地元や利用者の努力により清潔に保たれている避難小屋だ。小屋周辺に水場はないので持参すること。

コース概要 ❶山犬段の小屋脇から登山道に入る。尾根筋のゆるやかな登りで、道も広く快適である。右手には木々の隙間から黒法師岳の稜線が見える。さほどの苦労なく❷蕎麦粒山に到着。東面が開けていて富士山や大無間山がよく見える。いったん下って❸五樽沢のコルから登り返すと笹原になり、❹三ツ合山の分岐に着く。道標に従い分岐を左へ。途中、尾根道は多少細くなったり、急な場所もあるが困難なほどではない。道の周囲にバイケイソウが増えてくれば、ほどなく❺高塚山の山頂だ。展望はないが、広々としていて気持ちのいいところだ。下りは往路を戻ろう。

プランニングのヒント コース自体の難易度は低い。ただ、アクセスが不便なので、遠路から訪れた場合は高塚山だけでは少々もったいない。登山口の山犬段からこのルートの逆方面、東に延びる登山道にも板取山や天水など魅力的な山があるので、計画に含めても楽しいかもしれない。

山犬段への送迎タクシーは8人乗り。シロヤシオの時期は混雑必至なので早めの予約を。

花と自然

蕎麦粒山の山頂周辺から高塚山までがシロヤシオが多い。花期であればこのコースのほとんどの場所で白い花が見られるだろう。別名、五葉躑躅（ゴヨウツツジ）ともよばれるように5枚の葉を枝先につける。群生している場所だと葉の下に白い花が隠れてしまうことも多く、遠目では派手さはないが、近づくと控えめながら意外に大きな花が葉の緑にも映え、その可憐さにしばし目を奪われてしまう。数年に一度当たり年があり、例年よりたくさんの花をつける。

蕎麦粒山周辺のシロヤシオ

221 高塚山

房小山

鋸山 1668

•1621

川根本町

荒れた林道で、車も人も通行不可

•1273

•1471

寸又峡温泉

板取山・沢口山・天水・

1562

八丁段

山犬段山小屋

静岡大演習林宿舎

•1404

❶山犬段

0:30 ～0:35

展望のよいピーク

❹三ツ合山

•1354

分岐を左に行く

1602

0:45 0:35

0:40 ←0:50

❸五樽沢のコル

シロヤシオ

❷蕎麦粒山

1628

水はここで確保しておく

関の石置幹林道

571

二重山稜

0:30 ←0:35

高塚山 ❺

1621

樹林の中のピーク

一般車両通行禁止。春～秋の特定日に送迎タクシーが運行される

ダート路面の悪路

904

N

1426

静岡県
浜松市
天竜区

•843

1:50,000

0 500 1000m

1cm=500m
等高線は20mごと

▶竜馬ヶ岳

田野口駅・国道362号▶

大札山 1374

南アルプスの主稜線と対峙する孤高の山

奥茶臼山
(おくちゃうすやま)

三百

標高2474m

長野県

登山レベル:中級

技術度:★★★
体力度:★★★★

日　　程:前夜泊日帰り

総歩行時間:8時間25分

歩行距離:14.6km

累積標高差:登り1222m
　　　　　　　下り1222m

登山適期:5月下旬〜11月上旬

地形図▶1:25000「大沢岳」
三角点▶二等

奥尾高山から望む奥茶臼山。登山口からシラビソなどの針葉樹林帯が続き、静かな山歩きを楽しむことができる

上級
中級
初級

奥茶臼山

🏔 山の魅力

赤石岳の西に位置し、その尖った姿は、南アルプスの主稜線からも伊那谷からも望むことができる。長い道のりを経て立った山頂からは、赤石岳、荒川岳、聖岳など南アルプスを代表する高峰たちが眼前に鎮座する。静かな登山道は苔の絨毯に覆われ、奥山らしい神秘的な森と雄大な眺めが楽しめる。

>>> DATA

公共交通機関【往復】JR飯田線飯田駅→信南交通バス(約1時間)→小沢橋バス停→タクシー(約40分)→しらびそ峠

マイカー　中央自動車道・飯田ICから県道18・83・251号、三遠南信自動車道矢筈トンネル(通行無料)、市道を経由してしらびそ峠の駐車場(無料)まで約40km。

ヒント　本数が少ないことと併せ、バス停から登山口までタクシーの利用が必須のため、バスを利用して

の日帰り登山は無理。前泊のための交通手段と考えたい。JRの駅からタクシーを利用する場合、飯田駅からしらびそ峠まで約1時間10分。

問合せ先

飯田市上村自治振興センター	☎0260-36-2211
遠山郷観光協会(アンバマイ館)	☎0260-34-1071
信南交通和田車庫	☎0260-34-2031
天竜観光タクシー	☎0260-36-2205

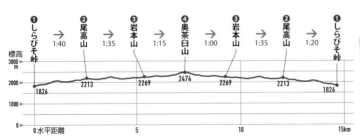

① しらびそ峠 →1:40→ ② 尾高山 →1:35→ ③ 岩本山 →1:15→ ④ 奥茶臼山 →1:00→ ③ 岩本山 →1:35→ ② 尾高山 →1:20→ ① しらびそ峠

標高
3000m
2000
1000
0

1826　　2213　　2269　　2474　　2269　　2213　　1826

0 水平距離　　　5　　　10　　　15km

山頂手前からの赤石岳(右)と荒川岳

欄外情報　前泊◎しらびそ高原　天の川:しらびそ峠のすぐ南。ヨーロッパアルプスのロッジを思わせる公共の宿。☎050-3583-2302。1泊2食付1万4300円〜、素泊まり8800円〜。日帰り入浴700円。キャンプ場あり。4月中旬〜11月中旬。

コース概要 **❶しらびそ峠**から前尾高山までは急な登りで始まる。前尾高山から先はアップダウンを繰り返しながら徐々に高度を上げていく。しらびそなどの樹林帯を行くので眺望は少なめだ。やがて**❷尾高山**で、ここからは踏み跡が不明瞭な箇所もあるので、目印を見失わないように歩を進めよう。アップダウンを繰り返すと**❸岩本山**。広い尾根筋を登れば**❹奥茶臼山**の山頂だ。山頂直下から南側と北側の展望が広がる。下山は往路を戻るが、各所で木の根が露出しているので、つまづいての転倒やスリップに注意したい。

プランニングのヒント マイカーやレンタカーでのアクセスを除き、しらびそ峠にあるしらびそ高原 天の川、あるいは山麓の上村地区や和田地区での前泊が前提となる。歩行時間が長いので、登山口が間近のしらびそ高原 天の川か、併設されるキャンプ場での宿泊がおすすめだ。しらびそ高原 天の川は素泊まりも可能だ（欄外情報を参照）。

> 尾高山から奥茶臼山間は踏み跡が一部不明瞭な箇所もある。赤テープ、赤布などの目印を見失わないよう歩きたい。

花と自然

初夏にはバイカオウレン、ゴゼンタチバナ、マイヅルソウ、イワカガミなどの高山植物が登山者を迎えてくれる。登山道周辺の岩や倒木は苔に覆われ、北八ヶ岳のような緑一色の世界が広がっている。

バイカオウレン（上）と苔の登山道（下）

222 奥茶臼山

どっしりした姿はまるで熊が伏せているかのよう

熊伏山
（くまぶしやま）

長野県

登山レベル：初級

技術度：★★
体力度：★★

日　程：前夜泊日帰り

総歩行時間：**4時間20分**

歩行距離：**5.5km**

累積標高差：登り**728m**
　　　　　　下り**728m**

登山適期：**4月上旬〜11月下旬**

地形図 ▶ 1：25000「伊那和田」「満島」
三角点 ▶ 一等

南信濃側から見た熊伏山。まるで熊のようにどっしり大きい。登山口の青崩峠付近はいまも崩壊が続いている

🏔 山の魅力

長野県の最南部に位置し、その名のとおり熊が伏せたかのようなもっこりしたスタイルの山。ずっと未開通のままのために「幻の国道」として知られる国道152号の、その未開通部分の青崩峠が登山口となっている。深山特有の落ち着いた雰囲気を味わえる山で、年間を通して多くの登山者が訪れる。

>>> DATA

🚃 **公共交通機関** 【往復】JR飯田線水窪駅→タクシー（約40分）→青崩峠登山口

🚗 **マイカー** 新東名高速・浜松浜北ICから国道152号を経由して青崩峠登山口の塩の道碑の駐車スペースまで約60km。

💡 **ヒント** 水窪駅を発着する列車は少なく、登山口まで公共交通機関でアクセスする場合は前泊する必要がある。なお、豊橋方面からアクセスする場合、豊橋駅から

始発に乗れば日帰りは十分に可能。

📞 **問合せ先**
浜松市天竜区まちづくり推進課 ☎053-922-0033
天竜区観光協会水窪支部 ☎053-987-2100
水窪タクシー ☎053-987-0118

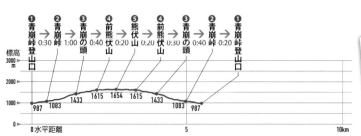

標高
3000m

2000

1000

0

987　1083　1433　1615　1654　1615　1433　1083　987

① 青崩峠登山口 → ② 青崩峠 0:30 → ③ 青崩の頭 1:00 → ④ 前熊伏山 0:40 → ⑤ 熊伏山 0:20 → ④ 前熊伏山 0:20 → ③ 青崩の頭 0:30 → ② 青崩峠 0:40 → ① 青崩峠登山口 0:20

水平距離　0　　　　　　　　　5　　　　　　　　　10km

ひっそりとした青崩峠

欄外情報 イベント◎青崩峠の北東にある兵越峠では毎年10月、長野県飯田市南信濃の「信州軍」と静岡県浜松市天竜区水窪町の「遠州軍」が"峠の国盗り綱引き合戦"を行っている。負けた側に国境が1m移動する。

コース概要 ❶青崩峠登山口から塩の道として使われてきた木橋や石畳を歩いて❷青崩峠に立つ。峠からは急登が始まり、大汗をかかされる。❸青崩の頭まで来ると傾斜もいくぶんゆるみ、ブナやツガの大木の間のふかふかした道を歩くと❹前熊伏山に到着する。ここから山頂までは何度かの登り返しがあるが、時間的にはそれほどかからない。いつしか樹林に囲まれた❺熊伏山の山頂だ。開けた場所から展望を楽しんだら往路を戻る。

プランニングのヒント 熊伏山へは、ここで紹介した水窪側からのコース以外に飯田市南信濃地区から登るコースと天龍村から登るコースがある。南信濃側は国道が通行止めになっていて青崩峠までの歩行時間が往復で2時間30分ほど余計にかかり、また天龍村からのコースは往復で7時間ほど見ておかなければならない。いずれも大変長いコースとなるので、早発ちするなどプランニングをしっかりと練っておきたい。

登山口手前の足神神社にはおいしい湧き水があり、足神様の御神水といわれている。山の水はここで準備しておこう。

安全のヒント

青崩峠から青崩の頭までの間の信州側は「青崩れ」とよばれるほどに崩壊が激しく、現在も崩壊は続いている。登山道を歩いていれば危険はないが、雨天の際などは足元に十分気をつけて歩きたい。

南信濃側から見た「青崩れ」

223 熊伏山

平岡駅

平岡駅から往復約7時間

東面の南アルプス南部の眺めがよい

長野県 飯田市

南信濃小嵐地区から南は当面の間、通行止。復旧は未定

和田・飯田IC

1654 ❺熊伏山

0:20

天龍村

前熊伏山❹ 1615

0:30 0:40

ロープのある急斜面。下山時スリップ注意

青崩の頭 ❸

熊伏山登山口

1560

1433 △1379

展望よい

崩壊地

0:40 1:00

青崩峠 ❷

車は入れない

さわら小屋

1368 △1358

0:30 0:20

石畳の道

1:25,000

0 250 500m
1cm=250m
等高線は10mごと

静岡県 浜松市 天竜区

青崩峠登山口 ❶ (駐車スペース) P

•1441

930•

↓水窪駅・浜松浜北IC・足神神社(水場あり)

N

三角点と標高点

登山者が「タッチ」することでおなじみの三角点。三百名山もその多くが三角点を有している。また、三角点のない標高点の山も意外と多い。

三角点とは

　地図を作製するにあたり、場所の正確な位置を出すために測量を行う。その際に基準になるものが三角点だ。この三角点は国土地理院によって行われる基本測量（測量法における用語のひとつで、すべての測量の基礎となる測量）により設置されたもの。一等～五等まであり、2023年現在、全国に約11万が設置されている。また、近年は人工衛星の電波によって位置を正確に割り出す電子基準点の設置も進んでいる。基本的には見通しのよい場所に設置されるため山頂付近が選ばれることが多いが、都市部に設置されたものもある。ちなみに、日本で最高所にある一等三角点は標高1位の富士山でも2位の北岳でもなく、7位の赤石岳だ（富士山は二等三角点、北岳は三等三角点）。

全国の各三角点の数

	全国	三百名山
一等	960	107
二等	4959	105
三等	31673	62
四等	69310	1
五等	2	0
電子基準点	1240	0

※国土地理院の基準点成果等閲覧サービスに登録されている点数（2023年時点）
※三百名山の各三角点の種類は、各山のメイン写真横に記載しています。

日本一謎の？三角点

　三角点は標石の四辺に対して＋マークが平行に入っているものだが、黒法師岳（P146）は＋マークの向きが45度傾いており、「×」のようになっている。

左は通常の一等三角点、右は黒法師岳の三角点。このようになった理由は不明

標高点とは

　三角点は地形図では名前どおり「△」のマークで表されるが、同じ標高を示す数字でも、「・」だけのものもある。これは「標高点」で、山頂や峠、谷の出合、尾根の傾斜が変わる地点など、地形を表現するために必要な地点の標高を表している。小数点1位まで表示のものと小数点以下がないものがあり、前者は「現地測量による標高点」、後者は「写真測量による標高点」として区別される。三百名山にも30山近くあり、剱岳はその代表格だったが（新田次郎著『剱岳 点の記』に詳しい）、2004年に三等三角点が設置された。2023年現在、三百名山で標高点のみの最高峰は穂高岳（奥穂高岳）の3190m。

両方有する山もある

　羊蹄山や水晶岳などのように、三角点のすぐ横（あるいは近く）に標高点が置かれた山がある。三角点は測量のしやすい場所に設置されるため、必ずしも最高地点でない場合もある。その補完のため、最高地点の標高数値も入れている。また、藤原岳は山頂東面に三角点（1009m）、北面に標高点（1128m）があるが、ピークの最高点は地形図に数値がない。そのため、標高1140mは等高線から判断しているが、実際は標高未確定の山である。

東海・北陸

石川県
富山県
福井県
岐阜県
滋賀県
三重県
医王山 227
白木峰
金剛堂山 224
225
大門山 228
大笠山 229
笈ヶ岳 243
226 人形山
三方岩岳 230
231 猿ヶ馬場山
232 白山
経ヶ岳 233
234
大日ヶ岳
235
野伏ヶ岳
236 位山
237 川上岳
荒島岳 239
238
鷲ヶ岳
冠山
240
241
能郷白山
244 伊吹山
藤原岳 242
御在所岳 245

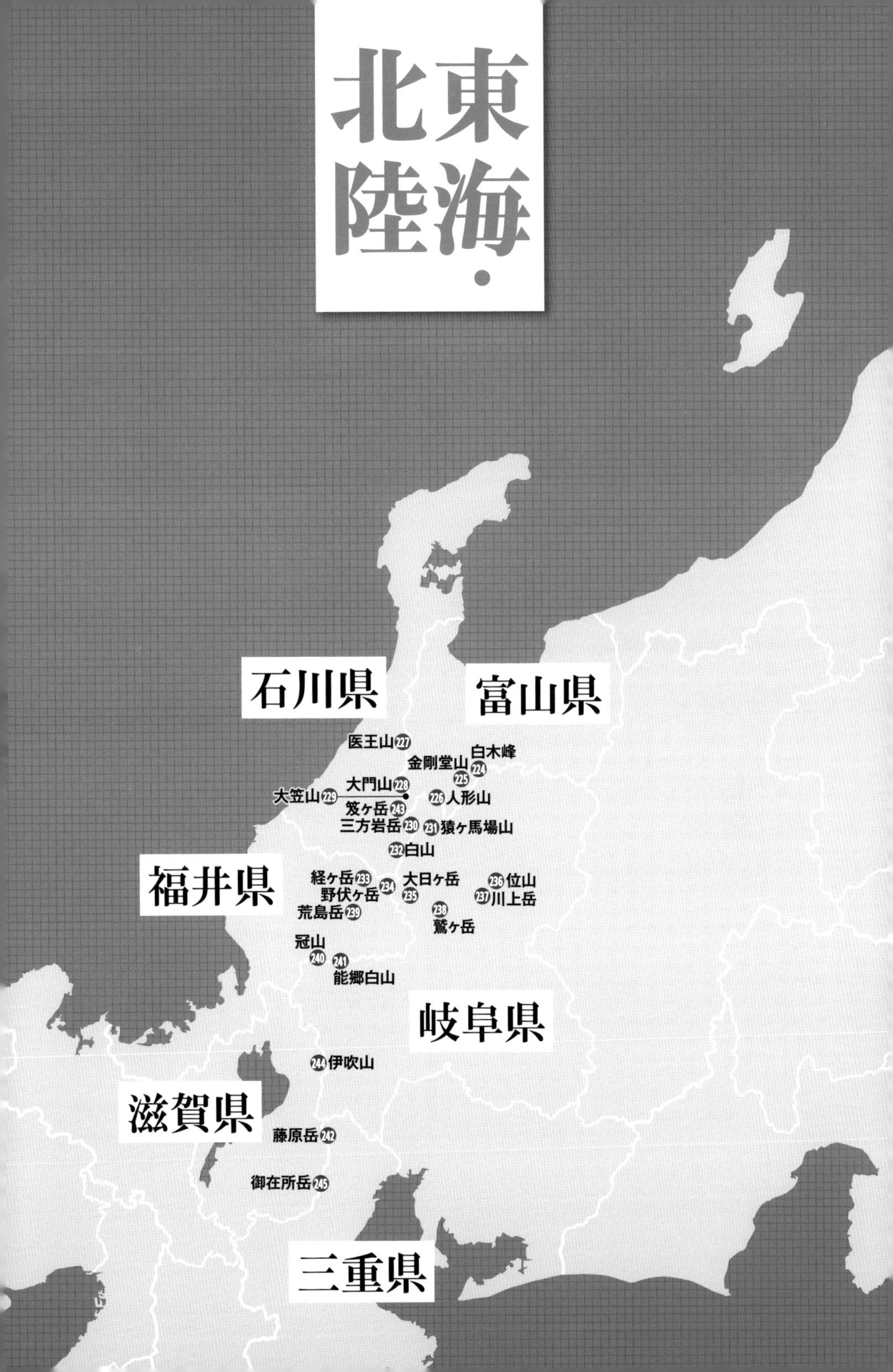

ニッコウキスゲ咲く草原と展望の別天地

白木峰
しらきみね

三百	

標高1596m

富山県・岐阜県

登山レベル:初級

技術度:★★
体力度:★★

日　程:日帰り

総歩行時間:5時間40分

歩行距離:8.5km

累積標高差:登り747m
　　　　　　下り747m

登山適期:6月中旬〜10月下旬

地形図▶1:25000「白木峰」
三角点▶なし

岐阜県側から見た紅葉の白木峰。矮小化したブナの原となっている。豪雪地帯にあるだけに自然条件は厳しい

上級 中級 初級 白木峰

🏔 山の魅力

富山県南部、岐阜県との県境に穏やかに横たわる。標高は特に高いわけではないが、高山の高層湿原を思わせる池塘が点在し、ニッコウキスゲやワタスゲなどの高山植物がその周囲を彩っている。山頂からのパノラマもすばらしい。地元ではこの山を「しろきみね」とよぶ人も多いようだ。

>>> DATA

公共交通機関【往復】JR高山本線越中八尾駅→タクシー(約1時間)→八合目登山口。または、JR高山本線飛騨古川駅→タクシー(約1時間10分)→八合目登山口

マイカー 北陸自動車道・富山ICから国道41号、県道35・7号、国道472・471号などを経由して八合目登山口まで約43㎞。約20台分の無料駐車場あり。

ヒント 山麓の杉ヶ平キャンプ場手前の大長谷温泉まで、越中八尾駅からコミュニティバスが運行されて

いるが、八合目登山口まで2時間前後歩かなくてはならず、現実的とはいえない。大長谷温泉は日帰り入浴ができる(☎076-458-1008。入浴料470円。木曜休)。

問合せ先
富山市農林事務所農地林務課　☎076-468-2170
富山市観光政策課　　　　　　☎076-443-2072
杉ヶ平キャンプ場　　　　　　☎076-458-1352
富山交通(タクシー)　　　　　☎076-421-1122

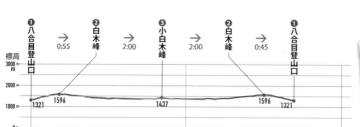

①八合目登山口	→ 0:55	②白木峰	→ 2:00	小白木峰	→ 2:00	②白木峰	→ 0:45	①八合目登山口

標高 3000m / 2000m / 1000m / 0
1321 — 1596 — 1437 — 1596 — 1321
0 水平距離　　　5　　　10km

白木峰の山頂

欄外情報 山小屋◎白木山荘:山頂の北西側に位置する避難小屋。バイオトイレは6月下旬頃〜10月下旬頃までが使用可能で、積雪期は使用できない。宿泊する場合は、炊事用具、寝具、食料、水等が必要。

コース概要 ❶八合目登山口の駐車場から登山道に入る。急登をこなすと林道を横切り、再度、登山道に入る。尾根沿いの急坂を行くと再び林道を横切り、山道を登って林道終点へ。ここから5分ほど登れば❷白木峰の山頂だ。往路を途中まで戻り、南方向へと小白木峰に向かう。太子堂を過ぎ、アップダウンを繰り返すと尾根筋はだんだんと広くなり、途中には池塘も現れる。最後にダケカンバの樹林を登れば❸小白木峰の山頂だ。ここから❷白木峰へは往路を戻るが、やや登り傾向になるので、ペース配分はしっかりと。

プランニングのヒント 小白木峰の往復は約4時間かかる。美しいブナ林や湿原、池塘のある楽しい道だが、時間が足りないときは無理せずに引き返すか、白木峰の北東にある浮島の池に足を延ばすといい。なお、杉ヶ平キャンプ場にあるゲートは冬期閉鎖で、解錠されるのは例年6月中旬頃。このキャンプ場は最後の水場にもなっている。

急傾斜の登山道を歩きたくない場合は、登山口から管理道路で山頂を目指す。多少時間はかかるが道はなだらかだ。

花と自然

山頂部の湿原や浮島の池周辺ではニッコウキスゲやワタスゲをはじめとした高原・湿原でよく見られる花に包まれる。ニッコウキスゲの花期はおおよそ6月下旬〜7月中旬で、ワタスゲは少し早めになることが多い。

ニッコウキスゲ（上）とワタスゲ（下）

224 白木峰

1:50,000
500　1000m
1cm＝500m
等高線は20mごと

越中八尾駅・富山IC↑
大長谷温泉
21世紀の森
杉ヶ平キャンプ場
△1517
△1487
真川谷
林道大谷線
白木山荘
浮島の池
八合目登山口 ❶
1586 △
△1596
太子堂
❷ 白木峰
1246

管理道路を歩けば、距離は長いが傾斜はなだらか

時間があれば湿原が点在する道をたどって浮島の池まで行ってみよう（白木峰から往復約50分）

富山県
富山市

ブナ林

岐阜県
飛騨市
△1522

白木峰から小白木峰の往復は約4時間。時間に余裕のない時はあきらめること

1418

小白木峰 ❸
1437

木道でのスリップに注意

池塘がある

飛騨古川駅・国道41号↓
国道471号↓
万波高原
万波峠

1175 ・817 ・1094 ・796 ・1401 ・1182

最も歩かれる栃谷コースで山頂を目指す

金剛堂山
こんごうどうざん

二百

標高1650m（中金剛）

富山県

登山レベル：中級

技術度：★★
体力度：★★★

日　程：日帰り

総歩行時間：**6時間35分**

歩行距離：**9.5km**

累積標高差：登り**1003m**
　　　　　　　下り**1003m**

登山適期：**6月中旬～10月下旬**

地形図 ▶ 1：25000「白木峰」
三角点 ▶ 一等

前金剛から風衝草原越しに金
剛堂山最高点の中金剛を望む

上級
中級
初級

金剛堂山

🏔 山の魅力

富山県南砺市と富山市の境にある山で、一等三角点がある前金剛、最高点の中金剛、奥金剛の3つの総称。金剛堂山とは加賀藩の呼び名で、富山藩側では西白木峰とよんでいた。第十代富山藩主・前田利保公の歌碑が立つ山頂部は、風衝草原（風雪が強く樹木の生えない草原地帯）の独特な景観が広がる。

>>> DATA

公共交通機関【往復】JR高山本線越中八尾駅→タクシー（約1時間）→栃谷登山口

マイカー　北陸自動車道・砺波ICから国道156・471号、県道229号などを経由して栃谷登山口へ約37km。または東海北陸自動車道・五箇山ICから国道156号、県道34・229号などを経由して栃谷登山口へ約35km。登山口に約20台の駐車場とトイレ、水場などがある。

ヒント　バス利用の場合は越中八尾駅から南砺市営バスで上百瀬バス停へ（約1時間）、栃谷登山口へは車道を40分ほど歩く。ただしバスは1日2便のみ。

問合せ先
南砺市利賀市民センター　　　　　☎0763-23-2046
富山市八尾行政サービスセンター　☎076-454-3111
南砺市営バス　　　　　　　　　　☎0763-77-3965
富山交通（タクシー）　　　　　　☎076-421-1122

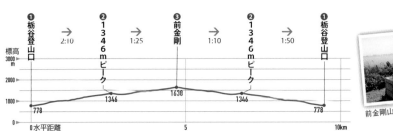

❶栃谷登山口	2:10	❷1346mピーク	1:25	❸前金剛	1:10	❷1346mピーク	1:50	❶栃谷登山口

標高 3000m / 2000 / 1000 / 0　水平距離
778　1346　1638　1346　778
0　　　5　　　10km

前金剛山頂の祠

欄外情報　前泊◎アクセス道路沿いには、民宿、古民家を活用したゲストハウス、キャンプ場などが点在している。前泊を希望する場合は、南砺市観光協会（☎0763-62-1201）や利賀市民センターに問合せを。

コース概要 駐車場やトイレ、避難小屋がある**①栃谷登山口**が起点。水場もあるので、必ず給水しておこう。百瀬川を橋で渡り、栃谷沿いのサワグルミやトチの樹林の道を登っていく。尾根に取り付き、急斜面を四等三角点のある竜口へと登る。ここまでおよそ1時間。道はいったん平坦になるが、**②1346mピーク**（片折岳）まで再び急登が続く。山頂部を望みながら鞍部へ下り、再び登りとなる。1451m標高点を通過し、ブナの樹林がネマガリタケに変わると、まもなく**③前金剛**にたどり着く。金剛堂山の他の2ピークや白木峰、立山連峰などを見渡す山頂には、一等三角点と、藤原義勝の銘が記された神鏡を祀った祠がある。山頂からは往路を引き返す。

プランニングのヒント 大半の登山者は栃谷登山口から前金剛の往復だが、体力と時間に余裕があれば、金剛堂山の3つのピークを踏む周回コースにすることもできる（コラム参照）。

栃谷からは1kmごとに標識が立っているので、目印にして登っていこう。ちなみに前金剛までは4km強だ。

Column

サブコース

歩行時間は紹介コースより2時間以上長くなるが、前金剛からは、中金剛、奥金剛をたどって栃谷登山口に周回することもできる。前金剛から風衝草原が広がる道を進み、その昔この山に登った前田利保公の歌碑がある中金剛、さらに奥金剛へ。ブナ林に延びる道を東俣登山口へと下り、荒れた林道を歩いて駐車スペースのある東俣峠へ向かう。ここからは東俣谷沿いの林道を下って丁字路に出て、栃谷登山口まで車道を2時間近く歩いてゆく。

駐車スペースと休憩所がある東俣峠

225 金剛堂山

越中八尾駅・砺波IC→ 竜口

栃谷登山口 ①

急斜面の道

八尾

富山市

小白木峰 1437

大長谷第四発電所

② 1346mピーク（片折岳）

一等三角点

金剛堂山

前金剛 ③ 1638

1451

富山県 南砺市

百瀬川

中金剛 1650

金剛堂山最高点で、前金剛から往復30分。山頂手前に前田利保公の歌碑がある

奥金剛 1616

金剛堂山からの稜線上は風衝草原が広がる

東俣峠経由で栃谷登山口へと下る周回コースは前金剛から約4時間

利賀村大勘場

前金剛から往復約1時間

「東俣登山道入口」の標柱がある

岐阜県 飛騨市

丁字路

車道に出る

飛騨市宮川・国道41号→

東俣峠

1:75,000

N

1000 2000m

1cm＝750m
等高線は20mごと

梯子坂の急登の先に待つ花の山頂草原へ

人形山
(にんぎょうやま)

三百

標高1726m

富山県・岐阜県

登山レベル：**中級**

技術度：★★
体力度：★★★

日　程：前夜泊日帰り

総歩行時間：**6時間40分**

歩行距離：**11.8km**

累積標高差：登り**1155m**
　　　　　　下り**1155m**

登山適期：**6月上旬～10月下旬**

地形図▶1：25000「上梨」
三角点▶なし

合掌造りが立ち並ぶ五箇山・
相倉集落からの人形山（左）
とカラモン峰（中央）

🏔 山の魅力

富山県南砺市と岐阜県白川村との境にある。奈良時代初めに白山を開山した泰澄大師により、修験道の山として開山された。山名は、6月中旬くらいに出現する雪形（2人の姉妹が手をつないだような形）に由来する。ササユリやニッコウキスゲなどの花々やかつての宮跡、山頂からの展望などが楽しめる。

>>> DATA

公共交通機関【往復】JR城端線城端駅→加越能バス（約30分）→上梨バス停→タクシー（約35分）→中根平登山口

マイカー　東海北陸自動車道・五箇山ICから国道156号、林道高成線を経由して中根平登山口まで約12km。登山口に約20台分の駐車場がある。

ヒント　下山時のタクシーも事前に予約しておくこと。上梨バス停から中根平登山口へ徒歩の場合は約2時間。なお、上梨バス停へは岐阜県側の白川郷方面（加越能バス・約40分）やJR北陸新幹線新高岡駅（加越能バス・約1時間10分）からもアクセスできる。

問合せ先

南砺市平市民センター	☎0763-23-2040
南砺市観光協会五箇山総合案内所	☎0763-66-2468
加越能バス高岡営業所	☎0766-22-4888
五箇山タクシー	☎0763-66-2046

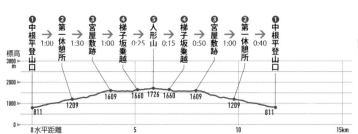

標高
3000
m
2000
1000
0

① 中根平登山口 → 1:00 → ② 第一休憩所 → 1:30 → ③ 宮屋敷跡 → 1:00 → ④ 梯子坂乗越 → 0:25 → ⑤ 人形山 → 0:15 → ④ 梯子坂乗越 → 0:50 → ③ 宮屋敷跡 → 1:00 → ② 第一休憩所 → 0:40 → ① 中根平登山口

811　1209　1609　1660　1726　1660　1609　1209　811

0水平距離　　　5　　　10　　　15km

登山道脇道のササユリ

欄外情報　立ち寄り温泉◎五箇山温泉 五箇山荘：上梨バス停近くにあり、五箇山観光の拠点ともなる温泉。☎0763-66-2316。入浴料600円。13～20時。水曜休。

コース概要 ❶中根平登山口から杉の植林帯をゆるやかに登ると、1時間ほどで❷第一休憩所に着く。ブナが増えてくると第二休憩所で、ここでは6月下旬にドウダンツツジが花を咲かせる。この先は徐々に尾根の幅が狭まってくる。右手に人形山を見ながらやや急な斜面を登り、視界が開けると❸宮屋敷跡に出る。ここはかつて白山宮が立っていたが（現在は五箇山・上梨地区に移設）、現在は鳥居だけが往時の姿を伝えている。ここからは展望がよい高原状の道を進み、最後に梯子坂の急な登りで❹梯子坂乗越に出る。右に進み、ニッコウキスゲやササユリが咲く笹の稜線を行くと、白山や笠ヶ岳などを見渡す❺人形山の山頂だ。下山は往路を引き返すが、時間があれば三ヶ辻山を往復しよう（コラム参照）。

💧水場は中根平登山口にある。また、残雪期に限られるが、宮屋敷跡から上は6月中旬ごろまでは残雪が利用できる。なお、コース中にトイレがないので、山麓ですませておこう。

プランニングのヒント 首都圏や関西圏から距離があるだけに、下山後に世界遺産・五箇山の宿に泊まり、同じエリアの大門山（P164）とセットで登れば効率がよい。

Column

サブコース

時間があれば、南東にある三ヶ辻山往復をプラスしたい（梯子坂乗越から往復約1時間）。やや歩きづらい道だが、紅葉が美しい場所だけに、秋はぜひ足を延ばしてみたい。

梯子坂乗越への登りからの三ヶ辻山

花と自然

花の多い山で、第二休憩所には県下最大といわれるドウダンツツジの巨株が、また、上部ではササユリやショウキラン、ギンリョウソウ、ニッコウキスゲなどが観察できる。

226

人形山

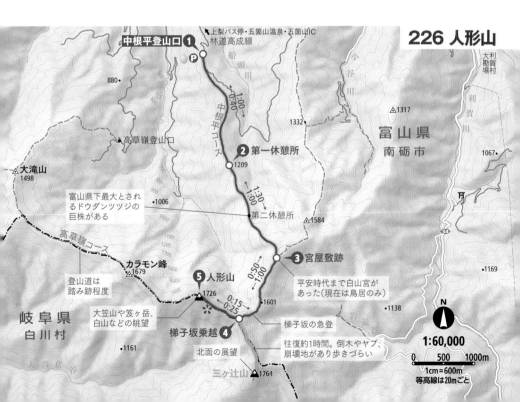

226 人形山

- ❶中根平登山口
- 上梨バス停・五箇山温泉・五箇山IC
- 林道高成線
- 880
- 高草嶺登山口
- ❷第一休憩所 1209
- 中根平コース
- 0:40 / 1:00
- 富山県 南砺市
- △1317
- 1332
- △1498 大滝山
- 富山県下最大とされるドウダンツツジの巨株がある
- 1:30 / 1:00
- 第二休憩所 △1584
- 1006
- 高草嶺コース
- カラモン峰 △1679
- 登山道は踏み跡程度
- ❸宮屋敷跡
- 平安時代まで白山宮があった（現在は鳥居のみ）
- ❺人形山 1726
- 大笠山や笠ヶ岳、白山などの眺望
- 0:50 / 1:00
- 1601
- 0:15 / 0:25
- 梯子坂乗越 ❹
- 梯子坂の急登
- 往復約1時間。倒木やヤブ、崩壊地があり歩きづらい
- 北面の展望
- 岐阜県 白川村
- 1161
- 1138
- 1169
- 三ヶ辻山 △1764
- N
- **1:60,000**
- 0 500 1000m
- 1cm=600m
- 等高線は20mごと

金沢市民の山へ、通過困難箇所の少ないコースで登る

いおうぜん

医王山

三百

標高939m（奥医王山）

石川県・富山県

登山レベル：初級

技術度：★★
体力度：★★

日　程：日帰り

総歩行時間：5時間55分

歩行距離：12.9km

累積標高差：登り956m
　　　　　　　下り956m

登山適期：4月中旬〜11月下旬

地形図 ▶ 1：25000「湯涌」「福光」
三角点 ▶ 一等

医王山の人気スポットのひとつ、秋の鳶岩と大池。三蛇ヶ滝も近い

上級 中級 初級　医王山

🔺 山の魅力

富山・石川県境にあり、奥医王山や白兀山などの総称。「医」の名のとおり、薬草が多いことからその名がついたとされる。自然豊かで登山道も多いだけに、大人から子どもまでレベルに応じた山歩きが楽しめる。泉鏡花や室生犀星など、地元出身の文豪にも愛された山だ。冬はスキー場になる。

>>> DATA

公共交通機関 【往復】JR北陸新幹線金沢駅→北陸鉄道バス（約55分）→医王山スポーツセンター前バス停

マイカー 北陸自動車道・金沢森本ICから国道159号、県道22・209号を経由して見上峠まで約16km。約5台分の駐車スペースがある。

ヒント 医王山スポーツセンター前へのバスは土・日曜、祝日のみの運行で1日3便。午前中の便は8時前発の1便のみなので、乗り遅れた場合はタクシーを利用する。マイカーの場合、見上峠の駐車場は収容台数が少ないので、満車時は手前の医王山スポーツセンターか、先にある医王の里の駐車場を利用する。

問合せ先

金沢市観光政策課	☎076-220-2194
南砺市交流観光まちづくり課	☎0763-23-2019
医王山ビジターセンター	☎076-236-1165
北陸鉄道バス	☎076-237-5115
北陸さくら交通（タクシー）	☎076-222-4242

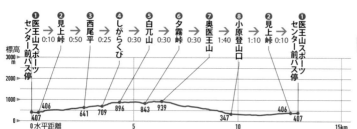

❶医王山スポーツセンター前バス停 →0:10 ❷見上峠 →0:50 ❸西尾平 →0:25 ❹しがらくび →0:30 ❺白兀山 →0:30 ❻夕霧峠 →0:30 ❼奥医王山 →1:40 ❽小原登山口 →1:10 ❾見上峠 →0:10 ❿医王山スポーツセンター前バス停

標高3000m / 2000 / 1000 / 0
407　406　641　709　896　843　939　347　406　407
0水平距離　5　10　15km

奥医王山山頂

欄外情報 立ち寄りスポット◎医王山ビジターセンター：医王山の北面にあり、医王山の自然や歴史、登山コースなどが学べる。☎076-236-1165。5月上旬〜11月下旬。9〜15時（土・日曜、祝日〜17時）。月曜休（祝日の場合は翌日）。

コース概要 ❶医王山スポーツセンター前バス停から車道を歩いて❷見上峠へ。登山道に入り、❸西尾平まで登る。尾根道を進み、❹しがらくびで左に覗への道を分ける。その先で急な登りになり、左から覗乗越からの道を合わせると❺白兀山に着く。展望を楽しんだら、尾根のアップダウンを繰り返しながら進む。❻夕霧峠で車道を渡り、急な階段を登ると台地に出て、竜神池などを見ながら進めば❼奥医王山の山頂だ。下山は北西方向に進み、栃尾道を左に分けて小原道に入る。尾根につけられた道を忠実に下ると❽小原登山口で、右の農道を小菱池町へ、さらに県道を❶医王山スポーツセンター前バス停へと歩いていく。

プランニングのヒント 花の多い山だけに、春から秋にかけて観察できる。新緑は5月、紅葉は10月中旬が見頃。今回はベーシックな周回コースとしたが、この山の魅力をより楽しむなら、しがらくび北面の大池方面も組み込みたい（コラム参照）。

これといった通過困難箇所はないが、下山路の小原道は道が溝状になっているので、スリップに注意。また、蟻ヶ腰の先に地形図にない道の分岐があるが、そのまままっすぐ進む。

サブコース

本項では、しがらくびから白兀山へ直接向かうコースとしたが、北面の三蛇ヶ滝まで足を延ばすのもおすすめ。しがらくびから林道に入り、覗で右の道へ。覗乗越の次の分岐を左に進むとサンショウウオが生息する大池に出る。大池平を経て分岐を左に行くと三蛇ヶ滝だ。帰りは分岐に戻り、岩場経験者ならクサリのある鳶岩経由で、そうでない場合は来た道を戻って覗乗越へ。あとはブナの尾根を登ってガイドコースの白兀山直下へ（約2時間30分）。

落差約20m。3段に落ちる三蛇ヶ滝

医王山

加賀富士ともよばれる端正なスタイルの山

大門山
（だいもんざん）

標高1572m

富山県・石川県

登山レベル:初級

技術度:★★
体力度:★★

日　程:日帰り

総歩行時間:5時間

歩行距離:6.5km

累積標高差:登り721m
　　　　　　下り721m

登山適期:6月中旬〜10月中旬

地形図▶1:25000「西赤尾」
三角点▶三等

金沢市側から見た大門山（中央左）。加賀富士ともよばれているが、金沢市側からの登山道はない

🔺 山の魅力

富山県南砺市と石川県金沢市の境にそびえ、金沢側から見ると富士山に似た端正な姿をしていることから“加賀富士”の別名を持つ。富山県の小矢部川、石川県の犀川の源流ともなっている。コース前半はブナなどの樹林に覆われているが、上部に行けば数多くの種類の花が目を楽しませてくれる。

>>> DATA

公共交通機関【往復】JR城端線城端駅（じょうはな）→タクシー（約1時間10分）→ブナオ峠

マイカー 東海北陸自動車道・五箇山ICから国道156号、県道54号を経由してブナオ峠の駐車場（無料）まで約11km。

ヒント 登山口へのバス便はないので、マイカーやタクシー、レンタカーでのアクセスになる。五箇山に前泊する場合は、JR北陸新幹線新高岡駅、あいの風とや

ま鉄道線高岡駅、城端駅から五箇山経由白川郷行きの世界遺産バスが運行されている。

問合せ先
南砺市上平市民センター　☎0763-23-2043
南砺市観光協会　☎0763-62-1201
加越能バス（世界遺産バス）☎0766-21-0950
五箇山タクシー　☎0763-66-2046

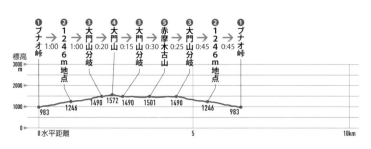

❶ブナオ峠	❷1246m地点	❸大門山分岐	❹大門山	❸大門山分岐	❺赤摩木古山	❸大門山分岐	❷1246m地点	❶ブナオ峠
	1:00	1:00	0:20	0:15	0:30	0:25	0:45	0:45

標高3000m / 2000 / 1000 / 0

983　1246　1490　1572　1490　1501　1490　1246　983

0　水平距離　5　10km

ブナの木を見上げる

欄外情報 立ち寄り温泉◎くろば温泉:南砺市上平市民センターの斜め向かいにある日帰り温泉。食事処も併設。☎0763-67-3741。入浴料600円。10〜21時。火曜休（祝日の場合は翌日）。

コース概要 ❶ブナオ峠から道標に従って登山道に入る。しばらくは美しいブナの森を登るが、尾根筋の急な道が続く。❷1246m地点でいったんゆるんだ傾斜もしばらく行くとまた急坂になり、やがて❸大門山分岐に着く。ここはまず右に行く。20分ほどの急登をこなせば、あまり展望の開けない❹大門山の山頂だ。続いて山頂から❸大門山分岐まで戻り、展望の優れた❺赤摩木古山を往復しよう。❸大門山分岐に戻ったら、あとは往路を下る。

プランニングのヒント 城端駅を朝早いタクシーで出発できるなら日帰りで十分歩ける。稜線まで登り一辺倒のため、疲労を強く感じるようなら赤摩木古山を割愛してもいい。ただし、展望は赤摩木古山のほうが優れている。また、大門山分岐から大門山の山頂までの登山道は、ブナオ峠から大門山分岐までの道に比べるといくぶん歩きづらい箇所がある。困難ではないが、ゆっくり丁寧に歩こう。

多くの花が咲く6月上旬はまだ上部に雪が残っていることがある。傾斜はゆるいが、不安があれば軽アイゼンなどを用意しよう。

花と自然

中腹はブナ林が目立つ山だが、上部に行けばツバメオモト、カタクリ、イワウチワ、ムラサキヤシオ、イワカガミ、ショウジョウバカマなどを見ることができる。雪国の山だけあって花期はやや遅め。

ツバメオモト（上）とカタクリ（下）

228 大門山

•1371
•1121
•956
•1022
•652
•1192

❶ブナオ峠
P

ブナ林の道を行く
0:45→
←1:00

歩きづらい箇所があるので注意

展望はない

❷1246m地点
1246

❹大門山
△1572

0:45→
←1:00

急斜面の登山道。下山時はスリップに注意

急斜面が続く

0:15→
←0:20

❸大門山分岐

0:30→
←0:25

石川県
金沢市

富山県
南砺市

体力・時間に余裕がないときは赤摩木古山の往復はあきらめること

大笠山や笈ヶ岳、白山などを一望

赤摩木古山 ❺ △1501

パショウバ平

奈良岳

国道156号・五箇山IC
城端駅
くろば温泉

N

1:25,000

0　250　500m
1cm=250m
等高線は10mごと

赤摩木古谷

世界遺産・五箇山が間近にある山深き地の峰

大笠山
おおがさやま

三百

標高**1822**m

富山県・石川県

登山レベル:**上級**

技術度:★★★
体力度:★★★★★

日　程:前夜泊日帰り

総歩行時間:**9時間40分**

歩行距離:**11.3km**

累積標高差:登り**1674**m
　　　　　　下り**1674**m

登山適期:**6月中旬～10月中旬**

地形図▶1:25000「中宮温泉」
三角点▶一等

コースの途中から見上げた大笠山。山頂からは白山や北アルプスの眺めが広がり、登山道脇には花も多く見られる。秋は紅葉がすばらしい

🔺 山の魅力

富山県の南西部、石川県と境を接する山深いエリアに位置する。深田久弥は『日本百名山』の後記に、この大笠山、そして稜線続きの笈ヶ岳のどちらかを百名山に選びたかったが未登頂のため遺憾にも割愛した、と書いている。堂々とした山容と山頂までの長い行程は百名山に入っても遜色なかったはずだ。

上級
中級
初級

大笠山

>>> DATA

公共交通機関【往復】JR城端線城端駅→タクシー(約1時間10分)→登山口手前のゲート

マイカー　東海北陸自動車道・五箇山ICから国道156号、打越トンネルなどを経由してゲート手前の駐車場(無料)まで約11km。

ヒント　登山口へのバス便はないので、マイカーやタクシー、レンタカーでのアクセスになる。五箇山に前泊する場合は、JR北陸新幹線新高岡駅、あいの風とや

ま鉄道線高岡駅、城端駅から五箇山経由白川郷行きの世界遺産バスが運行されている。

問合せ先

南砺市上平市民センター	☎0763-23-2043
南砺市観光協会	☎0763-62-1201
桂湖ビジターセンター	☎0763-67-3120
加越能バス(世界遺産バス)	☎0766-21-0950
五箇山タクシー	☎0763-66-2046

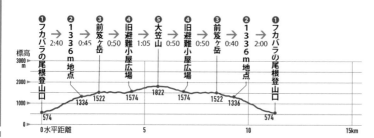

❶フカバラの尾根登山口 →2:40→ ❷1336m地点 →0:45→ ❸前笈ヶ岳 →0:50→ ❹旧避難小屋広場 →1:05→ ❺大笠山 →0:50→ ❹旧避難小屋広場 →0:50→ ❸前笈ヶ岳 →0:40→ ❷1336m地点 →2:00→ ❶フカバラの尾根登山口

標高 3000m / 2000m / 1000m / 0
574 — 1336 — 1522 — 1574 — 1822 — 1574 — 1522 — 1336 — 574
0 水平距離　5　10　15km

急坂の尾根を登る

欄外情報　前泊◎五箇山旅館よしのや:合掌造りで知られる五箇山の皆葎(かいむぐら)地区にあり、主人の酒井さんは周辺の山に大変詳しい。☎0763-67-3227。1泊2食付8500円(ビジネスコース)～。

コース概要 ゲートを通過し桂橋を左に見送ったすぐ先が❶フカバラの尾根登山口だ。すぐに道は吊橋となり、渡った先の岩場を何本もの鉄バシゴで乗り越える。ひと息つく間もなく急登が続き、❷1336m地点まで登れば時間的には往路の半分をこなしたことになる。ゆるやかになった道を経て急登をこなせば❸前笈ヶ岳（天ノ又）。ここからアップダウンを繰り返せば水場のある❹旧避難小屋広場に着く。山頂は近い。急坂を登り、稜線に出たら左へ。避難小屋の先がパノラマの❺大笠山山頂だ。下りは往路を慎重に戻る。

プランニングのヒント 歩き出す前に桂湖ビジターセンター（夏休み以外の火曜休・冬期休業）へ立ち寄り、登山届を登山ポストに入れること。大笠山は行程が長いため、できたら山麓に前泊して臨みたい。登山口近くのビジターセンターに隣接するキャンプ場に泊まることもできるが、せっかくなので世界遺産の五箇山に泊まってみたい。

山頂の北側には避難小屋がある。小ぢんまりとした建物でトイレ・水場はないが、万が一の際には心強い。

安全のヒント

登山口から吊橋を渡るといきなり、正面の岩場に鉄バシゴが連続する。歩き始めでまだ体が温まっていないうえ、周囲は険しい岩壁になっているのでゆっくりと慎重に登りたい。ハシゴの先も急登の連続だ。

吊橋を渡ると鉄バシゴが連続する

229 大笠山

奈良岳・大門山
1561
1591
黒池
・1366
1668・
富山県
南砺市
△1228
桂湖
国道156号・城端駅・五箇山IC
桂湖コテージ
喫茶たいむ
桂
桂湖ビジターセンター P
登山届提出場所
P
桂湖オートキャンプ場

旧避難小屋広場
避難小屋へ
分岐点
川県
白山市
大笠山 ❺
1822
・1657
笈ヶ岳や白山連峰、金沢市街の眺望
千丈平
ロープのある急斜面
1:05
0:50
❹
水が出ていなくても、ホースを200mほどたどれば水源に行ける
アカモノの頭
1552
0:50
❸前笈ヶ岳（天ノ又）
1522
目指す大笠山を望む
フカバラの尾根
フカバラの尾根登山口 ❶
大畠谷橋
桂橋
幅の狭い尾根道。滑落注意
・845
2:40
2:00
白山山系屈指の急坂の連続。登りも下りもきつい
境川
加須良川
0:45
0:40
❷1336m地点
・1336
・1109

千丈平
（P196）笈ヶ岳 △1841
岐阜県
白川村

N
1:50,000
0   500   1000m
1cm＝500m
等高線は20mごと

世界遺産・白川郷の西にそびえる特異な姿の山

三方岩岳
（さんぼういわだけ）

標高**1736m**

岐阜県・石川県

登山レベル：初級

技術度：★★
体力度：★

日　程：日帰り

総歩行時間：**1時間30分**

歩行距離：**2.6km**

累積標高差：登り**321m**
　　　　　　下り**321m**

登山適期：**6月上旬～10月下旬**

地形図▶1：25000「鳩谷」
三角点▶なし

三方岩岳南面からの飛騨岩。
飛騨岩は山中の3つの岩で
は最も大きい

山の魅力

世界遺産・白川郷の西に特異な姿を見せる山。その名のとおり、山頂の三方を飛騨岩、加賀岩、越中岩に囲まれている。遠目に見ると登山道があるように思えないが、三方から道が延びている。三方岩駐車場からのコースは白山や笈ヶ岳、北アルプスなどを望む山頂へ短時間で立てることから人気が高い。

>>> DATA

公共交通機関【往復】JR高山本線高山駅→濃飛バス・北陸鉄道バス（約50分）→白川郷バスターミナル→タクシー（約30分）→三方岩駐車場

マイカー　東海北陸自動車道・白川郷ICから国道156号、白山白川郷ホワイトロード（有料）を経由して三方岩駐車場まで約15km。約60台分の無料駐車場あり。

ヒント　白川郷へは名古屋（名鉄バスセンター）からの岐阜バス（約2時間45分）も運行。アクセス路となる白山白川郷ホワイトロード（旧白山スーパー林道）は、通行時間（6～8月は7～18時、9～11月は8～17時）が決まっているので注意したい。

問合せ先
白川村観光振興課　　　☎05769-6-1311
濃飛バス予約センター　☎0577-32-1688
北陸鉄道予約センター　☎076-234-0123
岐阜バス予約センター　☎058-201-0489
白山タクシー　　　　　☎05769-5-2341

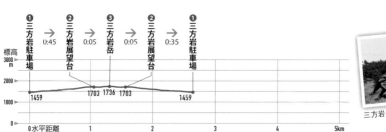

❶三方岩駐車場 →(0:45)→ ❷三方岩展望台 →(0:05)→ ❸三方岩岳 →(0:05)→ ❷三方岩展望台 →(0:35)→ ❶三方岩駐車場

標高
3000m
2000
1000
0

1459　　　　1703 1736 1703　　　　1459

0 水平距離　　1　　2　　3　　4　　5km

三方岩岳の山頂

欄外情報　前泊◎トヨタ白川郷自然學校：白川郷の西、馬狩地区にある宿泊施設。日帰り温泉もあり、三方岩岳へのガイドツアー（6月中旬以降）も行っている。要予約。☎05769-6-1187。宿泊料金は要問合せ。

コース概要 白山白川郷ホワイトロードの三方岩トンネル手前に**❶三方岩駐車場**があり、その対面が三方岩岳への登山口だ。まずは橋を渡り、ジグザグに切られた道を登っていく。20分ほどで県境稜線に出る。右に瓢箪山方面への道跡があるが入り込まないように。ブナの大木の間を抜け、樹林が低くなると白山や笈ヶ岳などを一望する**❷三方岩展望台**に出る。ここに三方岩岳の山頂標柱があるが、実際の山頂は5分ほどさらに進んだ場所にあるので、往復してこよう。飛騨岩の絶壁にある**❸三方岩岳**山頂からは、展望台同様、白山連峰や北アルプスなどのすばらしい景観が広がっている。下山は往路を引き返す。

プランニングのヒント 奥深い山だけに、日帰りは厳しい。東麓にある世界遺産の白川郷に宿泊し、観光とセットで登りたい。歩き足りない人は、さらに南下して白山北縦走路上の野谷荘司山（三方岩岳からから往復約2時間20分）まで足を延ばすとよい。

> 通過困難箇所はほとんどないが、山頂直下に足場の悪い箇所がある。また、最高点は飛騨岩の絶壁に面するだけに、転落に注意。

サブコース

東面の白川郷から登る、中級者向きのコース。白川郷からタクシー（約10分）または徒歩（1時間30分）で白山白川郷ホワイトロードの馬狩料金所へ。その一角が登山口。標高950mあたりからは尾根道となり、急斜面をひたすら登っていくと、紹介コースの三方岩展望台と三方岩岳山頂の間にある分岐に出る（山頂まで約4時間）。なお、紹介コースの場合、マイカーでなければこのコースを下山に利用すれば、タクシーを利用せずに白川郷へ向かうこともできる。

コース上部を行く。前方右は越中岩

230 三方岩岳

白川郷からのロングコース。上部まで急登が続く。馬狩料金所登山口から登り約4時間、下り約3時間

・1318　・1294

白山白川郷ホワイトロード

1546

避難小屋跡

1586
三角点
m
△1586

1471

二本松

蓮如茶屋駐車場
P

白川郷展望台
△1214

馬狩料金所付近

1105・

取付点

P
白川郷

三方岩駐車場
❶
P

三方岩展望台
❷
加賀岩
越中岩
0.05

県境稜線
0.45
0.35

三方岩岳
❸
1736

飛騨岩

下山時コース注意

574・

・1583

三方岩岳〜野谷荘司山の往復は約2時間20分

石川県
白山市

岐阜県
白川村

馬狩荘司山
1704
野谷荘司山

・1586

N

1:25,000

0　250　500m
1cm=250m
等高線は10mごと

東海・北陸

世界遺産・白川郷が登山口の飛騨高地最高峰

さるがばばやま・さるがばんばやま

猿ヶ馬場山

標高1875m(最高点)

岐阜県

登山レベル:**中級**(残雪期は上級)

技術度:★★★(無積雪期)
体力度:★★★★(無積雪期)

日　程:前夜泊日帰り

総歩行時間:**8時間55分**

歩行距離:**15.4km**

累積標高差:登り**1586m**
　　　　　　下り**1586m**

登山適期:残雪期~10月中旬

地形図▶1:25000「平瀬」「鳩谷」
三角点▶三等

猿ヶ馬場山の山頂一帯はなだらかでたいへん広く、視界が悪いときは進む方向に十分注意する必要がある

🔺 山の魅力

世界遺産・白川郷の南に連なる飛騨高地の最高峰。これまでは4~5月の残雪期を中心とした積雪期にしか登れない山だったが、近年、白川郷から無積雪期にも登れるコースのあることが知られるようになり、雪山経験のない登山者も多く訪れるようになった。ここでは無積雪期のコースをメインに紹介しよう。

>>> DATA

公共交通機関【往復】JR高山本線高山駅→濃飛バス(約50分)→白川郷バスターミナル。または、JR北陸新幹線新高岡駅→加越能バス(約2時間)→白川郷バスターミナル

マイカー東海北陸自動車道・白川郷ICから国道156号を経由して村営せせらぎ公園駐車場(有料)まで約2km。混雑の際は係員が臨時駐車場に誘導する。

ヒント白川郷へは名古屋駅(岐阜バス)、富山駅(濃飛バス)、金沢駅(濃飛バス・北陸鉄道バス)からもそれぞれ直通バスが運行されている。

問合せ先

白川村観光振興課	☎05769-6-1311
白川郷観光協会	☎05769-6-1013
濃飛バス予約センター	☎0577-32-1688
加越能バス	☎0766-21-0950
岐阜バス予約センター	☎058-201-0489
北陸鉄道予約センター	☎076-234-0123

❶白川郷バスターミナル →0:45 ❷林道出合分岐点 →1:10 ❸宮谷林道出合 →0:30 ❹宮谷徒渉点 →1:10 ❺帰雲山 →1:20 ❻猿ヶ馬場山三角点 →1:20 ❺帰雲山 →0:55 ❹宮谷徒渉点 →0:25 ❸宮谷林道出合 →0:45 ❷林道出合分岐点 →0:35 ❶白川郷バスターミナル

標高3000m 2000 1000 0

494 636 1073 1121 1622 1827 1622 1121 1073 636 494

0水平距離 5 10 15km

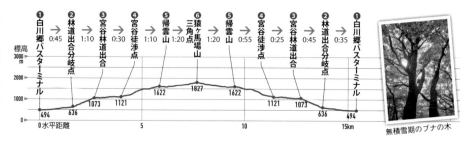

無積雪期のブナの木

欄外情報 立ち寄り温泉◎白川郷の湯:白川郷バスターミナルの近くにあり、宿泊(1泊2食付1万7600円~)もできる。食事処あり。☎05769-6-0026。入浴料800円。7~21時。

コース概要 **❶白川郷バスターミナル**から南へと道路を歩き、明善寺と白川八幡神社の間から林道に入る。沢沿いの道から急斜面を登ると**❷林道出合分岐点**。尾根筋をジグザグに急登すれば**❸宮谷林道出合**で、ここから平坦な林道を行く。**❹宮谷徒渉点**を過ぎ、ワサビ田を見送れば、急登のあと道は二分し、まっすぐ行くと**❺帰雲山**。分岐まで戻り、一部がヤブに覆われる道を注意深く登れば**❻猿ヶ馬場山三角点**だ。帰りは往路を慎重に戻ろう。

プランニングのヒント 険しく困難な箇所はないが、歩行時間が大変長いため、早朝に出発すること。疲労などで時間切れになる可能性を考え、ヘッドランプは必ず携行してほしい。また、無積雪期の場合、登山道を歩いて到達できるのは猿ヶ馬場山三角点までで、最高点へはヤブのために行くことが困難。最高点に立ちたいときは残雪期を選ぶしかない。なお、この山の登山口は白川郷。ぜひ前泊か後泊したいところだ。

帰雲山から猿ヶ馬場山の間にはヤブに覆われ不明瞭な箇所がある。赤布などの目印を見落とさないようにしたい。

安全のヒント

残雪期に歩く場合、急傾斜の下りではスリップに十分注意したい。最近はストックで登る人が増えているが、ピッケルがあるとより安心だ。また、視界不良時には進む方向を間違えないよう慎重に。

残雪期の下りはスリップに注意

Column

231

猿ヶ馬場山

231 猿ヶ馬場山

岐阜県
白川村

1:50,000
0 500 1000m
1cm=500m
等高線は20mごと

籾糠山 1744

三角点から最高点まではコース不明瞭

❻猿ヶ馬場山三角点 1827

わかりづらい

猿ヶ馬場山 1875 猿ヶ馬場山最高点

ヤブに覆われた道。赤布を目印に進む

❺帰雲山 1622

展望はない

ワサビ田

❹宮谷徒渉点

急登。登るにつれ視界が開けてくる

飛騨トンネル
東海北陸自動車道

宮谷林道

ゲート

❸宮谷林道出合

ジグザグの急登

❷林道出合分岐点

明善寺
合掌造りの寺院

合掌造り集落

❶白川郷バスターミナル

白川郷IC・高岡

白川郷バスターミナル

荻町

白川郷IC・高岡

せせらぎ公園駐車場

白川郷の湯

白山白川郷ホワイトロード

トヨタ白川郷自然學校

合掌造り民家園

あい八幡川橋神社

鳩谷ダム

谷橋

荘川IC・高山駅

富士山、立山とともに日本三霊山のひとつ

白山 <small>はくさん</small>

百

標高2702m（御前峰）

石川県・岐阜県

登山レベル：中級

技術度：★★
体力度：★★

日　程：前夜泊1泊2日

総歩行時間：9時間50分

1日目：4時間25分

2日目：5時間25分

歩行距離：14.5km

累積標高差：登り1594m

下り1594m

登山適期：7月初旬～10月中旬

地形図▶1：25000「加賀市ノ瀬」「白山」
三角点▶一等

御前峰ピークから大火口を見下ろす。晴れれば北アルプス方面からのご来光が拝める

上級
中級
初級

白山

山の魅力

北陸の豪雪エリアに大きな裾野を広げてそびえる加賀白山。北アルプスなど各地からその残雪に覆われた巨体を眺めることができる。花の山としても有名で、初夏から初秋まで色とりどりのお花畑が広がる。アクセスが長く行きにくい山のひとつだが、夏山シーズンはたくさんの登山者で賑わう。

>>> DATA

公共交通機関【往復】JR北陸新幹線金沢駅・JR北陸本線松任駅→北陸鉄道白山登山バス（約2時間10分）→一ノ瀬バス停→シャトルバス（約30分）→別当出合バス停

マイカー　北陸自動車道・白山ICから国道157号、白山公園線などを経由して市ノ瀬まで約60km。市ノ瀬からはシャトルバスで別当出合登山口へ約30分。

ヒント　白山登山バスは予約不要。マイカーの場合、名古屋・岐阜方面からは東海北陸自動車道・白鳥IC、大阪方面からは北陸自動車道・福井北ICが便利。なお、マイカー規制中（例年7月上旬～10月中旬の週末中心）以外は別当出合登山口の無料駐車場まで入れる。

問合せ先
白山市観光課　☎076-274-9544
北陸鉄道白山登山バス　☎076-237-5115
石川県白山自然保護センター（マイカー規制）
　☎076-255-5321

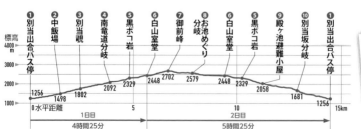

①別当出合バス停	②中飯場	③別当覗	④南竜道分岐	⑤黒ボコ岩	⑥白山室堂	⑦御前峰	お池めぐり分岐	⑥白山室堂	⑤黒ボコ岩	⑨殿ヶ池避難小屋	⑩別当坂分岐 ①別当出合バス停
1256	1498	1802	2092	2329	2448	2702	2579	2448	2329	2058	1681 1256

1日目（4時間25分）　2日目（5時間25分）

弥陀ヶ原からの御前峰

欄外情報　立ち寄り温泉◎白峰温泉総湯：別当出合から車で約40分、白山西麓の白峰温泉は古くからの白山登拝の拠点。☎076-259-2839。入浴料670円。12～21時（土・日曜、祝日は10時～）。火曜休。

1 **日目** ❶別当出合バス停は賑やかな登山基地になっていて、モニュメントや休憩所などがある。広場の先の吊橋で別当谷川を渡り登山道に入る。雑木林のゆるい登りから石段の続く急坂を登る。トイレのある❷中飯場で一段落できるだろう。

ジグザグの登りはさらに続き、低木帯になるころ、柳谷川の奥に大がかりな治水工事の現場を見ることができる。❸別当覗では別当谷と観光新道の長い尾根が姿を現す。勾配がゆるくなってお花畑が出てくると、甚之助避難小屋の人声が聞こえてくる。小屋から見る別山の姿がすばらしい。

甚之助避難小屋からひと登りで❹南竜道分岐。ここでエコーライン分岐、南竜ケ馬場へ向かうコースを右に分け、黒ボコ岩へと大斜面をトラバースするように斜上する。初夏のころだと残雪が出てくるところだ。黒ボコ岩が見えてくると急坂となる。登りきったところが❺黒ボコ岩で、その名にふさわしい大岩がたたずんでいる。

その先の広い高原が弥陀ヶ原。木道が敷かれている。奥に見えるのが目指す御前峰である。あちこちに湿原があり高山植物を観察できる。木道を行くとビジターセンターの屋根が見えてくる。ハイマツ帯のなかの急坂をひと登りすると❻白山室堂で、大きな山小屋が現れる。設備の整った山小屋で、山小屋のすぐ先にある社は白山比咩神社祈祷殿である。

2 **日目** 白山室堂を暗いうちにスタートすれば御前峰でご来光を拝めるとあり、ヘッドランプをつけて登る人の行列が見られる。小屋から御前峰までは遠くに見えるが40分ほどの登りだ。

❼御前峰の山頂には白山比咩神社奥宮がある。白山信仰の信者がここを目指して全国からやってくる聖地である。山頂からの景色は雄大だ。眼下には室堂が広がり、そ

別当出合の先の急坂は石段が続く。歩き始めなので、先を考えてここはゆっくり登るのがコツ。

甚之助避難小屋の先からエコーラインを登って弥陀ヶ原に出るルートもある。少し時間がかかるが比較的登りやすい。

Column

安全のヒント

石段や石畳、木道などが多く、よく整備されているので安心して歩くことができるだろう。御前峰は独立したピークなので夏山では夕立や雷に注意したい。できるだけ午前中に行動し、積乱雲が発達しているときの登山は避けよう。甚之助避難小屋からひと登りしたあとの大斜面のトラバースでの落石、そして夏の早い時期に残る雪渓で踏み跡を外さないように歩くことにも気をつけたい。下山時の観光新道の別当出合への下降路(別当坂)は石段の急坂を下るので、転倒には注意しよう。

別当谷への急峻な下りはスリップに注意

232

白山

の先に別山の山並み、遠くに北アルプスの峰々を眺めることができる。御前峰の北側は大きな火口となっている。足下が震えるような迫力のある景観だ。山頂からはお池めぐりコースへと歩を進める。

山頂からゆるやかに下ったところが❽お池めぐり分岐で、右方向の「山頂お池めぐりコース」に入る。花の多い楽しい道だ。❻白山室堂に戻ったら、往路を❺黒ボコ岩へと下る。ここから道標に従って右手の観光新道へ入る。長い尾根上の下り道で急坂

お花畑のハクサンシャクナゲ(左)とハクサンフウロ(右)

白山室堂から御前峰を目指す

もあるが、あちこちにお花畑が出てきて心なごむところだ。道は明瞭で迷うところや岩場はない。途中には❾殿ヶ池避難小屋がある。この道は越前禅定道とよばれる昔からの白山登拝の道。尾根上をそのまま行けば市ノ瀬まで下れるが、❿別当坂分岐の道標で左折して谷へと降りる。急坂の悪路なので慎重に下りたい。一度林道に出合うが、

さらに山道を下れば❶別当出合バス停だ。

プランニングのヒント

本コースは白山の最高峰・御前峰に登る代表的なコース。初日は室堂の山小屋に入り翌早朝に御前峰でご来光を見るのが一般的だが、天候次第では1日目に御前峰に登ってしまうのもよい。別当出合から日帰りで往復する健脚者も少なくない。

サブコース

宿泊地の白山室堂へは何本ものコースがある。南竜道分岐からのエコーライン（南竜道分岐から約1時間50分）、南竜山荘を経由するトンビ岩コース（約2時間20分）、南竜山荘とアルプス展望台を経由する展望歩道（約2時間30分）などで、いずれも困難な箇所はなく、それぞれに個性があって楽しい。初日の歩行時間は短いので、朝早く別当出合に到着した場合は、これらのコースを歩くのもいいだろう。

山小屋情報

●白山室堂：1泊2食付1万1300円（食事付きは6月30日以降）、素泊まり8200円。5月1日〜10月15日。 ●白山雷鳥荘：1泊2食付・コインシャワー付き4.5畳1室（標準3人）4万2500円、6畳（標準4人）5万6000円。7月〜10月上旬。部屋は個室タイプ。※両小屋とも全シーズン予約制で、申し込みは白山室堂予約センター（☎076-273-1001）へ。

よく整備された白山室堂

観光新道から別当出合への最後の下り（別当坂）は尾根の腹を下降するので猛烈に急。ゆっくり丁寧に歩きたい。

上級 中級 初級 白山

東海・北陸

233

古い火口を有し、イヌワシが生息する変化に富んだ山

経ヶ岳
きょうがたけ

標高1625m

福井県

登山レベル:中級

技術度:★★★
体力度:★★★

日　程:日帰り

総歩行時間:7時間

歩行距離:10.1km

累積標高差:登り1283m
**　　　　　下り1283m**

登山適期:6月上旬〜10月下旬

地形図▶1:25000「越前勝山」
三角点▶二等

古い火口の名残りである池ノ大沢湿原から見上げた経ヶ岳。その山頂は旧火口壁の最高点となっている

上級
中級
初級

経ヶ岳

🔺 山の魅力

白山国立公園の南西部に位置し、白山よりも古い火山だといわれている（現在は活火山ではない）。山頂南部の池ノ大沢湿原は火口の名残りだ。山頂からは白山をはじめ、荒島岳や九頭竜川の眺めが大きく広がる。また、経ヶ岳一帯は特別天然記念物のイヌワシの生息地としても知られている。

>>> DATA

公共交通機関【往復】JR越美北線越前大野駅→タクシー（約25分）→奥越高原青少年自然の家

マイカー　北陸自動車道・福井北ICから国道416・157号、県道26号などを経由して奥越高原青少年自然の家の駐車場（無料）まで約36km。

ヒント　公共交通機関利用の場合、下山時に奥越高原青少年自然の家ではなく、大野市乗合タクシーのうらら館停留所に下って越前大野駅まで乗合タクシーを

利用することができるが、最終便が14時台とやや早め。利用する場合は事前に予約が必要となる。

問合せ先
大野市観光交流課　☎0779-64-4817
越前おおの観光ビューロー　☎0779-65-5521
大野タクシー（乗合タクシー）☎0779-66-2225

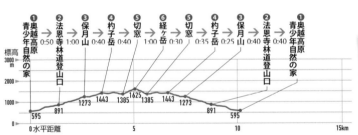

標高
3000m
2000
1000
0

595　891　1273　1443　1385　1625　1385　1443　1273　891　595

0 水平距離　5　10　15km

①奥越高原青少年自然の家 →0:50→ ②法恩寺林道登山口 →1:00→ ③保月山 →0:40→ ④杓子岳 →0:40→ ⑤切窓 →1:00→ ⑥経ヶ岳 →0:30→ ⑤切窓 →0:35→ ④杓子岳 →0:25→ ③保月山 →0:40→ ②法恩寺林道登山口 →0:40→ ①奥越高原青少年自然の家

法恩寺林道登山口の駐車場

欄外情報 立ち寄り温泉◎九頭竜温泉平成の湯:JR九頭竜線越前下山駅近くにあるが、列車の本数が少なくマイカー利用者向き。☎0779-78-2910。入浴料600円。10〜21時（平日は12時〜）。火曜休（祝日の場合は翌日）。

コース概要 ●奥越高原青少年自然の家（おくえつこうげんせいしょうねん しぜん いえ）から舗装路を少し歩き、左手の登山道に入る。三角山分岐で稜線に出てゆるやかに登れば❷法恩寺林道登山口（ほうおんじ りんどう とざんぐち）。急登を経てブナ林の尾根道を歩くと❸保月山（ほづきやま）に到着する。岩尾根を下って登り返せば❹杓子岳（しゃくしだけ）だ。途中にハシゴもあるが困難ではない。いったん下って少し登ったところが中岳となるが、この間は花期、ササユリやニッコウキスゲが大変美しい。ここを下れば❺切窓（きりまど）で、本日いちばんの頑張りどころともいえる急坂を登りきれば❻経ヶ岳（きょうがたけ）の山頂だ。下りは往路を戻る。

行程中に取り立てて困難な箇所はないが、歩行時間が長い。登山口にはできるだけ早い時間に到着するようにしたい。

プランニングのヒント 長時間歩くことに不安がある人は、法恩寺林道登山口までマイカーやタクシーでアプローチしてもいい。紹介したコースを歩く場合に比べ、往復で1時間30分前後、歩行時間を短縮できる。峠の手前に10台分ほどの駐車場がある。なお、コースの最後、切窓から山頂への登り返しはきつい。余力を残しておきたい。

花と自然

尾根筋には春から初夏にかけ、イワウチワやショウジョウバカマ、ミツバツツジなどの花が咲く。また、杓子岳から切窓にかけての稜線では初夏、ササユリやニッコウキスゲなどのお花畑が見事な景観を見せる。

ササユリ（上）とイワウチワ（下）

233 経ヶ岳

1:40,000
500　1000m
1cm＝400m
等高線は20mごと

勝山

福井県
勝山市

笹原

経ヶ岳 ❻
1625

法恩寺山・赤兎山

ロープ

切窓 ❺

急登、ロープ

やせた岩尾根、ハシゴ

保月山 ❸
1273

中岳
1467

1:00
0:30

池ノ大沢湿原

古い火口

1555

0:40
0:25

0:40
0:35

1443

❹杓子岳

法恩寺林道登山口 ❷ P

急登

ブナ林

1:00
0:40

徒渉や不明瞭箇所のあるやや難コース。下山には利用しないほうがいい

三角山分岐

三角山
799

0:30
0:40

林道登り口

唐谷川林道入口

唐谷川

大野市

うらら館

❶奥越高原青少年自然の家

自然保護センター

湯谷山
1276

越前大野駅・大野IC

南六呂師

積雪期にしか登れない両白山地の孤峰

野伏ヶ岳
（のぶせがだけ）

三百

標高1674m

岐阜県・福井県

登山レベル：上級

技術度：★★★★
体力度：★★★★

日　程：前夜泊日帰り

総歩行時間：7時間55分

歩行距離：13.6km

累積標高差：登り1152m

下り1152m

登山適期：3月中旬〜4月下旬

地形図 ▶ 1：25000「石徹白」「二ノ峰」
「願教寺山」
三角点 ▶ 三等

和田山牧場跡付近から見た野伏ヶ岳。左に延びる稜線の下に見える樹木の多い稜線がダイレクト尾根で、右に延びる稜線は北尾根

上級
中級
初級

野伏ヶ岳

🔺 山の魅力

岐阜県郡上市と福井県大野市の境にそびえる。夏道がないため、三百名山のなかでは数少ない積雪期にしか登れない山。苦労して立つ山頂からの展望はすばらしいが、読図とルートファインディング、そして雪上技術が要求される。登山口の白山中居神社は杉の大木に囲まれ、白山信仰とも深い関わりがある。

>>> DATA

公共交通機関【往復】長良川鉄道北濃駅→白鳥交通バス（約35分）→上在所バス停

マイカー 東海北陸自動車道・高鷲ICから県道45・452号、国道156号、県道314・127号を経由して白山中居神社下の駐車場（無料）まで約22km。

ヒント 上在所行きのバスは日曜・祝日は運休。平日・土曜の運行は行き・帰りとも朝・昼・晩の3本ずつで、午前便は1本のみ。帰りの最終便は登山時間を考慮

しても十分に余裕があるが、基本的にはマイカーやレンタカー向きの山といえる。また、バスは昼の便に限って乗車1時間前の予約が必要になる。

問合せ先
郡上市白鳥振興事務所　☎0575-82-3111
白鳥交通（バス）　☎0575-82-5081
高鷲タクシー　☎0575-72-5510

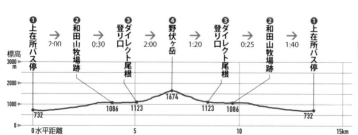

❶上在所バス停 →2:00→ ❷和田山牧場跡 →0:30→ ❸ダイレクト尾根登り口 →2:00→ ❹野伏ヶ岳 →1:20→ ❸ダイレクト尾根登り口 →0:25→ ❷和田山牧場跡 →1:40→ ❶上在所バス停

標高3000m / 2000 / 1000 / 732 / 1086 / 1123 / 1674 / 1123 / 1086 / 732

0水平距離　5　10　15km

雪上ではルート選びが重要

欄外情報 立ち寄りスポット◎上在所バス停に隣接する白山中居神社には、杉巨木が立ち並ぶ「白山中居神社の森」や背後の「ブナ原生林」があり、いずれも県指定の天然記念物となっている。

コース概要 ❶上在所バス停(かみざいしょ)から朝日添川(わさびそがわ)と石徹白川(いとしろがわ)を橋で渡り、石徹白川の橋を渡ってすぐ右折。続いての分岐は右へと橋を渡って林道に入る。ここから時々ショートカットしながら林道を行けば❷和田山牧場(わだやまぼくじょう)跡(あと)で、樹林の混じる雪原を❸ダイレクト尾根登り口(ねのぼりぐち)へと向かう。このあたりは事前情報と読図と勘で。ダイレクト尾根に取り付いたらあとは尾根を外さないように高度を上げれば❹野伏ヶ岳(のぶせだけ)の山頂だ。下りは往路を慎重に戻ろう。

プランニングのヒント 冬の積雪期から春の残雪期が登山シーズンとなるが、豪雪地帯でもあり、冬はエキスパートの世界となる。残雪期の場合、5月に入ってもまだ雪は多く残っているが、山腹の笹ヤブの露出が多くなるので、その年の積雪次第ではヤブ漕ぎに苦しむかもしれない。適期としては3～4月ということになるが、上部は急傾斜の雪庇もあり、4月の後半で雪がゆるむ時期でもピッケルは準備しておきたい。

登山道がないので当然、道標もなく、途中に避難小屋もない。天気の判断や悪天時の対処も重要な要素となってくる。

花と自然

4月中旬ともなれば、雪の消えたコース下半部では雪解け直後に顔を出すキクザキイチゲやザゼンソウ、ユキワリソウなどが見られる。また、登山口の白山中居神社付近にはミズバショウの群生地もある。

キクザキイチゲ（上）とザゼンソウ（下）

234

野伏ヶ岳

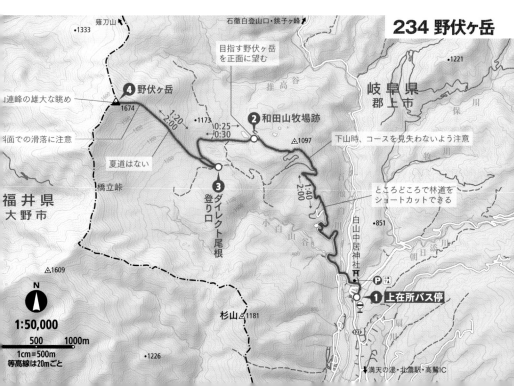

234 野伏ヶ岳

- 薙刀山 •1333
- 石徹白登山口・銚子ヶ峰
- 目指す野伏ヶ岳を正面に望む
- ❹ 野伏ヶ岳 1674
- 連峰の雄大な眺め
- 斜面での滑落に注意
- 1:20 2:00
- •1173
- 0:25 0:30
- ❷ 和田山牧場跡
- △1097
- 夏道はない
- 橋立峠
- ❸ ダイレクト尾根登り口
- 岐阜県 郡上市
- •1221
- 保川
- 下山時、コースを見失わないよう注意
- 1:40 2:00
- ところどころで林道をショートカットできる
- 福井県 大野市
- △1609
- 杉山 △1181
- •851
- 白山中居神社
- P
- ❶ 上在所バス停
- 朝日添川
- N
- 1:50,000
- 500 1000m
- 1cm=500m
- 等高線は20mごと
- •1226
- 満天の場・北濃駅・高鷲IC

山頂からの絶景と花々を求めて分水嶺の山の頂へ

大日ヶ岳
(だいにちがたけ)

岐阜県

登山レベル:中級

技術度:★★
体力度:★★★

日　程:日帰り

総歩行時間:6時間30分

歩行距離:11.6km

累積標高差:登り1103m
　　　　　下り1103m

登山適期:5月上旬〜11月下旬

地形図▶1:25000「石徹白」
三角点▶一等

南西側の尾根から見た大日ヶ岳。大日如来像とともに一等三角点が立つ山頂からの眺めはすばらしい

上級
中級
初級

大日ヶ岳

🏔 山の魅力

岐阜県の北西部、スキーリゾートとして知られる"ひるがの高原"が東麓に広がる信仰の山。山頂には大日如来像が祀られている。大河、長良川の源流であり、同時に日本海と太平洋への流れを分ける分水嶺ともなっている。山頂からの眺めはすばらしく、アルプスや両白山地などの絶景探訪が楽しい。

>>> DATA

公共交通機関【往復】長良川鉄道北濃駅→白鳥交通バス(約20分)→満天の湯入口バス停

マイカー 東海北陸自動車道・高鷲ICから県道45・452号、国道156号、県道314号を経由して桧峠の駐車場(無料)まで約14km。桧峠の駐車場が満車の場合は、満天の湯の駐車場を利用する(無料)。下山後は満天の湯で汗を流していこう。

ヒント 長良川鉄道、白鳥交通のバスとも本数が少なく、マイカーやレンタカーでアクセスする山といえる。タクシーを利用する場合は、長良川鉄道北濃駅から約15分(要予約)。

問合せ先
郡上市白鳥振興事務所　☎0575-82-3111
郡上市高鷲振興事務所　☎0575-72-5111
白鳥交通(バス)　　　　☎0575-82-5081
高鷲タクシー　　　　　☎0575-72-5510

標高
3000m
2000
1000
0

① 満天の湯入口バス停 —1:00→ ② ゴンドラリフト終点 —1:00→ ③ 水後山 —0:40→ ④ 鎌ヶ峰 —1:00→ ⑤ 大日ヶ岳 —0:50→ ④ 鎌ヶ峰 —0:40→ ③ 水後山 —0:40→ ② ゴンドラリフト終点 —0:40→ ① 満天の湯入口バス停

958　1343　1559　1666　1709　1666　1559　1343　958

0 水平距離　　　5　　　10　　　15km

山頂の大日如来像

欄外情報 立ち寄り温泉◎満天の湯:10室ある個室露天風呂が人気。☎0575-86-3518。入浴料900円(個室露天風呂は別料金)。12〜19時。12月中旬〜3月下旬は無休(他の期間は要問合せ)。

コース概要 ①満天の湯入口バス停（桧峠駐車場）から杉林のなかを進む。道はスキー場のゲレンデに続く。やがて②ゴンドラリフト終点。ブナ林を歩くといつしか低木帯となり、いったん下って急登すれば③水後山に着く。ここから④鎌ヶ峰までは狭い尾根歩きが続くので、すれ違いには注意したい。鎌ヶ峰から登り下りを繰り返し、最後の直登を登り切ると大日如来像がまつられる⑤大日ヶ岳の山頂だ。たっぷり展望を楽しんだら往路を戻ろう。

プランニングのヒント 歩行時間を短縮したい場合は、コースに隣接するウイングヒルズ白鳥リゾート（☎0575-86-3518）のゴンドラリフトを利用すると往復で約2時間カットできる。運行時間、運行期間等は要問合せ。大日ヶ岳の登山コースには、最短時間で山頂に立てる「ダイナランドコース」（山頂まで約2時間40分）、ブナ林が美しい「ひるがの高原コース」（山頂まで約4時間）もあるので、体力に合わせて選ぶといい。

水後山から大日ヶ岳の区間は思った以上にアップダウンがある。傾斜もあって狭いので、滑落には注意すること。

花と自然

華やかなお花畑はこの山にはないが、ゴンドラ終点を過ぎた尾根筋にはショウジョウバカマやイワカガミ、アカモノ、チゴユリ、マイヅルソウなどさまざまな花を見ることができる。花を見るなら6月頃がおすすめだ。

ショウジョウバカマ（上）とタムシバ（下）

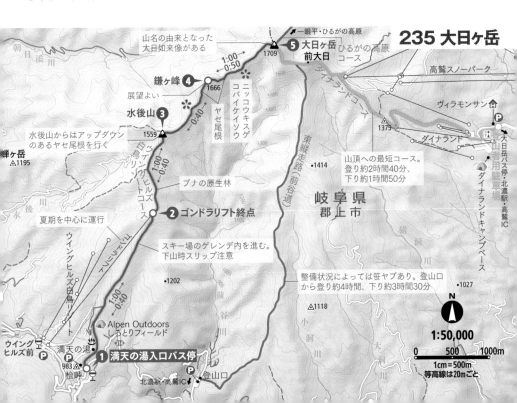

235 大日ヶ岳

山名の由来となった大日如来像がある

⑤大日ヶ岳
前大日

一眼平・ひるがの高原

1709

ひるがの高原コース

高鷲スノーパーク

鎌ヶ峰④
1666

展望よい

ニッコウキスゲ
コバイケイソウ

ヴィラモンサン

水後山③

ヤセ尾根

1375

ダイナランド

1559

白鳥ウイングヒルズコース

ブナの原生林

1414

山頂への最短コース。登り2時間40分、下り約1時間50分

大日ヶ岳登山者用駐車場

北濃駅・高鷲IC

白尾山
△1195

水後山からはアップダウンのあるヤセ尾根を行く

②ゴンドラリフト終点

岐阜県
郡上市

ダイナランドキャンプベース

夏期を中心に運行

スキー場のゲレンデ内を進む。下山時スリップ注意

1202

整備状況によっては笹ヤブあり。登山口から登り約4時間、下り約3時間30分

ウイングヒルズ白鳥リゾート

Alpen Outdoors
しろとりフィールド

1118

1027

ウイングヒルズ前

満天の湯

983

桧峠

①満天の湯入口バス停

登山口

北濃駅・高鷲IC

1:50,000

0　　500　　1000m
1cm＝500m
等高線は20mごと

日本海と太平洋の分水嶺でもある"飛騨の三名山"の一座

位山
（くらいやま）

標高1529m

岐阜県

登山レベル：初級

技術度：★★
体力度：★★

日　程：日帰り

総歩行時間：3時間40分

歩行距離：10.3km

累積標高差：登り689m
　　　　　　下り689m

登山適期：4月中旬～11月下旬

地形図▶1:25000「位山」
三角点▶三等

位山の山頂部から見た北アルプスの山々。右の鋭峰の連なりが槍穂高連峰

🔺 山の魅力

岐阜県高山市と下呂市の境に位置し、太平洋と日本海の分水嶺の山である。東の舟山、南の川上岳（P184）とともに「飛騨の三名山」といわれている。

山中には天孫降臨伝説が残る巨岩群や、山名の由来となったイチイ（岐阜県の県木）の原生林があり、全体がパワースポットのような山だ。

>>> DATA

公共交通機関【往復】JR高山本線久々野駅→タクシー（約20分）→モンデウス飛騨位山スノーパーク

マイカー　飛騨清見道路・高山西ICから国道158・41号、県道98号を経由してモンデウス飛騨位山スノーパークまで約22km。スキー場の広い駐車場を利用する。

ヒント　東京方面からアクセスする場合は、JR高山本線高山駅からタクシーでアクセスしてもよい（約30分）。

問合せ先

高山市一之宮支所	☎0577-53-2211
飛騨一之宮観光協会	☎0577-53-2149
モンデウス飛騨位山スノーパーク	☎0577-53-2421
くぐのタクシー（久々野）	☎0577-52-2500
はとタクシー（高山）	☎0577-32-0246

上級 中級 初級 位山

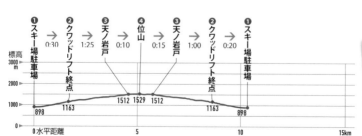

❶スキー場駐車場 →0:30 ❷クワッドリフト終点 1:25 ❸天ノ岩戸 0:10 ❹位山 0:15 ❸天ノ岩戸 1:00 ❷クワッドリフト終点 0:20 ❶スキー場駐車場

標高3000m / 2000 / 1000 / 0
898 / 1163 / 1512 / 1529 / 1512 / 1163 / 898
0 水平距離 / 5 / 10 / 15km

サラサドウダン

欄外情報 前泊◎位山がある高山市一之宮町にはホテルや民宿などの宿泊施設がある。登山口への送迎を行っている宿もあるので、予約の際に相談してみよう。詳細は上記の飛騨一之宮観光協会へ。

コース概要 モンデウス飛騨位山スノーパークが起点。❶**スキー場駐車場**から車道を進み、「位山遊歩道」の標識に従い登山道に入る。ゲレンデと森林帯の境の急な斜面を登ると、❷**クワッドリフト終点**へ出る。山中には数多くの巨石があるが、その最初の六凌鏡岩（ろくりょうかがみ）を過ぎると、三角点がある太奈山（だなやま）に着く。ここからは檜やミズナラ、イチイなどの樹林の道を、ゆるやかに登っていく。途中には馬頭観音や御手洗岩（みたらい）、畳岩などの巨石が点在しているが、展望は得られない。やがて巨石群の代表格❸**天ノ岩戸**（あまいわと）に出る。先の分岐を右に進み、サラサドウダンが咲く中を登ると❹**位山**の山頂（くらいやま）だ。下山は往路を戻るが、❸**天ノ岩戸**（あまいわと）へは山頂南側の天の泉（てん）（水場）を経由していこう。

プランニングのヒント 新緑は5月中旬〜6月上旬、紅葉は10月上旬〜下旬にかけて。下山路（あるいは登路）を北面のダナ平林道経由にして、周回コースにすることもできる（コラム参照）。

登山道はよく整備され初級者でも問題なく歩けるが、雨などで岩や木の根、木道が濡れているときはスリップに注意したい（特に下り）。

Column

花と自然

山頂部は、6月中旬にサラサドウダンの花（左ページ下の写真）に彩られる。また、登山口から山頂にかけて樹相が移り変わっていき、さながら樹木の野外博物館のようだ。

サブコース

最短コースとして、北面のダナ平林道終点からの道がある。巨石群登山道の名のとおり、メインコース同様に巨石が多い。ダナ平林道終点から天ノ岩戸へ登り約50分。

コース途中にある御門（みかど）岩

田屋

湯屋

•933

「位山遊歩道」の標識

△1089

1186△

苅安峠〜ダナ林道終点間は徒歩約1時間30分

クワッドリフト終点 ❷

ダナ平林道

馬頭観音

1233

太奈山

六凌鏡岩

一度尾根から外れる

•1259

苅安峠

P 位山登山口

モンデウス飛騨位山スノーパーク

❶ **スキー場駐車場**

道の駅 モンデウス飛騨位山

乗鞍岳や北アルプス南部の眺めがよい

苅安林道

久々野町無数河

0:20
0:30

1:00
1:25

ダナ平林道終点 P

時間で登るコース。ノ岩戸までり約50分り約35分

巨石群登山道

0:10

位山 ❹

1529

位山天空遊歩道

0:15

❸ **天ノ岩戸**

1529

天の泉

ところどころに御手洗岩や鐘岩などの巨石がある

岐阜県
高山市

•1024

•1062

965

数河川

久々野町阿多粕

洗足

下呂市

前に反してアップダウンがっこう多い。ただし困難箇所ない。川上岳まで約3時間

山頂直下に湧く不思議な水場。「御神水」ともよばれる

N

1:50,000

0 500 1000m

1cm=500m
等高線は20mごと

東海・北陸

ブナの原生林から飛騨有数の展望の頂へ

川上岳
かおれだけ

標高1625m

岐阜県

登山レベル:初級

技術度:★★
体力度:★★

日　程:日帰り

総歩行時間:**5時間10分**

歩行距離:**8.8km**

累積標高差:登り**935m**
　　　　　　下り**935m**

登山適期:**6月上旬～10月下旬**

地形図▶1:25000「位山」
三角点▶一等

川上岳と位山を結ぶ位山天空遊歩道から見た川上岳（右）。天空遊歩道は展望の開けた稜線が続く

上級　中級　**初級**　川上岳

🔺 山の魅力

下呂市と高山市の境、北アルプス御嶽山と白山とにちょうどはさまれる場所に位置する。この山の売り物は何といっても草地の山頂からの大パノラマで、すぐ近くの乗鞍岳、御嶽山、白山をはじめ、剱岳や槍ヶ岳、穂高岳も視界に飛び込んでくる。初夏や秋の空気が澄んだ日にぜひ登りたい山だ。

>>> DATA

公共交通機関　【往復】JR高山本線飛騨萩原駅→げろバス（約30分）→旧青木屋前・上之田バス停→徒歩（約1時間）→登山口

マイカー　東海北陸自動車道・飛騨清見ICから国道158・41号、県道98号、山之口林道などを経由して登山口の駐車場（無料）まで約50km。山之口林道は路面が荒れ気味のため、通行時は注意したい。

ヒント　飛騨萩原駅からのげろバスは土・日曜、祝日は運行本数が減る。バスを利用しての登山なら、平日のほうが本数が多く動きやすい。

問合せ先

下呂市萩原振興事務所　　　　　☎0576-52-2000
濃飛バス下呂営業所（げろバス）　☎0576-25-2126
ヒダタクシー　　　　　　　　　☎0120-055-008

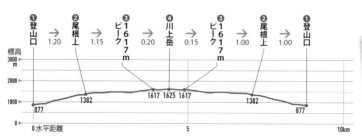

① 登山口 → 1:20 → ② 尾根上 → 1:15 → ③ 1617mピーク → 0:20 → ④ 川上岳 → 0:15 → ③ 1617mピーク → 1:00 → ② 尾根上 → 1:00 → ① 登山口

標高3000m / 2000 / 1000 / 877 / 1382 / 1617 / 1625 / 1617 / 1382 / 877

0 水平距離　　5　　10km

稜線上から川上岳を望む

欄外情報　立ち寄り温泉◎飛騨川温泉しみずの湯:高山本線上呂駅と飛騨宮田駅のほぼ中間。☎0576-56-4326。入浴料700円。10時30分～21時30分。火曜休（祝日の場合は営業）。

コース概要 ❶登山口から大足谷を木橋で渡り、樹林帯の急坂を登る。やがて❷尾根上で、ここからは傾斜もゆるみ、カラマツやブナ、ダケカンバの森を歩くようになる。途中、尾根から離れて大足谷の源流帯を行き、水場を過ぎて急登すれば❸1617mピーク。ここからいったん下ってゆるやかな稜線をたどると❹川上岳の山頂に到着する。下山は往路を戻る。

プランニングのヒント 公共交通機関利用の場合、飛騨萩原駅から始発バスに乗れれば十分に日帰りは可能だが、やはりバス停から登山口までの往復約2時間はスケジュールに影響しかねない。行き・帰りのどちらかはタクシーを使いたい。川上岳北東側の稜線続きには二百名山の位山があり、天空遊歩道とよばれる尾根伝いの登山道によって結ばれている。アップダウンの続く道だが、車が2台あれば1台を下山口に回送しておくことで縦走することもできる。川上岳山頂～位山山頂間は2時間30分～3時間。

登山口から尾根上の間は急坂が続く。登りの際は焦らず、下りの際は膝を痛めないように丁寧に歩きたい。

花と自然

川上岳というと山頂からのパノラマという側面が強いが、サラサドウダンやササユリ、アカモノ、マイヅルソウ、レンゲツツジなどの花も多く見られる。秋はサラサドウダンの紅葉が山上部を真っ赤に染める。

サラサドウダン（上）とササユリ（下）

237

川上岳

237 川上岳

森林管理署ゲート　宮の大イチイ・ツメタ谷林道　位山

•1230

△1402

ゲート

1507

遊位歩山道天空

360度の展望

川上岳❹

高山市

•1227

川上岳～位山間
往復5～6時間

1:00
←1:20

❷
尾根上

1625△

P ❶登山口

•893

大足谷を木橋で渡る

ジグザグの急登。
下山時、滑落注意

0:20↑
↓0:15

ツツジ

1:00↑
↓1:15

1:00↑
←1:15

旧青木屋前・上之田バス停～
登山口間、徒歩約1時間

•1168

❸
1617mピーク

源流帯を行くが、
水流はあまりない

•1373

やや荒れているので、
通行には注意したい

久々野駅

岐阜県
下呂市

1452

宮川の源流帯から尾根道
をたどるコース。森林管理
署ゲートから川上岳山頂ま
で登り約3時間

•1156

•948

N

1:50,000

0　　500　　1000m
1cm=500m
等高線は20mごと

カジヤ

旧青木屋前・上之田
中央

飛騨萩原駅・国道41号

東海・北陸

大鷲伝説の残る中央分水嶺上の山

鷲ヶ岳
（わしがたけ）

標高1671m

岐阜県

登山レベル：初級

技術度：★★
体力度：★

日　程：日帰り

総歩行時間：3時間10分

歩行距離：5.3km

累積標高差：登り550m
**　　　　　　下り550m**

登山適期：5月中旬〜10月下旬

地形図 ▶ 1：25000「大鷲」
三角点 ▶ 三等

鷲ヶ岳の山頂から見た白山。
右に目を移せば、北アルプス
の峰々が望める

上級　中級　**初級**　鷲ヶ岳

山の魅力

岐阜県の中西部、郡上市と高山市の境に位置し、山頂は太平洋側と日本海側とを分ける中央分水嶺（中央分水界）にもなっている。鎌倉時代、勅命によって藤原頼保が大鷲2羽を退治し、鷲見姓を賜ったとの伝説が残り、山麓には高鷲町をはじめ、「鷲」の文字の付いた地名がいまも多く存在する。

>>> DATA

公共交通機関【往復】長良川鉄道美濃白鳥駅→タクシー（約50分）→桑ヶ谷林道終点

マイカー　東海北陸自動車道・高鷲ICから市道、桑ヶ谷林道を経由して桑ヶ谷林道終点まで約11km。林道終点に駐車スペースがある。

ヒント　路線バスはないため、マイカーやレンタカー向きの山といえる。また、長良川鉄道も本数が少なく、公共交通機関を利用して遠方からアクセスする場合は前泊が必要になる。鷲ヶ岳の西山麓はスキーリゾートとして知られ、夏も営業する宿が多いために前泊に困ることはない。

問合せ先

郡上市高鷲振興事務所	☎0575-72-5111
高鷲観光協会	☎0575-72-5000
高鷲タクシー	☎0575-72-5510

標高
3000m

❶桑ヶ谷林道終点 →1:00→ ❷一服平 →0:35→ ❸林道終点 →0:35→ ❹鷲ヶ岳 →0:25→ ❸林道終点 →0:15→ ❷一服平 →0:40→ ❶桑ヶ谷林道終点

2000

1000

1209　　1460 1444　1671　1444 1460　　1209

0
0 水平距離　　　　　5　　　　　10km

山頂は大きな眺めが広がる

欄外情報　立ち寄り温泉◎湯の平温泉☎0575-72-6455（入浴料700円）。　牧歌の里温泉牧華☎0575-73-2088（入浴料900円）。　ふたこえ温泉☎0575-72-6011（入浴料700円）。いずれの温泉も鷲ヶ岳の西山麓にある。

コース概要 ❶桑ヶ谷林道終点から、今は使われなくなった林道（車の通行は不可）を歩く。林道はいつしか登山道となり、周囲も樹林帯から笹原へと変わる。開放感のある道を行けば、北面にある立石キャンプ場からの林道を横切ったすぐ先が❷一服平だ。ここから❸林道終点はすぐで、駐車スペースもある。道は登りらしい登りとなるが、木段が多く登りづらい箇所もあるのであせらずに行こう。やがて、白山をはじめ、北アルプスなどの大パノラマが広がる❹鷲ヶ岳山頂だ。下山は木段に注意して往路を戻る。

プランニングのヒント 歩行時間の短い山であり、遠方から訪れた場合はこの山だけではちょっともったいない。近くには位山や大日ヶ岳、白山、小秀山、奥三界岳、そして福井県との県境周辺には経ヶ岳、荒島岳、能郷白山、冠山などの名山が目白押し。郡上八幡、高山、飛騨古川、世界遺産の白川郷など、味わい深いエリアも立ち寄りの範囲にある。

❗ 林道終点から山頂までの間は木段の部分が多く、濡れていると滑りやすい。下山時はスリップに十分注意したい。

Column

花と自然

あまり花のイメージのない山だが、足元を注意深く見ながら歩けば、春から初夏にかけてニョイスミレやクルマムグラ、ショウジョウバカマなどが、樹間にはキブシ、サンシュユなどを見ることができる。

ニョイスミレ（上）とクルマムグラ（下）

238

鷲ヶ岳

238 鷲ヶ岳

美濃白鳥駅・高鷲IC
△1108
立石キャンプ場
高山・荘川IC
1279

岐阜県
郡上市

ハイトピアたかすスキー場
鷲見の立石
•1266

荒れた林道。桑ヶ谷林道同様、車の下回りを打たないように。立石キャンプ場～一服平間は徒歩約1時間20分（逆コース約1時間）

高山市

△1403

1400 △

•1336

荒れた林道。車の下回りの打ちつけに注意

廃道となった林道を歩く

一服平
❷ 1460

顕彰堂
藤原頼保公

0:15

0:35
0:25

西に大日ヶ岳や白山、東に御嶽山など北アルプスを望む

1332•

桑ヶ谷林道

岳高原ホテル・白鳥駅・高鷲IC

1:00
0:40

スキー場分岐

❶ 桑ヶ谷林道終点

•1390

1476

❸ 林道終点

丸太の急な階段

❹ 鷲ヶ岳
△1671

N

1:30,000

0　250　500m
1cm＝300m
等高線は10mごと

•1204

美しいブナ林と大展望が魅力の"大野富士"

荒島岳
あらしまだけ

標高**1523**m

福井県

登山レベル:**中級**

技術度:★★
体力度:★★★

日　程:**日帰り**

総歩行時間:**6時間50分**

歩行距離:**11.5km**

累積標高差:登り**1350m**
　　　　　　下り**1350m**

登山適期:**5月中旬〜10月下旬**

地形図▶1:25000「荒島岳」
三角点▶一等

端正な姿で裾野を広げる荒島岳。水田には逆さ荒島岳。古くから信仰の山としても親しまれてきた

上級
中級
初級

荒島岳

🔺 山の魅力

大野盆地の南東に位置し、別名を「大野富士」ともよぶ風格ある一等三角点の山。福井県では唯一の日本百名山でもある。山頂には荒島神社が立ち、信仰の山としても親しまれている。登山道にはブナ林をはじめとして広葉樹の森が広がり、花も多い。山頂からの展望を求め、四季を通して登山者の多い山だ。

>>> DATA

公共交通機関【往復】JR越美北線勝原駅。または、JR越美北線越前大野駅→大野市営バス(約20分)→勝原駅

マイカー　北陸自動車道・福井ICから国道158号を経由して勝原スキー場跡駐車場まで約37km。または、東海北陸自動車道・白鳥西ICから約42km。勝原スキー場跡地にある駐車場(無料)を利用する。

ヒント　勝原駅に停車する列車は極端に少ないので、勝原駅近くの民宿に前泊するか、越前大野に前泊

して市営バスあるいはタクシーを利用してアクセスする。市営バスは本数が少なく、タクシー(約25分)で勝原スキー場駐車場までアクセスするのが現実的。

問合せ先
大野市観光交流課　☎0779-64-4817
大野市観光協会　☎0779-65-5521
いずみタクシー(市営バス)☎0779-78-2022
大野タクシー　☎0779-66-2225
大喜タクシー　☎0779-66-2171

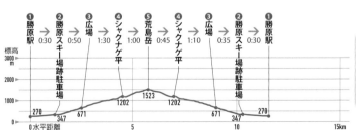

①勝原駅 0:30 ②勝原スキー場跡駐車場 0:50 ③広場 1:30 ④シャクナゲ平 1:00 荒島岳 0:45 ④シャクナゲ平 1:10 ③広場 0:35 ②勝原スキー場跡駐車場 0:30 ①勝原駅

標高 270 347 671 1202 1523 1202 671 347 270

山頂から見た白山

欄外情報　立ち寄り温泉◎九頭竜温泉 平成の湯:登山口から白鳥西ICへと向かう途中にあり、宿泊施設も併設。☎0779-78-2910。入浴料600円。10〜20時(土・日曜、祝日は〜21時)。火曜休(祝日の場合は翌日)。

コース概要 **❶勝原駅**から車道を歩いて**❷勝原スキー場跡駐車場**へ。スキー場跡を歩くと樹林帯となり、やがて**❸広場**に到着する。トトロの木や白山を望む白山ベンチを過ぎ、つらい木段を登れば白山方面の眺望が開ける**❹シャクナゲ平**。ここで小荒島岳を越えてくる中出コースと合流し、いったん下って最後の登りにかかる。「もちが壁」をクサリや階段で越え、傾斜がゆるやかになれば**❺荒島岳**は間もなく。下りは往路を慎重に戻ろう。

プランニングのヒント 時間と体力に余裕があれば、シャクナゲ平に荷物をデポして小荒島岳を往復してもいい（約1時間）。荒島岳の眺めがすばらしい。そのまま中出コースを下れば周回コースとなり、マイカー利用の場合はJR越美北線下唯野駅から勝原駅に戻ることになるが、列車の本数は1日5本と少ない。また、冬期は積雪が多いために上級者向けの山となるが、樹氷が美しく、天気が安定した日には入山者も多い。

「もちが壁」はなかなかの急坂。登りでは難易度の高い急登ではないが、下りではスリップに十分注意したい。

サブコース

荒島岳にはここで紹介した勝原コースのほかに、新下山コース、佐開コース、中出（なかんで）コースの3コースがあるが、初級者におすすめなのが、深田久弥も歩いた中出コースだ。勝原コースに比べて傾斜がゆるく、足の負担が少なくてすむ。これといった通過困難箇所もない。スタート地点の中出駐車場までは、JR越美北線下唯野駅から50分ほど歩くか、JR越美北線越前大野駅からタクシー（約20分）でアクセスする。山頂までは登り3時間20分、下り約2時間30分。

山頂下からの小荒島岳

---

239 荒島岳

荒島IC　下唯野駅　越前大野・福井
越前大野IC
中休　220
蕨生　①唯野　235
道の駅　281・島
越前おおの　柿ケ島駅
の荒島の郷　九頭竜川
・226　△471　大野油坂道路　西勝原
中出　中出駐車場　・623
中の出　362　**福井県**　・642
木落　白山神社　**大野市**　・666
390　映画『となりのトトロ』に出てきそうな雰囲気からその名がついた
みずごう　824　中出コース　名前のとおり白山を望む
真名川　・221　422・
五条方　佐開センター前　・694　深田久弥も歩いたコースで、勝原コースより傾斜がゆるく登りやすい（山頂へ登り約3時間20分、下り約2時間30分）
荒島神社　372　フィッシングランド荒島（養魚場）　・1011
佐開　348　鬼谷林道　佐開コース
1:50,000　佐開コース登山口
500　1000m
1cm=500m　林道の状態が悪くアクセスしづらい
等高線は20mごと　・234　真名川ダム

JR越美北線　勝原キャンプ場
・380　**❶勝原駅**　勝原
柿ケ島トンネル　**❷勝原スキー場跡駐車場**
・269　158　西勝原　勝原IC　0.30　西勝原
勝原スキー場跡　第一発電所
0.35　0.50　九頭
広場 **❸**　トトロの木　・707
白山ベンチ　九頭竜西IC
小荒島岳　シャクナゲ平　1015　ロープ、クサリあり。下山時は特に注意
・1186　**❹**　1.30　1.10
1204　もちが壁　929・　急斜面やクサリ場があり、難易度は高い
・856　1.00　0.45　前荒島・中荒島
花の多い山頂　**❺荒島岳**
・1254　1523　荒島大権現　新下山コース
越前下唯野駅

Column

烏帽子に似た独特のスタイルをもつ奥美濃の怪峰

冠山
（かんむりやま）

三百

標高1257m

岐阜県・福井県

登山レベル:**初級**

技術度:★★
体力度:★

日　程:**日帰り**

総歩行時間:**2時間50分**

歩行距離:**4.7km**

累積標高差:登り**412m**
　　　　　　下り**412m**

登山適期:**5月上旬～11月中旬**

地形図▶1:25000「冠山」
三角点▶三等

冠山峠付近から見た特異な姿の冠山。一見、険しいコースにも思えるが、難所のない歩きやすい道だ

山の魅力

岐阜県の西部、福井県との県境にそびえる、別名"奥美濃の怪峰"。その名のとおり、烏帽子の形にも似た独特なスタイルの尖峰だ。コース自体は初級者も歩き通せるもので、かつての秘境も林道の開通によって手軽な山へと変貌を遂げている。「21世紀に残したい日本の自然100選」にも選ばれている。

>>> DATA

公共交通機関【往復】樽見鉄道樽見駅→タクシー（約1時間30分）→冠山峠

マイカー 東海環状自動車道・大垣西ICから国道417号、冠山林道を経由して冠山峠まで約68km。北陸自動車道・武生ICからは国道417号、冠山林道を経由して約40km。冠山峠に駐車スペースあり。

ヒント 冠山峠への路線バスはなく、マイカーかレンタカーでアクセスする。冠山林道は冬期通行止め。また、積雪の状況次第で春の開通日は異なり、雨などで通行止めになることも多い。事前に要確認。樽見駅からタクシーを利用する場合は予約が必要となる。

問合せ先
揖斐川町藤橋振興事務所　☎0585-52-2111
池田町木望の森づくり課　☎0778-44-8002
根尾タクシー　　　　　　☎0581-38-2013

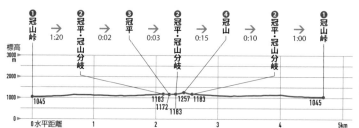

| ❶冠山峠 | → 1:20 | ❷冠平・冠山分岐 | → 0:02 | ❸冠平 | → 0:03 | ❷冠平・冠山分岐 | → 0:15 | ❹冠山 | → 0:10 | ❷冠平・冠山分岐 | → 1:00 | ❶冠山峠 |

標高 3000m
2000m
1000m
1045　　　　　　　　　　　　　　　　1183　1257 1183　　　　　　　　　　　1045
　　　　　　　　　　　　　　　1172　1183
0m
0水平距離　　1　　　2　　　3　　　4　　5km

揖斐川源流を示す碑

欄外情報 立ち寄り温泉◎いび川温泉 藤橋の湯:国道303号沿い、道の駅星のふる里ふじはし内にある。☎0585-52-1126。入浴料540円。10～21時。木曜休（祝日の場合は翌日）。

コース概要 ❶冠山峠に立つ林道開通記念碑の横から東へと平坦な道を進んだところに登山口がある。道はすぐに急登となり、田代尾根ノ頭から南に折れてゆるく下る。ブナの原生林を歩き、小さく上下しながら最低鞍部へ。やがて道は尾根の左側を巻いて進むようになり、前方が開けてくれば❷冠平・冠山分岐だ。いったん左へ曲がり、❸冠平を往復しよう。❷冠平・冠山分岐に戻り、ここから最後の登りにかかる。岩場やロープ場も現れるが、足場はしっかりしているので、落ち着いて行けば大丈夫。稜線に出て左に曲がれば❹冠山の頂上に到着する。下りは往路を戻るが、山頂下の岩場の下降は慎重に。

冠平は夏、ニッコウキスゲの花でオレンジ色に染まる。花好きの人は6月下旬から7月中旬にかけて歩くといい。

プランニングのヒント 歩行時間は少ないが、アクセスに時間を要する山。公共交通機関を利用してアクセスする場合は、遅くとも午前10時までには冠山峠に到着するスケジュールを。花や紅葉期の冠山峠の駐車スペースは朝から大変混雑する。

安全のヒント

冠平・冠山分岐から山頂にかけては岩場やロープ場が現れる。困難ではないが、雨天時はスリップに注意したい。また、冠平から東へと続く踏み跡はすぐに消滅する。視界不良時は要注意だ。

山頂下の岩場（上）と小広い冠平（下）

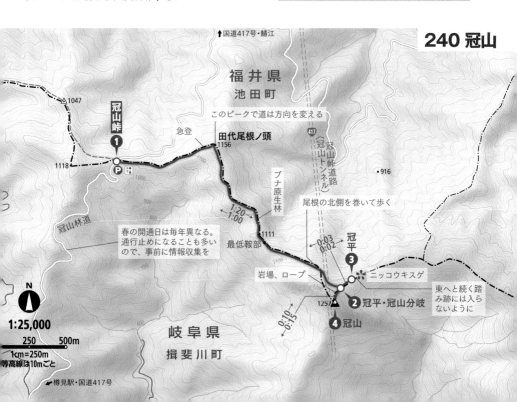

240 冠山

↑国道417号・鯖江

福井県
池田町

このピークで道は方向を変える

△1047

冠山峠

❶

1118

P

急登

田代尾根ノ頭
1156

冠山峠道路
（冠山峠トンネル）

417

•916

ブナ原生林

冠山林道

尾根の北側を巻いて歩く

0:03
0:02

冠平
❸

1:20
1:00

春の開通日は毎年異なる。通行止めになることも多いので、事前に情報収集を

最低鞍部

1111

ニッコウキスゲ

岩場、ロープ

1259

❷ 冠平・冠山分岐

東へと続く踏み跡には入らないように

0:10
0:15

❹ 冠山

N

1:25,000

250   500m

1cm＝250m
等高線は10mごと

岐阜県
揖斐川町

↓樽見駅・国道417号

両白山地の一方の雄の頂に立つ

能郷白山
（のうごうはくさん）

二百

標高1617m

岐阜県・福井県

登山レベル:初級

技術度:★★
体力度:★★

日　程:日帰り

総歩行時間:4時間10分

歩行距離:5.0km

累積標高差:登り668m
　　　　　下り668m

登山適期:5月中旬～11月上旬

地形図▶1:25000「能郷白山」
三角点▶一等

もう少しで山頂。豪雪地帯の山だけに、遅くまで雪が残っている

山の魅力

岐阜、福井、石川、富山、滋賀の5県にまたがる両白山地の主峰のひとつ。両白とは、能郷白山と百名山の白山の"白"から名付けられたものだ。白山を開いた泰澄の開基による山で、山頂近くにはかつて、能郷白山権現がまつられていた。深田久弥の『日本百名山』の選定で荒島岳と競った山でもある。

>>> DATA

公共交通機関【往復】樽見鉄道樽見駅→タクシー（約1時間20分）→温見峠登山口

マイカー　東海環状自動車道・関広見ICから国道417・157号を経由して温見峠まで約63km。または、北陸自動車道・福井ICから国道158・157号を経由して約65km。温見峠路肩の駐車スペースを利用する。

ヒント　温見峠への路線バスはなく、マイカーかレンタカー向き。国道157号は温見峠の前後で冬期通行止めとなり、例年、5月中旬に開通する。道路状況は、アクセスする側の自治体に事前に確認を。なお、シーズン中の休日は朝から満車になりやすい。

問合せ先
本巣市根尾総合支所総務産業課　☎0581-38-2511
大野市観光交流課　☎0779-64-4817
根尾タクシー　☎0581-38-2013

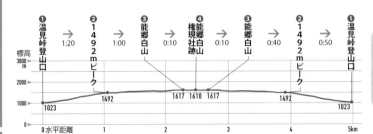

早春の能郷白山

欄外情報　立ち寄りスポット◎地震断層観察館・体験館:樽見鉄道水鳥駅近く。明治期の濃尾地震の際に出現した根尾谷断層（国指定天然記念物）を当時のまま保存。☎0581-38-3560。入館料500円。9～16時。月曜休。

コース概要 ❶温見峠から切り通しの階段を登る。ブナ林のゆるい登りは次第に傾斜を増し、歩くほどに傾斜は強まって足場も悪くなる。急登はなおも続き、一気に高度を上げる。❷1492mピークにたどり着くとそんな急登も終わりを告げ、道はゆるやかになる。中間点の標識を過ぎるとナナカマドが目立つようになり、最後にひと登りすれば❸能郷白山の山頂。残念ながら展望は開けないので、大きな眺めの広がる❹能郷白山権現社跡を往復しよう。下山は往路をたどるが、後半の急斜面は手もフル活用してスリップのないように。

プランニングのヒント 温見峠への道路が開通する5月中旬頃までは、南面(岐阜県側)の根尾能郷から前山を経て山頂へと至るコースの利用価値が高い。山頂まで4時間前後。残雪期は雪に対する装備を忘れずに。山頂近くにあった権現社は台風で倒壊し、ご神体は里宮に下ろされたが、有志によって金属製の小さな社が再建され、洗浄水や包帯などの非常用品が備えられている。

初夏、能郷白山権現社跡から南西側の磯倉岳へと続く斜面にはコバイケイソウの大群落が広がり、一見の価値がある。

花と自然

ナナカマドが大変多い山で、初夏には白い花、そして秋には真っ赤な実をつけ、ブナ林ともども登山者の目を楽しませてくれる。

ナナカマドの赤い実(上)とブナ林(下)

241

能郷白山

山頂の手前から歩いてきた道を振り返る

241 能郷白山

越前大野駅・福井IC

温見峠登山口 ❶ 1040

・1277

P

157

0:50→
←1:20

岐阜県側は悪路

根尾能郷・樽見駅・関広見IC

ブナ林の急坂

・1114

白山、荒島岳が見える

❷1492mピーク
(コロンブスピーク)

福井県
大野市

臥龍ダケカンバ

岐阜県
本巣市

N

1:25,000

0:40→
←1:00

0　250　500m
1cm=250m
等高線は10mごと

❸ 能郷白山
△1617

能郷谷林道ゲートから登り約4時間50分、下り約3時間40分

←0:10

能郷白山権現社跡 ❹

360度のパノラマ

揖斐川町

コバイケイソウ群落・磯倉岳

前山・根尾能郷

早春、フクジュソウが咲き誇る石灰岩地形の山

藤原岳
ふじわらだけ

三百

標高1140m

三重県・滋賀県

登山レベル：中級

技術度：★★
体力度：★★★

日　程：日帰り

総歩行時間：6時間

歩行距離：10.3km

累積標高差：登り1190m
　　　　　　下り1190m

登山適期：3月上旬〜11月下旬
　　　　　（梅雨期除く）

地形図▶1:25000「篠立」「竜ヶ岳」
三角点▶なし

南東麓から見た藤原岳。90年以上にわたり石灰岩の採石が進み、山容は今も変貌を続ける。その姿は滋賀県の伊吹山とよく似ている

山の魅力

東側は石灰岩の採石が進み痛々しいが、北東部は落葉広葉樹を中心とした豊かな自然が残る。春はフクジュソウ、セツブンソウ、ミスミソウ、ミノコバイ
モなど、秋はテンニンソウやカワチブシなど、季節ごとに咲く山野草を鑑賞しに通うファンも多く、「花の百名山」にも選定されている。

>>> DATA

公共交通機関【往復】三岐鉄道三岐線西藤原駅

マイカー 東名阪自動車道・桑名ICから国道421・306号、県道614号を経由して登山口付近の駐車場まで約22km。西藤原小（閉校）向かいの観光駐車場（有料）か、大貝戸登山口の駐車場（無料）を利用する。

ヒント 電車は1時間に2本程度。近鉄名古屋線の近鉄富田駅から約45〜50分。西藤原駅には蒸気機関車や石灰石の運搬に使われた機関車が展示され、鉄道ファ
ンも多く訪れる。マイカーでのアクセスの場合、フクジュソウの開花期の週末は大貝戸登山口の無料駐車場から早々と満車になることが多い。

問合せ先
いなべ市商工観光課　☎0594-86-7833
いなべ市観光協会　☎0594-37-3514

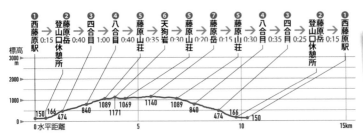

藤原岳の山頂

欄外情報 山小屋◎藤原山荘：一般開放されている避難小屋。藤原山荘運営委員会が建てたバイオトイレもある。マナーを守り、正しく利用したい。

コース概要 ❶西藤原駅を左に出て、川を渡ってから左折。❷藤原岳登山口休憩所（大貝戸登山口）から、神武神社の横を直進する。ジグザグに登って❸四合目の広場で一服し、さらに登ると、聖宝寺道との合流点でもある❹八合目に着く。道は自然林に変わるが、急傾斜が続く。残雪や泥などで滑らないように。九合目付近からはフクジュソウの数も増え、心癒やされる。樹木がまばらになると❺藤原山荘に出る。藤原山荘からは、まず尾根道を右にとり、展望絶景の❻天狗岩まで往復しよう。❺藤原山荘に戻り、今度は南に進み、広い台地状の❼藤原岳山頂へ。全方位のパノラマが待っている。下山は、来た道を忠実に戻るが、八合目までの下りはスリップに注意したい。

プランニングのヒント 八合目で合流する聖宝寺道を利用すれば周回コースとなるが、聖宝寺道は荒れた箇所があり、下りで使うと上級レベルとなる。周回コースをとる場合の聖宝寺道は、必ず登りで歩くように。

マイカーなら登山口から6kmほどの北勢町阿下喜にある「おふろcafeあげき温泉」で汗を流そう。☎0594-82-1126。入館料700円（土・日曜、祝日800円）。10～21時。不定休。

Column

安全のヒント

フクジュソウの花期でもある3月～4月上旬にかけての八合目付近から上部には雪が残る。スリップ事故を防ぐためにもアイゼンは必須装備だ。また、梅雨の時期を中心に、春から秋にかけてヤマビルが出没する。ヤマビル忌避剤を靴や衣類にスプレーしたり、肌を露出させないなどの工夫が必要だ。ヤマビルが肌に吸い付いてしまったときは無理にはがさず、塩や高濃度の塩水スプレー、防虫スプレーをかければすぐに落ちる。

八合目付近のフクジュソウ

242

藤原岳

242 藤原岳

•841

坂本谷

三重県
いなべ市

聖宝寺 卍

鳴谷神社 ⛩ P（有料）
長命水

大堰堤

聖宝寺道（裏道）

途中は滑りやすく
特に下りは危険

•597

三岐鉄道
三岐線

国道306号・大安

桑名

観光駐車場

P（有料）

西藤原小 🏫
（閉校）

614

西藤原駅～八合目間
登り約2時間10分、
下り約1時間30分

四合目
❸

休憩舎
神武神社 ⛩

P

藤原局

❷
藤原岳登山口休憩所
（大貝戸登山口）

❶
西藤原駅

近鉄富田駅

主に南面の展望

1171

天狗岩 ❻

0:30
0:35

八合目 ❹

•833

五合目

•639

0:35
←
1:00

六合目

大貝戸道（表道）

0:25
←
0:40

二合目

急登

326

カルスト台地

ガス時方向注意

•1128

フクジュソウ

0:30
←0:40↓

杉林の急斜面

雨中や雨後は滑りやすい道

滋賀県
東近江市

🏠

❺
藤原山荘
（避難小屋）

0:15
0:20

藤原岳 ❼
（展望丘）

1140

御池岳や鈴鹿南部の
山々を見渡す

•893

治田峠・竜ヶ岳

藤原鉱山

N

1:25,000

0   250   500m

1cm＝250m
等高線は10mごと

243 残雪期のみ登山できる“幻の百名山”

二百　標高**1841**m　岐阜県・石川県

笈ヶ岳
おいずるがたけ

登山レベル：上級　技術度：★★★★★　体力度：★★★★★　日程：日帰り～1泊2日
総歩行時間：10～12時間　歩行距離：約13km
累積標高差：登り1764m 下り1764m　登山適期：3月下旬～5月上旬

公共交通機関　【往復】北陸鉄道石川線鶴来駅→タクシー（約1時間）→白山自然保護センター　**マイカー**　東海北陸自動車道・白山郷ICから国道156号、白山白川郷ホワイトロード（有料）を経由して白山自然保護センターの駐車場まで約30km。　**問合せ先**　白山市鶴来支所☎076-272-1111　かなやタクシー☎0800-2008511

岐阜県側から見た笈ヶ岳（左）と大笠山

山の魅力

北の稜線続きの大笠山とともに、『日本百名山』の著者・深田久弥がその後記で、もし登っていれば百名山に加えた、と書いた幻の百名山。登山コースはなく、残雪期にのみ登頂が可能だ。

コース概要　道標のない、しかも残雪期の山を登るコースのため概要になるが、通常は白山自然保護センターから入山し、ジライ谷ノ頭、冬瓜山、シリタカ山を経て主稜線に到達し、そこから北へと山頂に向かうコースをとる。コース全般で気をゆるめることができないが、冬瓜山のナイフリッジは十分注意したい。

---

244 標高差1000mの道を登って花咲く山頂へ

百　標高**1377**m　滋賀県

伊吹山
いぶきやま

登山レベル：中級　技術度：★★　体力度：★★★　日程：日帰り
総歩行時間：6時間40分　歩行距離：約10.5km
累積標高差：登り1149m 下り1149m　登山適期：4月上旬～11月下旬

公共交通機関　【往復】JR東海道本線近江長岡駅→湖国バス（約15分）→伊吹登山口バス停　**マイカー**　名神高速道路・関ヶ原ICから国道365号を経由して伊吹登山口まで約10km　**問合せ先**　米原市シティセールス課☎0749-53-5140　湖国バス長浜営業所☎0749-62-3201　都タクシー☎0120-373-385

伊吹山ドライブウェイからの伊吹山

山の魅力

約1300種の花が咲く山として知られ、最盛期の8月頃には多くの登山者が訪れる。山岳信仰の対象でもあり、日本武尊（倭建命）と伊吹山の神の化身である白猪との戦いの神話も残る。

コース概要　伊吹登山口バス停から三之宮神社を経て、登山口で入山協力金（300円）を支払ってから登山道へ。樹林帯を抜けると草地となり、日陰のない道が続く。三合目を通過し、五合目の先から本格的な登りが始まる。七合目からの急坂を頑張れば山頂だ。なお、2024年4月現在、土砂崩れにより登山道は通行禁止。

---

245 花崗岩の巨石を縫うアルペンムードあふれる山

二百　標高**1212**m　三重県・滋賀県

御在所岳
ございしょだけ

登山レベル：中級　技術度：★★★　体力度：★★★　日程：日帰り
総歩行時間：5時間55分　歩行距離：約9.2km
累積標高差：登り1022m 下り1022m　登山適期：4月上旬～11月下旬

公共交通機関　【往復】近鉄湯の山線湯の山温泉駅→三重交通バス（約10分）→湯の山温泉・御在所ロープウェイ前バス停　**マイカー**　東名阪自動車道・四日市ICから中道登山口の駐車場（無料）まで約13km。　**問合せ先**　菰野町観光産業課☎059-391-1129　三重交通四日市営業所☎059-323-0808　御在所ロープウェイ☎059-392-2261

菰野町の朝明川付近から見た御在所岳

山の魅力

そこかしこにある巨岩や奇岩がアルペン的な雰囲気を醸し出す。鈴鹿山系では随一の人気を誇り、なかでも中道はクサリ場などのスリルも味わうことができる代表的なコースだ。

コース概要　湯の山温泉・御在所ロープウェイ前バス停から中道登山口へと歩き、花崗岩の道を急登する。奇岩・おばれ石や地蔵岩を過ぎるとキレットで、クサリを使って慎重に下る。さらにハシゴやクサリ場を伝えば山上公園。大展望の御在所岳山頂は間近だ。下山は国見峠から裏道を経由して、起点のバス停に戻る。

関西

兵庫県

京都府

滋賀県

256 武奈ヶ岳
257 蓬莱山
259 比叡山

愛宕山 260

六甲山 258

大阪府

246 倶留尊山

大和葛城山 261
金剛山 262

竜門岳
250

247 三峰山
248 高見山

三重県

山上ヶ岳 251

八経ヶ岳 252
釈迦ヶ岳 253

249 大台ヶ原

護摩壇山 255

254
伯母子岳

奈良県

和歌山県

ススキの曽爾高原から登る室生火山群の最高峰

倶留尊山
（くろそやま）

二本ボソから見た鋭い姿の倶留尊山。東側（三重県津市側）は急峻な崖となって落ち込んでいる

三百

標高1037m

奈良県・三重県

登山レベル：初級

技術度：★★
体力度：★★

日　程：日帰り

総歩行時間：**4時間40分**

歩行距離：**10.9km**

累積標高差：登り**923m**
　　　　　　下り**923m**

登山適期：通年

地形図▶1：25000「倶留尊山」
三角点▶三等

上級　中級　**初級**　倶留尊山

🏔 山の魅力

奈良県曽爾村と三重県津市の境にあり、1500万年前の火山活動が造った、険しい地形と柱状節理の岩が特徴的な室生火山群の最高峰。西麓には広い台地状の曽爾高原が広がり、貴重な湿原のお亀池と一面に広がるススキの草原は観光名所として知られ、室生赤目青山国定公園の一部にもなっている。

>>> DATA

▶**公共交通機関**【往復】近鉄大阪線名張駅→三重交通バス（約50分）→太良路バス停

▶**マイカー**　名阪国道・針ICから国道369号、県道81号などを経由して曽爾高原入口の有料駐車場まで約36km。

▶**ヒント**　10月1日から11月30日までのススキのシーズンのみの季節運行となるが、三重交通バスが曽爾高原バス停まで入る直通バスを運行させている。ただし、平日は1本、土・日曜、祝日は2本と少ない。また、7〜8月に数本、近鉄大阪線榛原駅から奈良交通バスが曽爾高原まで臨時バスを出すこともある。

▶**問合せ先**
曽爾村企画課観光係　　　　　　☎0745-94-2106
曽爾村観光振興公社　　　　　　☎0745-96-2888
三重交通伊賀営業所　　　　　　☎0595-66-3715
奈良交通お客様サービスセンター　☎0742-20-3100

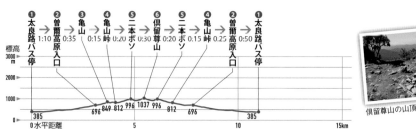

① 太良路バス停 →1:10→ ② 曽爾高原入口 →0:35→ ③ 亀山 →0:15→ ④ 亀山峠 →0:20→ ⑤ 二本ボソ →0:30→ ⑥ 倶留尊山 →0:20→ ⑤ 二本ボソ →0:15→ ④ 亀山峠 →0:25→ ② 曽爾高原入口 →0:50→ ① 太良路バス停

標高3000m / 2000 / 1000 / 0
385　696 849 812 996 1037 996　812　696　385
0 水平距離　　5　　　10　　15km

倶留尊山の山頂

欄外情報 立ち寄り温泉◎曽爾高原温泉お亀の湯：太良路バス停から歩く道路沿い。☎0745-98-2615。入浴料900円。11〜21時（12〜3月は〜20時30分）。水曜休。特産品販売の曽爾高原ファームガーデンが近接。

コース概要 **❶太良路バス停**から新太良路橋を渡り、車道を登る。曽爾高原ファームガーデンの前を通り、ほどなく右の東海自然歩道に入る。途中2度、車道に絡んで**❷曽爾高原入口**に着く。おかめ茶屋の分岐で右に入り、美しい広葉樹林の坂からススキの草原を登れば**❸亀山**だ。南に後古光山、古光山、西に屏風岩、兜岳、鎧岳などの眺めが広がる。お亀池を左下に見ながら露岩の小ピークを越え**❹亀山峠**へ。岩がちな尾根を急登し、入山料ゲートを経て**❺二本ボソ**と**❻倶留尊山**の山頂を踏む。来た道を**❸亀山峠**に戻り、右折してお亀池へと下る。お亀池の周回路では、秋にはススキの根元に、珍しい寄生植物のナンバンギセルが咲く。往路を忠実にたどり**❷曽爾高原入口**から**❶太良路バス停**へと戻る。

プランニングのヒント バスの本数は少なく、マイカーで曽爾高原駐車場まで入ると便利。ファームガーデンやお亀の湯に立ち寄れば、より楽しい山旅になる。

二本ボソから倶留尊山へは、急な岩場が多い。固定ロープに頼りすぎず、三点確保を守って歩こう。

花と自然

コースの途中にあるお亀池はひょうたんの形をした湿原で、秋はあたり一面がススキの原となる。貴重な寄生植物のナンバンギセルや湿性植物を見ることができる。

ナンバンギセル（上）とお亀池（下）

246 倶留尊山

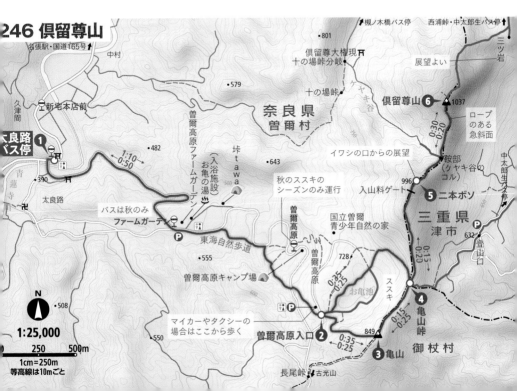

榑ノ木橋バス停　西浦峠・中太郎生バス停

・801　三ツ岩

展望よい

倶留尊大権現

十の場峠分岐

名張駅・国道165号　中村

・579

十の場峠

ケヤキ谷

倶留尊山 ❻ ▲1037

ロープのある急斜面

奈良県
曽爾村

新宅本店前

久津間

・482

曽爾高原ファームガーデン

（入浴施設）
お亀の湯

埒 tawa
峠

・643

イワシの口からの展望

0:30
0:20

鞍部（ケヤキ谷のコル）

❶ 太良路バス停

・390

太良路

バスは秋のみ
ファームガーデン

P

東海自然歩道

・555

秋のススキの
シーズンのみ運行

曽爾高原

国立曽爾
青少年自然の家

入山料ゲート

996

❺ 二本ボソ

三重県
津市

青蓮寺

・508

1:10
0:50

曽爾高原キャンプ場

728

曽爾高原

632

登山口

中太郎生バス停

P

0:15
0:20

N

1:25,000

250　500m

1cm=250m
等高線は10mごと

・550

マイカーやタクシーの
場合はここから歩く

P

曽爾高原入口 ❷

お亀池

ススキ

849 ▲

0:35
0:25

0:15
0:25

❹ 亀山峠

0:35
0:25

御杖村

❸ 亀山

長尾峠　古光山

ブナ・ヒメシャラの美林と霧氷の名山

三峰山
みうねやま

三百

標高1235m

奈良県・三重県

登山レベル:初級（霧氷期は中級）

技術度:★★
体力度:★★

日　程:日帰り

総歩行時間:4時間5分

歩行距離:9.2km

累積標高差:登り791m
　　　　　　　下り791m

登山適期:通年

地形図▶1：25000「菅野」
三角点▶一等

三峰山は高見山から東に延びる三峰山系の最高峰。曽爾高原・亀山から見た三峰山はなだらかな高原状に見える

上級 中級 初級 三峰山

山の魅力

高見山とともに、霧氷が美しい山として高い人気があり、冬期は臨時バスが運行される。春の八丁平付近に咲くシロヤシオや、秋のブナ・ヒメシャラなどの紅葉も見ごたえがある。山頂から北側の眺めや、八丁平からの台高山脈のワイドビューは、時がたつのを忘れさせられるほど。

>>> DATA

公共交通機関【往復】近鉄大阪線榛原駅→奈良交通「霧氷バス」（季節運行。約1時間10分）→みつえ青少年旅行村バス停　※霧氷バスは、1月下旬から2月下旬までの土・日曜、祝日に運行される臨時バス。要予約。

マイカー　名阪国道・針ICから国道369号を経由してみつえ青少年旅行村まで約42km。無料駐車場あり。

ヒント　通年運行の直通バスはなく、奈良交通バス、三重交通バスの掛西口バス停から御杖ふれあいバスに乗り継ぎ、「三峰山に行く」旨を伝えると、三峰山登山口バス停に寄ってくれる。便数は非常に少ない。帰りの乗車も、事前連絡が必要。マイカーなら、道の駅伊勢本街道御杖内の「みつえ温泉姫石の湯」に寄るのもよい。

問合せ先

御杖村総務課（御杖ふれあいバス）☎0745-95-2001
奈良交通お客様サービスセンター　☎0742-20-3100
みつえ温泉姫石の湯　　　　　　　☎0745-95-2641
みつえ青少年旅行村　　　　　　　☎0745-95-3088

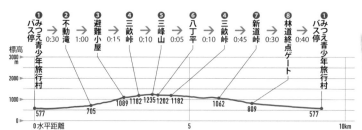

❶みつえ青少年旅行村バス停 →0:30 ❷不動滝 →1:00 ❸避難小屋 →0:15 ❹三畝峠 →0:10 ❺三峰山 →0:05 ❻八丁平 →0:10 ❹三畝峠 →0:45 ❼新道峠 →0:30 ❽林道終点ゲート →0:40 ❶みつえ青少年旅行村バス停

標高3000m / 2000 / 1000

577　705　1089 1182 1235 1202 1182　1062　809　577

0 水平距離　　5　　10km

霧氷の時期の三峰山山頂

欄外情報 避難小屋◎不動滝コースと登り尾コースの合流点にある。無料。悪天や寒い日にはありがたい存在だ。次に利用する人のことを考え、清潔に利用したい。

コース概要 **❶みつえ青少年旅行村バス停**

から道を少し戻り、橋を渡って大タイ林道を**❷不動滝**へ。滝前の橋を渡り、急坂をジグザグに登る。稜線に出て、**❸避難小屋**でひと休みしよう。さらに尾根沿いに登り、**❹三畝峠**を左に折れると雑木林に変わる。冬は霧氷が美しい。大日如来石を過ぎ、八丁平への分岐を直進すると、すぐに**❺三峰山**の山頂だ。一等三角点の頂からは、北側に大洞山、倶留尊山、古光山などが見える。南へゆるい斜面を下るとシロヤシオの群落がある**❻八丁平**だ。南側が開け、迷岳や台高山脈の山々が一望できる。下山は「高見山ビューポイント」を通り、**❹三畝峠**に戻る。直進し、ブナ、カエデなどが美しい尾根を**❼新道峠**へ。右折し、斜面を横切って下る。**❽林道終点ゲート**からは舗装道を**❶みつえ青少年旅行村バス停**へ下る。

プランニングのヒント 紹介ルートを逆回りする場合は、下山路に登り尾コースを利用したほうが安全だ。

> 道中、積雪期はアイゼン装着が必要。三畝峠～山頂までの尾根は、冬期は強い北風に注意。

サブコース

下山に、最短コースである登り尾コースを使えば、三畝峠から1時間ほどで登山口に戻れる。林道出合付近に三畝山林展望台の小屋と、トイレがある休憩小屋があり便利だ。

花と自然

尾根上は広葉樹が多く新緑や紅葉がきれい。ブナやカエデなどの古木や赤茶けた木肌が特徴のヒメシャラなどの緑が気持ちいい。シロヤシオの花期は5月後半。

稜線上のオオイタヤメイゲツの古木

Column

247

三峰山

247 三峰山

1:30,000
250　500m
1cm=300m
等高線は20mごと

ブナの霧氷で有名な、台高山脈北端の鋭峰

高見山
（たかみやま）

三百

標高**1248**m

奈良県・三重県

登山レベル:**初級**（霧氷期は中級）

技術度:★★
体力度:★★

日　程:**日帰り**

総歩行時間:**4**時間

歩行距離:**7.2**km

累積標高差:登り**842**m
　　　　　　下り**837**m

登山適期:**通年**

地形図 ▶ 1:25000「高見山」
三角点 ▶ 二等

山頂の東側直下の霧氷。遠方右に見える山は、やはり霧氷の名所として知られる三峰山（みうねやま）。高見山から三峰山へは縦走路が通じる

🏔 山の魅力

奈良県東吉野村と三重県松阪市の境にある、台高山脈北端の山。西側から見ると美しい三角錐の山容が印象的だ。厳冬期にブナ林を飾る霧氷の美しさは格別で、多くのハイカーのために臨時バスが運行されるほどだ。道中には、神武天皇がここから大和を望んだとの伝説が残る国見岩が鎮座する。

>>> DATA

公共交通機関【行き】近鉄大阪線榛原駅→奈良交通「霧氷バス」（季節運行。約40分）→高見登山口バス停【帰り】たかすみの里バス停→奈良交通「霧氷バス」（季節運行。約45分）→榛原駅

マイカー　名阪国道・針ICから国道369・370・166号、県道28号を経由して天好園の駐車場まで約36km。マイカーの場合、往復登山になる。

ヒント　霧氷バスは2月上旬から2月下旬までの土・日曜、祝日に運行される臨時バス。臨時バス以外の通年運行の交通手段は、近鉄榛原駅→（奈良交通バス）→菟田野（乗り換え）→（東吉野村コミュニティバス）→高見登山口バス停または下平野バス停。東吉野村コミュニティバスは前日までに要予約。便数は少ない。

問合せ先

東吉野村地域振興課	☎0746-42-0441
東吉野村コミュニティバス	☎0746-42-0441
奈良交通お客様サービスセンター	☎0742-20-3100

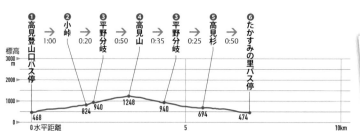

標高
3000
m

2000

1000

0　水平距離

❶高見登山口バス停 →1:00 ❷小峠 →0:20 ❸平野分岐 →0:50 ❹高見山 →0:35 ❸平野分岐 →0:25 ❺高見杉 →0:50 ❻たかすみの里バス停

468　824　940　1248　940　694　474

5　　10km

三峰山から見た高見山

欄外情報　立ち寄り温泉◎たかすみ温泉:たかすみの里バス停近くにあり、マキ風呂、ヒノキ風呂が人気の日帰り温泉。☎0746-44-0777。入浴料500円。11～21時（冬期は～20時）。木曜休（祝日の場合は翌日）。

コース概要 ❶高見登山口バス停から、進行方向を少し戻り、民家の脇から登山道(旧伊勢南街道)に入る。石畳の道を進むと❷小峠で、鳥居をくぐって急坂を登る。❸平野分岐は右に行き、神武伝説の国見岩を経て笛吹岩に着く。ヤセ尾根を行き、北側の曽爾方面の雄大な景色と、ブナ林の霧氷を楽しみながら、❹高見山の山頂に着く。霧氷シーズンの昼時は大混雑し、避難小屋、展望台、祠の裏側まで平坦な場所はすべて人で埋まる。東側の曽爾、三峰山方面の眺めは秀逸だ。下山は往路を❸平野分岐まで戻り、植林帯の道を樹齢700年の❺高見杉へ。尾根道を下り、小橋を渡って民家の裏に出たら朱塗りの丹の浦橋を渡り、車道を左折したところが下平野バス停だ。❻たかすみの里バス停は右にすぐ。

プランニングのヒント 高見山は霧氷の時期に最も人気が集中するが、新緑か黄葉の時期に、山頂付近のブナ林から大展望を眺めながら贅沢な時間を過ごすのもよい。

積雪期は大勢のハイカーに踏み固められて道がアイスバーン化する。スリップ防止のため、アイゼンの装着は必須。

サブコース

登山口の大峠(高見峠)へは三重県側からマイカーで上がることも可能で、10台程度の駐車スペースと公衆トイレがある。大峠から高見山へは約50分(初級)。ただし、霧氷の見られる積雪期は大峠への車でのアクセスは困難で、霧氷を楽しむには紹介したコースがおすすめだ。また、往路の小峠から旧伊勢南街道を歩いて大峠に出るコースもある。

尾根筋のブナ林の見事な霧氷

248 高見山

たかすみ温泉に隣接する食事処・天好園に駐車させてもらう(無料)。キジや川魚を使った料理に定評があるので、下山後は食事もたのしみたい(宿泊は休業中)。☎0746-44-0117

N

1:25,000

0　250　500m
1cm=250m
等高線は10mごと

❻たかすみの里バス停
天好園の駐車場
9号
下平野
たかすみ温泉
ジグザグの階段道
1:10
0:50
•769

奈良県
東吉野村

高見山地

鳥居・休憩舎　❺高見杉

新道峠・三峰山

植林　•843

国見岩

高角神社
1248　❹高見山

•838

0:35
0:25

標識あり

0:50
0:35

揺岩
息子岩
笛吹岩
絶景
冬は霧氷が美しい

避難小屋

三重県
松阪市

△718

平野分岐❸

0:15
0:20

急登

旧伊勢南街道
904
天峠
(高見峠)

P

山の神

1:00
0:45

古市跡

雲母曲

667

❷
小峠
鳥居
車止めゲート

旧伊勢南街道

•833

山頂への最短コース。
登り約50分、下り約30分

❶ 高見登山口バス停

国道166号

伊勢辻山

台高山脈

国道166号

↓高見峠・松阪

初級者でも歩ける絶景の秘境

大台ヶ原
（おおだいがはら）

百

標高**1695**m（日出ヶ岳）

奈良県

登山レベル：**初級**

技術度：★
体力度：★

日　程：**日帰り**

総歩行時間：**3時間35分**

歩行距離：**7.1km**

累積標高差：登り**475m**
　　　　　　下り**475m**

登山適期：**5月上旬〜11月下旬**

地形図▶1：25000「大台ヶ原山」
三角点▶一等

トウヒなどの立ち枯れが独特の山上景観を展開する。山上からは西に生駒山から金剛山、大峯山の山上ヶ岳、釈迦ヶ岳などを展望。東には乗鞍岳や御嶽山、南アルプス方面、眼下には熊野灘などが望める

🔺 山の魅力

奈良・三重県境の台高山脈に位置する大台ヶ原は、日本有数の雨量を誇る山岳地。トウヒやウラジロモミの原生林を抜ければ見事な大展望が広がる一方、かつての伊勢湾台風がもたらした山上の立ち枯れが特異な山岳風景を展開する。シオカラ谷側の山腹に広がるシャクナゲと豊かなブナ林もきれい。

>>> DATA

公共交通機関 【往復】近鉄大阪・橿原線大和八木駅→奈良交通バス（約3時間）→大台ヶ原バス停

マイカー 西名阪自動車道・郡山ICから国道169号、大台ヶ原ドライブウェイを経由して約75kmで大台ヶ原駐車場。約200台の無料駐車場あり。

ヒント バスの運行期間は4月下旬〜11月下旬、曜日を問わず1日1便。バスは近鉄橿原神宮前駅にも立ち寄る。タクシー利用の場合は約1時間30分。車でア

クセスする場合、大台ヶ原ドライブウェイはカーブが多く、一部道幅が狭いのですれ違いに注意。紅葉シーズンなどは混雑するので早着を心がけたい。

問合せ先
上北山村企画政策課　　　　　　　　☎07468-2-0002
奈良交通バスお客様サービスセンター　☎0742-20-3100
奈良近鉄タクシー　　　　　　　　　　☎0746-32-2961

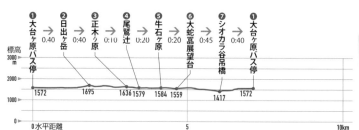

日出ヶ岳山頂の展望櫓

欄外情報 立ち寄りスポット◎大台ヶ原ビジターセンター：入山前に立ち寄れば、大台ヶ原の自然や現在の花情報などがわかる。☎07468-3-0312。9〜17時。11月下旬〜4月中旬は冬期閉鎖。

コース概要 ❶**大台ヶ原バス停**前の駐車場
奥にあるビジターセンター脇から登山道
へ。途中、右へ尾鷲辻へと続く中道を分け、
山腹道から石段を登れば展望デッキだ。こ
こから左へ10分ほどで❷**日出ヶ岳**の山頂。
展望デッキへ戻り、正木嶺（正木峠）を越え
て木道を下って行く。ミヤコザサの草原に
は立ち枯れのトウヒが林立する。降り立っ
た❸**正木ヶ原**から森の中を進むと❹**尾鷲辻**
に到着。中道を分け、ゆるやかに進めば❺
牛石ヶ原を経て大蛇嵓分岐に到着。左へと
進めば、大台ヶ原随一の景勝地の❻**大蛇嵓**
展望台だ。展望を楽しんだら分岐へと戻り、
シオカラ谷へとシャクナゲ坂を下る。❼**シ**
オカラ谷吊橋を渡り、一気に登り返してい
けば❶**大台ヶ原バス停**だ。

プランニングのヒント バス利用の場合、大
台ヶ原着が11時過ぎ、大台ヶ原発が16時
ごろのため、準備やトイレなどを考えると
行動時間は正味4時間30分ほど。ゆっくり
し過ぎて乗り遅れのないように。

春は大蛇嵓分
岐からシオカ
ラ谷へと下る
シャクナゲ坂
のツクシシャ
クナゲの赤紫
の花が見事
だ。見頃は5
月中旬〜6月
初め頃。

Column

安全のヒント

大蛇嵓の岩場は先端に向け下って
いるうえ、濡れていると滑るので十分
注意したい。クサリが付けられてい
るが撮影のために乗り出したりしな
いこと。雨が多く、紅葉時は大混雑
するのでその点も気をつけたい。

サブコース

大蛇嵓からシオカラ谷を行く本コー
スの場合、一度谷底まで下ってから
登り返しとなり時間がかかる。悪天
時などは中道で大台ヶ原駐車場へと
戻ればアップダウンも少なく早い。

切り立った岩上を行く大蛇嵓の展望台

249 大台ヶ原

道169号・大和八木駅↑

ナゴヤ岳

大台辻

筏場道

七ッ池
湿地跡

西大台ヶ原コース

1494・

大台ヶ原
ドライブウェイ
40

川上辻

舗装路をたどる

深い谷が続く大杉谷
への道（上級者向き）

大杉谷コース

ミネコシ
1525・

大杉谷

日出ヶ岳 ❷

松浦武四郎分骨碑

0:35
0:40

1695 ▲

シャクナゲ尾根

展望デッキ

山頂に展望台がある

西大台ヶ原の入山にあ
たっては事前に入山の
申請と入山料が必要

ナゴヤ谷

大台
教会

苔探勝路

1610

正木嶺
1680（正木峠）

天候や体調急変時のエス
ケープルート。大台ヶ原
駐車場へ約35分

奈良県
上北山村

大台ヶ原バス停 ❶

P

1570

心・湯治館

0:45
0:40

三重県
大台町

・1375

0:40
0:30

大台ヶ原
ビジターセンター

中道

東大台ヶ原コース

木道の階段・
ボードウォーク上をたどる

千石嵓

大台ヶ原

ヤマシャクヤク

シオカラ谷吊橋 ❼

1430

シオカラ谷

東大台ヶ原

元木谷

1641

蒸篭嵓

名前のとおり
ホンシャクナゲ
の多い坂

0:55
0:45

シャクナゲ坂

大蛇嵓分岐

牛石ヶ原

0:15
0:10

❸ 正木ヶ原

尾鷲辻 ❹

1593

0:20

シロヤシオ

神武天皇像

尾鷲道

N

展望台からの豪快な眺め

大蛇嵓

大蛇嵓展望台 ❻

1579

0:20
0:25

❺

台高山脈

1:25,000

0 250 500m

1cm=250m
等高線は10mごと

多くの伝説が残る竜門山塊の最高峰

竜門岳
りゅうもんだけ

上級 中級
初級
竜門岳

三百

標高904m

奈良県

登山レベル:初級

技術度:★
体力度:★

日 程:日帰り

総歩行時間:4時間15分

歩行距離:6.9km

累積標高差:登り690m
　　　　　　下り690m

登山適期:通年

地形図▶1:25000「古市場」
三角点▶一等

桜爛漫の吉野山からも、竜門岳の美しい三角形の山容が遠望できる

山の魅力

一等三角点の山として知られる竜門岳は、熊ヶ岳と並び、奈良県桜井市と宇陀市を東西に分ける竜門山塊の最高峰。南麓には久米仙人が修行した窟跡や、今は礎石のみが残る龍門寺跡があり往時を偲ぶことができる。竜が空に昇るような軌跡の龍門の滝も見ごたえがある。

>>> DATA

公共交通機関【往復】近鉄吉野線大和上市駅→タクシー(約10分)→吉野山口神社

マイカー 南阪奈道路・葛城ICから国道24・169号、県道28号などを経由して吉野運動公園まで約31km。公園内の駐車場(無料)を利用する。

ヒント 山口バス停へは吉野町スマイルバスが運行しているが、登山に適した時間の運行はない。大和上市駅前には、台数は少ないもののタクシーが常駐している。

問合せ先
吉野町産業観光課　☎0746-32-3081
吉野町スマイルバス(吉野町協働のまち推進課)
　　　　　　　　　☎0746-32-3081
吉野運動公園　　　☎0746-32-1119
千石タクシー　　　☎0747-52-2555
奈良近鉄タクシー　☎0746-32-2961

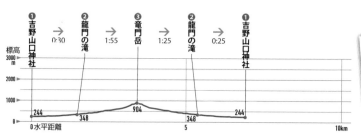

| ❶吉野山口神社 | → 0:30 | ❷龍門の滝 | → 1:55 | ❸竜門岳 | → 1:25 | ❷龍門の滝 | → 0:25 | ❶吉野山口神社 |

標高
3000m

2000

1000

244　　348　　904　　348　　244

0　水平距離
0km　　　　　　5　　　　　　10km

樹林に囲まれた竜門岳山頂

欄外情報 立ち寄りスポット◎龍門の滝〜吉野山口神社間とその南の津風呂湖の一部は、奈良県内で初めて「森林セラピーロード」として認定された「神仙峡 龍門の里コース」。余裕があれば津風呂湖まで足を延ばしたい。

コース概要 ❶吉野山口神社の石鳥居の分岐を左へ。公衆トイレを経て、さらに幅広の林道を行くと、やがて左に滝道が分かれる。❷龍門の滝を下から見る場合は滝道を行こう。2段24mの滝が白い昇竜のように落ちるさまが見事だ。滝の手前で滝道は林道に合流する。先述の滝道分岐で林道を進めば、当地で修行した久米仙人の窟跡を示す石碑があるが、窟は現存しない。龍門の滝の左上には、平安時代に栄えた龍門寺跡があるが、今では礎石や柱穴が残るだけだ。林道終点から先は急坂だ。右に細い滝を見て、古い堰堤を右から越えて小沢の二俣に着く。沢筋を離れ、急峻な尾根道をひたすら登ると❸竜門岳の山頂で、祠が立ち一等三角点がある。下山は急坂での転倒・滑落に注意しながら往路を戻る。

プランニングのヒント 山頂から三津峠を経て北側の談山神社バス停に下るコースはやや単調のきらいがあるが、談山神社は奈良の紅葉の名所のひとつ。秋に歩きたい道だ。

下山時は、山頂直下の尾根の分岐でまっすぐ西尾根に入り込まないように注意したい。左の南向きの尾根道を下ること。

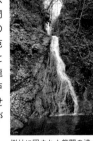

サブコース

竜門岳から北へは、尾根伝いに三津峠、大峠を経て、不動滝に下るルート（2時間5分）や、三津峠、細峠、冬野を経由し談山神社へ抜ける健脚ルート（3時間20分）もある。不動滝、談山神社ともに、桜井市コミュニティバス（☎0744-42-9111）が利用できる。

花と自然

竜門岳は杉や檜の人工林に囲まれ展望がないだけに、コース中のいちばんの癒しスポットが龍門の滝だ。滝の左には松尾芭蕉が詠んだといわれる「龍門の花や上戸の土産にせん」の句碑がある。

樹林に囲まれた龍門の滝

250 竜門岳

1:50,000

1cm＝500m
等高線は20mごと

グランデージGC

今なお女人禁制を守る、大峯修験道の聖地

山上ヶ岳
（さんじょうがたけ）

三百

標高**1719**m

奈良県

登山レベル：中級

技術度：★★
体力度：★★

日　程：日帰り

総歩行時間：4時間45分

歩行距離：9.1km

累積標高差：登り948m
**　　　　　　下り948m**

登山適期：4月下旬〜11月下旬

地形図▶1：25000「洞川」
三角点▶一等

鐘掛岩の上から、遥か彼方に金剛山地を望む。中ほどの三角錐のピークは大天井ヶ岳

上級
中級
初級

山上ヶ岳

🏔 山の魅力

山下の蔵王堂とされる吉野の金峯山寺に対し、山上の蔵王堂とされる山上ヶ岳の大峰山寺は、ともに役行者（えんの ぎょうじゃ）が開いた修験道で、非常に重要な位置づけにある。山伏姿の行者と「ようお参り」のあいさつを交わしながら歩き、歴史と伝統がいまも息づく名山の風を感じてみよう。

>>> DATA

公共交通機関【往復】近鉄吉野線下市口駅→タクシー（約1時間）→清浄大橋

マイカー 京奈和自動車道・御所南ICから国道24・309号、県道21号、洞川温泉街を経由して清浄大橋まで約44km。清浄大橋の有料駐車場を利用。

ヒント 洞川温泉で前泊する場合を除き、下市口駅から奈良交通バスを利用するとアクセスに時間がかかって登山口到着が遅くなり、日帰りは困難。清浄大橋までタクシーの利用が効率的だ。なお、修験道としての開山期間は、戸開式の5月3日から、戸閉式の9月23日まで。期間中、山上の宿坊（5坊あり）が利用できる。要予約。

問合せ先

天川村地域政策課	☎0747-63-0321
奈良交通お客様サービスセンター	☎0742-20-3100
天川タクシー（天川村）	☎0747-63-0015
千石タクシー（下市口駅）	☎0747-52-2555

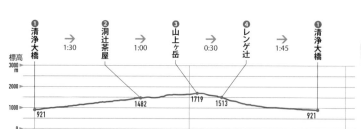

❶清浄大橋 →1:30 ❷洞辻茶屋 →1:00 ❸山上ヶ岳 →0:30 ❹レンゲ辻 →1:45 ❶清浄大橋

標高
3000
m
2000
1000
0

921　　　1482　　　1719　1513　　　　　921

0 水平距離　　　　　　　5　　　　　　　10km

笹原が広がる山上ヶ岳山頂

欄外情報 立ち寄り温泉◎村営洞川温泉ビジターセンター：洞川温泉街にある日帰り温泉施設。☎0747-64-0800。入浴料800円。11〜20時。水曜休。駐車場は温泉利用で1時間無料。

コース概要 ❶清浄大橋を渡り、女人結界門から登山道に入る。一本松茶屋、お助け水を経て七曲りの急坂を登ると、❷洞辻茶屋に出る。次の陀羅尼助茶屋を抜けたら左の行者道をとる。油こぼしのクサリ場を経て、鐘掛岩の下に出る。クサリ場か巻き道を通り、絶景が広がる鐘掛岩の上へ。お亀石を経て、鷹ノ巣岩を横目に見て、捨身行で知られる西ノ覗岩へ。石段を登り、山上宿坊前、大峰山寺蔵王堂を経て右の笹ヤブの道に入ると、お花畑の山頂標石の奥に❸山上ヶ岳の最高点である東ノ覗岩と一等三角点がある。好展望の笹ヤブの道を西へ進み、日本岩の手前の分岐を左に下る。ヤセ尾根と鉄階段の道を急下降し❹レンゲ辻へ。ザレ状の谷道をたどり林道終点に下る。林道を歩き❶清浄大橋に戻る。

プランニングのヒント 遠方からの人は、開山期間であれば山上の宿坊に泊まるとよい。または洞川温泉に宿泊し、早朝発で山頂を往復してもよい。

レンゲ辻からの下山路は、一部で踏み跡が錯綜している。はじめは右岸、途中で徒渉し、あとは左岸を下るのが正解。

サブコース

少し距離は長くなるが、毛又大橋から五番関を経て大峯奥駈道で洞辻茶屋に抜けてもよい（3時間強）。途中にある今宿跡をはさんだ前後の尾根に続くブナやカエデの美林は一見の価値がある。鞍掛岩付近の長いクサリ場では、スリップに注意しよう。濡れているときは特に気をつけたい。

安全のヒント

鐘掛岩の手前に油こぼしのクサリ場があるが、濡れているときはスリップに注意。また、クサリに頼りすぎると横に振られたときにバランスを崩し危険だ。足場をしっかり決めて慎重に登ろう。

油こぼしのクサリ場

---

251 山上ヶ岳

1:50,000

0　　500　　1000m
1cm＝500m
等高線は20mごと

毛又大橋から洞辻茶屋まで3時間強

（主な地名・記号）
大天井ヶ岳 1439
四寸岩山・吉野
小天井ヶ岳（女人結界）五番関
978
洞川キャンプ場
982
山上ヶ岳歴史博物館
洞川エコミュージアムセンター
コウモリ窟
龍泉寺
蟷螂ノ窟
ごろごろ水
母公堂
稲村ヶ岳登山口
洞川温泉ビジターセンター（入浴施設）
1012
五代松鍾乳洞
1261
五番関トンネル
五番関登山口
1211
鍋冠行者
蛇腹
遭難碑
1448
今宿跡
1314
一本松茶屋
1075
お助け水
鞍掛岩（クサリ場）
固定ロープ
大峯奥駈道に合流
1479
一ノ世茶屋跡 1225
1397
1:30
1:10
❷洞辻茶屋 1373
浄心門
1523
陀羅尼助茶屋
クサリ
油こぼし
1648
山上宿坊
大峰山寺
東ノ覗岩 1719
❶清浄大橋（女人結界）
林道終点
桟道
2:20
1:45
1345
西ノ覗岩
大峰山寺境内
日本岩
0:40
0:30
❸山上ヶ岳
1217
白倉山
ドアミ
法力峠
観音峯 1348
観音の水
観音峰展望台 1285
1166
みたらい遊歩道入口
踏み跡が錯綜する
1642
❹レンゲ辻（女人結界）
稲村ヶ岳山荘
稲村ヶ岳
クロモジ尾 1238
湧出岩の前の三角点がある
1685
大普賢岳

世界遺産・大峰山系の盟主にして近畿の最高峰

八経ヶ岳（大峰山）

はっきょうがたけ　おおみねさん

百

標高1915m

奈良県

登山レベル：中級

技術度：★★
体力度：★★★

日　程：前夜泊日帰り

総歩行時間：6時間15分

歩行距離：9.7km

累積標高差：登り1132m
　　　　　　下り1132m

登山適期：4月下旬～11月中旬

地形図▶1：25000「弥山」
三角点▶二等

釈迦ヶ岳から見た近畿最高峰の八経ヶ岳（中央）と弥山（その右の平らな部分）

上級
中級
初級

八経ヶ岳（大峰山）

山の魅力

大峰山系の盟主であり、近畿地方唯一の1900m峰。別名は八剣山、仏経ヶ岳。「大峰山」という名の山はないので、便宜的にこの山を百名山としている。

すぐ隣の弥山に見られるトウヒの縞枯れ現象や、八経ヶ岳への斜面に群生するオオヤマレンゲは一見の価値がある。

>>> DATA

公共交通機関 【往復】近鉄吉野線下市口駅→奈良交通バス（約55分）→天川川合バス停→タクシー（約30分）→行者還トンネル西口

マイカー 京奈和自動車道・御所南ICから国道309号などを経由して行者還トンネル西口まで約48km。トンネル西口の有料駐車場（約20台）を利用。

ヒント バスのダイヤを考えると日帰りは困難で、天川川合の宿に前泊する。天川タクシーは台数に限りがあるので、必ず予約すること。現実的にはマイカー利用が便利だ。

問合せ先
天川村地域政策課　　　　　　　　　☎0747-63-0321
奈良交通お客様サービスセンター　　☎0742-20-3100
天川タクシー（天川村）　　　　　　☎0747-63-0015
千石タクシー（下市口駅）　　　　　☎0747-52-2555

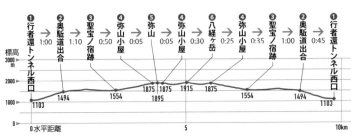

① 行者還トンネル西口 →1:00 ② 奥駈道出合 →1:10 ③ 聖宝ノ宿跡 →0:50 ④ 弥山小屋 →0:05 ⑤ 弥山 →0:05 ④ 弥山小屋 →0:30 ⑥ 八経ヶ岳 →0:25 ④ 弥山小屋 →0:35 ③ 聖宝ノ宿跡 →1:00 ② 奥駈道出合 →0:45 ① 行者還トンネル西口

標高
3000m
2000
1000

1103　　1494　　1554　　1875 1875 1915 1875　　1554　　1494　　1103
　　　　　　　　　　　　　　1895

0水平距離　　　　　　　　5　　　　　　　　10km

弥山神社が立つ弥山山頂

欄外情報 山小屋◎弥山小屋：弥山の山頂直下にある山小屋。☎090-2223-1332。1泊2食付9000円。4月下旬～11月中旬。要予約。幕営は、小屋東側の国見八方睨で。

コース概要 ❶行者還トンネル西口から、橋のたもとの登山道に入る。橋を渡り、シャクナゲの多い急坂を登って❷奥駈道出合に出る。右折し、シロヤシオが美しい尾根を快適に歩く。昔の目立つ弁天ノ森の小ピークを経て、オオイタヤメイゲツやミズナラ、ブナの森を、修験道復興の祖・聖宝理源大師の像が待つ❸聖宝ノ宿跡へ。木製の階段が現れると、聖宝八丁の急登が始まる。東側が大きく見晴らせる絶景の尾根に出て鉄階段を登れば、❹弥山小屋に着く。❺弥山へは往復10分。❹弥山小屋に戻り、南の鞍部へ下る。シカ除け柵を開け、オオヤマレンゲ群落を通って絶景の❻八経ヶ岳の山頂に着く。絶景を楽しんだら、往路を戻り、❶行者還トンネル西口へ下る。

プランニングのヒント 下山後は、天川川合から南西へ3kmほどにある日帰り湯の天の川温泉(☎0747-63-0333)に立ち寄るのもよい。山上ヶ岳から弥山までの大峯奥駈道の縦走は、約10時間かかる。

行者還トンネル西口への国道309号は、天川村側、上北山村側いずれも細いクネクネ道だ。運転には細心の注意を払いたい。

花と自然

弥山と八経ヶ岳の間にオオヤマレンゲの貴重な群生地があり、防護柵でシカの食害から守られている。モクレン科の落葉低木で、7月初めに香りのよい可憐な白い花をつける。八経ヶ岳の東斜面に広がるシラビソ林(仏経岳原始林)とともに国の天然記念物に指定されている。

八経ヶ岳直下に咲くオオヤマレンゲ

Column

252

八経ヶ岳（大峰山）

252 八経ヶ岳

奈良県
天川村

上北山村

修覆山 •1846

弥山神社(天河弁財天奥宮)

弥山 ❺ 1895

川合道

•1819 大黒岩

弥山小屋 ❹

鞍部

八経ヶ岳 ❻
1915▲

仏経岳原始林

弥山辻

明星ヶ岳 •1894

聖宝八丁

国見八方睨(国見台)

聖宝ノ宿跡 ❸
聖宝理源大師像

1532

大峯奥駈道

弁天ノ森 △1600

石休宿跡

奥駈道出合 ❷

行者還岳

行者還トンネル西口 ❶
橋を渡ってここから尾根をたどる

天川川合・下市口駅

シャクナゲ

急斜面が続く。転倒に注意

5月下旬はシロヤシオが満開

台高方面の絶景

国の天然記念物に指定されたオオヤマレンゲ自生地

360度の大展望が広がる

ショウキラン

オオイタヤメイゲツの森

N

1:25,000

0　250　500m

1cm=250m
等高線は10mごと

253

シロヤシオが彩る、大峯奥駈道中盤の名峰

釈迦ヶ岳
(しゃかがたけ)

二百

標高**1800m**

奈良県

登山レベル:**中級**

技術度:★★
体力度:★★★

日　程:**日帰り**

総歩行時間:**6時間25分**

歩行距離:**10.9km**

累積標高差:登り**970m**
　　　　　　下り**970m**

登山適期:**4月下旬～11月下旬**

地形図▶1:25000「釈迦ヶ岳」
三角点▶一等

釈迦ヶ岳のシンボル・シロヤシオ咲く道を山頂に向けて歩く

上級
中級
初級

釈迦ヶ岳

山の魅力

釈迦ヶ岳は大峯奥駈道のほぼ中盤にあたる山深い位置にあるが、十津川村側からの林道を使用すれば、京阪神から日帰り登山も可能だ。伝説の剛力・岡田

"鬼雅"が自力で担ぎ上げたといわれる釈迦如来像と一等三角点が待つ山頂は、さえぎるものがない360度の展望を誇る。春はシロヤシオが山上を彩る。

>>> DATA

公共交通機関 【往復】JR和歌山線五条駅→タクシー(約2時間)→太尾登山口

マイカー 南阪奈道路・葛城ICから国道165・24・168号、旭口、旭ダム、林道不動木屋谷線(冬期閉鎖)を経由して太尾登山口の駐車場まで約80km。約40台、無料。公衆トイレのある付近が駐車適地だ。

ヒント バス便はなく、タクシーを利用した場合も往復でかなりの料金がかかる。前泊するにしても付近

に好適地はなく、マイカーかレンタカーでのアクセスが現実的だろう。日帰りが困難な場合は、千丈平で幕営となる。花の開花シーズンの週末は、駐車スペースは朝早くから満車になる。早着を心がけたい。

問合せ先
十津川村企画観光課　☎0746-62-0004
野原タクシー(五條市)　☎0747-23-2233
三光タクシー(十津川村)　☎0746-64-1234

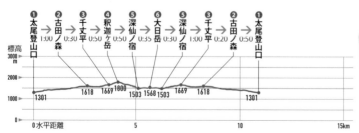

標高3000m
2000
1000

①太尾登山口 →1:00→ ②古田ノ森 →0:30→ ③千丈平 →0:50→ ④釈迦ヶ岳 →0:50→ ⑤深仙ノ宿 →0:35→ ⑥大日岳 →0:30→ ⑤深仙ノ宿 →1:00→ ③千丈平 →0:20→ ②古田ノ森 →0:50→ ①太尾登山口

1301 / 1618 / 1669 / 1800 / 1503 / 1568 / 1503 / 1669 / 1618 / 1301

0 水平距離　　5　　10　　15km

釈迦ヶ岳山頂の釈迦如来像

欄外情報 立ち寄り温泉◎十津川村内の温泉地温泉と十津川温泉には、泉湯、滝の湯、星の湯、庵の湯の4軒の銭湯がある。小ちんまりとした風情あるいで湯だ。問合せは十津川村企画観光課まで。

コース概要
①太尾登山口(ふとおとざんぐち)からの尾根道は、やがてブナやカエデが美しい広い稜線に出る。不動木屋谷登山口からの道を合わせると右前方に大日岳の鋭峰が見える。**②古田ノ森**(ふるたもり)を過ぎると眼前に釈迦ヶ岳が迫る。**③千丈平**(せんじょうだいら)の右手斜面に幕営地があり、さらに数分登った右に「行者の隠し水」が湧く。シロヤシオ群落の急坂をさらに登る。大峯奥駈道に合流して左へひと登りで、**④釈迦ヶ岳**(しゃかがたけ)の山頂だ。北に近畿最高峰の八経ヶ岳、東は大台ヶ原、南は大日岳などの山々が重なる。来た道をしばらく戻り、尾根を南へ**⑤深仙ノ宿**(じんせんしゅく)に下る。**⑥大日岳**(だいにちだけ)へは一枚岩に下がるクサリは避けて巻き道で登る。大日如来を拝んだら**⑤深仙ノ宿**(じんせんしゅく)に戻り、潅頂堂の右奥から巻き道で**③千丈平**(せんじょうだいら)の幕営地に向かう。あとは往路を戻る。

プランニングのヒント
5月のアケボノツツジ、6月初旬のシロヤシオが咲く頃がベスト。山頂から深仙ノ宿に至る稜線は花のプロムナードとなる。

> 千丈平の上部にある「行者の隠し水」は、道中の貴重な水場だが、秋には涸れることもあるので注意。

Column

サブコース
下北山村の前鬼登口から、前鬼宿坊「小仲坊」、太古ノ辻、深仙ノ宿を経て釈迦ヶ岳に登る標高差約1500mの本格コースも山深さが実感できてよい。小仲坊手前の車止めまでマイカーで入れるが、それでも一般的には小仲坊で宿泊するか、深仙ノ宿で幕営する。

花と自然
釈迦ヶ岳直下では6月上旬、白い花を咲かせるシロヤシオが見事。葉が5枚ずつ輪生状につくことからゴヨウウツツジの名でも親しまれる。秋の紅葉もきれい。

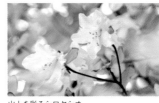

山上を彩るシロヤシオ

253

釈迦ヶ岳

253 釈迦ヶ岳

楊子宿避難小屋・八経ヶ岳

大峯奥駈道

シロヤシオ 0:50 / 0:35

十津川村

・652

千丈平 ③

行者の隠し水

④釈迦ヶ岳
△1800

奈良県
下北山村

0:30 / 0:20　0:55 / 1:00

1:20 / 0:50

古田ノ森 ② ・1618

△1233

釈迦ヶ岳が見える

1:00 / 0:50

やや不明瞭な巻き道

都津門

⑤深仙ノ宿

幕営可。ただし水場(香精水)は涸れることがある

不動木屋登山口谷

林道不動木屋谷線

露岩あり

・1465

不動木屋谷分岐

・1184

奈井谷

潅頂堂

アケボノツツジ

0:35 / 0:30

⑥大日岳
△1568

クサリ場は老朽化のため危険。往復とも巻き道を利用すること

・1267

・1279

P

太尾登山口 ①
(峠登山口)

笠捨山・玉置山

・1434

シロヤシオ
シャクナゲ

南尾根に入らないよう注意する

広い見渡しのよい尾根

太古ノ辻

・1521

蘇莫岳

両童子岩(二ツ岩)

・1472

石楠花岳

・1185

小仲坊

前鬼

前鬼ロバス停

南尾根

大峯奥駈道

天狗山
△1537

奥守岳

小仲坊～大日岳間は登り約2時間40分、下り約1時間40分

N

1:50,000

0　500　1000m
1cm=500m
等高線は20mごと

254

ブナ、ミズナラの森の遊歩道を森林浴ハイク

伯母子岳
おばこだけ

二百

標高**1344**m

奈良県

登山レベル:**初級**

技術度:★
体力度:★★

日　程:**日帰り**

総歩行時間:**4時間50分**

歩行距離:**12.4km**

累積標高差:登り**861m**
　　　　　下り**861m**

登山適期:**3月下旬~12月上旬**

地形図▶1:25000「伯母子岳」「護摩壇山」
三角点▶なし

牛首の峰を巻いた尾根道から、樹間越しに伯母子岳の堂々とした山容を望む

🏔 山の魅力

熊野古道・小辺路のなかでも厳しい峠越えで知られる伯母子岳。しかし、護摩壇山から続く稜線伝いの遊歩道を使えば、初級者でもたやすく登ることができる。おまけに稜線上はブナ、ミズナラ、カエデ、シロモジ、トチなどの自然林がとても美しく、森林浴にはもってこいだ。

>>> DATA

公共交通機関 【往復】南海高野線極楽寺駅→高野山ケーブル(5分)→高野山駅→タクシー(約1時間20分)→遊歩道入口

マイカー 京奈和自動車道・橋本ICから国道370・371号(高野龍神スカイライン)、奥千丈林道を経由して遊歩道入口まで約64km。路肩に停める。

ヒント マイカーかレンタカーでのアクセスが現実的。奥千丈林道は12月28日から3月31日まで通行止め。サブコースで紹介した大股からの入山なら、高野山駅より南海りんかいバスで野迫川村役場前を経由し、村営バスまたはタクシーで大股橋詰にアクセス可能だが、バス便はきわめて少なく日帰りはできない。

問合せ先

野迫川村産業課(村営バス)	☎0747-37-2101
十津川村企画観光課	☎0746-62-0004
南海りんかいバス高野山営業所	☎0736-56-2250
高野山タクシー	☎0736-56-2628

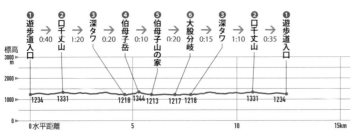

標高(m)

①遊歩道入口	→0:40	②口千丈山	→1:20	③深タワ	→0:20	④伯母子岳	→0:10	⑤伯母子山の家	→0:20	⑥大股分岐	→0:15	③深タワ	→1:10	②口千丈山	→0:35	①遊歩道入口
1234		1331				1218	1344	1213		1217	1218			1331		1234

0水平距離　　　5　　　　10　　　15km

霧の中の伯母子岳の山頂

欄外情報 山小屋◎伯母子山の家:無人の避難小屋。隣に公衆トイレもある。宿泊する場合は寝具、食糧が必要。水は小辺路を三田谷側に10分ほど下った小沢で得られる。

コース概要 山頂まで5.6kmとの標識が立つ**❶遊歩道入口**から、幅広の山道に入る。ブナやミズナラなどの美しい林に目を奪われながらの森林浴ハイクの始まりだ。細かなアップダウンを経て、右に**❷口千丈山**の三角点を見る。焼山の太尾の頭は南を巻く。眺めのよい「牛首山」標識を過ぎ、牛首の峰を左から巻くと樹間越しに伯母子岳が見えてくる。さらに小さな上り下りを経て、**❸深タワ**の分岐で右の尾根道へ。急坂をひと登りで、開けた**❹伯母子岳**に着く。ここで引き返すのもよいが、尾根を東に下り、**❺伯母子山の家**でひと休みした後、伯母子岳の北側を巻いて、**❻大股分岐**から**❸深タワ**を経て往路を戻ろう。

プランニングのヒント 稜線上の美林は、シロヤシオ、ミツバツツジ、サラサドウダンなどが咲く新緑のころや、リョウブが穂状の花をつける夏、ブナ、シロモジ、カエデが色づく秋が魅力的。霧も多く出るが、神秘的な雰囲気のブナ林が美しい。

当コースには、500mごとに伯母子岳への距離表示があり、初級者にも安心だ。盛夏はアブやブヨが多いので注意。

Column

サブコース

こちらもマイカーでのアプローチになるが、野迫川村の大股から、熊野古道・小辺路を歩き、桧峠を経て伯母子岳に至るコースも人気。登り約2時間30分、下り約2時間。日帰り入浴も可能な野迫川温泉・ホテルのせ川（☎0747-38-0011）に立ち寄れば充実した山行になる。

花と自然

遊歩道沿いにはふた抱えもあるようなブナの古木が点在。やわらかな緑を天蓋のように広げる新緑や黄葉する秋は何とも美しい。

遊歩道沿いのブナ

254 伯母子岳

奈良県
野迫川村

十津川村

△1079

萱小屋跡

△1050

大股橋詰　大股

護摩壇山バス停〜遊歩道入口間、徒歩約2時間

駐車場がないので路肩に車を停める

奥千丈林道

右図へ

左図へ

小辺路

桧峠

夏虫山
1349△

夏虫山分岐

大股分岐 ❻

マイカー利用でなければ北面の大股へ下ってもいい（約2時間）。コース下部は急斜面が続く

伯母子山の家（避難小屋）❺

熊野古道・小辺路の最高点

伯母子峠

1344△

0:20
0:15

0:10
0:15

深タワ ❸

0:20
0:15

伯母子岳 ❹

360度の大展望

遊歩道入口 ❶
（口千丈山登山口）

1294

ミズナラやブナなどの林

0:40
0:35

口千丈山 ❷
（口千丈岳）

1331△

焼山の太尾の頭

伯母子岳遊歩道

牛首山標識

1341

牛首の峰

1:20
1:10

眺めのよい尾根道

一部崩壊のため、迂回路あり

上西家跡

三浦口バス停

N

1:50,000

500　1000m

1cm=500m
等高線は20mごと

15分で登れる山頂は森林公園と合わせて歩こう

護摩壇山
（ごまだんざん）

和歌山県・奈良県

登山レベル:初級

技術度:★
体力度:★★

日　程:日帰り

総歩行時間:4時間15分

歩行距離:10.3km

累積標高差:登り655m
　　　　　下り655m

登山適期:4月上旬〜12月上旬

地形図▶1:25000「護摩壇山」
三角点▶なし

ごまさんスカイタワーと護摩壇山。なだらかな山頂部は落葉広葉樹の自然林で覆われている

山の魅力

山頂直下まで自動車道が通り、たやすく山頂に立てる護摩壇山だが、いざ登山道を歩いてみると、ミズナラ、ブナ、ヒメシャラ、カエデ、シロヤシオなどの美しい樹林に感嘆させられる。護摩壇山は、かつて和歌山県の最高峰とされたが、2000年の再測量で隣の龍神岳にその座を譲った。

>>> DATA

公共交通機関【往復】南海高野線極楽橋駅→高野山ケーブル（5分）→高野山駅→南海りんかんバス（予約制の急行バス。約1時間10分）→護摩壇山バス停

マイカー　京奈和自動車道・橋本ICから国道371号（高野龍神スカイライン）を経由して道の駅田辺市龍神ごまさんスカイタワーまで約53km。無料駐車場あり。

ヒント　南海りんかんバスの運行は4〜11月。帰りの便が早く、紹介のコースは回りきれないため、実質的にマイカーかレンタカーを利用する登山となる。なお、JR紀勢本線紀伊田辺駅から龍神バス（☎0739-22-2100）で、季楽里龍神乗り換えで、護摩壇山バス停下車でもアクセス可能。土・日曜と5月連休、8月などの限定運行。1日2便なので、ダイヤは事前に調べておくこと。

問合せ先
龍神観光協会　　　　　　　　　　　☎0739-78-2222
護摩壇山森林公園　　　　　　　　　☎0739-79-0667
南海りんかんバス高野山営業所　　　☎0736-56-2250

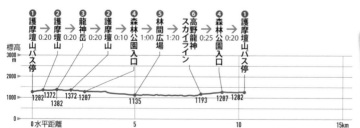

①護摩壇山バス停 →0:20 ②護摩壇山 →0:20 ③龍神岳 →0:20 ②護摩壇山 →0:10 ④森林公園入口 →1:00 ⑤林間広場 →1:20 ⑥高野龍神スカイライン →0:25 ④森林公園入口 →0:20 ①護摩壇山バス停

標高3000m 2000 1000 0

1282 1372 1382 1372 1287 1135 1193 1287 1282

0 水平距離　　　5　　　10　　　15km

電波塔が立つ龍神岳山頂

　欄外情報　立ち寄りスポット◎ごまさんスカイタワー:平維盛が焚いた護摩木の形がモチーフの、高さ33mの塔。売店などを併設。展望台（有料）からは大台・大峰、紀伊水道の島々まで見える。☎0739-79-0622。4〜11月営業。

コース概要 ❶護摩壇山バス停（道の駅田辺市龍神ごまさんスカイタワー）から遊歩道に入る。石段をひと登りで❷護摩壇山に着く。東への尾根を進み、電波塔が立つ❸龍神岳を往復し、眺めを楽しもう。❷護摩壇山に戻り、シロヤシオが多い南への尾根を下る。スカイラインを横断し、❹森林公園入口から再び登山道へ。ブナ林が美しい、歩きやすい道だ。展望棟を経て五百原林道に合流し、森林公園の❺林間広場に向かう。6万6000本ものシャクナゲが植栽されるシャクナゲ園の脇から自然観察路に入り、山腹を巻いて進む。自然林を歩いて水量の少ない滝を見ながら谷筋を渡り、ツガやモミの大樹が並ぶ小尾根を越える。❻高野龍神スカイラインに出たら車道を左に進み、❹森林公園入口から車道を戻る。

プランニングのヒント 護摩壇山は簡単に山頂を踏めるが、あまりにあっけなく、もったいない。自然林が豊かな森林公園を散策してこそ価値がある。

紹介コースの最後、約2kmは車道を歩くことになる。コーナーを飛ばしてくるバイクや車に十分気をつけよう。

花と自然

花なら5月は森林公園のシャクナゲや護摩壇山周辺のシロヤシオ、梅雨の時期のヤマボウシ、ガクウツギ、ヤブウツギなどが美しい。春はブナやミズナラの新緑、10月頃からのブナやミズナラの黄葉、冬期の霧氷と、四季を通じて移りゆく自然を楽しむことができる。

自然観察路に咲くガクウツギ

255 護摩壇山

高野山駅・橋本

❶護摩壇山バス停

道の駅田辺市龍神
ごまさんスカイタワー

ちょうちん杉

樹林が育ち
展望はよくない

0:20
0:15

0:20

❸龍神岳
1382

耳取山
1363

奈良県
十津川村

▲1372

❷護摩壇山

和歌山県の最高峰。南側の展望が開けている

車に注意して歩く

森林公園入口❹

0:15
0:10

ミヤマツツジ、
シロヤシオ

五百原林道

ブナ・ミズナラ林

1310

シロヤシオ

371

•1264

0:25

•1275

恋小袖ノ滝

和歌山県
田辺市

❻高野龍神スカイライン

1:10
1:00

自然観察路

展望棟
△1304.5

1:20
1:15

休憩舎

高野龍神スカイライン

林道に出る

• 展望棟

6万本のシャクナゲが植栽されている。見頃は5〜6月にかけて

シャクナゲ園

森林広場入口

•765

•1131

❺林間広場
（ワイルドライフ総合案内所）

龍神温泉・紀伊田辺駅

N

1:25,000

250   500m

1cm=250m
等高線は10mごと

標高差1000m以上を登る比良山系の最高峰

武奈ヶ岳
ぶ な が たけ

二百

標高**1214**m

滋賀県

登山レベル:**中級**

技術度:★★
体力度:★★★

日　程:**日帰り**

総歩行時間:**4時間40分**

歩行距離:**8.9km**

累積標高差:登り**1056**m
　　　　　　下り**1056**m

登山適期:**4月下旬〜11月下旬**

地形図▶1:25000「花脊」「久多」「比良山」
三角点▶三等

ワサビ峠から上がった稜線から見た初秋の武奈ヶ岳。笹原の広がる山上はまさに稜線漫歩といった趣で歩ける。広い山上からは眼下に琵琶湖が広がり、蓬莱山や伊吹山などを望める

上級
中級
初級

武奈ヶ岳

🔺 山の魅力

武奈ヶ岳は琵琶湖の西に連なる比良山系の最高峰。山頂からは琵琶湖や伊吹山、京都北山など360度の展望が広がる。その名は豊かなブナ林に由来するともいわれるだけに、山腹ではブナやミズナラなどの自然林がきれい。山道は各方面から整備されているが、いずれのコースも長い登りが必要だ。

>>> DATA

公共交通機関【往復】JR湖西線堅田駅→江若バス(約45分)→坊村バス停
かた た　　　　　　こうじゃく

マイカー　名神高速道路・京都東ICから西大津バイパス、湖西道路、国道477・367号を経由して約37kmで坊村。葛川市民センターの駐車場を利用する。

ヒント　堅田駅からのバスは土・日曜、祝日の1便のみ。どちらも午前便なので、下山はタクシーか、予約制乗合タクシー「光ルくん号」(日曜運休)を利用する。3

月中旬〜12月中旬の土・日曜、祝日、お盆には京都バスが京阪電鉄京阪出町柳駅から坊村(約55分)まで1日2便運行。

問合せ先

大津市観光振興課	☎077-528-2756
江若交通堅田営業所	☎077-572-0374
光ルくん号(乗合タクシー)	☎077-522-6677
京都バス高野営業所	☎075-791-2181
琵琶湖タクシー	☎077-579-6677

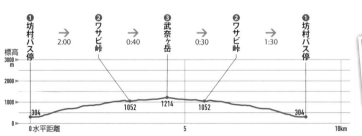

❶坊村バス停 →2:00→ ❷ワサビ峠 →0:40→ ❸武奈ヶ岳 →0:30→ ❷ワサビ峠 →1:30→ ❶坊村バス停

標高3000m / 2000 / 1000

304 — 1052 — 1214 — 1052 — 304

0 水平距離　　　　5　　　　10km

大きな標柱が立つ武奈ヶ岳山頂

欄外情報　立ち寄り温泉◎おごと温泉:堅田駅の隣駅、おごと温泉駅から徒歩圏内にある温泉街。日帰り入浴に対応している温泉宿やスパリゾートがある。問合せはおごと温泉観光公園(☎077-578-3750)まで。

コース概要 ❶**坊村バス停**（ぼうむらばすてい）から国道を渡り明王院方面へと進み山道へ入る。植林帯を急登し尾根へ上がったのち、尾根の南側を巻くように進む。再び尾根沿いに上がるとちょっとした展望地があり、しばらく進めば御殿山の山頂だ。ここから目指す武奈ヶ岳がよく見える。ひと息入れたら、❷**ワサビ峠**（とうげ）へと一気に下っていく。鞍部で中峠への道を右に分け尾根道を急登していく。傾斜がゆるみ樹林が低くなると、再び視界が開け武奈ヶ岳がさらに近くなっている。明るい稜線をひと登りで山頂手前の小ピーク。さらに尾根道を行けば、コヤマノ岳への道を右に分け、間もなく❸**武奈ヶ岳**（ぶながたけ）の山頂に到着する。下山は往路を戻る。

プランニングのヒント 周辺の日本三百名山に蓬莱山（P220）がある。ほかにも、琵琶湖をはさんで伊吹山（P196）もある。マイカー利用なら移動の自由度も高く、周辺の宿で1〜2泊して、3座まとめて登頂することもできる。

山上は木々がなく草原の吹きさらしとなるため、強風時や悪天寺は風雨を遮れないので注意。夏は日焼けにも気をつけたい。

安全のヒント

本コースはよく歩かれており、通過困難な箇所はないが、累積標高差は1000mを越える。水分補給を心がけマイペースで登りたい。トイレは登山口のみなので入山時に済ませたい。

サブコース

下山はコヤマノ岳分岐からイブルキのコバ、八雲ヶ原、北比良峠、大山口を経て比良イン谷口バス停へも下れる。武奈ヶ岳から比良イン谷口バス停まで約2時間40分。登ると約3時間40分。

武奈ヶ岳山頂直下の分岐道標

256 武奈ヶ岳

白滝谷を徒渉しながら登る比良の名山

蓬莱山
（ほうらいさん）

標高1174m

滋賀県

登山レベル：**上級**

技術度：★★★★
体力度：★★

日　程：日帰り

総歩行時間：**4時間55分**

歩行距離：**8.9km**

累積標高差：登り**1100m**
　　　　　　下り**309m**

登山適期：**4月上旬～11月下旬**
　　　　　　（梅雨期除く）

地形図▶1：25000「花脊」「比良山」
三角点▶一等

仏塔が立つ蓬莱山の山頂。九体地蔵の向こうには琵琶湖と大津市内、湖南の山々が展望できる

🔺 山の魅力

比良山系では武奈ヶ岳、コヤマノ岳に続く第3の高峰。琵琶湖から約3.5kmしか離れていないため、山頂からの眺めは実際の標高以上に高度感が得られすばらしい。山頂付近は、びわ湖バレイスキー場として京阪神で人気のレジャースポットで、国内最速級のロープウェイでも知られる。

>>> DATA

公共交通機関 【行き】JR湖西線堅田駅（かたた）→江若バス（こうじゃく）（約45分）→坊村バス停。または、京阪電鉄鴨東線出町柳駅・京都バス（約55分）→坊村バス停　※坊村へのバスはP218「ヒント」を参照のこと。　【帰り】山頂駅→びわ湖バレイロープウェイ（5分）→山麓駅（びわ湖バレイ前バス停）→江若バス（約10分）→JR湖西線志賀駅　※バスは期間によって便数が異なるため、事前に要問合せ。

マイカー 名神高速道路・京都東ICから国道161号を経由して堅田駅まで約19km。駅周辺のコインパーキングを利用し、左記のアクセス方法で移動する。

ヒント ロープウェイは15分間隔で運行。最終は17時発なので乗り遅れに注意したい。

問合せ先

大津市観光振興課	☎077-528-2756
びわ湖バレイ	☎077-592-1155
江若交通堅田営業所	☎077-572-0374
京都バス高野営業所	☎075-791-2181

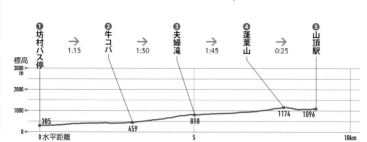

❶坊村バス停 →1:15 ❷牛コバ →1:30 ❸夫婦滝 →1:45 ❹蓬莱山 →0:25 ❺山頂駅

標高3000m 2000 1000

305　　459　　810　　1174　1096

0 水平距離　　　5　　　10km

滝見台から見た夫婦滝

欄外情報 立ち寄りスポット◎びわ湖バレイ：打見山山頂部にあるレジャー施設。積雪期はスキー場、無積雪期はワイヤーで宙を滑空する「ジップライン」などのアトラクションや展望カフェ・びわ湖テラスがある。

コース概要 ❶坊村バス停(ぼうむら)から東へ進み、地主神社の横から林道をたどる。❷牛コバ(うし)を直進し、白滝谷沿いに進むと、苔むした登山道だ。この後、徒渉が2度あるが、橋は流失し、対岸にロープが渡されている。少し高巻きし、朽ちかけた桟道をたどり白石谷を渡る。左奥に布ヶ滝が垣間見える。再び白滝谷に接近するが、白髭渕の標識からは左のクルミ谷沿いに登り、山腹を大きく巻いてから、三たび白滝谷に近づく。明王橋跡を徒渉したら滝見不動に着く。❸夫婦滝(めおとだき)を往復してこよう。滝見不動からは汁谷を行くが、ところどころで荒れており要注意だ。クリンソウ群落を過ぎ、スキー場の末端に出たら、右のゲレンデを登る。笹平からは、ひと登りで大パノラマの❹蓬莱山(ほうらいさん)に着く。笹平に戻り、琵琶湖側の道をたどれば❺山頂駅(打見山)(さんちょうえき うちみやま)に到着する。

プランニングのヒント びわ湖バレイに30万球のスイセンが一面に咲く5月、汁谷にクリンソウが咲く6月がおすすめ。

白滝谷の徒渉箇所は、ロープが対岸に渡されているが、増水時などは危険。決して無理せず、慎重に渡ろう。

安全のヒント

紹介したコースは徒渉箇所の多い上級コース。石の上を伝い歩く技術が必要だ。徒渉地点にはロープが渡されているが、これは徒渉地点を示すものなので歩行の補助には使用しないこと。当コースが不安な場合は、山頂東面のキタダカ谷を登るといい。

白滝谷を渡る

花と自然

汁谷最上部にクリンソウの群落がある。クリンソウは湿地や沢沿いに咲くサクラソウ科の多年草。花茎に輪生状の花を数段になって咲かせる。見頃は5月下旬から6月上旬。

257

蓬莱山

257 蓬莱山

坊村バス停 ❶
（葛川坊村町）
（葛川市民センター）Ｐ

朽木←

明王院
地主神社

牛コバ
❷
1:15→
←1:00

増水時に岩が水没している場合はここで引き返す

武奈ヶ岳
金糞峠 青ガレ
小山新道
931▲
比良管理事務所
比良イン谷口Ｐ

•591

荒れた道。道標やカラーテープを目印に進む

•546

林道終点

奥ノ深谷

大橋

堂満岳
1057

大山口

•591

大山

比良イン谷口Ｐ

葛川水・中

•695

徒渉

1:30

•1006

南比良峠

615•

滋賀県
大津市

葛川中村町

•642

伊藤新道 スベリ石

高巻きの通過

荒川峠

•865

▲371

葛川木戸口町

•640

白滝山
1022

音羽池

布ヶ滝

「白髭渕」の標識

烏谷山
1077

志賀駅から打見山間は中級コース。
登り約3時間5分、
下り約2時間20分

•376

•901

坊村バス停から夫婦滝まで登り約2時間30分、下り約1時間50分

❸
夫婦滝

葛川越
明王橋跡

滝見不動

比良岳
1051

•494

一部、荒れている。歩行注意

天神橋 乙女橋
クリンソウ

徒渉

•710 下坂下

安曇川

坂下トンネル

•1080

びわ湖バレイスキー場

990
木戸峠

1:45

クロトノハゲ

所要5分。
15分間隔の運行

天狗杉

志賀IC

荒川

N

1:55,000
500 1000m
1cm=550m
等高線は20mごと

比良山系では武奈ヶ岳、コヤマノ岳に次ぐ第3の高峰

スイセン

1:20

笹平

蓬莱山 ❹
1174▲

0:25
0:30

打見山
1108

❺
山頂駅

びわ湖テラス

びわ湖バレイロープウェイ

山麓駅

志賀駅・志賀IC

志賀駅
比良

比良山系最高所の湿原

小女郎池

小女郎峠

小女郎池まで往復約1時間20分

木戸小

JR湖西線

堅田駅・志賀IC

堅田駅・琵琶湖

堅田駅・出町柳駅・京都東IC

名湯・有馬温泉から六甲最高峰へ

六甲山
（ろっこうさん）

三百

標高**931**m（六甲最高峰）

兵庫県

登山レベル：**初級**

技術度：★
体力度：★★

日　程：**日帰り**

総歩行時間：**5時間20分**

歩行距離：**12.1km**

累積標高差：登り**1098**m
　　　　　　下り**1098**m

登山適期：**通年**

地形図 ▶ 1：25000「有馬」「宝塚」
三角点 ▶ 一等

落葉山を少し過ぎた露岩の尾根から見た温泉街と六甲最高峰（右奥）。目を凝らすと六甲有馬ロープウェーの軌跡も見える

上級　中級　**初級**　六甲山

🔺 山の魅力

六甲山地は、神戸市街の北側を東西30km超に延びる山塊で、百万ドルの夜景で知られる摩耶山や、岩場が点在するロックガーデンなど、魅力にあふれたコースが数多くある。須磨から宝塚までの56kmを全山縦走する人も多い。ドライブウェイやロープウェイで訪れる観光客も非常に多い。

>>> DATA

公共交通機関【往復】神戸電鉄有馬線有馬温泉駅

マイカー 阪神高速7号北神戸線・有馬口出口から県道51号を経由して有馬温泉まで約2km。有馬温泉周辺の有料駐車場を利用する。

ヒント 阪急梅田駅から有馬温泉までは阪急バスの高速バス（予約制。☎0570-089006）も便利だ。六甲有馬ロープウェーを利用すれば六甲山頂駅へはわずか12分。ロープウェーからは四季折々にさまざまな表情を見せる六甲山の自然や周囲の展望が楽しめる。悪天候時や体調不良などには心強い存在だ。

問合せ先

神戸市総合コールセンター ☎078-333-3330
神戸電鉄総合案内所 ☎078-592-4611
六甲有馬ロープウェー ☎078-891-0031

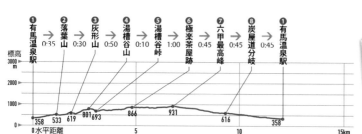

| ❶有馬温泉駅 | → 0:35 | ❷落葉山 | → 0:30 | ❸灰形山 | → 0:50 | ❹湯槽谷山 | → 0:10 | ❺湯槽谷峠 | → 1:00 | ❻極楽茶屋跡 | → 0:45 | ❼六甲最高峰 | → 0:45 | ❽炭屋道分岐 | → 0:45 | ❶有馬温泉駅 |

標高
3000m
2000
1000
0

358　533　619　801 693　　866　　931　　　　616　　　　358

0 水平距離　　　　5　　　　　10　　　　　15km

六甲山最高峰の標柱

欄外情報 立ち寄り湯温泉 ◎有馬本温泉「金の湯」：鉄分の豊富な金色の湯で知られる日帰り温泉。☎078-904-0680。入浴料800円。8〜22時（最終入館は21時30分）。第2・第4火曜休。

コース概要 ❶**有馬温泉駅**から温泉街方面へ200mほど進む。バスターミナルの向かい側の「妙見宮参詣道」の標石が登山口の目印だ。石段を登り、妙見寺に着く。本堂右から登山道が続く。❷**落葉山**の三角点を右に見て、露岩の尾根を通り、急坂を❸**灰形山**へ。急下降、急坂をこなし、行基の伝説が残る❹**湯槽谷山**へ。すぐ下の❺**湯槽谷峠**から番匠屋畑尾根を詰めてモミジ谷からの道と合流し、飲料自販機が並ぶ❻**極楽茶屋跡**に出る。スカイライン沿いの道（東六甲縦走路）を東へ進む。何度か車道を横断すれば電波塔の左奥が❼**六甲最高峰**だ。下山は、新装された六甲最高峰トイレの右手から歩きやすい魚屋道を下る。途中で❽**炭屋道分岐**を経て温泉街へ下れば❶**有馬温泉駅**はすぐだ。

プランニングのヒント 北向きコースだが、低山なので盛夏は避ける。冬は意外な積雪もあり軽アイゼンは必携。下山後、有馬温泉に入れば格別な山旅になる。

有馬三山（落葉山、灰形山、湯槽谷山）から極楽茶屋跡へは、急な上り下りの連続だ。ペース配分に注意しよう。

サブコース

六甲最高峰へは、阪急芦屋川駅からロックガーデンを経るルート（約3時間20分）、宝塚駅からの東六甲縦走路（約4時間10分）など、多くのルートが存在する。また、六甲有馬ロープウェーを利用すれば、徒歩1時間ほどで最高峰に立てる。脚力、体力に応じて選びたい。

ロックガーデンからのコースも人気

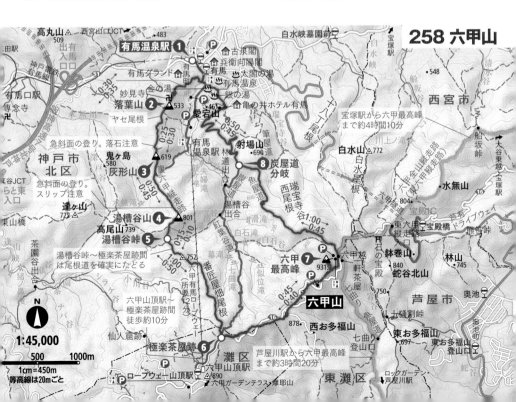

258 六甲山

宝塚駅から六甲最高峰まで約4時間10分

芦屋川駅から六甲最高峰まで約3時間20分

1:45,000

500 1000m

1cm＝450m
等高線は20mごと

比叡山
ひ えい ざん

登山レベル：初級　技術度：★　体力度：★★　日程：日帰り
総歩行時間：4時間40分　歩行距離：約10.8km
累積標高差：登り849m 下り835m　登山適期：通年

公共交通機関 【行き】叡山電鉄修学院駅　【帰り】京阪石山坂本線京阪坂本駅 **マイカー** 名神高速・京都東ICから西大津バイパス、比叡山ドライブウェイを経由して比叡山頂駐車場まで約17km。

山の魅力

大比叡と四明岳を総称し、比叡山とよぶ。堂々たる山容で、古くから京滋のシンボル的な山だ。山頂部にある世界文化遺産・延暦寺で、豊かな自然と激動の歴史に思いを馳せよう。

大津市の唐崎神社から見た比叡山

コース概要 修学院駅から北山通を東へ、白川通を北に進み、音羽川沿いの道に入る。きらら橋を渡り、歴史ある雲母坂に入る。最初は溝状のえぐれた道だ。歩きやすい道に変わり、水飲対陣跡を経てロープウェイ比叡駅に出る。スキー場跡を抜け、四明岳展望台から直下の山頂駐車場に出て、東に進む。木立の地味な小ピークが、比叡山の最高点、一等三角点の大比叡だ。西へ下り、根本中堂に参拝後、延暦寺会館の先で右折する。亀塔を経て本坂を下り、ケーブル坂本駅から京阪坂本駅へ。天気の急変時などにはケーブルカーで下ろう。

問合せ先
京都市観光MICE推進室　☎075-746-2255
大津市観光振興課　☎077-528-2756
京阪バス山科営業所　☎075-581-7189

愛宕山
あ たご やま

登山レベル：初級　技術度：★　体力度：★★　日程：日帰り
総歩行時間：4時間10分　歩行距離：約10.3km
累積標高差：登り1043m 下り1043m　登山適期：通年

公共交通機関 【往復】JR京都駅、阪急京都河原町駅、京阪三条京阪駅、阪急嵐山駅など→京都バス（約15分〜約1時間）→清滝 **マイカー** 名神高速道路京都南ICから国道1・162号、府道137号を経由して清滝まで約17km。

山の魅力

「あたごさん」として京都市民に親しまれる。全国800余社に勧請されている愛宕神社の総本社が山頂にあり、火伏せ（防火・鎮火）の神としても知られる。登山口の清滝周辺は紅葉の名所。

愛宕山名物の、山頂直下の長い石段

コース概要 清滝バス停から一文字屋の前を通り、左の坂道を下る。渡猿橋を渡り、朱塗りの鳥居から表参道に入る。お助け水を過ぎると、昔の繁栄の証である小学校や茶屋などの跡地が次々に現れる。要所に休憩舎があり、初心者にもやさしい。大杉大神ではポンポン山を、7合目で桂川の流れを眺め、水尾分岐で右に進む。黒門をくぐり、社務所を過ぎて長い石段を上ると、愛宕山山頂にある愛宕神社に着く。神社を参拝したら、下山は、石段を下りて月輪寺への道をたどる。川沿いの林道に出て、清滝バス停に戻ろう。

問合せ先
京都市観光MICE推進室　☎075-746-2255
京都市観光協会　☎075-213-1717
京都バス嵐山営業所　☎075-861-2105

261 春に山肌一面を赤く染めるヤマツツジの名山

三百 標高959m 大阪府・奈良県

大和葛城山
やまとかつらぎさん

登山レベル：初級　技術度：★★　体力度：★　日程：日帰り
総歩行時間：3時間30分　歩行距離：約6.9km
累積標高差：登り796m 下り796m　登山適期：通年

▶▶公共交通機関 【往復】近鉄御所線御所駅→奈良交通バス（約20分）→葛城ロープウェイ前 ▶▶マイカー 南阪奈
道路葛城ICから県道30・213号を経由して葛城山ロープウェイの葛城登山口駅直下の有料駐車場まで約9km。

山の魅力

大阪府の最高峰（「最高点」は金剛山）。5月、ヤマツツジが山頂
南側を真っ赤に染める。自然研究路にカタクリ、山頂北西側にショウジョウバカマが群生する、山野草が豊富な山。

「一目100万本」と称賛される大和葛城山のヤマツツジ

コース概要 葛城登山口バス停の右手の道
を進み、最初の分岐で「北尾根コース」を
急登する。ダイヤモンドトレールへの分岐
で左に下り、自然研究路に入る。周辺には
4月にカタクリが咲く。山頂の遊歩道に出
たら右折。公衆トイレ前を右に登れば、眺
望抜群で売店や宿泊施設のある山頂だ。花
期にはツツジ園を回ろう（一周約20分）。秋
のススキのころもよい。下山は整備され歩
きやすい「くじらの滝コース」をとり、葛
城登山口駅に戻る。不意の荒天時などには
ロープウェイが利用できる。

問合せ先
御所市観光振興課　　　☎0745-62-3001
奈良交通お客様サービスセンター
　　　　　　　　　　　☎0742-20-3100
葛城山ロープウェイ　　☎0745-62-4341

262 年中ハイカーで賑わう、葛城修験の主峰

二百 標高1125m 奈良県

金剛山
こんごうさん

登山レベル：初級　技術度：★　体力度：★　日程：日帰り
総歩行時間：3時間25分　歩行距離：約7.2km
累積標高差：登り713m 下り584m　登山適期：通年

▶▶公共交通機関 【行き】南海・近鉄河内長野駅→南海バス(約30分)→金剛登山口【帰り】金剛山ロープウェイ前→南海
バス(約35分)→南海河内長野駅 ▶▶マイカー 富田林市街から国道309号などを経由して金剛登山口まで約13km。

山の魅力

金剛山地の盟主で、役行者ゆかりの葛城修験の山。回数登山する
愛好家も多い。春の山野草、ブナの新緑、黄葉、冬の樹氷と、1
年を通じた魅力が豊富だ。登山道も多数ある。

大和葛城山から見た金剛山

コース概要 金剛登山口バス停からバス道
を少し戻り、橋の手前を右折する。千早本
道に入り、長い階段道を登る。ブナが美し
い新道をとり、転法輪寺の境内に出る。国
見城跡の広場で休憩したら、葛木神社に参
拝する。本殿裏が金剛山最高点の葛木岳
だが神域のため立入禁止だ。一ノ鳥居を経
て一等三角点の湧出岳を往復したら、ちは
や園地へ向かう。園地の北端に大阪府最高
点と展望台がある。伏見峠から念仏坂を下
って百ヶ辻へ。舗装道を渡ると金剛山ロー
プウェイ前バス停だ。なお、ロープウェイ
は休止中だ。

問合せ先
御所市観光振興課　　　☎0745-62-3001
千早赤阪村農林商工課　☎0721-26-7128
南海バス河内長野営業所　☎0721-53-9043

日本三百名山クイズ

日本の名山が300も揃うと、さまざまな話題がある。
ここでは、日本三百名山にまつわるクイズを7問出題しよう。

Q1

三百名山のうち、同じ標高の山は何山ある？

①10山　②24山　③19山

Q2

世界遺産に属する三百名山は何山ある？

①4山　②5山　③7山

Q3

日本百名山の候補にあがりながら、
二百名山、三百名山に選ばれなかった山は？

①ウペペサンケ山

②高尾山

③蝶ヶ岳

Q4

三百名山が最も多い都道府県はどこ？

①北海道　②長野県　③岐阜県

Q5

逆に、三百名山がない都道府県の数は？

①1　②3　③5

Q6

下は長野市の大望峠からの北アルプス北部の三百名山4山の眺めだが、A～Dの山の組み合わせで正しいのはどれ？

①A＝針ノ木岳　　B＝爺ヶ岳
　C＝鹿島槍ヶ岳　D＝五竜岳

②A＝鹿島槍ヶ岳　B＝五竜岳
　C＝唐松岳　　　D＝鑓ヶ岳

③A＝爺ヶ岳　　　B＝鹿島槍ヶ岳
　C＝五竜岳　　　D＝唐松岳

Q7

日本最南のハイマツ自生地がある
三百名山は？

①上河内岳　②光岳　③大無間山

クイズの答え

Q1　A＝③　穂高岳・間ノ岳(3190m)、石狩岳・巻機山(1967m)、安達太良山・霧島山(1700m)、トムラウシ山・平ヶ岳(2141m)、飯縄山・早池峰山・那須岳(1917m)、三峰山・白神岳(1235m)、涌蓋山・船形山(1500m)、七ヶ岳　杁差岳(1636m)、経ヶ岳・岩木山(1625m)、三方岩山・ペテガリ岳(1736m)、市房山・利尻山(1721m)、笠ヶ岳・蔵王山(1841m)、小秀山・石鎚山(1982m)、入笠山・剣山(1955m)、オプタテシケ山・ニペソツ山(2013m)、鳥甲山・岩手山(2038m)、櫛形山・幌尻山(2052m)、三俣蓮華岳・南駒ヶ岳(2841m)、農鳥岳・乗鞍岳(3026m)

Q2　A＝③　羅臼岳(知床)と白神岳(白神山地)、富士山(富士山)、山上ヶ岳、八経ヶ岳、釈迦ヶ岳(いずれも紀伊山地の霊場と参詣道)、宮之浦岳(屋久島)が該当

Q3　A＝①　北海道・東大雪山系にある、標高1848mの山

Q4　A＝②　68山でダントツ。2位は富山県(29山)、3位は新潟県(27山)

Q5　A＝③　千葉・愛知・山口・香川・沖縄の5県

Q6　A＝③　Bがいちばん高いので、そこを基準に同定を試みるとよい

Q7　A＝②　日本最南であると同時に、世界でも最南の自生地。また光岳は日本最南の2500m峰でもある

中国・四国

鳥取県

扇ノ山 ㉓

氷ノ山 ㉔

大山 ㉗
蒜山 ㉖

那岐山 ㉕

島根県

三瓶山 ㉓ 吾妻山
㉘
道後山 ㉗

岡山県

兵庫県

広島県

香川県

東赤石山 ㉑

三嶺
㉚

剣山 ㉙

瓶ヶ森 ㉔
石鎚山 ㉕ ㉓ ㉒笹ヶ峰
伊予富士

徳島県

愛媛県

高知県

三本杭 ㉖

篠山 ㉙

中国・四国

黄緑色の新緑を求めて"ブナ回廊"を歩く

扇ノ山
（おうぎのせん）

標高**1310**m

鳥取県

登山レベル：**初級**

技術度：★
体力度：★

日　程：日帰り

総歩行時間：**3時間10分**

歩行距離：**6.5km**

累積標高差：登り**405**m
　　　　　　下り**405**m

登山適期：5月中旬～11月上旬

地形図▶1/25000「扇ノ山」
三角点▶二等

ゆったりとした山容を見せる扇ノ山。標高は低いが、4月下旬～5月上旬まで山上部や日陰には雪の残ることがある

上級 中級 **初級** 扇ノ山

🏔 山の魅力

鳥取市の東端、兵庫県との県境間近に位置し、かつて積雪期以外は登山者を寄せ付けない山だったが、いまは数多くの登山道が開かれている。鳥取市側から見ると扇を広げたかのような姿に見えることから山名がついたといわれ、山上部はブナやカエデ、ミズナラなど広葉樹の森が広がっている。

>>> DATA

公共交通機関【往復】JR山陰本線鳥取駅→タクシー（約1時間）→水とのふれあい広場

マイカー　鳥取自動車道・鳥取ICから国道29号、県道251・31号などを経由して水とのふれあい広場の駐車場（無料）まで約30km。

ヒント　路線バスは運行していないので、タクシーやマイカー、レンタカーを使ってアクセスすることになる。登山口までの道路は舗装されているが、狭い箇所もあるのでカーブでの対向車には十分注意したい。なお、タクシーは駅前に常駐している。

問合せ先
鳥取市国府町総合支所地域振興課
　　　　　　　　　☎0857-30-8652
鳥取市観光コンベンション協会（タクシー案内も）
　　　　　　　　　☎0857-26-0756

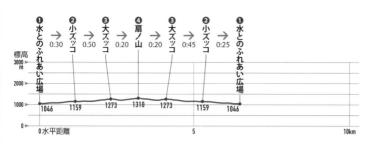

①水とのふれあい広場	②小ズッコ	③大ズッコ	④扇ノ山	③大ズッコ	②小ズッコ	①水とのふれあい広場
	0:30	0:50	0:20	0:20	0:45	0:25

標高
3000m
2000m
1000m

1046　1159　1273　1310　1273　1159　1046

0 水平距離　　　　　　5　　　　　　10km

ブナの森を行く登山者

欄外情報 立ち寄り温泉◎鳥取温泉：駅近く（鳥取駅）の市街地に湧く温泉。銭湯がおすすめ。宝温泉☎0857-22-6310。元湯温泉☎0857-22-7617。日乃丸温泉☎0857-22-2648など。入浴料は450円。

コース概要 ❶**水とのふれあい広場**から車道を少し行くと道標の立つ登山口があり、ここから登山道に入る。わずかの時間、木段を登ると尾根筋に出る。ゆるやかに登り詰めると❷**小ズッコ**（1159mピーク）で、このあたりから"ブナ回廊"とよばれるブナ林の道が始まる。なだらかで広い尾根道を行くと❸**大ズッコ**（1273mピーク）。いったん下って登り返せば、きれいな避難小屋の立つ❹**扇ノ山**の山頂だ。下山は往路を戻る。

プランニングのヒント 扇ノ山にはここで紹介した河合谷コースのほかにも、大石コース、上地コース、姫路公園コース、ふる里の森コースなどがあるが、この山を象徴するブナの森を楽しむのなら、"ブナ回廊"ともよばれる河合谷コースが一番かもしれない。いずれにしても、各コースのアクセスはすべてマイカーかタクシーとなる。なお、近接して二百名山の氷ノ山（P230）があるので、山麓で1泊して2つの山を登るのもおすすめだ。

扇ノ山の山頂にはきれいな避難小屋が立つ。2階は土足禁止となっていて、広い窓からの眺めがいい。

花と自然

扇ノ山ではぜひ、ブナの新緑を楽しみたい。登山道を包む黄緑色の輝きは登る人すべてに感嘆の声を上げさせる。ブナの新緑は年によっても異なるが、だいたい5月中旬～下旬を考えておけば間違いないだろう。

空気まで黄緑色になるブナの新緑

263 扇ノ山

●764

鳥取市雨滝・鳥取駅・鳥取IC

河合谷林道

海上林道・国道9号

上山高原

登山口

小ズッコ山小屋

水とのふれあい広場 ❶

上山公園分岐

鳥取県
鳥取市

大石コース

登山口

943△

杉の古木がある

1159 ❷ **小ズッコ**

河合谷コース

中国自然歩道

霧ヶ滝

804

兵庫県
新温泉町

●894

美しいブナ林が続く"ブナ回廊"

970

1273 ❸ **大ズッコ**

畑ヶ平林道

△912

登山口

上地コース

湿地状の鞍部

諸鹿越

山頂手前に展望台がある

扇ノ山 ❹
1310

避難小屋

畑ヶ平コース

中国自然歩道

814

駐車スペースあり

姫路公園コース

登山口

ふる里の峰コース

登山口

駐車スペースあり

八頭町

河合谷林道

若桜町

駐車スペースあり

八東ふるさとの森・若桜駅↓

N

1:50,000

0 500 1000m

1cm=500m
等高線は20mごと

通過困難箇所のないコースで兵庫県最高峰を目指す

氷ノ山
ひょうのせん

二百

標高 **1510**m

兵庫県・鳥取県

登山レベル：中級

技術度：★★
体力度：★★★

日　程：日帰り

総歩行時間：**6時間35分**

歩行距離：**13.1km**

累積標高差：登り**1079m**
　　　　　　下り**1079m**

登山適期：**4月下旬〜11月下旬**

地形図 ▶ 1：25000「氷ノ山」「若桜」
三角点 ▶ 一等

北東面のハチ高原方面からの
氷ノ山山頂。新緑の時期も残
雪が目立つ

上級
中級
初級

氷ノ山

山の魅力

兵庫県の最高峰で、中国地方でも大山(1729m・P236)の次に標高が高い。新田次郎の小説『孤高の人』で知られる登山家・加藤文太郎が盛んに通った山でもある。稜線のブナ林や東尾根のドウダンツツジ、大山や六甲山まで見渡す山頂からの展望、山スキーやスノーシューなど、楽しみは尽きない。

>>> DATA

公共交通機関【往復】JR山陰本線八鹿駅→全但バス(約50分)→氷ノ山鉢伏口バス停

マイカー　北近畿自動車道・八鹿氷ノ山ICから国道9号、県道87号を経由して福定親水公園まで約23km。無料の駐車場がある(約20台)。

ヒント　八鹿駅からタクシーを利用すれば福定親水公園まで入ることができ(約50分)、歩行時間が40分短縮できる。

問合せ先

養父市関宮地域局　☎079-667-2331
氷ノ山・鉢伏観光協会　☎079-660-2024
全但バス八鹿営業所　☎079-662-6151
全但タクシー　☎079-662-4128

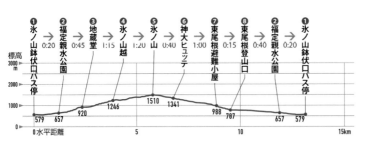

①氷ノ山鉢伏口バス停 →0:20 ②福定親水公園 →0:45 ③地蔵堂 →1:15 ④氷ノ越 →1:20 ⑤氷ノ山 →0:40 ⑥神大ヒュッテ →1:00 ⑦東尾根避難小屋 →0:15 ⑧東尾根登山口 →0:40 ②福定親水公園 →0:20 ①氷ノ山鉢伏口バス停

標高
3000m
2000
1000
0

579　657　920　1246　1510　1341　988　787　657　579

0 水平距離　5　10　15km

山頂避難小屋

欄外情報 立ち寄り温泉◎やぶ温泉但馬楽座：マイカー利用に限られるが、養父市内の国道9号沿いの道の駅内にある。汗を流した後はおみやげを探してみよう。☎079-664-1000。入浴料600円。8〜22時。無休。

コース概要 ❶氷ノ山鉢伏ロバス停からは❷福定親水公園まで車道を歩く。川沿いの道を進み、落差65mの布滝の先からジグザグの急登となる。登山家・加藤文太郎が泊まった❸地蔵堂を過ぎると開けた道になり、ゆるやかに登って❹氷ノ山越へ。左に進み、県境稜線を南下する。ブナ原生林のなかを登り、仙谷分岐を過ぎるとコシキ岩に出る。北側を巻いて行くと、避難小屋が立つ❺氷ノ山山頂だ。下山は南東側へ。古生沼、古千本を過ぎると❻神大ヒュッテで、左に折れて東尾根に入る。花の多い道を❼東尾根避難小屋まで下って、左の道を❽東尾根登山口へ。あとは車道を❷福定親水公園、❶氷ノ山鉢伏ロバス停へと戻る。

プランニングのヒント 豪雪地帯だけに、ゴールデンウイーク頃まで雪が残っていることもある。この時期の登山は、事前にコース状況を問い合わせておこう。花は春から秋まで山野草が楽しめる。新緑は5月、紅葉は10月中旬が見頃。

山頂部はガスが発生すると方向がわかりづらい。無理に行動せず、山頂避難小屋で待機しよう。

Column

花と自然

兵庫・鳥取県側の山麓にスキー場がある氷ノ山だが、まだまだ自然が豊富な山だ。東尾根には養父市天然記念物のツツジ類群生地があり、5月下旬に見事な光景が広がる。なかでも吊り下がるように咲くドウダンツツジは、一度は見ておきたい。また、稜線上ではブナ林や千年杉・千年キャラボクの古木も見られる。山頂の東にある古生沼や古千本には貴重な高地植物が生育しているが、シカの食害などで消滅の恐れがあることから、柵が張られてしまった。

東尾根のツツジ類群生地

264

氷ノ山

264 氷ノ山

香美町

兵庫県
養父市

鳥取県
若桜町

小代越・鉢伏山
1264

3つの水場は涸れていることあり

地蔵堂 ❸

落差65mの布滝まで遊歩道あり

親水公園福定 ❷

氷ノ山鉢伏ロバス停 ❶

福定

鉢伏山

八木川

0:20

ひえの水
弘法の水
一口水

赤倉山
1332

氷ノ山越避難小屋

692

0:40
0:45

不動滝

•806

但馬アルペンロード

0:45
0:40

718

国道9号

養父氷ノ山IC

まど登山口

1:00
1:15

❹氷ノ山越
（氷ノ越）

美しいブナ林

•961

スキー場のなかの作業道を下ることもできる

セントラルロッジ

まど登山口

1278

1:20
1:00

仙谷分岐

氷ノ山国際スキー場
奈良尾（逆水）キャンプ場

•903

❽東尾根登山口
駐車スペースあり

ノ山越〜ふれあいの里バス停
り約1時間、登り約1時間20分

クサリ場

コシキ岩

•1260

山頂避難小屋

0:25
0:15

仙谷コース

❺氷ノ山
（須賀ノ山）
1510

❼東尾根
避難小屋

2024年4月現在
通行止め

千年キャラボク

展望台

古光池

古千本
千年杉本

0:40
0:50

1:00
1:30

東尾根

一ノ谷休憩所

ドウダンツツジ群落

N

•1218

三の丸

❻神大ヒュッテ

大段ヶ平

1:30,000

0 250 500m

1cm＝300m
等高線は20mごと

展望にすぐれた、中国地方東部の登りやすい名峰

那岐山
（なぎさん）

三百

標高1255m

岡山県・鳥取県

登山レベル：**初級**

技術度：★★
体力度：★★

日　程：**日帰り**

総歩行時間：**4時間10分**

歩行距離：**7.2km**

累積標高差：登り**772m**

下り**772m**

登山適期：**4月中旬～11月中旬**

地形図 ▶ 1：25000「日本原」「大背」
三角点 ▶ 三等

那岐山～滝山の縦走路から那岐山の山頂部を望む。中央が三角点ピーク、左が最高点

上級　中級

初級

那岐山

🔺 山の魅力

岡山県と鳥取県の県境にあり、氷ノ山後山那岐山国定公園を代表する山のひとつ。山名は、イザナギ・イザナミの伝説からつけられたとする説がある。通過困難箇所がない山だけに登山者が多く、山頂からは大山や瀬戸内海など、360度の大展望が広がっている。サラサドウダンをはじめ花も多い。

>>> DATA

公共交通機関 【往復】JR津山線・姫新線津山駅→タクシー（約40分）→第三駐車場

マイカー 中国自動車道・美作ICから県道51号、国道53号などを経由して第三駐車場まで約18km。登山口周辺に第一～第三駐車場がある。

ヒント バス利用の場合は津山駅から中鉄ほくぶバスで高円バス停へ（約40分）。さらに第三駐車場へ徒歩約50分。登山口に最も近い第三駐車場は収容台数が少ない（10台）ため、週末は早い時間から満車になることも。確実に停めるなら、手前の広い第一駐車場が確実だ。第三駐車場まで歩いても10分ほど。第二駐車場はやや離れた場所にあるが、唯一トイレがある。タクシーは津山駅前に常駐している。

問合せ先

奈義町産業振興課	☎0868-36-4114
奈義町観光案内所	☎0868-36-7311
中鉄ほくぶバス	☎0868-27-2827

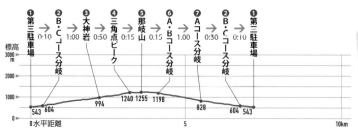

❶第三駐車場 →0:10 ❷B・Cコース分岐 →1:00 ❸大神岩 →0:50 ❹三角点ピーク →0:15 ❺那岐山 →0:15 ❻A・Bコース分岐 →1:00 ❼Aコース分岐 →0:30 ❷B・Cコース分岐 →0:10 ❶第三駐車場

標高3000m / 2000 / 1000 / 0

543　604　994　1240　1255　1198　828　604　543

0水平距離　5　10km

那岐山最高点

欄外情報 立ち寄りスポット◎第一駐車場から車道を20分ほど南に歩くと、那岐山麓山の駅がある。特産のなぎビーフを使ったレストランや物販店のほかにコテージもあり、前泊地としても利用価値が高い。☎0868-36-8080。

コース概要 ❶第三駐車場から看板が立つ登山口まで林道を歩く。右の小橋を渡ると❷B・Cコース分岐があり、Cコースに入る。林道を横切って進むと水場があり、ここから左右へ大きく蛇行しながら❸大神岩へと標高を上げる。この先は、広葉樹林の尾根道を登っていく。樹林を抜け、急斜面を登ると、展望舎がある那岐山の❹三角点ピークに出る。ここから稜線を東進する。避難小屋へと下り、登り返すと❺那岐山の山頂に出る。展望を楽しんだら❻A・Bコース分岐まで下り、右のBコースへ。樹林のなかを下り、黒滝への道を分けたら❼Aコース分岐。山腹沿いに下って木橋に出て、これを渡ると❷B・Cコース分岐。あとは往路を❶第三駐車場へと林道を進む。

プランニングのヒント 新緑は4月下旬～5月、紅葉は10月下旬から11月。サラサドウダンが咲く6月もおすすめ。下山路をAコースにしたり、西方の滝山往復を組み込むプランも考えられる(コラム参照)。

コース中の水場は、Cコースの下部と、三角点ピークの北面に5分ほど下った場所(土師川源流)にある。

サブコース

下山をAコースにしてもいい。A・Bコース分岐から稜線を直進し、東仙分岐の右の道がAコースだ。尾根沿いにひたすら下っていくと分岐に出て、まっすぐは樹齢約1000年の大イチョウが立つ菩提寺へ、右は山城跡がある八巻山への道だ。どちらも車道に出て、第三駐車場へと戻る(A・Bコース分岐から約2時間20分)。また、三角点ピークから稜線を西に進み、滝山(1197m)まで往復してもいい(約2時間)。笹原の先にある展望台からは、那岐山の秀麗な姿が望める。

かつて山城があった八巻山の山頂

265 那岐山

鳥取県
智頭町

那岐山❺

三角点ピーク❹
急斜面
C(大神岩ルート)
避難小屋

A・Bコース分岐❻

東仙分岐

A・Bコース分岐から第三駐車場まで約2時間20分

三角点ピーク～滝山間は往復約2時間

大神岩❸
展望よい

黒滝

慈母峰
Aコース分岐❼
B(蛇淵)コース

岡山県
奈義町

B・Cコース分岐❷
登山口

林道を横切る

往復約5分

大イチョウ
卍菩提寺

奈義ループ橋

第三駐車場❶ P

八巻山
山城跡

第一駐車場 P

P 第二駐車場

鎌倉山

大別当山

N
1:35,000

500   1000m
1cm=350m
等高線は10mごと

陸上自衛隊日本原演習場

那岐山麓山の駅/高円バス停/津山駅・美作IC

津山

蒜山（上蒜山）

きついアップダウンで3つのピークを越える縦走

（ひるぜん かみひるぜん）

二百

標高1202m（上蒜山）

岡山県・鳥取県

登山レベル：中級

技術度：★★★
体力度：★★★

日　程：日帰り

総歩行時間：5時間30分

歩行距離：12.7km

累積標高差：登り1221m
　　　　　　下り1201m

登山適期：4月中旬～11月下旬

地形図▶1：25000「蒜山」
三角点▶二等

南面からの蒜山三山。左から
上蒜山、中蒜山、下蒜山

上
級
中級
初級

蒜山（上蒜山）

🔺 山の魅力

那岐山（P232）とともに、岡山県を代表する山。最高点の上蒜山、中蒜山、下蒜山の3つの山からなり、「蒜山三山」（あるいは「蒜山三座」）と称される。山頂からは眼下の蒜山高原や、西の彼方に大山が見渡せる。また、蒜山を代表するハンカイソウ（花期6月下旬～7月上旬）をはじめ、花も多い。

>>> DATA

公共交通機関【行き】JR姫新線中国勝山駅→真庭市コミュニティバス（約1時間）→道目木バス停→タクシー（約10分）→下蒜山登山口　【帰り】蒜山高原バス停→真庭市コミュニティバス（約1時間15分）→中国勝山駅

マイカー　中国自動車道・蒜山ICから国道482号などを経由して下蒜山登山口へ約10km。登山口に無料駐車場がある。

ヒント　道目木バス停から下蒜山登山口へのタクシーは要予約。同区間を歩く場合は50分ほど。マイカー利用の場合、下山後は予約しておいたタクシーで登山口に戻る。

問合せ先
真庭市蒜山振興局　☎0867-66-2511
蒜山観光協会　☎0867-66-3220
真庭市コミュニティバス　☎0867-42-1017
ヒルウン交通（タクシー）　☎0867-66-5570

①下蒜山登山口 →1:20 ②下蒜山 →1:30 ③中蒜山 →1:00 ④上蒜山 →0:20 ⑤槍ヶ峰 →0:40 ⑥上蒜山登山口 →0:40 ⑦蒜山高原バス停

標高3000m／2000／1000／512／1100／1123／1202／1100／625／532
0水平距離 5 10 15km

笹原の雲居平

欄外情報 立ち寄りスポット◎南麓の蒜山高原は蒜山焼きそばなどのグルメや温泉、みどころが豊富。宿泊施設も多数あるので、前泊（あるいは後泊）し、観光と登山をセットで楽しもう。詳細は蒜山観光協会へ。

コース概要 犬挟峠の**①下蒜山登山口**から山道に入る。10分ほどで尾根に出て、急坂を登っていく。視界が開けると雲居平だ。爽快な笹原を抜けると、一転して急登となり、クサリ場を越えると**②下蒜山**に出る。ここから鞍部のフングリ乢に下るが、道がぬかるんでいることがある。急斜面を登り返すと中蒜山登山口の分岐で、避難小屋を通り過ぎると蒜山高原の展望台、**③中蒜山**の山頂だ。花が咲くユートピア、さらに鞍部へ下り、またも急斜面を登って**④上蒜山**の最高点へ。ここから上蒜山登山口までひたすら下っていくが、途中の**⑤槍ヶ峰**の周辺は花が多い。**⑥上蒜山登山口**の先からは車道を**⑦蒜山高原バス停**へと歩いていく。

プランニングのヒント なるべく前泊して登りたい。その場合は、登山口まで送迎してもらえる宿を探してみよう。初級者でも登れるが、アップダウンがきつく体力を消耗する。中蒜山できついと感じた場合は、南面の中蒜山登山口へ下ろう（コラム参照）。

蒜山の三角点（1200m）は上蒜山山頂から北へ5分ほどの場所にあるが、笹に覆われた道で、山頂自体も展望が利かない。三角点愛好家以外は立ち寄る必要はないだろう。

安全のヒント

下蒜山への登りと上蒜山の東直下に、小規模ながらクサリやロープのある岩場がある。ぬかるみや赤土の急斜面もあり、スリップに注意。雨後はスパッツを用意しておこう。

下蒜山への登りにあるクサリ場

サブコース

中蒜山の東直下から中蒜山登山口に下るコースがあり、天候や体調急変時のエスケープルートとして利用できる（下り約1時間10分）。分岐直下にクサリ場があるので注意すること。

266 蒜山

1:60,000
500 1000m
1cm＝600m
等高線は20mごと

N

・839
三角点は展望なし
ブナ林
1200 △ 1202
上蒜山 ④
急坂・クサリ
ユートピア
0:30→ ←0:20
985
0:55→ ←1:00
1123
中蒜山 ③ △
蒜山
避難中蒜
小山屋
槍ヶ峰 ⑤
△1031
0:55→ ←0:40
←1:30→ フングリ乢
クサリ
五合目 日留神社
中蒜山登山口
〜中蒜山間
登り約1時間25分、
下り約1時間10分
上蒜山登山口
駐車場
0:45→ ←0:40
⑥ 上蒜山登山口
百合原牧場
ひるぜんジャージーランド
蒜山高原ライディングパーク
ひるぜん塩釜キャンピングヴィレッジ
塩釜冷泉
中蒜山登山口
塩釜レストラン
奥の未舗装エリアに停める
塩釜
⑦ 蒜山高原バス停
休暇村蒜山高原
八束川上自転車道
道の駅
蒜山高原
蒜山湯船
湯船口
上福田
玉田川
下福田
蒜山振興局
真庭市蒜山振興局
中国勝山駅・蒜山IC
蒜山IC

鳥取県
倉吉市
② 下蒜山
七合目
1100 1:00→ ←1:20 雲居平
919
急坂・クサリ
674
犬挟峠
⑦ 下蒜山登山口 ①
関金温泉
倉吉駅
火葬場を利用
道目木バス停〜
下蒜山登山口間
登り約50分、
下り約40分
歓の茶屋
503
中国勝山駅・蒜山IC・湯原
郷土資料館
岡山県
真庭市
蒜山振興局バス停〜
中蒜山登山口間、
登り下りとも約30分
道目本
482
花園

中国地方の最高峰だが、通過困難箇所がないのも魅力

大山
だいせん

百

標高**1729**m（剣ヶ峰）

鳥取県

登山レベル:**初級**

技術度:★★
体力度:★★

日　程:**日帰り**

総歩行時間:**5時間10分**

歩行距離:**7.4km**

累積標高差:登り**974m**
　　　　　　下り**974m**

登山適期:**4月下旬〜11月中旬**

地形図▶1:25000「伯耆大山」
三角点▶三等

西面の伯耆町からの大山。富士山状の姿を眺められる方角はほぼ西側からに限られる

山の魅力

鳥取県西部にあり、秀麗な姿から「伯耆富士」とよばれる。西日本最大級のブナ林や国の天然記念物であるダイセンキャラボク群生地、この山の名を冠するダイセンキスミレなど、自然も見ごたえ十分。最高点の剣ヶ峰は崩壊により立ち入りできず、その西側にある弥山（1709m）が実質的な山頂となる。

>>> DATA

公共交通機関【往復】JR山陰本線大山口駅→日本交通バス（約30分）→大山寺バス停

マイカー　米子自動車道・溝口ICから県道45・156・24号を経由して夏山登山道登山口へ約14km。登山口周辺に駐車場が複数ある。

ヒント　大山口駅発のバスは1日3〜4便。JR山陰本線米子駅からも日本交通バスが運行している（約55分）。

問合せ先

大山町大山支所観光課	☎0859-53-3110
大山観光局	☎0859-52-2502
日本交通バス	☎0859-33-9116
日興タクシー	☎0859-54-2101

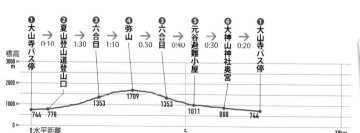

❶大山寺バス停 →0:10→ ❷夏山登山道登山口 →1:30→ ❸六合目 →1:10→ ❹弥山 →0:50→ ❸六合目 →0:40→ ❺元谷避難小屋 →0:30→ ❻大神山神社奥宮 →0:20→ ❶大山寺バス停

標高3000m 2000 1000 0

744 778 1353 1709 1353 1011 888 744

0 水平距離 5 10km

ダイセンキスミレ

欄外情報　立ち寄り温泉◎豪円湯院:大山寺バス停近くにある日帰り入浴施設。大山とうふをメインとした食事処を併設。☎0859-48-6801。入浴料490円。11〜18時（土・日曜、祝日〜19時）。水曜休。

コース概要 ❶大山寺バス停から❷夏山登
山道登山口へ向かい、森の中の石段を登る。
阿弥陀堂を過ぎると、ブナ林が広がる。行
者谷別れで左に元谷へ下る行者谷コースを
見送ると、避難小屋のある❸六合目に出る。
六合目から先は低木帯となり、急斜面を登
りきると山上台地に出る。木道をゆるやか
に登ると、大山頂上避難小屋が見えてくる。
❹弥山はそのすぐ先だ。下山は❸六合目ま
で戻り、その下の分岐で右の行者谷コース
へ。ブナ林や木道が整備された道を❺元谷
避難小屋へ下り、涸れ沢を渡って樹林帯を
進む。杉の巨木が増えてくると、❻大神山
神社奥宮に着く。石畳道を下ると大山寺で、
あとは❶大山寺バス停へ向かう。

山頂の台地は
ガスが出ると
方向がわかり
にくくなるの
で注意しよ
う。

プランニングのヒント 日帰りでも十分登れ
る山だが、アクセスを考えるとマイカー以
外で日帰りは難しいため、山麓に前泊する
と余裕ができる。その際は、翌日ユートピ
アコース(コラム参照)に登り、違った角度
から大山を望むのも興味深い。

Column

サブコース

大山寺バス停を起点に、大山北側の
宝珠尾根をたどるのがユートピア
コース。大神山神社奥宮の先から宝
珠尾根に入り、尾根伝いにユートピ
アとよばれる避難小屋のある場所を
目指す。7月下旬から8月上旬にかけ
ては、クガイソウやシモツケソウな
どのお花畑が広がる。余力があれば
象ヶ鼻や三鈷峰を目指そう。なお、
宝珠尾根の上部には崩落した箇所の
通過があり、夏山登山道よりグレー
ドは高くなる(中級者向き・往復約5
時間)。

夏山登山道からの三鈷峰。直下の尾根が宝珠
尾根（左奥は甲ヶ山）

---

267 大山

大山口駅・米子駅・米子IC
大山ナショナルパークセンター
中の原スキー場
上の原スキー場
大山自然歴史館
豪円湯院
❶ 大山寺バス停
0:10
❷ 夏山登山道登山口
下山キャンプ場
大山寺
0:20
0:30
❻ 大神山神社 奥宮
宝珠越分岐
1:30
阿弥陀堂
一合目
山の自然を守る「一本一石運動」
ための石が置かれている
800
西日本最大級のブナ林
夏山登山道
行者谷コース
三合目
行者谷別れ
0:40
0:50
携帯トイレブース
❸ 六合目
避難小屋
1411
ガレ場の急坂。転倒注意
国の特別天然記念物
大山のダイセンキャラボク純林
872
桝水高原スキー場
❺ 元谷避難小屋
大山北壁の豪快な眺め
行者谷
元谷
1:10
0:50
八合目
往路(あるいは復路)は
この道を歩いてもよい
1588
大山頂上避難小屋
別山
北壁
1709m三角点へは立入禁止
弥山三角点 1709
❹ 弥山
大山

鳥取県
大山町

N
1:30,000
0 250 500m
1cm=300m
等高線は20mごと

宝珠山
1183
阿弥
下宝珠越
剣谷
大展望が広がる三鈷峰
へのコース(大山寺バス
停～三鈷峰間登り約3時
間、下り約2時間)
1242
中宝珠越
三鈷峰
1516
親指ピーク
携帯トイレブース
1452
避難小屋
1550
振子山
上宝珠越
ガレ場の急坂
象ヶ鼻
健康の森
天狗ヶ峰
1636
剣ヶ峰
1729
大山の最高峰だが、
崩壊により立入禁止
槍ヶ峰
1692
東壁
滝沢
中ノ沢
野田ヶ山
1344
大休峠

白者町
佐陀川

男・女・子・孫の4つのピークを踏むロングコース

三瓶山
（さんべさん）

二百

標高1126m（男三瓶山）

島根県

登山レベル：初級

技術度：★★

体力度：★★

日　程：日帰り

総歩行時間：4時間15分

歩行距離：9.2km

累積標高差：登り932m
　　　　　　下り1077m

登山適期：4月上旬～11月下旬

地形図▶1：25000「三瓶山東部」
　　　　　「三瓶山西部」

三角点▶一等

西面の浮布池からの男三瓶山
（左）、子三瓶山（右）、孫三
瓶山（右奥）

🔺 山の魅力

島根県中央部にあるトロイデ状の火山で、『出雲風土記』の国引き神話で知られる。山頂部は主峰の男三瓶山、女三瓶山、子三瓶山、孫三瓶山などのピークが、旧火口の室ノ内を囲むように仲よくそびえている。四方から登山道が延び、目的や体力に合わせたコース選びができる。

>>> DATA

公共交通機関【行き】JR山陰本線大田市駅→石見交通バス（約1時間）→青少年交流の家バス停　【帰り】定の松バス停→石見交通バス（約40分）→大田市駅

マイカー　松江自動車道・雲南吉田ICから国道54号、県道38・40号を経由して北の原まで約36km。または、山陰自動車道・出雲ICから国道184号、県道277・39号を経由して北の原まで約37km。青少年交流の家と三瓶自然館サヒメルに無料の駐車場がある。

ヒント　大田市駅から青少年交流の家バス停へのバスは1日3便（土・日曜、祝日は2便）。バスの時間が合わない場合はタクシーを利用する。定の松バス停から大田市駅へのバスは1日8便（土・日曜、祝日は2便）。

問合せ先
大田市観光振興課　☎0854-83-8192
石見交通バス　　　☎0854-82-0662
第一交通（タクシー）☎0854-82-0660
三瓶観光タクシー　☎0854-83-2238

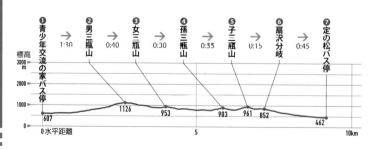

標高
3000m

2000

1000

①青少年交流の家バス停　607
1：30
②男三瓶山　1126
0：40
③女三瓶山　953
0：30
④孫三瓶山　903
0：35
⑤子三瓶山　961
0：15
⑥扇沢分岐　852
0：45
⑦定の松バス停　462

0水平距離　　5　　10km

孫三瓶山山頂

欄外情報　立ち寄り温泉◎南山麓にある三瓶温泉は、江戸中期開湯の歴史ある温泉。公衆浴場の亀の湯と鶴の湯（いずれも入浴料300円）、宿泊施設の国民宿舎さんべ荘（☎0854-83-2011。650円）などで立ち寄り入浴ができる。

コース概要 ❶青少年交流の家バス停が起点。北東側の山裾をたどり、女三瓶山との分岐へ向かう。右に進んでジグザグに登っていき、山頂直下の分岐を右に取るとすぐ❷男三瓶山だ。広い山頂からの展望を楽しんだら分岐に戻り、頂上小屋の右を通り抜けて女三瓶山へと下っていく。途中にはガレ場があるので注意したい。無線中継塔が立ち並ぶ❸女三瓶山から南下し、室ノ内や観光リフトからの道が合流すると大平山だ。三瓶山の外輪を奥ノ湯峠へと下っていき、登り返すと❹孫三瓶山に着く。ここからも大きく下って風越に出て、❺子三瓶山へ登っていく。北面の❻扇沢分岐に出て、左手の扇沢沿いに下ると❼定の松バス停だ。

プランニングのヒント マイカー利用なら扇沢分岐から男三瓶山に登り返し、そのまま北面の道を下って北の原に戻る周回コースがとれる（扇沢分岐から約2時間）。下山後に温泉を楽しみたい場合は、孫三瓶山から直接、南面の三瓶温泉に下ろう（約45分）。

男三瓶山〜女三瓶山間では犬戻しとよばれるガレ場と露岩の兜山の通過がポイント。前者はやせた尾根での滑落、後者は濡れた岩でのスリップに注意したい。

Column

花と自然

ヤマラッキョウは三瓶山を代表する花で、9〜10月にかけ、男三瓶山や縦走路上に咲く。ほかにも花の種類が豊富で、3月のユキワリイチゲから11月のリンドウまで、次々に花が咲いていく。また、登山口近くの姫逃池には島根県の天然記念物の浮島があり、5月中旬〜6月上旬にかけてカキツバタが咲き誇る。三瓶山の自然を学びたい人は、登山口の北の原にある三瓶自然館サヒメル（☎0854-86-0500）に立ち寄ってみよう。

名前の由来は「山に生えるラッキョウ」から

268

三瓶山

268 三瓶山

中国・四国

初心者でも登れる四国山脈、天上の楽園

剣山 (つるぎさん)

一ノ森から見た剣山（手前）と次郎笈（じろうぎゅう）。ゆったり大きな山容で高山の気配が濃い。剣山は別名「太郎笈」ともよばれている

百

標高1955m

徳島県

登山レベル：初級

技術度：★
体力度：★

日　程：日帰り

総歩行時間：2時間50分

歩行距離：5.5km

累積標高差：登り590m
　　　　　　下り590m

登山適期：4月下旬～11月中旬

地形図▶1:25000「剣山」
三角点▶一等

▲ 山の魅力

四国第2位の標高を誇るが、高いところまで車道が延びているので初心者でも楽に登れる。その名とは裏腹に、山上は笹原に灌木が広がる、のびやかで女性的な山容だ。山頂を巡るハイキング道は複数あって好みにあわせて歩ける。人気コースは見ノ越から。リフトを利用すれば子ども連れでも登れる。

>>> DATA

公共交通機関【往復】①JR土讃線阿波池田駅→四国交通バス（約1時間50分）→久保（乗り換え）→三好市営バス（約50分）→見ノ越バス停　※四国交通バスはJR土讃線大歩危駅からの乗車も可能　②JR徳島線貞光駅→つるぎ町コミュニティバス（1時間40分～2時間）→見ノ越バス停（途中、つづろお堂で乗り換え）

マイカー 徳島自動車道・美馬ICから国道438号を経由して見ノ越の無料駐車場まで約43km。

ヒント バスの運行期間・曜日は路線で異なるので、事前の問い合わせが必要。バス運行期間外はタクシー利用となる。レンタカー利用も便利だ。

問合せ先
三好市まるごと三好観光戦略課　☎0883-72-7620
美馬市観光交流課　☎0883-52-5610
つるぎ町産業経済課　☎0883-62-3114
四国交通バス　☎0883-72-2171
剣山観光登山リフト　☎0883-62-2772

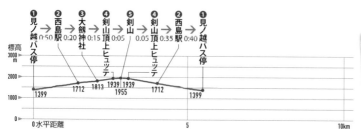

①見ノ越バス停 →0:50 ②西島駅 →0:20 ③大劔神社 →0:15 ④剣山頂上ヒュッテ →0:05 ⑤剣山 →0:05 ④剣山頂上ヒュッテ →0:35 ②西島駅 →0:40 ①見ノ越バス停

標高3000m / 2000m / 1000m / 0

1399　1712　1813　1939 1939　1712　1399
　　　　　　　　　1955

0 水平距離　　　　5　　　　10km

剣山山頂

欄外情報 山小屋◎剣山頂上ヒュッテ：剣山の山頂直下にある山小屋。☎080-2997-8482。1泊2食付1万2000円～、素泊まり5500円～。4月下旬～11月下旬。

コース概要 ❶見ノ越バス停からまずは剣山とは逆方向の剣神社に続く石段を行く。登山道に入り、リフト下のトンネルを抜けてリフトの❷西島駅へ。西島駅の先からは尾根コースと大剣コースがあるが、登りは大剣コースを進もう。樹林帯をゆるやかに登っていくと❸大剱神社だ。神社の裏には御塔石という石灰岩の岩塔がそそりたっている。尾根コースと合流すると山頂の小屋が見えてくる。❹剣山頂上ヒュッテの脇を抜けると平家の馬場。広々とした草原のなかを木道伝いに山頂へ向かう。ケルンや三角点のある❺剣山の山頂からはすばらしい展望が開ける。下山は平家の馬場から刀掛けの松経由の尾根コースで❷西島駅に下って往路を❶見ノ越バス停へと戻ろう。

プランニングのヒント バス利用の場合、見ノ越バス停への到着はそう早くない。帰りのバス時間を気にして慌てないためにも、登りか下りでの登山リフトの利用も考慮しておくといいだろう。

剣山の広い山上部には登山道が縦横している。視界のない日などは迷いやすいので注意したい。

サブコース

見ノ越からの山頂往復では歩き足りない場合は、山頂から東側の一ノ森へと歩き、一ノ森から剣山を経ずに西島駅へと下る周回コースがとれる。剣山から一ノ森を経て西島駅まで約2時間(初級)。また、山頂から南の次郎笈の往復は約2時間。こちらも登山レベルは初級。

大劔神社から見た次郎笈

269 剣山

穴吹駅・脇町IC

剣神社

円福寺(宿泊可)

見ノ越バス停 ❶

劔神社簡易宿泊所

みどりの一里塚

見の越駅

徳島県
美馬市

剣山本宮剣神社・国道438号

祖谷川の源流部

西島神社

西島駅 ❷

刀掛けの松

天涯の花キレンゲショウマが咲いている

2024年3月現在、通行止め

一ノ森～西島駅間、約1時間(逆コース約1時間10分)

追分

樹林コース

三好市

古劔神社

両劔神社

0:15
0:20
0:15
0:10
0:45
0:35

背後にシンボルの御塔石が立つ

宝蔵石神社

大劔神社 ❸

平家の馬場

❹剣山頂上ヒュッテ

殉難の碑

那賀町

日本名水百選 御神水

剣山 ❺

剣山頂上ヒュッテ～一ノ森間約1時間(逆コース約1時間20分)

二ノ森

一ノ森ヒュッテ

1:25,000

250 500m

1cm=250m
等高線は10mごと

次郎笈

剣山スーパー林道

剣山、次郎笈、三嶺など剣山系の山々を望む

笹原と展望が広がる山頂部は天候急変に注意

みうね・さんれい

三嶺

二百

標高**1894m**

徳島県・高知県

登山レベル:**初級**

技術度:★★
体力度:★★

日　程:**日帰り**

総歩行時間:**5時間50分**

歩行距離:**9.8km**

累積標高差:登り**1041m**
　　　　　下り**1041m**

登山適期:**5月上旬～11月中旬**

地形図▶1:25000「剣山」「京上」
三角点▶二等

笹原が広がる三嶺の山頂部。三嶺ヒュッテの奥に塔丸、丸笹山、剣山が見える(中央から右へ)

上級 中級 **初級** 三嶺

山の魅力

日本百名山・剣山の西方にあり、剣山同様、山頂部に笹原が広がる爽快な山だ。かつては登山者の少ない山だったが、山麓の林道の整備や国の天然記念物であるコメツツジを目当てに、多くの登山者が訪れる山となった。「みうね」は徳島県側の呼称で、南面の高知県側では「さんれい」とよばれている。

>>> DATA

公共交通機関【往復】JR土讃線・徳島線阿波池田駅→四国交通バス(約2時間)→久保バス停→三好市営バス(約25分)→名頃バス停

マイカー　徳島自動車道・美馬ICから国道438・439号を経由して名頃まで約54km。三嶺林道の入口に県営の無料駐車場がある。

ヒント　久保へのバスはJR土讃線大歩危駅からも乗車できる(約1時間10分)。バスの本数は久保へは1日4便、名頃へは1日5～6便。復路は久保から阿波池田方面へのバスの最終が16時台。

問合せ先
三好市まるごと三好観光戦略課　☎0883-72-7620
四国交通バス　☎0883-72-2171
三好市営バス　☎0883-72-7607
大歩危タクシー　☎0883-84-1225

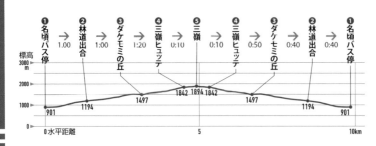

①名頃バス停 →1.00→ ②林道出合 →1:00→ ③ダケモミの丘 →1:20→ ④三嶺ヒュッテ →0:10→ ⑤三嶺 →0:10→ ④三嶺ヒュッテ →0:50→ ③ダケモミの丘 →0:40→ ②林道出合 →0:40→ ①名頃バス停

標高 3000m / 2000 / 1000 / 0
901 1194 1497 1842 1894 1042 1497 1194 901
0 水平距離　5　10km

三嶺の山頂

欄外情報 山小屋◎三嶺ヒュッテ:収容30人。無人小屋につき、食料や寝具などを持参すること。水場は名頃方面へガレ場を15分ほど下った場所にある。☎0883-72-7620(三好市まるごと観光戦略課)。無料。

コース概要 ❶名頃バス停から祖谷川の橋を渡り、県営駐車場がある登山口から尾根に取り付く。登り始めは木段の道で、樹林のなかを登っていくと❷林道出合だ。林道を左に進むと、すぐに右手に登山道の入口がある。苔むした樹林の道を、赤テープを目印に登っていく。道の両側にシカ除けの柵が現れると旧コースが合流する❸ダケモミの丘に着く。尾根道から山腹をからむように進み、右へ大きく進路を変えて尾根に乗る。ウラジロモミ林を抜け、急斜面を登ると池のほとりに出て、その右手に❹三嶺ヒュッテが立っている。池の南畔を進み、崖に沿うように行くと大展望の❺三嶺山頂だ。山頂からは往路を引き返すが、旧コースへ入り込まないように注意しよう。

笹原が広がる爽快な山頂部だが、吹きさらしのため、天候が急変すると体温を奪われることも。特に春先と秋の登山は防寒対策を万全にしたい。

プランニングのヒント 関西圏ならマイカー利用で日帰りも可能だが、山麓で1泊して秘境・祖谷渓の観光とセットで楽しみたい。また、下山後に見ノ越に移動して、剣山（P240）に登るのもよいだろう。

花と自然

コメツツジは高さ30cm～1mほどの小低木。笹原や岩の上に根を張って、わずか1mm程度の小さな花を咲かせる。「コメ」の名のとおり、米粒によく似たつぼみをつける。三嶺から西方にある天狗塚（1812m）間のコメツツジとミヤマクマザサの群落は国の天然記念物となっているので、観察を兼ねて途中の西熊山（1816m）まで足を延ばしてみたい（往復約2時間）。ほかに山頂部にイワキンバイ、三嶺ヒュッテへの登りでテンニンソウやカニコウモリなどの花が見られる。

コメツツジ。花期は6月下旬から7月にかけて

270
三嶺

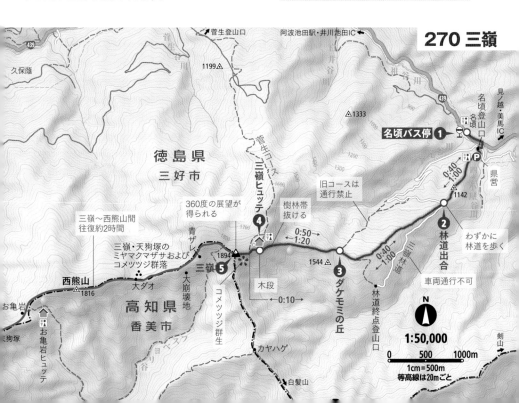

270 三嶺

カンラン岩の赤い山から瀬戸内海の雄大な眺めを楽しむ

東赤石山
（ひがしあかいしやま）

二百
標高1710m
愛媛県
登山レベル：中級
技術度：★★★
体力度：★★★
日　程：日帰り
総歩行時間：5時間45分
歩行距離：9.1km
累積標高差：登り1174m
　　　　　　下り1174m
登山適期：4月中旬〜11月中旬
地形図▶1:25000「弟地」
三角点▶三等

八巻山側から見た東赤石山の山頂部。この付近の山を覆うカンラン岩は濡れると大変滑りやすいので雨天時は要注意

山の魅力

山頂付近では白亜紀の遺産ともいわれるカンラン岩や、高圧によって変成した希少なエクロジャイトという岩石が見られ、本来なら地中深くに存在するこれら岩石の影響から赤く見える山。山名もここからきているといわれる。植生も独特で、固有種のオトメシャジンやアケボノツツジの群生には目を奪われる。

>>> DATA

公共交通機関 【往復】JR予讃線新居浜駅→新居浜市別子山地域バス（約1時間）→筏津バス停

マイカー 松山自動車道・新居浜ICから県道47号を経由して筏津駐車場まで約30km。無料。

ヒント 新居浜市別子山地域バスを利用する場合、歩行時間を考えると登山に利用できるのは往路1便、復路2便程度。新居浜駅からタクシーを利用すると登山口まで約1時間。新居浜市別子山地域バスは予約なしでも乗れるが、満員の場合は予約者が優先される。予約は新居浜市別子山支所か光タクシーまで。

問合せ先
新居浜市観光物産課　☎0897-65-1261
新居浜市別子山支所（新居浜市別子山地域バス）　☎0897-64-2011
光タクシー　☎0897-43-7077
駅前タクシー　☎0897-37-2308

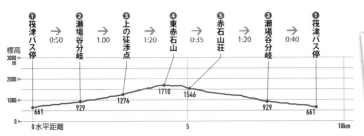

①筏津バス停 →0:50 ②瀬場谷分岐 →1:00 ③上の徒渉点 →1:20 ④東赤石山 →0:35 ⑤赤石山荘 →1:20 ②瀬場谷分岐 →0:40 ①筏津バス停

標高661 929 1274 1710 1546 929 661

山頂から八巻山方面を望む

欄外情報 立ち寄り温泉◎別子温泉〜天空の湯〜：アクセス道路の県道47号沿いにある道の駅マイントピア別子の温泉施設。☎0897-43-1801。入浴料600円。10〜22時。無休（臨時休館あり）。

コース概要 ❶筏津バス停から山腹を巻く
ように歩き、八間滝を巻いて進むと水場の
ある❷瀬場谷分岐に至る。ここで登山道は
二手に分かれる。左は赤石山荘経由、右は
山頂への直登コースだ。右に行き、山腹道
から右俣を歩く。簡単な徒渉をしてなおも
登れば❸上の徒渉点。急坂を登り切ると横
道が合流する。5月にはアケボノツツジが
歓迎してくれる場所だ。左へと進み、続い
て右折すれば稜線上の鞍部の赤石越で、こ
こを右に行けばほどなく❹東赤石山の山頂
に立つ。北にはしまなみ海道、瀬戸内海が
大きく広がる。下山は赤石越から❺赤石山
荘(閉鎖)を経由して左俣を下ろう。途中の
徒渉は困難ではないがスリップに注意。

プランニングのヒント 時間と体力が許せ
ば、東赤石山登頂後に赤石越から八巻山、
石室越へと至る稜線をぐるっとまわり、赤
石山荘に下ると展望が楽しめる(1時間30
分)。ただし東赤石山〜石室越間は岩稜歩
きのため、悪天候時は避けること。

カンラン岩は
雨などで濡れ
ると、関東で
いえば至仏山
の蛇紋岩のよ
うに大変滑り
やすくなる。
スリップには
注意。

花と自然

東赤石山の花の多彩さは四国随一と
もいわれる。東赤石山の固有種のオ
トメシャジンをはじめ、アカヤシオ
の変種であるアケボノツツジ、オト
ギリソウ、イワタバコ、タカネバラ
などが咲き乱れる。

ピンクの花がかわいいアケボノツツジ

271 東赤石山

1:50,000
0　　500　　1000m
1cm＝500m
等高線は20mごと

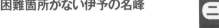

おだやかな姿。通過困難箇所がない伊予の名峰

笹ヶ峰 <small>（ささがみね）</small>

二百
標高**1860m**

愛媛県・高知県

登山レベル:**初級**

技術度:★★
体力度:★★

日　程:**日帰り**

総歩行時間:**4時間55分**

歩行距離:**8.5km**

累積標高差:登り**1004m**
　　　　　　下り**1004m**

登山適期:**4月下旬～11月中旬**

地形図▶1:25000「別子銅山」「日ノ浦」
三角点▶一等

山頂付近からの笹ヶ峰の眺め。山名どおり、山体は笹に覆われている

上級 中級 初級 笹ヶ峰

山の魅力

石鎚山系東部にあり、瓶ヶ森（P250）、石鎚山（P252）とともに「伊予の三名山」とされる。かつては信仰の山だったが、中腹まで車道が延びて登りやすい人気の山となった。ブナやオオイタヤメイゲツの古木、山中を彩る花々、そして何より笹をまとった雄大な姿が登山者を惹きつけるのだろう。

>>> DATA

公共交通機関【往復】JR予讃線伊予西条駅→タクシー（約50分）→登山口

マイカー　松山自動車道・いよ西条ICから国道11・194号、市道下津池笹ヶ峰線（笹ヶ峰林道）を経由して登山口まで約25km。橋の手前に7～8台の駐車スペースがある。

ヒント　下津池まであったバス便は廃止となったため、マイカーでない場合は西条市街からタクシーを利用する。タクシーは登山口まで入れる。なお、帰りのタクシーは往路で予約しておくこと。

問合せ先
西条市観光振興課　☎0897-52-1690
西条市観光物産協会　☎0897-56-2605
渡部タクシー　☎0897-56-0222
石鎚交通（タクシー）　☎0897-56-0809

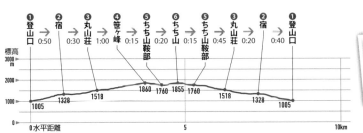

①登山口 →0:50→ ②宿 →0:30→ ③丸山荘 →1:00→ ④笹ヶ峰 →0:15→ ⑤ちち山鞍部 →0:20→ ⑥ちち山 →0:15→ ⑤ちち山鞍部 →0:45→ ③丸山荘 →0:20→ ②宿 →0:40→ ①登山口

標高 1005 1328 1518 1860 1760 1855 1760 1518 1328 1005

笹ヶ峰山頂

欄外情報 山小屋情報◎丸山荘:2024年4月現在、建物の老朽化により宿泊は受け付けていないが、避難小屋の部分はこれまでのように利用できる。☎0897-57-7855

コース概要 市道下津池笹ヶ峰線上の❶登山口から植林帯を抜け、急斜面を登るとかつての木炭集積地だった❷宿に出る。ブナの自然林に入り、ゆるやかに登ると❸丸山荘に到着する。水場があるので、給水していこう。ここで道が二手に分かれ、まっすぐ進み笹ヶ峰への直登コースに入る。大きく左右に方向を変えながら標高を上げ、登りきると稜線上に出る。左が❹笹ヶ峰山頂だ。山頂には一等三角点と、修験の山の面影を残す不動明王の祠がある。山頂からコメツツジが咲く道を❺ちち山鞍部まで下り、❻ちち山を往復する。展望を楽しんだら❺ちち山鞍部に戻って右手の道を丸山荘へと下っていく。途中のもみじ谷には、オオイタヤメイゲツの群生地がある。❸丸山荘からは往路を❶登山口へと引き返す。

プランニングのヒント 避難小屋の丸山荘か隣接するテント場に1泊すると、笹ヶ峰の南西にある寒風山(1763m)の往復をプラスできる(往復約2時間30分)。

> コース中にクサリやハシゴを伴う岩場はないが、スリップなど滑落事故が発生している。特に下山の際は要注意。水場は丸山荘にある。

サブコース

下山の際、丸山荘から宿へ西山越経由で歩いてもいい。15分ほど多くかかるが、途中には幹回り約5m・樹齢約300年のブナの巨木がある。苔をまとい、貫録十分な姿を見せる。

花と自然

ちち山西直下のもみじ谷にはオオイタヤメイゲツ(カエデの仲間)の群生林が、山頂部にはコメツツジの群生地がある(花期7月)。どちらも10月の紅葉もすばらしい。

もみじ谷のオオイタヤメイゲツ群生林

Column

272

笹ヶ峰

272 笹ヶ峰

1:25,000

1cm＝250m
等高線は10mごと

手軽に登れる大展望のご当地富士

伊予富士
(いよふじ)

高知県・愛媛県

登山レベル：初級

技術度：★
体力度：★

日　程：日帰り

総歩行時間：3時間30分

歩行距離：6.2km

累積標高差：登り802m
　　　　　　下り802m

登山適期：4月下旬～11月中旬

地形図▶1:25000「日ノ浦」「瓶ヶ森」
三角点▶三等

桑瀬峠近くから見た伊予富士。気持ちのよい笹原の稜線からは、名前とは違い富士山に似ていないが、独特の美しい山容を見せる

上級 中級 **初級** 伊予富士

🔺 山の魅力

全国のご当地富士とは違い、単独峰ではないため富士山には似ていない。しかしながら桑瀬峠から南下していくと、爽快な笹原から独特で美しい山容がよく目立つ。山頂からの展望は抜群で石鎚山から瀬戸内海、土佐湾まで眺めることができる。また近くに魅力的な山々も多く、それらを絡めるのも楽しい。

>>> DATA

公共交通機関【往復】JR伊予西条駅→タクシー（約50分）→旧寒風山トンネル南口

マイカー 松山自動車道・いよ西条ICから国道11・194号を経由して旧寒風山トンネル南口まで約29km。旧寒風山トンネル南口に無料駐車場あり。シーズン中の週末はカフェ（CAFE BASE）も営業している。

ヒント 愛媛側、高知側ともにバスでのアクセスでは、登山口のかなり手前までしか行けず本数も少なく利用はできない。公共交通の場合はタクシー利用が必須となる。遠征登山の場合はレンタカー利用も視野に入れるといい。伊予西条駅からのレンタカーは事前予約が必要。

問合せ先

西条市観光振興課	☎0897-52-1690
いの町観光協会	☎088-893-1211
渡部タクシー	☎0897-56-0222
瀬戸タクシー	☎0897-56-1130

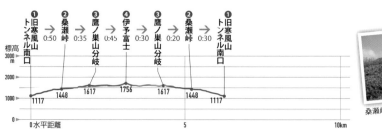

①旧寒風山トンネル南口 →0:50 ②桑瀬峠 →0:35 ③鷹ノ巣山分岐 →0:45 ④伊予富士 →0:30 ③鷹ノ巣山分岐 →0:20 ②桑瀬峠 →0:30 ①旧寒風山トンネル南口

標高3000m 2000 1000 0

1117　1448　1617　1756　1617　1448　1117

0水平距離　5　10km

桑瀬峠から見た寒風山

欄外情報 立ち寄り温泉◎木の香温泉：新寒風山トンネルを高知県側に抜けた先にある、道の駅併設の温泉施設。日帰り入浴もできる。☎088-869-2300。入浴料700円。11～20時。火曜休（祝日の場合は翌日）。

コース概要 ❶旧寒風山トンネル南口の登山口からいきなりの急坂で始まる。最初から息が切れるが、さほど長くは続かない。徐々になだらかになり、笹原が広がってくれば前方に寒風山が見えてくる。まもなく❷桑瀬峠だ。峠からは南北に延びる笹原の稜線が望める。北は寒風山や笹ヶ峰、南が目指す伊予富士方面。気持ちのいい登山道を、❸鷹ノ巣山分岐を経て南へ進む。ゆるやかなピークを一つ越えて急坂を頑張れば❹伊予富士に到着する。山頂からは百名山の石鎚山、空気が澄んでいれば瀬戸内海や太平洋も望める。下りは往路を戻る。

プランニングのヒント 遠方からのアクセスの場合は、せっかくなので周辺の山々も絡めよう。桑瀬峠から伊予富士とは反対方面に北上していくと寒風山、そして二百名山の笹ヶ峰(P246)がある。どちらも展望のよい山で稜線歩きも楽しい。峠から寒風山まで往復で約2時間、笹ヶ峰までは峠から往復で約4時間30分みておけばよい。

標高のわりに雪の多い山域で、GW前までは残雪があることも。残雪期は積雪量やアクセス道路の状況など、情報収集をしっかりと。

安全のヒント

単発の日帰り登山でピークが踏まれることの多い四国の山々だが、稜線伝いに登山道は続いているので長い縦走も可能だ。伊予富士は石鎚山から東赤石山へと続く長い稜線の中間地点といってもよい。ただアルプスなどの大きな山域に比べて、山小屋や避難小屋は少ないので計画はきちんと立てよう。特に瓶ヶ森周辺から笹ヶ峰近くの丸山荘までは小屋の類は一切ないので注意。小屋も要予約が多いので、下調べや事前問い合わせは十分にすること。

伊予富士から中央奥に石鎚山を望む

273

伊予富士

273 伊予富士

↑国道194号・伊予西条駅

↑笹ヶ峰
1651

愛媛県
西条市

1104
1151

1763
寒風山

194
529

桂谷

1076

寒風山トンネル

桑瀬峠から寒風山まで往復約2時間。笹ヶ峰までは往復4時間30分

シーズン中の週末はカフェも営業する

岩峰をハシゴとロープで越える

寒風山隧道

桑瀬峠 ❷
1451

P ❶旧寒風山トンネル南口

0:30→
←0:50

0:20→
←0:35

954

快適な笹尾根

山頂へ町道分岐
東側の登山口から
登り1時間、
下り45分

360度の
パノラマが展開

❸鷹ノ巣山分岐
1649
鷹ノ巣山

1326

1232

0:30→
←0:45

高知県
いの町

東黒森登山口 P

1756
❹伊予富士

急坂。下り注意

1390

町道分岐

1702
自念子ノ頭

1735
東黒森

登山口。駐車スペースあり

1525
938

1:50,000

0 500 1000m
1cm=500m
等高線は20mごと

N

木の香温泉・いの町本川

町道瓶ヶ森線

中国・四国

伊予三名山の一山。鋭峰と円峰の双耳峰に立つ

瓶ヶ森
（かめがもり）

三百

標高**1897**m（女山）

愛媛県

登山レベル：**中級**

技術度：★★
体力度：★★★★

日　程：前夜泊日帰り

総歩行時間：**7時間45分**

歩行距離：**14.1km**

累積標高差：登り**1680m**
　　　　　　下り**1680m**

登山適期：4月下旬～11月中旬

地形図▶1：25000「瓶ヶ森」
三角点▶二等

南西側から見た瓶ヶ森。中央
左手の鋭峰が男山で、その左
に少しだけ見えるなだらかな
円峰が女山

上級
中級
初級

瓶ヶ森

🔺 山の魅力

石鎚山と笹ヶ峰の間にそびえる双耳峰。山頂の南西に瓶壺とよばれる顧穴があり、これが山名の由来といわれる。山頂付近の広大な笹原は高山植物が豊富で、また、ウラジロモミの林や白骨樹が独特の景観を見せる。マイカーを利用すれば簡単に登れるが、ここでは古くから登られているコースを紹介する。

>>> DATA

公共交通機関【往復】JR予讃線伊予西条駅→せとうちバス（約1時間）→西之川バス停

マイカー 松山自動車道・いよ小松ICから国道11号、県道142・12号などを経由して石鎚登山ロープウェイ山麓下谷駅まで約22km。松山自動車道・いよ西条ICからは約28km。西之川バス停先または山麓下谷駅の有料駐車場を利用する。

ヒント JR予讃線は1時間に1本程度。バスは本数が少ないので事前に最新ダイヤを確認する必要がある。タクシーを利用する場合は、JR予讃線伊予小松駅から西之川バス停まで約40分。

問合せ先
西条市観光振興課 ☎0897-52-1690
せとうちバス周桑営業所 ☎0898-72-2211
渡部タクシー ☎0897-56-0222
瀬戸タクシー ☎0897-56-1130
石鎚交通（タクシー） ☎0897-56-0809

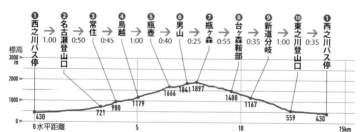

男山山頂からの石鎚山

欄外情報 山小屋◎瓶ヶ森山頂の西側に瓶ヶ森避難小屋（緊急時以外宿泊不可）と瓶ヶ森白石小屋（休業中）、そして前者の近くに瓶ヶ森第一キャンプ場、後者の近くに第二キャンプ場がある。詳細は西条市観光振興課へ。

コース概要 ❶西之川バス停から名古瀬谷沿いの林道を歩き、途中の❷名古瀬登山口から山道に入る。平坦地の❸常住を過ぎ❹鳥越へ。鳥越から急登をこなし、❺瓶壺のすぐ先で右折して瓶ヶ森駐車場方面へ。駐車場の手前で左折して急坂を登れば❻男山だ。ゆるやかな道を行くと❼瓶ヶ森(女山)。山頂からは西へと瓶ヶ森避難小屋を経て❽台ヶ森鞍部へ。❾新道分岐を過ぎて植林地を下ると❿東之川登山口だ。あとは車道を❶西之川バス停へと戻る。

プランニングのヒント 瓶ヶ森白石小屋(休業中)の先から男山に直接登るコースがあるが、クサリ場が荒れていたりして危険なので立ち入らないこと。また、時間と体力に余裕があれば、瓶ヶ森から石鎚山山頂まで4時間30分ほどで縦走することも可能。途中の土小屋付近の宿泊施設か石鎚山の山小屋に1泊する必要があるが、下山は石鎚山ロープウェイを利用できるので、マイカー利用の人も問題なく周回できる。

大雨等の影響で登山道が斜面崩壊する場合がある。荒天の後は役場や道路状況を確認してから入山したい。

サブコース

Column

短時間で山頂にだけ立ちたいという場合は、町道瓶ヶ森線にある瓶ヶ森駐車場から歩き始めるといい。男山を経由して瓶ヶ森(女山)山頂が登り約1時間、下りは約50分。男山の登りにはロープ場があるが、困難ではなく、初級者でもそう苦労せず歩けることだろう。これだけでは歩き足りない場合は、山頂から瓶ヶ森避難小屋に下り、男山の西側山腹をたどって瓶ヶ森駐車場に戻れば、全行程約2時間の周回コースがとれる。

瓶ヶ森駐車場付近からの男山

274

瓶ヶ森

274 瓶ヶ森

愛媛県 西条市

高知県 いの町

1:40,000
0 500 1000m
1cm=400m
等高線は20mごと

スリルある長大なクサリ場をたどり西日本の最高峰へ

石鎚山
（いしづちさん）

標高**1982**m（天狗岳）

愛媛県

登山レベル：中級

技術度：★★★
体力度：★★

日　程：日帰り

総歩行時間：**6時間5分**

歩行距離：**8.6km**

累積標高差：登り**1082**m
　　　　　　下り**1082**m

登山適期：4月下旬〜11月中旬

地形図▶1：25000「石鎚山」「瓶ヶ森」
三角点▶なし

天狗岳から弥山を振り返る。山頂には石鎚神社の頂上社と頂上山荘が立つ。切り立った稜線は高度感たっぷり。慎重に歩きたい

🗻 山の魅力

四国山脈の最高峰であり、西日本の最高峰でもある。山頂からの展望はそれにふさわしいものだ。天狗岳、弥山、南尖峰など複数のピークをもち、最高峰は岩峰状の天狗岳で、弥山には石鎚神社頂上社がある。岩場がいくつもあり大きなクサリを頼って登るが、別に迂回路があるので一般にはそれを利用するのがよい。

>>> DATA

公共交通機関【往復】JR予讃線伊予西条駅→せとうちバス（約1時間）→ロープウェイ前バス停（山麓下谷駅）→石鎚登山ロープウェイ（8分）→山頂成就駅

マイカー　松山自動車道・いよ西条ICから国道11号、県道142・12号などを経由して石鎚登山ロープウェイ山麓下谷駅まで約28km。駅周辺の有料駐車場を利用する。

ヒント　せとうちバスの運行は1日に数本なので、朝一番の便を利用したい。マイカーの場合、松山方面からなら、いよ小松ICからが早い。山麓から駐車場までは山岳ドライブとなるので運転に注意したい。また、ロープウェイの最終便は季節や曜日によって異なるので、乗車の際に確認しておこう。

問合せ先
西条市観光振興課　　　☎0897-52-1690
せとうちバス周桑営業所　☎0898-72-2211
石鎚登山ロープウェイ　　☎0897-59-0331

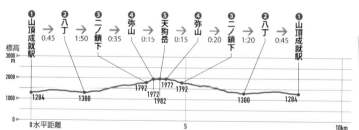

標高 ❶山頂成就駅 → ❷八丁 → ❸二ノ鎖下 → ❹弥山 → ❺天狗岳 → ❹弥山 → ❸二ノ鎖下 → ❷八丁 → ❶山頂成就駅
0.45　1.50　0.35　0.15　0.15　0.20　1.20　0.45

1284　　1300　　1792　1972　1792　　　1300　　1284
　　　　　　　　　1972
　　　　　　　　　1982

0水平距離　　　5　　　10km

成就の石鎚神社

欄外情報　山小屋&前泊◎石鎚神社頂上山荘：山上にあり休憩と宿泊ができる。☎080-1998-4591。5月1日〜11月3日営業。要予約。成就地区の宿は、白石旅館☎0897-59-0032（通年営業・予約希望）の1軒。

コース概要 ❶山頂成就駅から幅広の山道をひと登りで石鎚神社成就社に着く。神社本殿や旅館があり、社からは遠くに石鎚山の頂や瀬戸内海が見える。鳥居をくぐり登山道に入る。ブナ、モミなどの原生の森を行く。❷八丁へはいったん下った後、ジグザグの急坂を登る。試しの鎖（迂回路が安心）を経て、夜明峠で石鎚山の全容が現れる。峠からは急登で、一の鎖を経て❸二の鎖下だ。ここからが核心部。二の鎖、三の鎖と岩場が続くので慎重に進みたい。クサリ場には迂回路があるのでそれをたどれば安心だ。三の鎖を過ぎて大きく回り込むと❹弥山。ここに石鎚神社頂上社と頂上山荘がある。向かいに見える尖峰が天狗岳。ナイフリッジの細道を行き岩場を登れば❺天狗岳だ。下山は往路を慎重に戻る。

プランニングのヒント 日帰りも可能だが、山麓や石鎚神社成就社の宿に泊まればゆっくり登山が楽しめる。遅めに出発し、頂上山荘に泊まり御来光を楽しむのもいい。

弥山と天狗岳の間は細尾根になっていて山頂部は急な岩場になる。自信がない人は弥山までとするのがよいだろう。

安全のヒント

クサリ場は大きな鉄製のクサリが掛けられている。垂直に近いところもあるがクサリに足をかけるなどして慎重に行動したい。下山は危険度が高くなるので、迂回路をたどりたい。

サブコース

石鎚スカイライン終点の石鎚土小屋から二の鎖下へと登ることもできる。尾根伝いに行くため、表参道よりも楽。ただし、公共交通でのアクセスは悪く、マイカー利用が一般的。

三の鎖。間隔をあけ慎重に登ろう

275

石鎚山

275 石鎚山

石鎚山山頂部拡大

1:50,000
500　1000m
1cm＝500m
等高線は20mごと

バスは4〜11月の土・日曜、祝日運行

石鎚土小屋〜二の鎖下間は、登り約1時間40分、下り約1時間30分

愛媛県
西条市

久万高原町

渓谷歩きも楽しめる南予アルプスの盟主

三本杭
（さんぼんぐい）

三百

標高1226m

愛媛県

登山レベル：初級

技術度：★★
体力度：★★

日　程：日帰り

総歩行時間：5時間55分

歩行距離：9.6km

累積標高差：登り968m
　　　　　　下り968m

登山適期：3月中旬〜11月下旬

地形図▶1/25000「松丸」
三角点▶一等

三本杭の山頂。山頂標識の上部には、三本杭を表したものなのか、小さな棒が3本立っている

🔺 山の魅力

愛媛県宇和島市の東部、高知県との県境近くに位置し、藩政時代、宇和島藩・吉田藩・土佐藩の境界の杭が南側のピーク、横ノ森にあったことからこの名がついたといわれる。三本杭一帯は南予アルプスともよばれ、地元では人気の高い山のひとつ。桧尾根のシャクナゲは四国でも有数の群生地だ。

>>> DATA

公共交通機関【往復】JR予土線松丸駅→タクシー（約30分）→万年橋

マイカー宇和島道路・宇和島朝日ICから国道320・381号、県道8・317・270号を経由して万年橋まで約32km。万年橋のたもとに無料駐車場がある。

ヒント松丸駅からは松野町のコミュニティバスが途中まで運行しているが、終点から約1時間歩かなければならないうえ、日曜・祝日は運休となっているため、

登山での利用にはあまり適していない。また、JR予土線の運行本数は少なく、遠方からアクセスする場合は宇和島や松野町での前泊が必要となる。

問合せ先

宇和島市商工観光課	☎0895-49-7023
松野町ふるさと創生課	☎0895-42-1116
松野タクシー	☎0895-42-1108
伊予吉野生（よしのぶ）タクシー	☎0895-42-1020

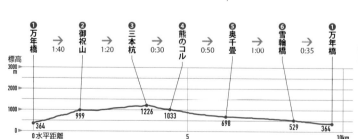

❶万年橋	❷御祝山	❸三本杭	❹熊のコル	❺奥千畳	❻雪輪橋	❶万年橋
	1:40	1:20	0:30	0:50	1:00	0:35

標高
3000m
2000
1000
0

364　999　1226　1033　698　529　364

0水平距離　　　　5　　　　10km

登山道を彩るシャクナゲ

欄外情報 立ち寄り温泉◎森の国ぽっぽ温泉：松丸駅の2階という便利な立地にある天然温泉。☎0895-20-5526。入浴料520円。10〜20時。第2月曜休（祝日の場合は翌日）。

コース概要 ❶万年橋の南詰から道標に従って登山道に入る。御祝山までは急登が続き、本コースでいちばんの頑張りどころだ。急坂の尾根筋からいったん山腹の道となり、再度、尾根筋を急登すれば❷御祝山。ここから、シャクナゲが群生する桧尾根をゆるやかに登る。横ノ森の北面を通過し、三本杭のたるみからひと登りすれば❸三本杭の山頂だ。山頂からは三本杭のたるみを右へと進み、❹熊のコルへ。右に続く沢筋の道を下れば❺奥千畳。あとは渓谷沿いの道を歩き、❻雪輪橋を経て❶万年橋へと戻ればいい。

プランニングのヒント 滑床渓谷の渓谷美を堪能するのなら、登山口を早朝に出発して時間の余裕を持ちたい。新緑は4月中旬～5月中旬、紅葉は10月下旬～11月中旬、桧尾根のシャクナゲは5月上旬あたりが目安となる。三本杭の西側にある八面山の山頂一帯はアセビ（花期は3月頃）に覆われていて、熊のコルから往復で1時間ほどだ。

滑床渓谷の奥千畳近辺には、ロープを伝って沢を渡る箇所がいくつかある。滑らないよう落ち着いて行動しよう。

花と自然

三本杭の北側を流れる滑床渓谷はその名のとおり、滑滝の連続する美しい渓流で、「日本の滝百選」に選定される雪輪の滝あたりまでは観光客もやってくる。新緑や紅葉の時期にぜひ歩いてほしい渓谷道だ。

滑床渓谷を代表する滝、雪輪の滝

276 三本杭

高月温泉
鬼北町
高月山 △1229
愛媛県
宇和島市
万年橋 ❶
アウトドアセンター万年荘
水際のロッジ
船岩
726・
出合滑
横崖
0:35→
←0:40
滑床渓谷
滑床林道
雪輪橋 ❻
落合淵
遊仙橋
滑床キャンプ場
1054
S字峡
千畳敷
1:00
1:15
徒渉
太鼓岩
雪輪の滝
・855
大窪の滝
1:15→
←1:40
急登が続く
徒渉
❺奥千畳
御祝山 ❷
999
展望はない
徒渉
1:10
0:50
松野町
苔むした岩でのスリップ注意
❸三本杭
桧尾根
シャクナゲ
松丸駅・宇和島朝日IC
急斜面の下り
△1226
1:05→
←1:20
497・
三本杭のたるみ
熊のコル ❹
0:40→
←0:30
横ノ森
藤生
N
高知県
四万十市
1166
1184
小屋ヶ森
藤生滝
1:35,000
500 1000m
1cm＝350m
等高線は10mごと

熊のコルから八面山は往復時間ほど。八面山はアセビが多い

277 牧歌的な草原を歩く展望ハイキング

三百 標高**1271m** 広島県・鳥取県

道後山
どうごやま

登山レベル：初級　技術度：★　体力度：★　日程：日帰り
総歩行時間：1時間50分　歩行距離：約5.2km
累積標高差：登り374m 下り374m　登山適期：4月上旬～11月下旬

公共交通機関 【往復】JR芸備線備後西城駅→タクシー（約45分）→月見ヶ丘駐車場　**マイカー** 中国自動車道・東城ICから月見ヶ丘駐車場（無料）まで約30km。　**問合せ先** 庄原市商工観光課☎0824-73-1179　西城タクシー☎0824-82-2929

道後山の山頂から見た百名山の大山（中央の山）

🏔 山の魅力

広島県と鳥取県の県境に位置し、山上部にはなだらかな草原台地が広がる。ファミリーでハイキングが楽しめ、タニウツギやヤマツツジ、イワカガミ、アカモノなど花も多い山だ。

コース概要 路線バスは山麓までなので、マイカーやタクシーでアクセスする。月見ヶ丘駐車場から雑木林の広い道を歩いて休憩所へ。展望のすぐれた岩樋山を越え、両国牧場跡分岐からなだらかな草原を登れば一等三角点のある道後山の山頂だ。下山は往路を戻るが、両国牧場跡分岐からは巻き道を歩いてもいい。

---

278 森、池、草原と楽しみが多い展望の山

三百 標高**1238m** 広島県・島根県

吾妻山
あづまやま

登山レベル：初級　技術度：★　体力度：★　日程：日帰り
総歩行時間：1時間20分　歩行距離：約3.2km
累積標高差：登り245m 下り245m　登山適期：4月上旬～11月下旬

公共交通機関 【往復】JR芸備線備後西城駅→タクシー（約50分）→休暇村吾妻山ロッジ　**マイカー** 松江自動車道・高野ICから休暇村吾妻山ロッジの駐車場（無料）まで約25km。　**問合せ先** 庄原市観光推進機構☎0824-75-0173　駅前タクシー☎0824-82-2314

展望のすぐれた吾妻山山頂と石の方位盤

🏔 山の魅力

広島県と島根県の県境にそびえ、山頂からの大展望をはじめ、草原や池、ブナの森、イワカガミなどの花々と、山歩きの楽しい要素が詰まった山。ファミリーハイキングにも向いている。

コース概要 休暇村吾妻山ロッジ（2024年4月現在休館中）の横から歩き始め、登山道に入るとだんだんと急坂になる。だが、それもわずかで吾妻山の山頂だ。山頂からは南に下り、南の原を経てロッジへと戻る。歩き足りない場合は東への尾根伝いにある出雲烏帽子山まで足を延ばそう（往復約1時間20分）。

---

279 アケボノツツジ咲く4月下旬に登りたい

三百 標高**1065m** 高知県・愛媛県

篠山
ささやま

登山レベル：初級　技術度：★　体力度：★　日程：日帰り
総歩行時間：1時間　歩行距離：約1.6km
累積標高差：登り297m 下り297m　登山適期：3月下旬～12月上旬

公共交通機関 【往復】土佐くろしお鉄道宿毛線宿毛駅→タクシー（約1時間）→第一駐車場　**マイカー** 宇和島道路・津島高田ICから登山口の第一駐車場まで約35km。　**問合せ先** 宿毛市商工観光課☎0880-62-1242　愛南町商工観光課☎0895-72-7315

篠山のアケボノツツジ

🏔 山の魅力

四国南西部、愛媛県と高知県の県境に位置し、コウヤマキ・ハリモミの巨木やアケボノツツジ群落がある山頂部一帯は、足摺宇和海国立公園の特別保護地区と特別地域に指定されている。

コース概要 第一駐車場から登山道に入るとすぐに立派な休憩所がある。この先で第二駐車場からの道と合流したあと、シカ除けのゲートを抜け尾根筋の道を登る。入らずの森分岐を右に折れて石段を登れば篠山神社で、山頂はすぐ右手にある。なお、宇和島市側の祓川コースはやや不明瞭な部分があるので注意したい。

九州

福岡県
佐賀県
長崎県
熊本県
大分県
宮崎県
鹿児島県
英彦山 280
多良岳 281
282 雲仙岳
283 鶴見岳
由布岳 284
285 大船山
久住山 (九重山) 286
涌蓋山 287
祖母山 288
阿蘇山 289
290 傾山
291 大崩山
292 国見岳
市房山 293
294 尾鈴山
霧島山 295
296 高千穂峰
297 高隈山
開聞岳 298
299 宮之浦岳
脊振山 300
桜島 301

九州全域の信仰を集める日本三大修験場の一山

英彦山
(ひこさん)

二百

標高1199m（南岳）

福岡県・大分県

登山レベル:**中級**

技術度:★★★
体力度:★★

日　程:日帰り

総歩行時間:**4時間40分**

歩行距離:**9.1km**

累積標高差:登り**910m**
　　　　　下り**910m**

登山適期:通年（盛夏を除く）

地形図▶1:25000「英彦山」
三角点▶一等

北面の別所・花見ヶ岩からの
英彦山

上級
中級
初級

英彦山

山の魅力

出羽の羽黒山、大和の大峰山とともに日本三大修験場のひとつ。山名は「英彦山」、駅名は「彦山」で、ともに読みは「ひこさん」だが、もとは彦山だった

ものが1700年代に霊元法皇の院宣により「英」の字がつけられた。山頂部は最高点の南岳、英彦山神社のある中岳、北岳の3つのピークからなる。

>>> DATA

公共交通機関【往復】JR日田彦山線BRT彦山駅→添田町バス（約10分）→銅の鳥居バス停

マイカー　九州自動車道・小倉南ICから国道322・500号、県道52号を経由して別所駐車場まで約43km。または、大分自動車道・杷木ICから国道368・500号、県道52号を経由して別所駐車場まで約31km。銅の鳥居バス停や神宮下バス停そばにも駐車場がある。

ヒント　添田町バスは平日5便、土・日曜、祝日

は4便の運行。このうち平日4便、土・日曜、祝日の全便は豊前坊まで運行されている（約25分）。花駅（旧英彦山小学校）から神駅（奉幣殿）へは英彦山スロープカーが運行されている（所要7分・20分間隔）。

問合せ先
添田町商工観光振興課　☎0947-82-1236
添田町バス　　　　　　☎0947-82-5965
英彦山スロープカー　　☎0947-85-0375

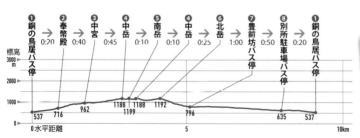

銅の鳥居

欄外情報 コース情報◎英彦山神宮上宮修復工事の実施に伴い、本項の産霊神社〜中岳〜南岳〜中岳〜北岳間は2025年12月（予定）まで通行止め（迂回路はない）。詳細は添田町役場ホームページ参照。

コース概要 **①銅の鳥居バス停**から石段を登って**②奉幣殿**へ。広場を抜け、表参道の石段を登っていく。ジグザグに高度を上げて一ノ岳展望所へ、さらにクサリ場を越えると英彦山神社の**③中宮**に出る。稚児落としを過ぎると急登になり、産霊神社（行者堂）まで続く。大杉が立ち並ぶ参道を登ると、英彦山神社上宮が立つ**④中岳**に着く。右手の**⑤南岳**を往復してこよう。**④中岳**に戻り、東の**⑥北岳**へ向かう。クサリのある岩場を下り、望雲台分岐から奇岩の間を抜けると高住神社のある**⑦豊前坊バス停**。ここから九州自然歩道を西進して**⑧別所バス停**へ。左の道に入り、**①銅の鳥居バス停**へ戻る。

銅の鳥居バス停の最終便は平日、土・日曜、祝日ともに16時過ぎと早い。急いでクサリ場などで事故を起こさないよう、余裕のある行動を。

プランニングのヒント 下山路の豊前坊～別所間は並行する国道に彦山駅行きのバスが運行されているので、時間がない場合は、バスに乗ってもいいだろう。ただしバスのダイヤに注意する。花の見頃は、ミツマタが3月下旬、ヒコサンヒメシャラが6月上旬。紅葉は10月下旬頃。

サブコース

紹介した表参道同様によく歩かれるのが、奉幣殿から表参道の南面につけられた2本のコース。衣ヶ池を経由する近道と、玉屋神社、国の天然記念物の鬼杉を経由する大回りの道があり、ともに大南神社の上部で合流する。分岐からは柱状節理の材木石を経て南岳へ登っていくが、紹介コース同様、小規模ながらもクサリ場があるので、慎重に通過しよう。奉幣殿から南岳へ、衣ヶ池経由のコースは約2時間、玉屋神社経由のコースは約3時間30分。

樹齢1200年の巨木・鬼杉

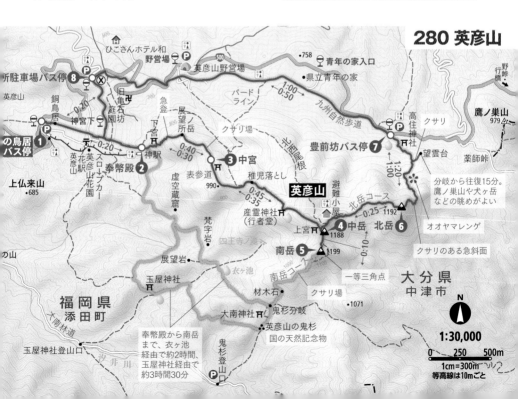

280 英彦山

大分県
中津市

福岡県
添田町

奉幣殿から南岳まで、衣ヶ池経由で約2時間、玉屋神社経由で約3時間30分

分岐から往復15分。鷹ノ巣山や犬ヶ岳などの眺めがよい

オオヤマレンゲ

クサリのある急斜面

1:30,000

0　250　500m

1cm=300m
等高線は10mごと

オオキツネノカミソリを愛でクサリのある頂稜へ

多良岳
(たらだけ)

三百

標高996m（国見岳）

佐賀県・長崎県

登山レベル：中級

技術度：★★★
体力度：★★

日　程：日帰り

総歩行時間：4時間55分

歩行距離：10.4km

累積標高差：登り1001m
　　　　　　下り1001m

登山適期：3月上旬〜12月上旬

地形図▶1：25000「多良岳」
三角点▶■等

多良岳山頂部から見た紅葉の権現峰。左奥の山は五家原岳

🏔 山の魅力

佐賀・長崎県境にある古い火山。山頂部は最高点の国見岳や三角点のある前岳（本多良）、多良岳の3つのピークからなる。山中には真言密教の霊場だった金泉寺がある。花の山でもあり、マンサク、ツクシシャクナゲとともに多良岳三名花とされるオオキツネノカミソリは、その数約百万本ともいわれる。

>>> DATA

公共交通機関【往復】JR大村線大村駅→長崎県営バス（約40分）→黒木バス停

マイカー　長崎自動車道・大村ICから国道444号、県道252号を経由して黒木まで約13km。黒木バス停の先に駐車場がある（約10台）。満車時は黒木バス停の手前の駐車場（約30台）を利用する。

ヒント　黒木への長崎県営バスは平日が1日6便、土曜は5便、日曜・祝日は3便。時間帯によってはタク

シー利用も考慮したい。その場合は黒木バス停先の駐車場まで入れば時間が短縮できる。

問合せ先
大村市観光振興課　☎0957-53-4111
長崎県営バス大村ターミナル　☎0957-53-4151
合同タクシー　☎0957-52-3161

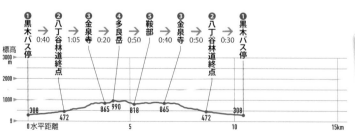

① 黒木バス停 →0:40 ② 八丁谷林道終点 →1:05 ③ 金泉寺 →0:20 ④ 多良岳 →0:50 ⑤ 鞍部 →0:40 ③ 金泉寺 →0:50 ② 八丁谷林道終点 →0:30 ① 黒木バス停

標高3000m 2000m 1000m 0

308　472　865 990 818　865　472　308
0水平距離　　　　　5　　　　　10　　15km

多良岳山頂

　欄外情報　山小屋◎金泉寺山小屋・☎090-8398-4774（多良岳登山者山の会）。素泊まり1500円。土・日曜、祝日のみ営業。テントを張ることもできる（500円）。宿泊・テント泊ともに要予約。

上級
中級
初級

多良岳

コース概要 ❶黒木バス停から車道を進むとゲートに出て、そのまま直進する。❷八丁谷林道終点から右手の登山道に入り、小尾根を越えると水場がある。このあたりからオオキツネノカミソリの花が目立つようになる。ガレ場を登っていくと涸れた小沢に出て、これを渡って進むと西野越に着く。右に五家原岳への道を分けて進むと、山小屋のある❸金泉寺だ。本堂の前を直進し、役の行者像がある金泉寺分岐へ。鳥居をくぐって石段を登り、クサリ場を越すと尾根に出て(国見岳分岐)、右に取ると❹多良岳。クサリのある急坂を下って前岳(本多良)、さらに黒木岳との❺鞍部に下る。鞍部からは山頂の直下を西進し、❸金泉寺へ向かう。あとは往路を❶黒木バス停へ下る。

プランニングのヒント マンサクは3月上旬、ツクシシャクナゲは5月上旬、オオキツネノカミソリは7月中旬～8月上旬、紅葉は11月上旬が見頃。冬期は樹氷が見られるが、凍結するためアイゼンが必要。

コース中にはレスキューポイントが随所に設置されている。万が一の際は、救助の人に現在地の番号を伝えよう。

サブコース

北面の経ヶ岳とセットで登ってもいい。黒木から大ハライ谷を登って多良山地最高峰の経ヶ岳へ。平谷越から南下して金泉寺分岐へ向かう(黒木から多良岳へ4時間)。

花と自然

オオキツネノカミソリは細長い葉の形が日本かみそりに似ていることから、名前がついたといわれる。西野越や笹岳、中山キャンプ場からのコースの上部に群生地がある。

キツネカミソリの変種の多年草

281 多良岳

佐賀県側からの代表的なコース。中山キャンプ場から登り約1時間30分、下り約1時間15分

黒木バス停から経ヶ岳を経て多良岳まで約4時間。途中にクサリ場もある長いコース

1:50,000
0 500 1000m
1cm=500m
等高線は20mごと

ロープウェイを使えば標高差300mの登りで山頂へ

雲仙岳
うんぜんだけ

二百

標高1483m（平成新山）

長崎県

登山レベル:中級

技術度:★★★
体力度:★★

日　程:日帰り

総歩行時間:4時間5分

歩行距離:4.4km

累積標高差:登り596m
**　　　　　　下り596m**

登山適期:通年

地形図 ▶ 1:25000「島原」「雲仙」
三角点 ▶ 一等（普賢岳）

今も煙を吐き続ける平成新山。
平成新山は雲仙岳の最高峰だ
が、立入禁止となっている

上級
中級
初級

雲仙岳

🏔 山の魅力

島原半島の中央部にあり、普賢岳、国見岳、妙見岳、1991年からの噴火活動により誕生した平成新山などの総称。火山地帯だけに、周囲には雲仙温泉や小浜温泉などの名湯が湧き、登山と温泉、観光がセットで楽しめる。ロープウェイを利用すれば1時間ほどで主峰の普賢岳山頂に立てる。

>>> DATA

公共交通機関【往復】JR長崎本線諫早駅→島原鉄道バス（約1時間20分）→雲仙バス停→乗合タクシー（約20分・要予約）→仁田峠

マイカー　長崎自動車道・諫早ICから国道34・57号を経由して仁田峠まで約53km。行楽シーズンの仁田峠駐車場は大混雑し、登山などでの長時間駐車はできない。その場合は西麓の池の原園地に車を停め、仁田峠まで40分ほど歩くことになる。

ヒント　雲仙バス停から仁田峠への乗合タクシーは2024年3月現在運休中（運行再開は未定）。なお、雲仙バス停から仁田峠まで歩く場合は1時間10分ほどみておきたい。

問合せ先
雲仙観光局　　　　　　　　　　　☎0957-73-3434
島原鉄道バス　　　　　　　　　　☎0957-62-4705
平成観光タクシー（乗合タクシー）☎0957-73-2010
雲仙ロープウェイ　　　　　　　　☎0957-73-3572

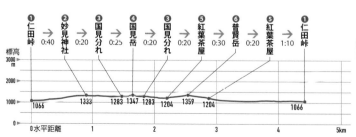

❶仁田峠 →0:40 ❷妙見神社 →0:20 ❸国見分れ →0:25 ❹国見岳 →0:20 ❸国見分れ →0:20 ❺紅葉茶屋 →0:30 ❻普賢岳 →0:20 ❺紅葉茶屋 →1:10 ❶仁田峠

標高 3000m / 2000 / 1000 / 0

1066　1333　1283 1347 1283　1204 1359　1204　　　1066

0 水平距離　1　2　3　4　5km

ミヤマキリシマ

欄外情報 立ち寄りスポット◎仁田峠への乗合タクシーの乗り換え場となる雲仙バス停の周辺には、雲仙温泉や雲仙地獄、原生沼のカキツバタ群落、雲仙お山の情報館などがある。詳細は雲仙観光局へ。

コース概要 ❶仁田峠のロープウェイ駅舎横から登山道に入る。ここから妙見岳までは急登が続くが、途中にミヤマキリシマ群生地や展望のよい場所がある。登りきると❷妙見神社だ（妙見岳へは2024年4月現在通行止め）。この先は起伏が少なく、花の多い稜線をたどる。吹越分れを過ぎると❸国見分れで、ここを直進する。途中に岩場のある急斜面を登ると❹国見岳だ。山頂から❸国見分れに戻り、左の道に入る。急斜面を下って❺紅葉茶屋（施設はない）へ向かう。下山路の薊谷を右に分け、岩の多い急登をこなすと360度の展望が広がる❻普賢岳に着く。下山は❺紅葉茶屋に戻り、左手の薊谷を下る。ブナの林を抜け、小さな水場を過ぎると❶仁田峠に戻り着く。

気象庁の「噴火警戒レベル」適用の山につき、レベル2が発令された場合は普賢岳山頂への立ち入りが禁止される。

プランニングのヒント 妙見岳まで雲仙ロープウェイ（所要3分）を利用して、時間の短縮を図ってもいい。また、体力と時間に余裕があれば、鬼人谷コース（コラム参照）と組み合わせるのもいいだろう。

サブコース

普賢岳と国見岳、平成新山の間につけられた鬼人谷コースは、2012年に開通した比較的新しい登山道だ。鬼人谷口から西と北の2つの風穴の脇を通り、鳩穴分れへ向かう。ここから南に進路を変え、立岩の峰へ。鳩穴分れ〜霧氷沢分れ間は道幅の狭い急斜面のため、登りの一方通行となっている。平成新山の斜面が眼前に迫る立岩の峰から霧氷沢分れに出て、ゆるやかに登ると普賢岳の直下でガイドコースに合流する（国見分れ〜普賢岳間約2時間）。

北の風穴付近からの有明町と有明海

282 雲仙岳

鳩穴分れ〜霧氷沢分れ間は時計回りの一方通行。国見分れから普賢岳まで約2時間

906
第二吹越

長崎県
雲仙市

・855

普賢岳紅葉樹林

島原市

雲仙岳

岩場

❹国見岳
▲1347
0:25
0:20
0:25
0:20

国見分れ❸
0:20
吹越分れ

温泉岳（特）

北の風穴

鳩穴分れ

立岩の峰

西の風穴

鬼人谷口
0:30
0:20

平成新山
・1483

▲1359
霧氷沢
霧氷沢分れ

❺紅葉茶屋

❻普賢岳

❸〜❺間は路肩崩壊のため、2024年4月現在通行止め。その間は、❶から直接❺に向かい普賢岳へ

妙見岳
▲1333

妙見神社❷

吹越

石割山
・968

混雑などで池の原園地に駐車した場合は仁田峠へ歩く。登り約40分、下り約30分

0:20

0:40
0:30

妙見岳駅

雲仙ロープウェイ
（所要3分）

0:20

薊谷広場

岩場

ヤマツツジ

・1253

島原市

❶仁田峠
1079

九州自然歩道

池の原園地

上大野木場
仁田峠登山道歩道

大野木場

雲仙お山の情報館・
諫早駅・諫早IC・雲仙バス停

島原駅・国道57号

南島原市

N

1:25,000

0   250   500m
1cm=250m
等高線は10mごと

日本一の湧出量、別府温泉の源の山

鶴見岳
つるみだけ

三百

標高1375m

大分県

登山レベル:初級

技術度:★★
体力度:★★

日　程:日帰り

総歩行時間:**3時間20分**

歩行距離:**7.1km**

累積標高差:登り**903m**
　　　　　　下り**903m**

登山適期:通年

地形図▶1:25000「別府南部」
三角点▶三等

南面の志高湖からの鶴見岳。山頂のロープウェイ駅と立ち並ぶテレビ中継アンテナが目印だ。左の小ピークは南平台

上級
中級
初級

鶴見岳

🔺 山の魅力

別府市街地の西にある山で、世界有数の湧出量を誇る別府温泉の源となっている。別府市街を一望できる山頂にはロープウェイで手軽に立てるため観光客の姿が目立つが、自然度の高い山だけにぜひ自分の足で登りたい。春の桜、初夏のミヤマキリシマ、秋の紅葉、冬の霧氷と、四季を通じて楽しめる。

>>> DATA

公共交通機関【往復】JR日豊本線別府駅→亀の井バス（約25～35分）→旗の台バス停。または、JR久大本線由布院駅→亀の井バス（約25分）→旗の台バス停

マイカー　大分自動車道・別府ICから県道11号を経由して御嶽権現社駐車場まで約7km。または、大分自動車道・湯布院ICから県道216・11号を経由して約17km。神社の駐車場だが、登山者も利用できる。

ヒント　別府発のバスは経路により所要時間が異なる。別府ロープウェイは9～17時（延長運行あり。冬期は～16時30分）の運行。所要10分。

問合せ先
別府市観光課　　　　　　　　☎0977-21-1128
亀の井バス　　　　　　　　　☎0977-23-0141
亀の井タクシー（別府駅）　　☎0977-23-2221
みなとタクシー（由布院駅）　☎0977-84-2141
別府ロープウェイ　　　　　　☎0977-22-2278

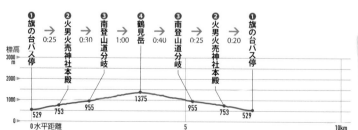

❶旗の台バス停　0:25　❷火男火売神社本殿　0:30　❸南登山道分岐　1:00　❹鶴見岳　0:40　❸南登山道分岐　0:25　❷火男火売神社本殿　0:20　❶旗の台バス停

標高
3000m
2000
1000

529　753　955　1375　955　753　529

0 水平距離　　　　　5　　　　　10km

鶴見岳の山頂

欄外情報　立ち寄りスポット◎5～10月の週末（約30日間）に21時までのナイター運行を行っているので、あえて午後に登り、山頂からの別府市街の夕景を堪能するのも一興だ。詳細は上記の別府ロープウェイへ。

コース概要 ❶**旗の台バス停**が起点。鳥居をくぐり、参道を進む。社務所から石段を登ると手水所(水場)があり、すぐ先には❷**火男火売神社本殿**(御嶽権現社)が立っている。登山道に入り、樹林帯を行く。林道を横切り、さらに登っていくと南平台への道を分ける❸**南登山道分岐**に出る(コラム参照)。ここから本格的な登りとなり、ジグザグを切りながら標高を上げていく。やがてロープウェイ山上駅への分岐に出るが、まっすぐ山頂へ。山頂部は公園になっていて、散策路が縦横に延びている。レストハウスを左に見て行くと❹**鶴見岳**の山頂だ。本来ならこの先の鞍ヶ戸まで行く人も多いが、2016年の熊本地震の影響で立入禁止となっているので、往路を引き返そう。

プランニングのヒント 4月中旬はヤマザクラやマメザクラが山中を彩る。ミヤマキリシマ群落の見頃は5月下旬～6月上旬、この時期は新緑も楽しめる。紅葉は10月下旬～11月上旬。

> これといった通過困難箇所のないコースだが、黒土の道のため滑りやすい。特に下山時は要注意だ。

Column

サブコース

山頂往復では歩き足りない人は、西面の南登山道を下る周回コースを歩こう(南登山道分岐へ約1時間15分)。途中に展望のよい南平台(1216m)があるので立ち寄っていこう。

花と自然

5月のミヤマキリシマと並ぶ名物が霧氷だ。11月下旬～3月中旬にかけ、山頂一帯が神秘的な世界となる。別府ロープウェイのホームページでは、随時霧氷の情報が更新されている。

霧氷が見られるのはシーズン40日ほど

283

鶴見岳

283 鶴見岳

1:25,000

0 250 500m
1cm=250m
等高線は10mごと

由布市
鞍ヶ戸(通行止め)
石がゴロゴロした道
西の窪
馬の背
赤池噴気孔
❹ 鶴見岳
山頂部は公園のようになっている
△1375
足場の悪い道
山上権現
鶴見山上駅
岳東登山口
西登山道
別府ロープウェイ(所要10分)
別府ロープウェイ
別府高原駅
南平台 •1216
踊り石
ジグザグの急登
0:40 ↕ 1:00
鶴見岳から南平台を経て南登山道分岐まで約1時間15分
❸ 南登山道分岐
九州焼酎館
P
0:25 ↕ 0:30
•865
石段を登る
•755
•853
0:20 ↕ 0:25
鳥居
別府駅・別府IC
大分県
別府市
猪ノ瀬戸
林道を横切る
火男火売神社本殿
(御嶽権現社・中宮)
❷
御嶽権現社駐車場
P
❶ 旗の台バス停
駐車場～神社間は徒歩10分
鳥居
火男火売神社(下宮)
•685
由布川
△692
やまなみハイウェイ JA
鳥居
志高湖

豊後富士の名を持つ美しき双耳峰。その両峰の頂へ

由布岳

標高**1583**m（西峰）

大分県

登山レベル:**中級**

技術度:★★★
体力度:★★

日　程:**日帰り**

総歩行時間:**4時間25分**

歩行距離:**7.1**km

累積標高差:登り**912**m
　　　　　　下り**912**m

登山適期:**4月上旬～11月中旬**

地形図▶1:25000「別府西部」
三角点▶一等（西峰）

南西側から眺めた朝の由布岳
の西峰（左）と東峰。雲海の
下は湯布院盆地で、由布岳の
右には鶴見岳が見えている

上級
中級
初級

由
布
岳

山の魅力

阿蘇くじゅう国立公園内にあり、豊後富士ともよばれる九州でも人気の山。東峰、西峰の2つのピークがあり、特徴ある山容は深田久弥が日本百名山に入れなかったことを後悔したといわれるほどの美しい山だ。山頂からは大きな展望が広がり、5月下旬～6月上旬にかけてはミヤマキリシマが咲き乱れる。

>>> DATA

公共交通機関【往復】JR日豊本線別府駅西口→亀の井バス別府湯布院線（約40分）→由布登山口バス停。または、JR九大本線由布院駅前バスセンター→亀の井バス別府湯布院線（約15分）→由布登山口バス停

マイカー　大分自動車道・湯布院ICから県道216・11号を経由して由布岳登山口の駐車場まで約10km。駐車場は無料と有料がある。

ヒント　由布登山口バス停を経由する便は比較的多い。タクシーを利用する場合は、別府駅より由布院駅を利用したほうが安く上がる。

問合せ先
由布市地域振興課　☎0977-84-3111
由布院温泉観光協会　☎0977-85-4464
由布・鶴見岳自然休養林保護管理協議会
（別府市農林水産課内）　☎0977-21-1133
亀の井バス　☎0977-23-0141
みなとタクシー（由布院駅）　☎0977-84-2141

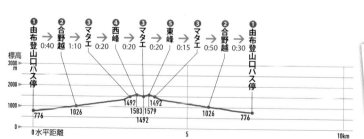

❶由布登山口バス停 →0:40 ❷合野越 →1:10 ❸マタエ →0:20 ❹西峰 →0:20 ❸マタエ →0:20 ❺東峰 →0:15 ❸マタエ →0:50 ❷合野越 →0:30 ❶由布登山口バス停

標高
3000
m

1000

776　1026　1492 1583 1579　1492　1026　776
　　　　　　1492

0 水平距離　　　　　　5　　　　　　10km

由布岳登山口の看板

欄外情報　**立ち寄り温泉**◎湯布院温泉:由布岳の南西麓に広がる、九州でも有数の温泉観光地。ホテルから共同湯までたくさんの立ち寄り湯がある。詳しくは由布院温泉観光協会へ。

コース概要 ①**由布登山口バス停**から草原状のなだらかな道を進むと日向岳自然観察路の分岐があり、このあたりから樹林帯となる。②**合野越**を過ぎると傾斜も急になり、ジグザグの道で高度を上げる。急斜面を直登すれば東峰、西峰間の鞍部、③**マタエ**に到着。まずは最高点のある④**西峰**へ。クサリ場のある険しい道を慎重に往復し、③**マタエ**まで戻ったらもう一つのピーク、⑤**東峰**を目指す。険しくはないがこちらも岩場を往復する道だ。下山は③**マタエ**まで戻り、往路を下ろう。

プランニングのヒント ミヤマキリシマが咲くころは山肌がピンク色に染まり美しい。麓は湯布院温泉の街なので、登山の後は温泉と街歩きを楽しめるプランにするとより充実するだろう。全体的に歩きやすい山だが、マタエから上の岩場は雨が降ると滑りやすいので無理をしないこと。最高峰は西峰だがこちらのほうが険しいため、状況に応じて東峰のみの登頂としたほうがいい。

Column

安全のヒント

2016年に発生した地震の影響で、山頂周辺は崩落、地割れ、亀裂箇所が複数あって歩行には危険が伴う。なかでも西峰からお鉢巡りに続く道は岩がもろく、特に危険な状況になっている。お鉢巡りの歩行は控えたほうがいいだろう。

マタエから上部は、崩落、地割れ、亀裂箇所などがあり、落石の危険もある。特に悪天候時は細心の注意が必要だ。

マタエ直前の登山道の様子

284 由布岳

由布岳
（豊後富士）
西峰 ④ ▲1583
障子戸
剣ノ峰
ウバガウジ

お鉢巡りは崩壊していて危険

東登山口

岩場の苦手な人は無理をせず、東峰の往復のみにとどめること

▲1579 ⑤ 東峰

③ マタエ

0:20
0:15

東登山道

日向越

コース上部は傾斜がきつい

ヤマザクラ

•1085

日向岳

別府駅・別府IC

大分県
由布市

1:10
0:50

0:20

合野越 ②

日向岳自然観察路

別府市

飯盛ヶ城
•1067

•929

西登山道

古道猪口道

•857

由布登山口バス停 ①
（有料）

0:30
0:40

サクラソウ

•736

•776

由布院駅・湯布院IC

P（無料）

やまなみハイウェイ

N

1:25,000

0   250   500m
1cm=250m
等高線は10mごと

ミヤマキリシマが咲く時期に登りたい九重連山の一峰

大船山
たいせんざん

標高**1786m**

大分県

登山レベル:**中級**

技術度:★★
体力度:★★★★

日　程:**前夜泊日帰り**

総歩行時間:**8時間35分**

歩行距離:**17.1km**

累積標高差:登り**1325m**
　　　　　　下り**1325m**

登山適期:**4月上旬～11月中旬**

地形図 ▶ 1/25000「大船山」「湯坪」
三角点 ▶ 三等

山頂部の岩峰が特徴的な大船山。西側の山腹は「大船山のミヤマキリシマ群落」として国の天然記念物に指定されている

上級
中級
初級

大船山

🔺 山の魅力

大分県中西部に位置する九重連山を形成する山のひとつで、山頂部にぽこっと岩峰を乗せたような姿がその特徴。山腹では、「大船山のミヤマキリシマ群落」として国の天然記念物に指定される大群落を見ることができる。登るなら、ミヤマキリシマが山腹を彩る5月中旬～6月中旬がおすすめだ。

>>> DATA

公共交通機関【往復】JR久大本線豊後中村駅→九重町コミュニティバス(約50分)→九重登山口みやまバス停(長者原)

マイカー　大分自動車道・九重ICから県道40・621号を経由して長者原まで約17km。長者原に大きな無料駐車場がある(車中泊や火器の使用は禁止)。

ヒント　別府駅からも長者原まで亀の井バスと九州産交バスの九州横断バスが運行されているが、本数は少ない。マイカーの場合、大分方面からは湯布院IC、やまなみハイウェイを経由する。

問合せ先

九重町商工観光・自然環境課　☎0973-76-3150
竹田市商工観光課　　　　　　☎0974-63-4807
長者原ビジターセンター　　　☎0973-79-2154
九重町コミュニティバス　　　☎0973-76-3807
亀の井バス　　　　　　　　　☎0977-23-0141
九州産交バス　　　　　　　　☎0570-09-3533

① 九重登山口みやまバス停 →(1:20) ② 雨ヶ池越 →(0:45) ③ 坊ガツル →(1:20) ④ 段原 →(0:25) ⑤ 大船山 →(0:20) ④ 段原 →(0:50) ⑥ 大戸越 →(0:30) ⑦ 平治岳 →(0:20) ⑥ 大戸越 →(0:50) ③ 坊ガツル →(0:55) ② 雨ヶ池越 →(1:00) ① 九重登山口みやまバス停

標高3000m / 2000 / 1000

1035　1337　1231　1678 / 1786　1678　1459 / 1643 1459　1231　1337　1035

0 水平距離　5　10　15　20km

欄外情報　立ち寄り温泉◎九重"夢"温泉郷:九重町には10カ所を越える温泉地があり、立ち寄り湯には事欠かない。問合せは、九重町観光協会☎0973-73-5505まで。

コース概要 ❶九重登山口(くじゅうとざんぐち)みやまバス停(てい)近くの登山口から湿原を歩く。道はだんだんと傾斜を増し、急登を過ぎれば❷雨ヶ池越(あまがいけごし)だ。ゆるやかに下ると高層湿原の❸坊(ぼう)ガツルで、坊ガツル避難小屋の前で平治岳の道を左に分けて直進する。急登をこなすと❹段原(だんばる)に着き、ここから❺大船山(たいせんざん)を往復する。❹段原(だんばる)に戻ったら北大船山を越え、ガレ場の悪路を下って❻大戸越(うとんごし)へ。❼平治岳(ひいじだけ)を往復し、坊ガツル避難小屋へと下る。あとは往路を戻る。

プランニングのヒント 歩行時間が8時間30分を超えるため、行き帰りとも路線バスでのアクセスだと時間的にやや苦しい。行きか帰りのどちらかはタクシーでアプローチするべきだろう。もし途中で時間切れになりそうな場合は、平治岳を割愛する。なお、法華院温泉山荘に宿泊する場合は事前に予約が必要。大部屋のほか個室や特別室があり、トイレは水洗。1泊2食付1万円〜、素泊まり6000円〜。☎090-4980-2810。

大船山の北端から大戸越にかけては、ガレ場の急斜面となっている。浮き石に注意し、一歩一歩確実に歩こうに。

花と自然

ミヤマキリシマの名は、植物学者の牧野富太郎による命名。深山に咲くツツジ、というのがその理由といわれる。霧島山や阿蘇山、雲仙岳など九州の山々に咲く花で、ピンクの美しい花は登山者を魅了してやまない。

ミヤマキリシマの群落と大船山

285

大船山

285 大船山

草原と火山地形が造るユニークでのびやかな山群

久住山（九重山）

（くじゅうさん）（くじゅうさん）

標高1791m（中岳）

大分県

登山レベル：初級

技術度：★★
体力度：★★★

日 程：日帰り

総歩行時間：**6時間15分**

歩行距離：**13.2km**

累積標高差：登り**759m**
下り**1056m**

登山適期：4月〜12月

地形図 ▶ 1:25000「湯坪町」「大船山」「久住山」
三角点 ▶ 一等

久住山の山頂より三俣山方面を望む。中央奥には双耳峰の由布岳の青い山影が見える

山の魅力

くじゅう連山には、久住山、三俣山、大船山などいくつもの火山性のピークがあって、それぞれが似たような標高。まるで神話に出てくる山々のように見える。星生崎や北千里浜から見る九住山はひときわ目立つ存在だ。1年中登山できるが、ミヤマキリシマの咲く時期は山腹をピンクに染め見事だ。

>>> DATA

公共交通機関 【行き】JR久大本線豊後中村駅→九重町コミュニティバス（約1時間）→牧の戸峠バス停 【帰り】九重登山口みやまバス停（長者原）→九重町コミュニティバス（約50分）→豊後中村駅

マイカー 大分自動車道・九重ICから県道40・621号、やまなみハイウェイを経由して牧ノ戸峠まで約23km。牧ノ戸峠に無料駐車場（約30台）がある。

ヒント マイカーの場合、長者原に下山後は九重登山口みやまバス停（長者原）から九重町コミュニティバスなどで牧ノ戸峠に戻ることができる。10分ほどだが便数が少ないので注意したい。

問合せ先
九重町商工観光・自然環境課 ☎0973-76-3150
竹田市商工観光課 ☎0974-63-4807
長者原ビジターセンター ☎0973-79-2154
亀の井バス ☎0977-23-0141
九重町コミュニティバス ☎0973-76-3807

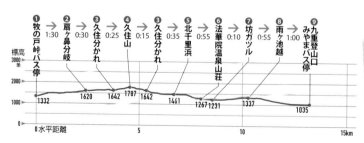

① 牧の戸峠バス停 1332 → 1:30 → ② 扇ヶ鼻分岐 1620 → 0:30 → ③ 久住分かれ 1642 → 0:25 → ④ 久住山 1707 → 0:15 → ③ 久住分かれ 1642 → 0:35 → ⑤ 北千里浜 1461 → 0:55 → ⑥ 法華院温泉山荘 1267・1231 → 0:10 → ⑦ 坊ガツル 1337 → 0:55 → ⑧ 雨ヶ池越 → 1:00 → ⑨ 九重登山口みやまバス停 1035

標高3000m・2000m・1000m
0 水平距離 / 5 / 10 / 15km

久住分かれのトイレと避難小屋

欄外情報 立ち寄りスポット◎長者原ビジターセンター：九重の自然の様子をわかりやすく展示。センター前にはラムサール条約登録湿地のタデ原湿原が広がる。☎0973-79-2154。9〜16時（5〜10月は〜17時）。無料。

コース概要 ❶**牧の戸峠バス停**はやまなみハイウェイ沿いにあってドライブイン、バス停やトイレなどがある。駐車場も完備されていて久住山登山の絶好の起点だ。広場の先から階段で急坂を上がる。舗装された遊歩道のような道だ。急登が終わって沓掛山に立てば、あとは広々とした稜線の縦走となる。たおやかな起伏をいくつか越える、草花を眺め、火山地形を観察する変化のある道だ。

❷**扇ヶ鼻分岐**を過ぎ、星生山への道を分けてさらに進むと西千里浜。道脇にケルンがたくさん並んでいる。行く手に尖った山頂をもつ久住山が現れる。避難小屋と有料トイレの先が❸**久住分かれ**で、久住山登頂後はここから法華院温泉に下ることになる。久住分かれからはわずかな行程。ガラ場のなかの道をジグザグにひと登りすると❹**久住山**の山頂だ。大岩の転がる山頂は登山者が多い。稲星山や中岳、大火口など火山地形を目の当たりにでき、振り返れば、阿蘇の山並みが大きく広がっている。

山頂から❸**久住分かれ**に戻り、北千里浜へと下る。小岩の露出した歩きにくい急坂なので注意したい。

降り立った❺**北千里浜**は西部劇に出てくるような広い砂漠で、異質な火山地形になっている。諏蛾守越への道を左に分け、低木帯の急な道を下ると、眼下に❻**法華院温泉山荘**の屋根が見えてくる。法華院はかつて寺院だった由緒ある温泉で、山小屋として利用できる。

> 牧ノ戸峠と久住山の間はくじゅう連山一の人気コースなのでシーズン中、とくに週末は混雑することが多い。

> 久住山山頂は東西に長く登山道がいくつかあるので下山路を間違えないように。特に視界の悪い時は注意が必要。

安全のヒント

コース中に通過困難な岩場や道はないので安心して歩けるが、久住分かれの下り、法華院温泉山荘への下りなど急坂なので慎重に行動したい。標識もあちこちにあるので迷うようなことはないはずだが、扇ヶ鼻や、久住分かれ、久住山山頂など、砂礫帯やガラ場だったりするのでマークを外さないこと。特に視界の悪い日は注意したい。山上は樹林がなく夏は日陰がないので熱射病に注意し、十分な水を用意したい。夕立や雷雨にも気をつけよう。

ガレ場では足下に注意

法華院温泉山荘からは林道のような広い道をたどる。広々とした❼**坊ガツル**は鳴子川の源流で、湿原のような盆地になっている。春先には大がかりな火入れが行われることで知られている。坊ガツルの先から左へゆるく登る道を選ぶ。三俣山の山腹を大きく巻くように付けられた山道で、九州自然歩道でもある。しばらく雑木の森を行くが、ゆるい登りで小沢をいくつか巻くため、案外長く感じられる。三俣山の樹相や草花を観察しながら進むと❽**雨ヶ池越**。この峠

扇ヶ鼻分岐あたりから見た星生山

西千里浜から久住山を望む

大小の岩に覆われた久住山の山頂

久住山より阿蘇山を展望。寝釈迦の姿がよくわかる

中岳方面から見た久住山（左）と御池

雨ヶ池の木道を行く

を越えて少し行ったところに雨ヶ池と湿原があるが、池は水たまりのような状態になっていることが多い。湿原では季節の草花が咲き競っている。

　木道が終わるとミズナラやアセビなどの雑木林を下っていく。再び木道が現われ、広い草原を行けば長者原に出る。振り返ると釣鐘のような形をした三俣山が大きくそびえている。長者原は⑨九重登山口みやま

山小屋情報

●法華院温泉山荘：1882年に開設した九州最高所の温泉のある山小屋。坊がつる讃歌やミヤマキリシマで多くの登山者に親しまれている。温泉は硫酸塩泉で源泉かけ流し。☎090-4980-2810。1泊2食付1万円〜、素泊まり6000円〜、日帰り入浴500円。通年営業。要予約。

法華院温泉山荘

久住分かれから北千里浜の下りでは硫黄山からの噴煙、火山ガスなどが流れてくることがある。西風強風の日は気をつけたい。

バス停があるところで、食堂や宿、大きな駐車場もある。バス時間まで余裕があれば長者原ビジターセンターに立ち寄ろう。

プランニングのヒント

　このコースは日帰りで歩ける行程だが、余裕があれば1泊2日として、法華院温泉山荘を利用するとより充実する。1日目は久住山山頂からさらに稲星山、中岳などを巡ると楽しい。2日目は、法華院温泉山荘から大船山に登ってから長者原に向かうプランがおすすめ。くじゅう連山の全体の様子がよくわかる2日間となるだろう。

サブコース

　北千里浜からは、法華院温泉山荘に下らずに諏峨守越を通って長者原に戻ることができるショートカットコースもある。熊本地震の影響で通行止めとなっていたが、現在は問題なく歩ける。北千里浜から九重登山口みやまバス停まで1時間20分ほどで、途中にはミヤマキリシマ群生地もある。

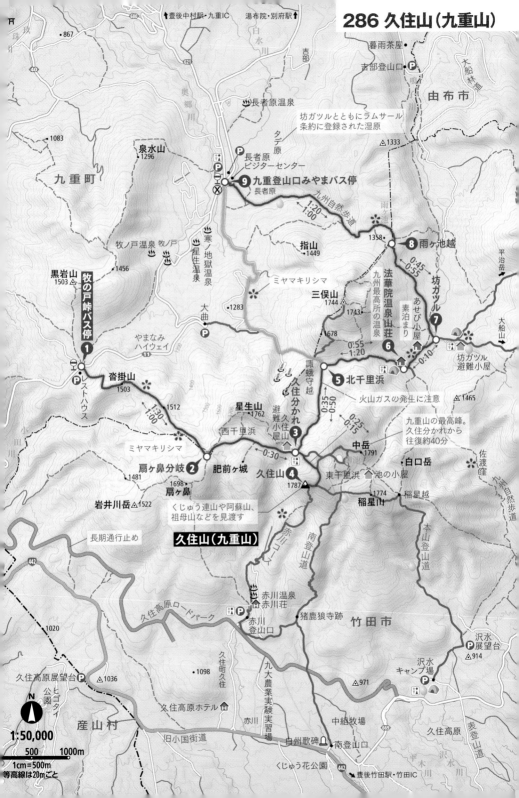

豊後中村駅・九重IC　湯布院・別府駅

吉部登山口

暮雨茶屋

由布市

長者原温泉

坊ガツルとともにラムサール
条約に登録された湿原

泉水山
1296

長者原
ビジターセンター

九重町

九重登山口みやまバス停 9

長者原

九州自然歩道

1358

8 雨ヶ池越

寒ノ地獄温泉

牧ノ戸温泉　牧ノ戸

星生温泉

1456

指山
1449

坊ガツル

ミヤマキリシマ

三俣山
1744

あせび小屋

1743

素泊まり

黒岩山
1503

大曲

やまなみ
ハイウェイ

1283

1678

法華院温泉山荘
九州最高所の温泉

坊ガツル
避難小屋

牧の戸峠バス停 1

レストハウス

沓掛山
1503

1512

星生山
1762

諏蛾守越

久住分かれ

5 北千里浜

火山ガスの発生に注意

1465

西千里浜

避難小屋

久住山

九重山の最高峰。
久住分かれから
往復約40分

ミヤマキリシマ

扇ヶ鼻分岐 2

肥前ヶ城

3

中岳
1791

白口岳

1481

扇ヶ鼻
1698

久住山 4
1787

東千里浜

池の小屋
1774

稲星越

本山登山道

岩井川岳 1522

くじゅう連山や阿蘇山、
祖母山などを見渡す

稲星山

佐渡窪

久住山（九重山）

赤川コース

南登山道

沢水展望台

長期通行止め

赤川温泉
赤川荘

猪鹿狼寺跡

竹田市

久住高原ロードパーク

赤川登山口

914

1020

1098

久大農業実験実習場

沢水
キャンプ場

久住町久住

971

久住高原展望台

1036

ヒゴタイ
公園

久住高原ホテル

赤川

旧小国街道

中組牧場

N

産山村

1:50,000

0　500　1000m

1cm=500m
等高線は20mごと

白州歌碑　南登山口

豊後竹田駅・竹田IC

くじゅう花公園

放牧場が広がる草原の登山道は雷雲に注意

涌蓋山
（わいたさん）

三百

標高1500m

熊本県・大分県

登山レベル：初級

技術度：★★
体力度：★

日　程：日帰り

総歩行時間：3時間50分

歩行距離：10km

累積標高差：登り662m
　　　　　　下り848m

登山適期：3月下旬〜12月上旬

地形図 ▶ 1:25000「湯坪」
三角点 ▶ 二等

東面の湯坪集落からの涌蓋山。「玖珠富士」の名にふさわしい流麗な姿だ

山の魅力

九重連峰の西側、大分・熊本県境にある山で、均整の取れた円錐形の山容から、大分県側からは玖珠富士、熊本県側からは小国富士（おぐに）とよばれている。コース中の多くは気持ちのよい草原の道で、登り着いた山頂からは東面のくじゅう連山をはじめ、遮るもののない360度の展望が楽しめる。

>>> DATA

公共交通機関 【行き】JR久大本線豊後中村駅→タクシー（約45分）→八丁原登山口　【帰り】ひぜん湯バス停→九重町コミュニティバス（約45分・平日は飯田交流センターで乗り換え）→豊後中村駅

マイカー 大分自動車道・九重ICから県道40号を経由して八丁原登山口まで23km。登山口に広い駐車スペースがあるほか、満車時は登山口南方にある森林公園スキー場の駐車場が利用できる。また、ひぜん湯にも有料駐車場がある。

ヒント バス利用の場合、豊後中村駅から九重町コミュニティバスで筋湯へ（約50分）。さらに八丁原登山口へ車道を35分ほど歩く。

問合せ先

九重町商工観光・自然環境課 ☎0973-76-3150
九重町観光協会 ☎0973-73-5505
九重町コミュニティバス ☎0973-76-3807
九重はとタクシー ☎0973-79-2001

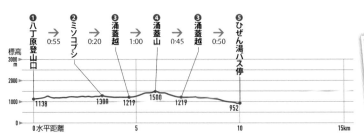

❶八丁原登山口	→	❷ミソコブシ	→	❸涌蓋越	→	❹涌蓋山	→	❸涌蓋越	→	❺ひぜん湯バス停
	0:55		0:20		1:00		0:45		0:50	

標高3000m

| 1138 | 1300 | 1219 | 1500 | 1219 | 952 |

0 水平距離　　　5　　　10　　　15km

涌蓋山の山頂

欄外情報 立ち寄り温泉◎周辺は日本最大の出力を誇る八丁原地熱発電所を有するだけに、温泉が多い。登山口近くには打たせ湯が名物の筋湯などがある。各温泉や宿などの詳細は九重町観光協会へ。

コース概要 ❶八丁原登山口の牧柵の横から舗装路に入り、すぐに左の道へ。登りきると、一目山に出る。北西へ下り、牧野道との合流地点を左へ。幅広の尾根に延びる道を、アップダウンを繰り返しながら進む。❷ミソコブシを越え、小さな谷を過ぎると、ひぜん湯からのコースが合流する。その先が❸涌蓋越だ。低木帯からカヤの原に変わると女岳への急登になり、鞍部に下って登り返すと❹涌蓋山に着く。展望を楽しんだら❸涌蓋越東側の分岐まで戻り、ひぜん湯コースに入る。湯坪コースや石ノ塔への道を分けて下る。いったん林道に出て再び登山道に入り、さらに下ると登山口。県道に出て左に進むと❺ひぜん湯バス停だ。

プランニングのヒント この山の通常の登山適期は春から初冬にかけて。なかでも6月上旬〜中旬のミヤマキリシマの開花期や、草原の緑が鮮やかな6月下旬〜7月、10月中旬〜下旬の草紅葉のころがベストシーズンといえる。

> コース中に水場がないので、登山前に必ず用意しておくこと。

Column

安全のヒント

草原の山だけに遮るものがなく、盛夏の日差しの強い日はかなりこたえる。帽子やこまめな水分の補給など、暑さ対策は万全にしたい。また、山中は樹林が少なく避難小屋もないため、雷にも要注意。コース中のところどころで牧野道(放牧場の道)と交差するので、入り込まないこと。

コース中の多くは広々とした草原を行く道

287

涌蓋山

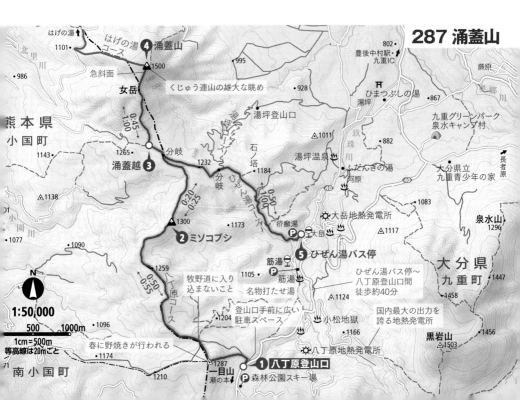

287 涌蓋山

はげの湯コース
はげの湯 ❹涌蓋山
1101
北里川
986
急斜面 ▲1500
女岳
くじゅう連山の雄大な眺め
995
802
豊後中村駅・九重IC
928
湯坪登山口
ひまつぶしの湯
湯坪
867
九重グリーンパーク泉水キャンプ村
882
0:45
1:00
熊本県
小国町
1143
1138
1265
分岐
1232
涌蓋越 ❸
石ノ塔
1184
1011
湯坪温泉
ふどんきの湯
1083
大分県立九重青少年の家
長者原
蕨原
1090
分岐
ひぜん湯コース
0:20
0:25
▲1300
1173
0:50
1:00
折瀬湯
大岳
大岳地熱発電所
1117
泉水山
1296
0:50
0:55
❷ミソコブシ
1259
筋湯
❺ひぜん湯バス停
大分県
九重町
1447
1077
1096
牧野道に入り込まないこと
1105
名物打たせ湯
筋湯
ひぜん湯バス停〜八丁原登山口間
徒歩約40分
国内最大の出力を誇る地熱発電所
1124
1458
小松地獄
1166
1456
N
1:50,000
500 1000m
1cm=500m
等高線は20mごと
1204
登山口手前に広い駐車スペース
春に野焼きが行われる
1174
小園川
1287
一目山
瀬の本
❶八丁原登山口
森林公園スキー場
八丁原地熱発電所
黒岩山
1503
南小国町
1210

深い谷から森を登り、尾根道をたどって山頂へ

祖母山
（そぼさん）

標高1756m

宮崎県・大分県

登山レベル：**初級**

技術度：★★
体力度：★★

日　程：**日帰り**

総歩行時間：**4時間55分**

歩行距離：**7.6km**

累積標高差：登り**841m**
　　　　　　下り**841m**

登山適期：**4月上旬～12月上旬**

地形図 ▶ 1：25000「祖母山」「豊後柏原」
三角点 ▶ 一等

明るく開けた祖母山山頂からは四方の景観を眺められる。東側には傾山がよく見渡せ、さらにくじゅう連山の山々や阿蘇山が印象的だ

上級　中級　**初級**　祖母山

山の魅力

九州東部の祖母・傾山地は広く複雑な山並みを持っている。無数の尾根と谷からなるこの山域の盟主が祖母山だ。四方から登山道が延びており、大分県側は急で、熊本県側は比較的なだらかなコース。どちらも深い谷から明るい山頂部へと変化のある山登りが楽しめる。

>>> DATA

公共交通機関【往復】JR日豊本線延岡駅→宮崎交通バス（約1時間20分）→高千穂バスセンター→タクシー（約1時間）→北谷登山口

マイカー　九州自動車道・熊本ICから国道57・325号、県道8号などを経由して北谷登山口まで約73km。登山口に登山者用無料駐車場あり。

ヒント　JR豊肥本線豊後荻駅からタクシー（約1時間）で北谷登山口へと行くこともできる。公共交通機関

利用の場合は、いずれにしても登山口へはタクシー利用となる。下山後、高千穂峡などの観光を加えるなら、レンタカー利用なども考えたい。

問合せ先
高千穂町企画観光課　☎0982-73-1207
宮崎交通バス　　　　☎0985-32-0718
宮交タクシー高千穂営業所　☎0982-72-2121
中央タクシー荻営業所　☎0974-68-2068

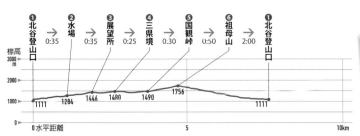

① 北谷登山口 →0:35 ② 水場 →0:35 ③ 展望所 →0:25 ④ 三県境 →0:30 ⑤ 国観峠 →0:50 ⑥ 祖母山 →2:00 ① 北谷登山口

標高
3000m

2000

1000 　1111　1284　1446　1480　1490　1756　　　　1111

0

0 水平距離　　　　　　5　　　　　　10km

国観峠から見た祖母山

欄外情報　山小屋◎祖母山九合目小屋：山頂の北側、馬ノ背方面にすぐ。かつては管理人が駐在していたが、現在は避難小屋。テント場（2張り分）、トイレ、水場あり。☎0974-63-4807（竹田市商工観光課）。

コース概要
❶北谷登山口から西斜面を巻きながら登っていく。途中、❷水場を経て登っていくと主尾根に出る。尾根沿いを右に進むと❸展望所だ。ここから国観峠まで九州自然歩道を歩く。よく整備されているので安心だ。千間平を経て進むと❹三県境。お地蔵さまのいる❺国観峠で大分県側の神原コースが合流する。雑木と笹にはさまれた道をゆるく登って最後に急坂を行けば、開けた❻祖母山の山頂に立つことができる。阿蘇や九重の山々、海側の傾山などの眺めがすばらしい。5月のアケボノツツジの季節には、山頂は登山者であふれるほどになる。下山は西へと風穴コースをたどる。岩場もあるので注意して下ろう。

プランニングのヒント
マイカーの場合は、阿蘇山や久住山なども合わせて登るプランを作るとよいだろう。下山に利用する風穴コースは急坂や笹の茂る道をたどるのでやや歩きにくい。急坂の下りが苦手な人は往路を戻るといいだろう。

北谷登山口から祖母山山頂へは等間隔に合目を示す標識があるので、目安にしながら登っていこう。

サブコース

祖母山には四方から登山道がある。本ガイドの北谷コースのほか、尾平から馬ノ背を経て歩くコースは大分県側のメインコース。稜線上の馬ノ背（岩場）の通過がポイント。

渓谷美の神原コース（上）と山頂直下の祖母山九合目小屋（避難小屋）

288

祖母山

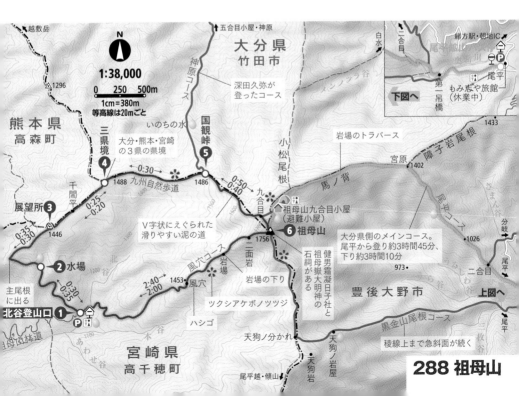

世界有数のカルデラを持ち活発な活動を続ける火山

阿蘇山
あそさん

百

標高1592m（高岳）

熊本県

登山レベル:中級

技術度:★★★
体力度:★

日　程:日帰り

総歩行時間:4時間

歩行距離:4.6km

累積標高差:登り749m
**　　　　　　下り749m**

登山適期:4月～11月

地形図▶1:25000「阿蘇山」
三角点▶三等

ケルンが積まれた火口壁から溶岩に覆われた高岳を望む。高岳の右奥に中岳が続き、その奥に烏帽子岳が見える

上級
中級
初級

阿蘇山

山の魅力

日本の火山の代表ともいえる阿蘇山。そのカルデラは日本最大、世界でも有数のもの。カルデラ内にはいくつもの火山と火口があり、阿蘇市の大部分もその中にある。現役で噴煙を上げているのは中央火口丘の一つ中岳だが、気象庁発表の噴火警戒レベル次第で、紹介したコースも入山禁止となる。

>>> DATA

公共交通機関【往復】JR豊肥本線宮地駅→タクシー（約30分）→仙酔峡登山口

マイカー　九州自動車道・熊本ICから国道57号を経由して仙酔峡登山口の無料駐車場まで約44km。

ヒント　仙酔峡ロープウェイは廃止。また、仙酔峡登山口に至る市道は、阿蘇の火山活動の影響で国立阿蘇青少年交流の家～仙酔峡登山口の間が通行止めになることがある。

問合せ先

阿蘇市観光課　　　　☎0967-22-3174
阿蘇市防災情報課　　☎0967-22-3232
高森町政策推進課　　☎0967-62-2913
大阿蘇タクシー　　　☎0967-22-0825
TakuRoo（タクシー）☎0967-22-0161

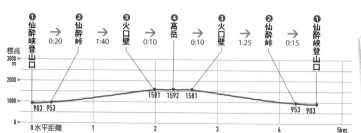

①仙酔峡登山口		②仙酔峡峠		火口壁		④高岳		③火口壁		②仙酔峡峠		①仙酔峡登山口
	0:20		1:40		0:10		0:10		1:25		0:15	

標高 3000m

2000

1000

0

903 953　　　　　　　1581　1592　1581　　　　　　　953　903

0水平距離　　1　　　2　　　3　　　4　　　5km

中岳火口の湯だまり

欄外情報　立ち寄り温泉◎亀の井ホテル 阿蘇:宮地駅から仙酔峡への途中にあり、男女合わせて12種類の風呂が楽しめる。☎0967-22-1122。入浴料700円。11～21時。無休。

コース概要 ❶仙酔峡登山口（ぜんすいきょうとざんぐち）から階段状の道を登っていく。ミヤマキリシマの時期なら山腹全体がピンクに染まっている。❷仙酔峠（せんすいとうげ）に上がったら、あとは仙酔尾根を登っていく。山上の稜線まで岩の多い急坂が続くので、慌てずマイペースで登っていこう。特に高岳火口外縁近くは岩続きの急登となる。❸火口壁（かこうへき）に出た後は左に火口を見下ろしながら進むと❹高岳（たかだけ）山頂に立つことができる。荒涼とした山頂からは阿蘇五岳をはじめ、遠く祖母山やくじゅう連山なども見渡せる。下山は往路を戻ることになるが、時間があれば高岳東峰を往復してくるといい。こちら側はミヤマキリシマが多く花の時期は見事。なお、下山の際は細い登山道ではすれ違いに注意したい。

プランニングのヒント 火山規制が解除されている場合は、高岳から中岳、火口展望台を経由して仙酔峡まで周回できる。また、西面の阿蘇山ロープウェー側から砂千里ヶ浜を経て中岳へ登ることも可能になる。

仙酔尾根は一部岩場のトラバースやクサリ場などがある。ペンキ印に従い登下降しよう。特に下りは注意したい。

安全のヒント

中岳からの噴煙や火山ガスが流れてくることが多い。西風の日は顕著なので、マスクなどを用意したい。呼吸が苦しいと感じるようなら登山は中止するのが安全だ。

花と自然

仙酔峡や山上の高岳東峰周辺の尾根沿いでは5月下旬から6月中旬にかけてミヤマキリシマが咲く。背丈は50cmほどと低いが、枝先に小ぶりの赤紫からピンクの花をつける。

ミヤマキリシマが咲き誇る仙酔峡

289

阿蘇山

289 阿蘇山

1:25,000

1cm=250m
等高線は10mごと

0　250　500m

熊本県
阿蘇市

仙酔尾根の岩場の下降が苦手な人は、高岳から中岳、迂回路分岐経由で仙酔峡登山口に戻ってもよい（約1時間30分）

宮地駅・国道57号へ

仙酔峡

インフォメーションセンター

❶ 仙酔峡登山口
P

0:20
0:15

❷ 仙酔峠

ミヤマキリシマの大群落

•1001

•1127

•1065

1146

仙酔尾根

仙酔谷

楢尾岳
1331

迂回路分岐

すすき谷

噴火警戒レベル2の際の迂回路

1:40
1:25

岩場の急斜面が続く

虎ヶ峰•

赤ガレ谷

鷲ヶ峰
•1400

ミヤマキリシマ群生地

崩壊により通行禁止

日ノ尾峠へ

避難壕

阿蘇山の7つの火口を望む

阿蘇五岳の一峰。分岐から20m

阿蘇五岳の最高峰

火口壁

❸

天狗の舞台

1564

高岳東峰
1580

高森町

火口東展望所
•1369

中岳分岐

阿蘇山
高岳 ❹

0:10

1592

大鍋

火山ガスに注意

第一火口
•1158

中岳
1506

砂千里ヶ浜・火口バス停へ

月見小屋（宿泊不可）

火口壁から約10分。東に根子岳の鋸歯状の山頂部が見える

第二火口

第三火口

290

荒々しい3つの岩峰からなる祖母・傾山地の山

傾山
（かたむきやま）

標高**1605m**

大分県・宮崎県

登山レベル：**上級**

技術度：★★★★
体力度：★★★★

日　程：前夜泊日帰り

総歩行時間：**8時間5分**

歩行距離：**10.6km**

累積標高差：登り**1455m**

　　　　　　下り**1455m**

登山適期：**4月上旬～11月下旬**

地形図▶1：25000「小原」「見立」
三角点▶二等

九折付近から見上げた傾山。見た目どおりにスリル満点の登下降が続く

🏔 山の魅力

大分・宮崎県境にあり、祖母山（P276）とともに祖母・傾山地の中心の山として君臨する。山頂部に後傾、最高点の本傾、前傾の3つの岩峰を連ね、見た目のままのとおり、険しいコースが揃う。だが、この山を代表する花・ツクシアケボノツツジや山頂からの大展望など、ハードな登降に耐える価値は十分。

>>> DATA

公共交通機関【往復】JR豊肥本線緒方駅→タクシー（約1時間）→九折登山口

マイカー　中九州横断道路・朝地ICから国道57・502号、県道46・7号などを経由して九折登山口まで約26km。約30台分の駐車スペースがある。

ヒント　緒方駅から豊後大野市コミュニティバス（平日のみ運行）を利用してアクセスすることもできるが、最寄りの傾山登山口バス停から九折登山口まで1時間ほど歩く必要があり、かつ便数も少なくダイヤも登山に適していない。そのほか、土・日曜、祝日に限り、緒方駅～九折登山口間に、あいのりタクシー祖母・傾線を利用できる（約1時間・要予約）。

問合せ先
豊後大野市緒方支所　☎0974-42-2111
豊後大野市コミュニティバス　☎0974-22-1001
日坂タクシー　☎0974-22-1053
あいのりタクシー祖母・傾線　☎080-2375-8681

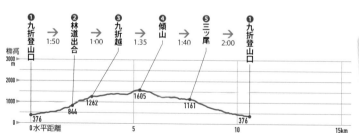

① 九折登山口 →1:50→ ② 林道出合 →1:00→ ③ 九折越 →1:35→ ④ 傾山 →1:40→ ⑤ 三ッ尾 →2:00→ ① 九折登山口

標高3000m / 2000 / 1000

376　844　1262　1605　1161　376

0水平距離　5　10　15km

傾山（本傾）山頂

欄外情報　山小屋◎九折越小屋：主稜線上の九折越から50mほど西側にある収容10人の避難小屋。宿泊の際は寝具や食料等を持参する必要がある。水場は九折越から南に15分ほど下った場所にある。

コース概要 ❶九折登山口（つづらとざんぐち）から九折川沿いに進む。分岐を右に進み、谷沿いに行くとカンカケ谷に出る。先に進んで2度、対岸に渡り返し、ロープやハシゴのある急斜面を登ると❷林道出合（りんどうであい）。再びの急登で❸九折越（つづらごし）に出る。左のセンゲン尾根に入り、徐々に高度を上げていく。傾山の展望地を過ぎ、急斜面を登って後傾を越えると、まもなく大展望が広がる❹傾山（かたむきやま）（本傾）にたどり着く。山頂から30分ほど下ると分岐に出る。直進は三つ坊主経由の道で（コラム参照）、右の水場コースに入る。水場を経て再び三つ坊主からの道を合わせ❺三ッ尾（みつお）へ。左の三ッ尾コースを取り、急な尾根を下ると林道に出る。道標に従い観音滝方面への道に入り、滑落に注意しながら下ると往路に出る。右に進むと❶九折登山口だ。

プランニングのヒント ツクシアケボノツツジやミツバツツジの見頃は5月上旬で、この時期はブナの新緑も美しい。紅葉は年にもよるが、10月中旬～下旬がベスト。

登路のカンカケ谷は増水すると渡れない。雨や雨後はもちろん、天候の急変が予想される場合は入山を避けること。

安全のヒント

大分県内の山で最も遭難事故が多い山だけに、単独行動は控える。歩行時間が長いので、日の短い時期に登る場合は、九折越小屋（欄外情報参照）に宿泊することも考慮したい。

サブコース

傾山～三ッ尾間は、紹介した水場コース以外に三つ坊主を経由するコースがある。険しい岩場やトラバース、ハシゴにクサリ、足がすくむ高度感と、この山の特徴が凝縮されている。

三つ坊主の岩場。滑落に注意して進む

290 傾山

傾山登山口バス停～九折登山口間徒歩1時間

増水時の迂回路

急斜面の下りが続く

官行コース登山口

三ッ尾 ❺ 1171

クサリやハシゴが連続する険しい岩稜帯。滑・転落注意。三ッ尾～傾山間は登り約3時間、下り約2時間30分

官行コース

東傾山 ▲1310

2:20→ ←2:00

三ッ尾コース

2:00↓ ↑1:40

徒渉

•1185

九折登山口 ❶

2度徒渉する

増水時は林道へ迂回

林道出合 ❷

ハシゴ、ロープ

急登

1:00→ ←0:45

九折越小屋

三つ坊主

奥岳林道

二つ坊主

吉作落とし

坊主尾根コース

五葉塚

傾山 ❹（本傾）1605

ロープ

後傾

1:35→ ←1:20

千間山 1378

センゲン尾根

❸ 九折越

水場コース

前傾

360度の大展望

ソデ尾

払鳥屋コース

848•

西山林道終点

•1063

宮崎県

佐伯市

障子岩 1198

杉ヶ越コース

杉ヶ越登山口

黒仁田登山口

日之影町

大分県

豊後大野市

N

1:50,000

0 500 1000m

1cm＝500m

等高線は20mごと

本谷山・祖母山 ▲1522

笠松山

緒方駅・朝地IC

傾山登山口

緒方町上畑

上畑

奥畑

鉱山作業所跡

九折

観音滝

ハシゴが連続する岩峰群は「九州最後の秘境」

大崩山
おおくえやま

上ワク塚の岩塔（右奥は鹿納山）。ちなみにコース中の小積ダキなどの「ダキ」とは断崖や岩峰を表す

二百

標高1644m

宮崎県

登山レベル:**上級**

技術度:★★★★
体力度:★★★★

日　程:前夜泊日帰り

総歩行時間:**7時間40分**

歩行距離:**9.7km**

累積標高差:登り**1195m**
　　　　　　下り**1195m**

登山適期:4月上旬〜11月下旬

地形図▶1:25000「祝子川」「大菅」
三角点▶一等

上級
中級
初級

大崩山

🗻 山の魅力

宮崎県北部にある山で、山中に屹立する小積ダキや袖ダキ、ワク塚など花崗岩の岩峰を目当てに、多くの登山者やクライマーがこの地を訪れる。展望もすばらしく、祖母山をはじめ久住山や阿蘇山、雲仙岳など、九州の主要な山々が一望できる。森林生態系保護地域に指定されており、動植物の宝庫でもある。

>>> DATA

公共交通機関【往復】JR日豊本線延岡駅→タクシー（約50分）→祝子登山口

マイカー　東九州自動車道・延岡ICから県道16・207号を経由して祝子登山口まで約33km。駐車場はなく、登山口周辺の空きスペースに車を停める。

ヒント　マイカー利用の場合、先述のように登山口に駐車場がないため、シーズン中の土・日曜、祝日は駐車スペースの確保に難儀する。それだけに、早朝には登山口に着くようにしたい。また駐車の際は、緊急自動車の転回スペースに駐車しないこと。

問合せ先
延岡市北川総合支所　☎0982-46-5010
宮交タクシー延岡営業所　☎0982-32-5431
扇興タクシー　☎0982-33-2535

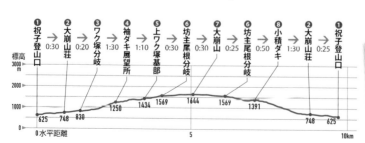

	❶祝子登山口		❷大崩山荘		❸ワク塚分岐		❹袖ダキ展望所		❺上ワク塚基部		❻坊主尾根分岐		❼大崩山		❻坊主尾根分岐		❽小積ダキ		❷大崩山荘		❶祝子登山口
		0:30		0:20		1:30		1:10		0:30		0:30		0:25		0:50		1:30		0:25	

標高3000m / 2000 / 1000

625　748　830　1250　1434　1569　1644　1569　1391　748　625

0水平距離　5　10km

坊主尾根ルート最大の難所、象岩

欄外情報　山小屋&立ち寄り温泉◎登山口から30分ほどの大崩山荘（収容60人）は無人小屋のため、食料などや寝具などを持参する。下山後の立ち寄り温泉は、祝子川温泉 美人の湯（☎0982-23-3080・入浴料520円）がある。

コース概要 ❶祝子登山口（ほうりとざんぐち）から祝子川沿いに進み❷大崩山荘（おおくえさんそう）に出て、❸ワク塚分岐（づかぶんき）へ向かう。祝子川を渡り、小積谷（こづみ）沿いに進んで袖ダキ（そで）の直下へ。ハシゴやロープの急登の先に❹袖ダキ展望台（そでてんぼうだい）がある。西進し、長いハシゴを登ると下ワク塚だ。中ワク塚を過ぎ、ロープやハシゴ、トラバースをこなして❺上ワク塚基部（かみづかきぶ）へ。七日廻り岩を望む上ワク塚から❻坊主尾根分岐（ぼうずおねぶんき）を経て、❼大崩山（おおくえやま）へ向かう。山頂は展望がないが、手前の石塚からは九州の名山が見渡せる。❻坊主尾根分岐（ずおねぶんき）に戻り、❽小積ダキ（こづみ）まで下る。引き返すように進み、坊主尾根の核心部に入る。難所の象岩のトラバース地点を慎重に通過し、20以上ものハシゴを下っていく。米岩（坊主岩）を過ぎ、急斜面を下ると祝子川の徒渉点に出る。❷大崩山荘（おおくえさんそう）からは往路を❶祝子登山口（ほうりとざんぐち）へと戻る。

プランニングのヒント アケボノツツジは春の大型連休頃、ササユリは6月上旬、紅葉は10月中旬～11月上旬が見頃。

往路・復路ともに祝子川の徒渉がある。増水すると渡れないので、雨中や雨後はもちろん、天候の急変が予想される日は入山を避けたい。

Column

安全のヒント

紹介コースはハシゴやロープ場、トラバースが連続する（特に下山路の坊主尾根は象岩のトラバースや20カ所以上のハシゴがある）。三点確保は当然として、その場の状況に対処できる総合的な登山技術が求められる。ハシゴ場での混雑などで時間がかかることもあるので、できるだけ早い時間から登り始めたい。山麓の大崩山荘（無人）での前泊も考慮する。登路だけで時間の余裕がなくなった場合は大崩山をカットし、りんどうの丘経由で直接、坊主尾根に向かう。

登路、下山路ともにハシゴやロープの連続

291

大崩山

291 大崩山

大分県 佐伯市
宮崎県 延岡市

1:35,000
1cm=350m
等高線は10mごと

0　500　1000m

モミやブナの広大な天然林を歩く熊本県最高峰

国見岳
（くにみだけ）

三百

標高1739m

熊本県・宮崎県

登山レベル:**初級**

技術度:★★
体力度:★★

日　程:日帰り

総歩行時間:**4時間50分**

歩行距離:**7.6km**

累積標高差:**登り846m**
　　　　　　下り846m

登山適期:**4月下旬～11月中旬**

地形図 ▶ 1：25000「国見岳」
三角点 ▶ 一等

国見岳の山頂とそこにまつられている祠。地元で活動する「泉・五家荘登山道整備プロジェクト」が製作した山名案内板も立つ

上級 中級 **初級** 国見岳

🔺 山の魅力

熊本県と宮崎県の県境に連なる九州背梁に位置し、平家の落人が住んだといわれている五家荘エリアにそびえる山。地元では大国見（おおぐみ）ともよばれ、屋久島を除く九州本土ではくじゅう連山に次いでの高峰となる。山上部は九州でも指折りのモミやブナの天然林帯となっていて、シャクナゲも多く見られる。

>>> DATA

🔺**公共交通機関**【往復】JR鹿児島本線松橋駅→タクシー（約2時間）→五勇谷ゲート

🔺**マイカー**　九州自動車道・松橋ICから国道218・445号、県道159号、樅木林道（2024年4月現在、崩壊により通行止め）を経由して五勇谷ゲートの駐車スペースまで約57km。

🔺**ヒント**　登山口に通じるバス路線はない。タクシーを利用する場合も運賃がかかるため、人数が揃わない場合はあまり現実的ではない。基本的に、公共交通機関を利用してのアクセスには向いていない山といえる。

🔺**問合せ先**

八代市泉支所地域振興課　☎0965-67-2111
松橋タクシー　　　　　　☎0964-32-1160

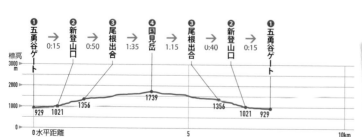

① 五勇谷ゲート → 0:15 → ② 新登山口 → 0:50 → ③ 尾根出合 → 1:35 → ④ 国見岳 → 1:15 → ③ 尾根出合 → 0:40 → ② 新登山口 → 0:15 → ① 五勇谷ゲート

標高3000m / 2000 / 1000 / 0
929　1021　1356　1739　1356　1021　929
0 水平距離　　　5　　　10km

山頂からの展望

欄外情報　立ち寄りスポット◎五家荘平家の里：登山口から約12km、平家落人伝説をテーマにした伝説館や能舞台、食事処などがある。☎0965-67-5372。入場料410円。9時～17時30分（冬期は～17時）。火曜休。

コース概要 ❶**五勇谷ゲート**から林道を歩き始めるとすぐ右手に第一登山口があるが、ここはパスして次の❷**新登山口**から登山道に入る。しばらく急登を続け、最初に出合った第一登山口からの道との合流点を経て❸**尾根出合**へ。ここからはいくぶん傾斜もゆるみ、大木の多い尾根筋に高度を上げていく。ブナの自然林を歩くあたりはなだらかな尾根道となり、最後の急登を経て❹**国見岳**の山頂に到着する。下山は往路を戻る。

プランニングのヒント 健脚者なら国見岳の南にある小国見岳、五勇山、烏帽子岳を経て五勇谷ゲートに戻る周遊コースをとってもいい。樹林の美しい静かなコースだ。国見岳から五勇谷ゲートまで4時間30分ほどかかるため、総行程は約7時間となる。また、急坂を登るのが苦手な人は、新登山口先の樅木登山口（地図参照）から登るといいだろう。もし前泊するなら、五家荘に宿が何軒かある。案内は八代市泉支所まで。

登山道では要所にレスキューポイントのナンバーが表示されている。万が一の際は119番にこの番号を伝えるといい。

花と自然

モミやブナの自然林だけでなく、花も楽しめる山。山頂近くのシャクナゲ（5月上旬〜中旬）をはじめ、キレンゲショウマ（8月下旬）、バイケイソウ（6月下旬）など多くの種類の花が登山道脇を飾る。

シャクナゲ（上）とキレンゲショウマ（下）

292

国見岳

292 国見岳

急登が苦手な人は、10分ほど多く時間がかかるが樅木登山口（駐車場はない）から登るといい

広河原登山口・平家山登山口　山都町　杉ノ木谷登山口

展望よい

長谷登山口

国見岳 ❹
1739　力水

シャクナゲ

ブナの自然林

熊本県
八代市

1309

1511

樅木登山口
（旧登山口）

1:35
1:15

1409

小国見岳
1708

ヒメシャラ八兄弟

1678

宮崎県
椎葉村

尾根出合まで急登

❸ 尾根出合

新登山口 ❷

0:50
0:40

2024年4月現在、崩れのため通行止

第一登山口

五勇谷橋

0:15

P

❶
五勇谷ゲート

山頂の南側に展望地がある

国見岳から五勇山、烏帽子岳を経由する周回コースも可能（国見岳から約4時間30分）

五勇山
1662

1644

展望よい

N

1:50,000
0　500　1000m
1cm=500m
等高線は20mごと

四方田

•1109

スズタケのヤブ

1692

烏帽子岳

シャクナゲ

934

八代市樅木・松橋IC→
五家荘平家の里
登山口

新椎葉越

葎野

樅木林道

ツツジを眺めながら信仰の山の頂を目指す

市房山
いちふさやま

二百

標高1721m

熊本県・宮崎県

登山レベル:**中級**

技術度:★★★
体力度:★★★

日　程:日帰り

総歩行時間:**7時間20分**

歩行距離:**11.7km**

累積標高差:登り**1359m**
　　　　　下り**1359m**

登山適期:**4月上旬～11月中旬**

地形図▶1:25000「市房山」「石室山」
三角点▶一等

山麓にある市房ダムから眺めた、山頂部が冠雪した1月の市房山。新緑、紅葉、霧氷と1年を通して楽しみの多い山だ

🏔 山の魅力

熊本県の南東部、宮崎県との県境に位置する。九州の高山の一つで、市房神社を中心とした信仰の山でもある。熊本県の天然記念物・ツクシアケボノツツジをはじめ、固有種のツクシイワシャジンやイチブサヒメシャラなど植物も豊富だ。山頂からは南九州の山々だけでなく、太平洋も望める。

>>> DATA

公共交通機関【往復】くま川鉄道湯前線湯前駅→産交バス(約20分)→市房登山口バス停。または、JR肥薩線人吉駅→産交バス(約1時間20分)→市房登山口バス停 ※くま川鉄道と、JR肥薩線は2024年4月現在、不通区間あり。

マイカー　九州自動車道・人吉ICから広域農道、国道388号などを経由して市房山キャンプ場まで約37km。市房山キャンプ場の駐車場(無料)を利用する。

ヒント　湯前駅発、人吉駅発のバスはいずれも同じバス路線となる。湯前駅からタクシーを利用すれば市房山キャンプ場まで入れるので(約30分)、キャンプ場への車道歩きがカットできる。

問合せ先

水上村産業振興課	☎0966-44-0314
産交バス人吉営業所	☎0966-22-5205
湯前タクシー	☎0966-43-3133
わけべタクシー	☎0966-43-3939

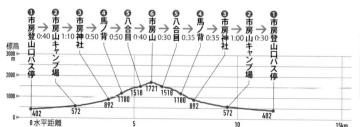

① 市房登山口バス停 →0:40→ ② 市房山キャンプ場 →1:10→ ③ 市房神社 →0:50→ ④ 馬ノ背 →0:50→ ⑤ 八合目 →0:40→ ⑥ 市房山 →0:30→ ⑤ 八合目 →0:35→ ④ 馬ノ背 →0:35→ ③ 市房神社 →1:00→ ② 市房山キャンプ場 →0:30→ ① 市房登山口バス停

標高 3000m / 2000 / 1000 / 0

402　572　892　1180　1518　1721　1518　1180　892　572　402

0水平距離　　5　　10　　15km

市房神社。避難小屋としても利用される

欄外情報　立ち寄り温泉 ◎湯山温泉元湯:市房山キャンプ場から約3km、湯山温泉にある日帰り温泉施設。☎0966-46-0555。入浴料410円。10～20時。第3水曜休。

コース概要 ❶市房登山口バス停から湯山川を渡り、❷市房山キャンプ場まで車道を歩く。キャンプ場のすぐ先に登山口があり、ここから大杉の連なる参道を進む。急坂を登ると❸市房神社で、この先は急峻な尾根となる。ロープ場やハシゴを❹馬ノ背まで注意して登れば、❺八合目あたりからは傾斜もいくぶんゆるやかになる。最後にひと登りすれば一等三角点の立つ❻市房山の山頂だ。展望を堪能したら、往路を慎重に戻ることにしよう。

プランニングのヒント 湯前駅発のバスは平日なら8時台があるが、土・日曜や祝日は10時台。また市房登山口発は全日17時前のため、平日を除き、往路はタクシーで市房山キャンプ場にアクセスすることになる。前泊する場合は山麓の湯山温泉でもいいが、登山口手前の市房山キャンプ場（☎0966-46-0768）にはキッチン、バス、トイレ、寝具、冷暖房付きのコテージやキャビンもあって、こちらもおすすめだ。

❗市房神社から馬ノ背にかけてはロープ場やハシゴが連続する。やせて急峻な尾根の通過もあるので十分な注意が必要。

花と自然

九州特産で県指定の天然記念物でもあるツクシアケボノツツジ、急峻な地形を好むといわれる日本固有種のヒカゲツツジ、さらにはミツバツツジなどツツジの多い山。また、市房神社の巨大な杉並木には圧倒される。

ツクシアケボノツツジ（上）と市房神社の杉並木

293

市房山

293 市房山

市房登山ロバス停 ❶

二ッ岩登山口（林道終点）
第二縦走路
尾根分岐
二ッ岩 △1672

宮崎県
椎葉村

市房山キャンプ場 ❷

杉林の道
登山口
八丁坂

市房神社（四合目）❸
仏岩

0:50 / 0:35

第一縦走路分岐
•1346
△1642
通行不可

馬ノ背（六合目）❹

心見の橋
心が正しくない人が渡ると橋が落ちるといわれる。山頂から往復約10分

❻市房山 1721

1:10 / 1:00
0:40 / 0:30

市房山キャンプ場 ♨
(outside BASE mizukami)

馬ノ背まではロープやハシゴのある急斜面が続く

七合目

八合目 ❺

ミツバツツジ
アケボノツツジ

0:50 / 0:35

•986

•1243

0:40 / 0:30

西米良村

宮崎県側からのコース。市房神社からのコースよりコースタイムが短く、困難箇所もない。五合目下登山口から登り約2時間、下り約1時間30分

熊本県
水上村

838△

五合目下登山口・国道219号

N

1:50,000
500 1000m
1cm=500m
等高線は20mごと

国名勝の名瀑を巡り、ジグザグの急登で山頂へ

尾鈴山
おすずやま

北面の日向市東郷町からの尾鈴連山。左が神陰山、右が尾鈴山

二百

標高1405m

宮崎県

登山レベル:**中級**

技術度:★★
体力度:★★★★

日　程:前夜泊日帰り

総歩行時間:**7時間35分**

歩行距離:**15.9km**

累積標高差:登り**1311m**
　　　　　　下り**1311m**

登山適期:**2月上旬～12月下旬**

地形図▶1:25000「尾鈴山」
三角点▶一等

上級
中級
初級

尾鈴山

🗻 山の魅力

宮崎県都農町と木城町にまたがり、日本の滝百選の矢研の滝をはじめ、大小30あまりの瀑布群がある名貫川の源流となる山。コース中はあまり展望が利かないが、世界でこの山だけに咲くというキバナノツキヌケホトトギスやアケボノツツジ、シャクナゲなどの花や多くの滝がカバーしてくれる。

>>> DATA

公共交通機関【往復】JR日豊本線都農駅→タクシー(約40分)→九重頭駐車場

マイカー　東九州自動車道・都農ICから県道40・307号を経由し、九重頭駐車場(無料)まで約11km。

ヒント　マイカーの場合、九重頭駐車場から5km先の矢筈林道ゲートまで入ると歩行時間が大きく短縮できるが、この林道は2024年4月現在、通行止め(当分解除される予定なし)。林道は悪天時に土砂災害が発生しやすいので、九重頭駐車場に車を停めて歩くことを優先し、プランを立てるほうがいい。

問合せ先

都農町産業振興課　☎0983-25-5721
都農町観光協会　☎0983-25-5712
あい交通都農本社(タクシー)　☎0983-25-1181
三和交通(タクシー)　☎0983-25-1201

標高
3000m

2000

1000

❶九重頭駐車場　1:00　❷甘茶谷分岐　2:20　❸尾鈴山　1:10　❹長崎尾　0:20　❺周回コース分岐　1:10　❻矢筈林道　0:40　❷甘茶谷分岐　0:55　❶九重頭駐車場

383　737　1405　1373　1352　988　737　383

0 水平距離　5　10　15　20km

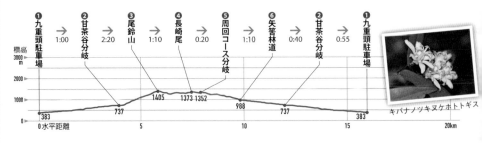

キバナノツキヌケホトトギス

欄外情報　立ち寄りスポット◎尾鈴山がある都農町はワインの産地として知られる。川北地区の都農ワイン(☎0983-25-5501)では醸造過程の見学や試飲ができる。

コース概要 ❶九重頭駐車場（くえんとうちゅうしゃじょう）から尾鈴林道を歩いて❷甘茶谷分岐（あまちゃだにぶんき）へ。右に進むと甘茶谷登山口があり、左手の尾根に取り付く。ここから九合目まで、ひたすら急登が続く。九合目を過ぎると、日向灘の望める展望所に出る。展望所からは道はなだらかになり、尾鈴神社上宮の脇を左に行くと❸尾鈴山だ。広い山頂だが、展望はない。尾鈴山からは南に延びる尾根を下る。露岩やヒメシャラ、コウヤマキなどの樹林帯を行き❹長崎尾（ながさきお）へ。その先の❺周回コース分岐（しゅうかいコースぶんき）では左に進む。シャクナゲの群生地を抜け、❻矢筈林道（やはずりんどう）へと下る。林道を横切って再び林道に出たら❷甘茶谷分岐（あまちゃだにぶんき）を経て❶九重頭駐車場（くえんとうちゅうしゃじょう）へ戻る。

> 尾鈴山から南に延びる尾根は幅が広く迷いやすい。踏み跡を確かめて進んでいくこと。

プランニングのヒント コース後半の周回コース分岐から、滝が連続する白滝コースを下って直接、九重頭駐車場に出てもいい（分岐から約2時間30分）。ただし一部に道が悪い箇所がある。稜線上を彩るアケボノツツジの見頃は4月下旬。

花と自然

名貫川上流の欅谷（けやき）や甘茶谷、矢研谷（やとぎ）などに、大小30を超える滝を懸けるのが尾鈴山瀑布群だ。国内で唯一、瀑布群として国の名勝に指定されている。矢研の滝は、73mの高さから飛沫を四散させながら滝壺に落下し、迫力満点。欅谷に懸かる白滝（落差75m）の高さは矢研の滝をも上回る。

落差73mの矢研の滝。日本の滝百選の一つ

294 尾鈴山

日向市　万吉山 1318　神陰山 1272　上逆瀬山 △931

❸尾鈴山 1405　展望はない

展望所 1:55 → 2:20

九合目までひたすら急登が続く

甘茶谷登山口

大小30あまりの滝を集める。1944年に国の名勝に指定

宮崎県 都農町　角崎山 △1071

尾鈴山瀑布群

尾鈴林道　ゲート　0:45

六合目　甘茶谷分岐❷

日本の滝100選。九重頭駐車場から約40分

アケボノツツジ シャクナゲ

露岩　1:10 → 1:20

次郎・四郎滝

❻矢筈林道

尾鈴山瀑布群　2024年4月現在、落石のため通行止め。解除は2025年以降

木城町　ケルン　❹長崎尾 1373　0:20 → 0:25

周回コース 1261　1:10 → 1:30

尾鈴林道は長期通行止め。解除の予定なし

0:55 → 1:00

尾鈴キャンプ場　568・

N　1:50,000

500　1000m

1cm=500m
等高線は20mごと

矢筈岳 1330

❺周回コース分岐

シャクナゲ　落差75m　スリップ注意

白滝コース

瀑尾布鈴群山

❶九重頭駐車場

P

黒原山 1217

下山路を滝が連続する白滝コースにしてもいい。周回コース分岐から約2時間30分

紅葉の滝　きりの滝　すだれの滝

都農駅・都農IC

尾鈴神社

相見山 △640

整備された登山道をたどり最高峰の韓国岳へ

霧島山
（きりしまやま）

百

標高1700m（韓国岳）

宮崎県・鹿児島県

登山レベル：初級

技術度：★
体力度：★★

日　程：日帰り

総歩行時間：4時間55分

歩行距離：9.9km

累積標高差：登り718m
　　　　　　下り718m

登山適期：4月上旬～12月上旬

地形図▶1：25000「韓国岳」
三角点▶一等（韓国岳）

大浪池から眺めた韓国岳。池畔まではたくさんのハイカーがやってくる。火口湖の外輪山を周回する道にはミヤマキリシマなどが繁茂している

上級　中級　初級　霧島山

山の魅力

霧島山は九州南部の一大火山群。20あまりのピークが競うように並ぶ。山中にはその数以上の火口やカルデラ湖が点在し、火山地形の博物館ともいえる。

最高峰の韓国岳は容易に登頂することができるが、高千穂峰までの縦走は、近年の新燃岳の火山活動による規制があり、実現できない状況にある。

>>> DATA

公共交通機関【往復】JR日豊本線霧島神宮駅→鹿児島交通バス（約30分）→丸尾（乗り換え）→鹿児島交通霧島連山周遊バス→（約30分）→えびの高原バス停

マイカー　九州自動車道・溝辺鹿児島空港ICから国道223号などを経由してえびの高原まで約35km。九州自動車道・えびのICから県道30号を経由して約20km。えびのエコミュージアムセンター前の有料駐車場を利用。

ヒント　えびの高原へのバス便は少ないので最

寄り駅からのタクシー利用も考えたい。韓国岳と大浪池へは鹿児島県側の大浪池登山口バス停からも登ることができ、利用するバス便は鹿児島交通バスの同路線となる。

問合せ先
えびの市観光商工課　☎0984-35-1114
霧島市観光PR課　☎0995-45-5111
えびのエコミュージアムセンター　☎0984-33-3002
鹿児島交通国分営業所（バス）　☎0995-45-6733
旭交通タクシー　☎0995-45-1111

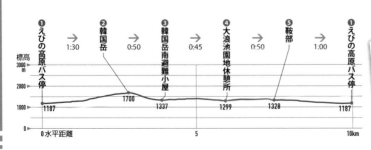

①えびの高原バス停　→1:30　②韓国岳　→0:50　③韓国岳南避難小屋　→0:45　④大浪池園地休憩所　→0:50　⑤鞍部　→1:00　①えびの高原バス停

標高3000m／2000／1000／0

1187　1700　1337　1299　1328　1187

0 水平距離　5　10km

韓国岳山頂から新燃岳と高千穂峰を望む

欄外情報　立ち寄りスポット◎霧島神宮：天孫降臨の山霧島山を仰ぐ大神社。古くは霧島山高千穂峰にあった社を山腹に置いたものだという。えびの高原から車で30分ほどなのでぜひ訪れてみたい。

コース概要 ❶えびの高原バス停から車道を東に進むとすぐに韓国岳登山口があり、遊歩道を進む。急登をこなして二・五合目に出て、火山礫の急坂を登っていく。五合目を過ぎると韓国岳の山頂が見えてくる。大岩がゴロゴロしてくると火口の外輪で、眼下には大きなお鉢が広がる。❷韓国岳の山頂からは東に高千穂峰、その手前に新燃岳、眼下には大浪池が展望できる。山頂から少し戻り、急な木製階段を下ると❸韓国岳南避難小屋。ゆるく登り返し大浪池の火口縁を進もう。半周ほどで❹大浪池園地休憩所だ。さらに大浪池西岸を周回して❺鞍部に出る。道標に従ってゆるやかに下り❶えびの高原バス停へと戻る。

プランニングのヒント 起点を大浪池登山口バス停として韓国岳を周回することもできる(DATAのヒントを参照)。行動時間、難易度に違いはないが、大浪池登山口バス停に戻らず、えびの高原バス停に下れば、歩行時間を大幅に短縮できる。

えびのエコミュージアムセンターでは霧島山の自然や登山情報、火山情報などの提供を行っている。入山前に立ち寄るといい。

安全のヒント

韓国岳の登山道はよく整備され、斜面には木製階段が設置されている。ただし急な部分もあるので、下山時は転倒に注意したい。大浪池周遊路の石畳もスリップに注意が必要。

韓国岳から見た大浪池(上)と詳しい道標(下)

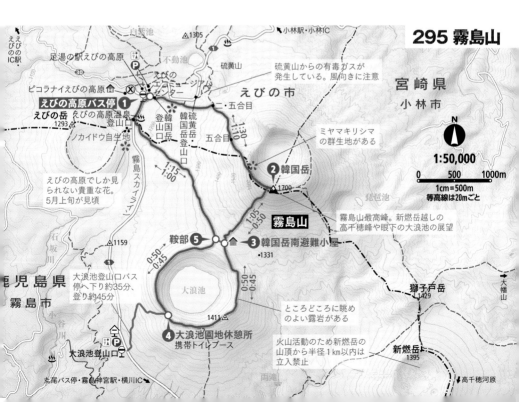

295 霧島山

宮崎県
小林市

鹿児島県
霧島市

1:50,000

0　　500　　1000m
1cm=500m
等高線は20mごと

えびのIC駅・

足湯の駅えびの高原

ピコラナイえびの高原
えびの高原バス停 ❶
えびの岳
1293
ノカイドウ自生地

えびのエコミュージアムセンター

えびの市

硫黄山からからの有毒ガスが発生している。風向きに注意

二・五合目

登韓国岳登山口
韓硫黄岳登山口

五合目

霧島スカイライン

えびの高原でしか見られない貴重な花。5月上旬が見頃

ミヤマキリシマの群生地がある

1:15
1:00

1:30

❷ 韓国岳
△1700

1:05
0:50

霧島山

霧島山最高峰。新燃岳越しの高千穂峰や眼下の大浪池の展望

鞍部 ❺
0:50
0:45

❸ 韓国岳南避難小屋
•1331

0:50
0:45

大浪池登山口バス停へ下り約35分、登り約45分

大浪池

1411△

ところどころに眺めのよい霧岩がある

❹ 大浪池園地休憩所
携帯トイレブース

火山活動のため新燃岳の山頂から半径1km以内は立入禁止

獅子戸岳
1429

新燃岳
1395

大浪池登山口

丸尾バス停・霧島神宮駅・横川IC

両滝

高千穂河原

霧島山No.2の秀峰。火山礫の登降と強風に注意

高千穂峰
たかちほのみね

標高1574m

宮崎県

登山レベル:初級

技術度:★★
体力度:★

日 程:日帰り

総歩行時間:3時間40分

歩行距離:5.6km

累積標高差:登り634m
　　　　　　下り634m

登山適期:3月上旬〜12月上旬
　　　　　（盛夏は避ける）

地形図 ▶ 1:25000「高千穂峰」
三角点 ▶ 二等

南面の都城市側からの高千穂峰。天孫降臨伝説の地にふさわしい秀麗な姿だ

上級
中級
初級
高千穂峰

🔺 山の魅力

20あまりの火山の集合体である霧島山。最高峰の韓国岳とともに人気を分けるのが高千穂峰だ。天孫降臨神話の地とされ、霧島東神社の御神体として崇められている青銅製の天の逆鉾が山頂に立っている。寺田屋事件で負傷した坂本龍馬が、妻お龍とともに傷の療養中に登山をしたエピソードもある。

>>> DATA

公共交通機関【往復】JR日豊本線霧島神宮駅→タクシー(約30分)→高千穂河原

マイカー 九州自動車道・えびのICから国道268号、県道30・1・104号を経由して高千穂河原まで約19km。高千穂河原に有料の駐車場がある。

ヒント バス利用の場合、上記の霧島神宮駅から鹿児島交通バス(約1時間30分・丸尾乗り換え)で高千穂河原へ。ただし丸尾〜高千穂河原間の霧島連山周遊

バスは便数が少ない。高千穂河原へは鹿児島空港からタクシーでアクセスすることもできる(約1時間)。

問合せ先
霧島市観光PR課　　　　　　　　　☎0995-45-5111
高原町産業創生課　　　　　　　　☎0984-42-2128
鹿児島交通国分営業所(バス)　　☎0995-45-6733
第一交通タクシー　　　　　　　　☎0995-57-0061

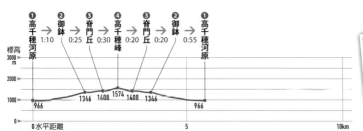

❶高千穂河原	→	❷御鉢	→	脊門丘	→	❹高千穂峰	→	❸脊門丘	→	❷御鉢	→	❶高千穂河原
	1:10		0:25		0:30		0:20		0:20		0:55	

標高3000m / 2000 / 1000
966　　1346　1408　1574　1408　1346　　　　966
0 水平距離　　　　　　5　　　　　　10km

高千穂峰の山頂

欄外情報 山小屋&立ち寄りスポット◎高千穂峰山頂小屋:無人の山小屋で携帯トイレブースあり。登山口の高千穂河原には高千穂河原ビジターセンターやパークサービスセンター(☎0995-57-2505・2施設共通)がある。

コース概要 ❶高千穂河原から鳥居をくぐり、かつて霧島神宮の社殿があった古宮址まで参道を歩く。古宮址から研究路を進み、高千穂峰への登山道へ入る。樹林を抜けると、新燃岳の噴火により火山礫が堆積した急斜面の登りとなる。眺めのよい道を登りきると❷御鉢の山頂部で、ここから馬の背とよばれる火口縁を進む。馬の背から鞍部状の❸脊門丘に下り、足場の悪い斜面を登り返すと❹高千穂峰山頂にたどり着く。山頂には天孫降臨伝説の天の逆鉾と日章旗が立ち、霧島連山や桜島などが一望できる。山頂からは往路をスリップに注意しながら下っていく。

プランニングのヒント 登山は3月から12月上旬まで楽しめるが、コース上部は樹木がないだけに、日差しの強い盛夏は避ける。山中を彩るミヤマキリシマの見頃は5月上旬〜6月上旬にかけて。えびの高原や霧島温泉郷に宿泊し、霧島山（P290）とセットで登るのもおすすめだ。

山頂手前にある御鉢は気象庁の「噴火警戒レベル」の対象となっており、レベルが2以上の場合は入山できない。

安全のヒント

山頂へは急斜面の砂礫の道が続く。特に下山時はスリップに注意。馬の背は幅が狭いだけに、強風や濃霧時は滑落に気をつける。コース中に水場はないので、高千穂河原の給水施設で必ず給水しておこう。

ツツジが咲く馬の背。強風や滑落に注意

山頂直下の砂礫帯。ストックがあると便利

296

高千穂峰

296 高千穂峰

1:25,000

1cm＝250m
等高線は10mごと

大隈半島西部に連なる鹿児島の名山

高隈山
（たかくまやま）

標高**1236**m（大箆柄岳）

鹿児島県

登山レベル：**中級**

技術度：★★★
体力度：★★

日　程：日帰り

総歩行時間：**5時間35分**

歩行距離：**11.4km**

累積標高差：登り**959m**
　　　　　　下り**959m**

登山適期：**通年（7〜8月は除く）**

地形図▶1：25000「百引」「上祓川」
三角点▶三等（大箆柄岳）

北東面の鹿屋市・大隅湖付近からの高隈山。中央が大箆柄岳、左奥は御岳

上級
中級
初級

高隈山

🗻 山の魅力

大隅半島東部に東西15km、南北25kmにわたり連なる、標高1000m超の7つの山の総称。急な登りの先に待つ最高峰は標高1236mの大箆柄岳。火山である霧島山や桜島、開聞岳とは異なり、隆起してできた山だ。植物相が豊富な山で、山中には「タカクマ」の名がつく固有種も存在する。

>>> DATA

公共交通機関【往復】鹿児島・鴨池港→垂水フェリー（約35分）→垂水港→タクシー（約40分）→大箆柄岳登山口。または、JR日豊本線国分駅→タクシー（約1時間50分）→大箆柄岳登山口

マイカー 東九州自動車道・国分ICから国道220号、県道71号、大野原林道を経由して大箆柄岳登山口まで約51km。約10台分の駐車スペースがある。なお、大野原林道は路面が悪いので、走行の際は注意したい。

ヒント 垂水市街地へは、鹿児島空港からのバスも運行している（鹿児島交通・所要約1時間30分）。

問合せ先
垂水市水産商工観光課　☎0994-32-1111
鹿屋市ふるさとPR課　☎0994-31-1121
鹿児島交通（バス）　☎099-254-8970
南海タクシー（垂水市）　☎0994-32-0051
旭交通タクシー（国分駅）　☎0995-45-1111
垂水フェリー　☎0994-32-0001

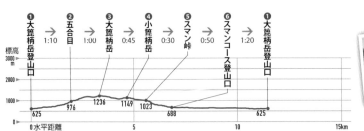

❶大箆柄岳登山口 →1:10→ ❷五合目 →1:00→ ❸大箆柄岳 →0:45→ ❹小箆柄岳 →0:30→ ❺スマン峠 →0:50→ ❻スマンコース登山口 →1:20→ ❶大箆柄岳登山口

標高3000m / 2000 / 1000 / 0
625 / 976 / 1236 / 1149 / 1023 / 688 / 625
0水平距離　5　10　15km

大箆柄岳山頂

欄外情報 立ち寄り温泉◎垂水港フェリーターミナル近くの「**垂水温泉 リブマックスリゾート桜島シーフロント**」（☎0994-32-9195・700円）や、国道220号沿いの道の駅たるみず湯っ足り館（☎0994-34-2237・350円）がある。

コース概要 ❶**大箆柄岳登山口**からはゆるやかな照葉樹林のなかを歩く。水場入口から急坂を❷**五合目**、さらに主稜線上の杖捨祠まで登っていく。杖捨祠からは、南限のブナ原生林、ついでスズタケのなかを進むと❸**大箆柄岳**に着く。高隈山の最高点だけあり、360度の大パノラマが堪能できる。山頂から稜線を南に進むと小箆柄岳分岐で、❹**小箆柄岳**へは往復20分ほど。分岐に戻り、御岳や妻岳を見ながら南下する。やがて照葉樹林に入り、❺**スマン峠**まで下っていく。ここで主稜線を離れ、右手のスマンコースに入る。一九坂の足場の悪い急坂を下ると❻**スマン峠コース登山口**だ。あとは長い林道歩きで❶**大箆柄岳登山口**へと戻る。

プランニングのヒント 紹介した周回コースは林道歩きが長いので、ピークハンターや初級者は大箆柄岳の往復がいいだろう。登山のベストシーズンはアケボノツツジが咲くゴールデンウイーク頃と、常緑樹の中に紅葉が混じる10月中旬～11月中旬。

三合目～杖捨祠間は粘土質で滑りやすい急登が続く。汚れ防止のスパッツとバランスを取るためのストックがあると便利。

花と自然

高隈山は自然が豊かな山で、タカクマホトトギス（花期9～10月）やタカクマヒキオコシ（花期8～10月）のような、この山の名を冠する花を有する。また、ブナやミズナラ、ゴヨウマツなどの南限であり、ブナやヒメコマツが照葉樹林の中に点在的に混交している珍しい景観が見られる。それだけに学術的にも貴重な山とされ、森林生物遺伝資源保存林に指定されている。なお、タカクマホトトギスは大箆柄岳周辺ではなく、南にある御岳登山口周辺に咲いている。

タカクマホトトギス。ユリ科の花だ

297

高隈山

297 高隈山

1:50,000

0　500　1000m

1cm＝500m
等高線は20mごと

らせん状に登って絶景の海を見下ろす薩摩富士

開聞岳
（かいもんだけ）

百

標高924m

鹿児島県

登山レベル:初級

技術度:★
体力度:★★

日　程:日帰り

総歩行時間:5時間30分

歩行距離:11km

累積標高差:登り909m
　　　　　　下り909m

登山適期:3月〜12月

地形図▶1:25000「開聞岳」
三角点▶二等

長崎鼻付近から見た開聞岳はまさに海の上に浮かぶようにそびえている。7合目あたりですぼまっており、二重式火山の特徴が見てとれる

🏔 山の魅力

標高こそ1000mに満たない山だが、海に囲まれてそびえる美しい姿は日本百名山にふさわしい。登山自体はシンプルで、ひとつだけある山道を往復するものだが、海洋性の草木が繁茂するジャングルを、ときおり海を眺めがらの登高が新鮮だ。山頂部からは青海原の向こうに屋久島まで見ることもできる。

>>> DATA

公共交通機関 【往復】JR指宿枕崎線開聞駅

マイカー 九州自動車道・鹿児島ICから指宿スカイラインに入り、頴娃（えい）ICから県道17・28号を経由してかいもん山麓ふれあい公園まで約22km。公園内の駐車場（無料）を利用する。

ヒント 開聞駅から山道が始まる二合目登山口までは舗装された坂道を40分ほど歩く。タクシー（要予約）を利用すればアクセス時間が短縮できる。かいもん山

麓ふれあい公園にはキャンプ場や売店などもある。

問合せ先

指宿市観光課　　　　　　　☎0993-22-2111
指宿市観光協会　　　　　　☎0993-22-3252
かいもん山麓ふれあい公園　☎0993-32-5566
山川タクシー　　　　　　　☎0993-34-0145

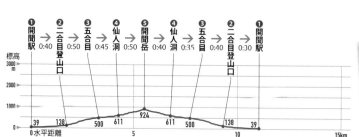

	❶開聞駅	❷二合目登山口	❸五合目	❹仙人洞	❺開聞岳	❹仙人洞	❸五合目	❷二合目登山口	❶開聞駅
	0:40	0:50	0:45	0:50	0:40	0:35	0:40	0:30	

標高 m / 水平距離: 39　138　500　611　924　611　500　138　39

五合目から見た長崎鼻

欄外情報 立ち寄り温泉◎レジャーセンターかいもん:開聞岳が眺められる東シナ海に面した温泉。湯はナトリウム塩化物強塩温泉の源泉かけ流し。☎0993-32-5584。入浴料340円。10〜20時。水曜休（祝日の場合は翌日）

コース概要 ❶開聞駅を出て右へ進み、市役所の開聞庁舎前信号を右折。踏切を渡ったら、道なりに車道を登っていく。かいもん山麓ふれあい公園を通過すると間もなく❷二合目登山口だ。登山道はここから一本道で、山腹をらせん階段のようにほぼひとまわりして山頂に達する。合目の表示が目安になるだろう。まずはスダジイ、アオキなどの樹林帯のなか、深くえぐれた火山砂礫の暗い道を行く。❸五合目まで上がると展望デッキがあり、長崎鼻や佐多岬が望める。七合目あたりからは火山岩の間を登る。しだいにツゲなどの低木帯となり太平洋や島が眺められる。❹仙人洞を経て山頂部を回り込み、九合目でハシゴのある岩場を抜けると、御嶽神社と枚聞神社奥宮がある❺開聞岳の山頂だ。下りは往路を戻る。

プランニングのヒント マイカーでのアクセスなら、ぜひ長崎鼻へと足を延ばしたい。海上に突き出てそびえる開聞岳の様子がよくわかり興味深い。

山頂の枚聞（ひらきき）神社は、開聞駅近くの薩摩一宮枚聞神社の奥宮に当たる。開聞岳そのものが枚聞神社のご神体である。

Column

花と自然

開聞岳は二重式の火山として知られる。下部の成層型火山の上に1140年前、中央火口丘が噴出したという。山容にもそれが現れていて、上部がすぼまっているのがわかる。

安全のヒント

海から近い山だけに、山道はしっとりとしており、ところどころ苔むしているところもある。特に、七合目を過ぎた先の安山岩の道は濡れているとよく滑るので足元に注意。

濡れていると滑りやすい山道

298

開聞岳

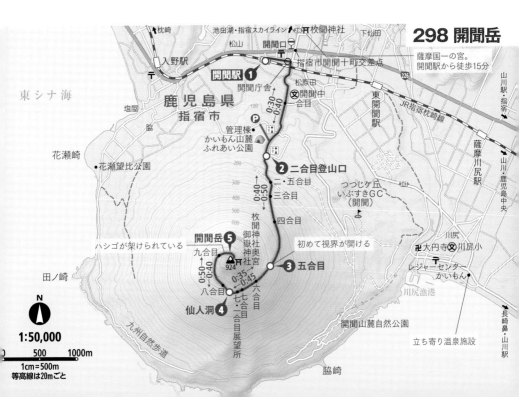

298 開聞岳

世界遺産の屋久島にそびえる洋上のアルプス

宮之浦岳
みやのうらだけ

標高1936m

鹿児島県

登山レベル：上級

技術度：★★★
体力度：★★★★★

日　程：1泊2日

総歩行時間：12時間
　　1日目：1時間20分
　　2日目：10時間40分

歩行距離：16.3km

累積標高差：登り1275m
　　　　　　下り1275m

登山適期：4月下旬〜11月下旬

地形図 ▶ 1：25000「宮之浦岳」「永田岳」
　　　　　　「尾之間」「栗生」
三角点 ▶ 一等

北面の縄文杉側の樹間から眺
めた宮之浦岳の山頂

🏔 山の魅力

世界遺産・屋久島の中央部にそびえる宮之浦岳は「洋上アルプス」とも称され、山頂へはいくつかのコースがある。多くの登山者が利用するのが淀川登山口からのコースだ。屋久杉が梢を伸ばす山間から高層湿原、奇岩が点在する山上と変化ある山歩きが楽しめる。明け方一番で登り出せば日帰りも可能だ。

>>> DATA

公共交通機関【往復】安房→種子島・屋久島交通バス（約1時間）→紀元杉バス停。または、屋久島空港→種子島・屋久島交通バス（約10分）→合庁前バス停（乗り換え・同バス約1時間）→紀元杉バス停

マイカー　屋久島空港から県道77・592号を経由して淀川登山口まで約30km。淀川登山口周辺に駐車場あり。

ヒント　前日に屋久島入りして安房などに宿泊し、翌朝、タクシー（要予約）で淀川登山口まで入り、夜明け前から登れば日帰りも可能（下山後もタクシーを利用）。屋久島空港から淀川登山口までは約1時間、安房からは約45分。屋久島の島内観光をする場合はレンタカーを利用するとよい。

問合せ先
屋久島町観光まちづくり課　☎0997-43-5900
種子島・屋久島交通バス　☎0997-46-2221
まつばんだ交通（タクシー）☎0997-43-5555
屋久島交通（タクシー）　☎0997-46-2321

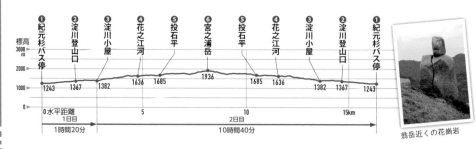

標高
3000m
2000
1936
1000

❶紀元杉バス停 1243
❷淀川登山口 1367
❸淀川小屋 1382
❹花之江河 1636
❺投石平 1685
❻宮之浦岳 1936
❺投石平 1685
❹花之江河 1636
❸淀川小屋 1382
❷淀川登山口 1367
❶紀元杉バス停 1243

0
0 水平距離
1日目
1時間20分
5
2日目
10時間40分
10
15km

翁岳近くの花崗岩

欄外情報　立ち寄りスポット◎屋久島世界遺産センター：☎0997-46-2992。入館無料。　屋久島環境文化村センター：☎0997-42-2900。入館料530円。　屋久杉自然館：☎0997-46-3113。入館料600円。

1 日目 ❶紀元杉バス停で下車。すぐそばの紀元杉を見てから、林道をたどり❷淀川登山口へと進む。タクシーやレンタカーの場合はここまで入れる。登山口からはあまり傾斜がない樹林に囲まれた山道をしばらく進むと❸淀川小屋に到着する。

2 日目 夜明けを待ってできるだけ早めに出発しよう。早い人は夜明け前からヘッドランプをつけて歩き出す。淀川にかかる橋を渡ったら、さっそく登りが始まる。ジグザグに折り返しながら標高を上げていくと、しばらくで左上に豆腐を切ったような岩が山上にある高盤岳が見えてくる。さらに登っていくと、途中、高層湿原の小花之江河がある。さらに木道を進むと三方から道が合わさる❹花之江河に到着。正面に黒味岳が望め、湿原周囲には屋久杉が梢を伸ばし日本庭園のような趣だ。湿原内にはヤクジカが姿を現すこともある。

道標に従い湿原内の木道を進むと、再び樹林内を登っていく。途中、左に黒味岳への道を分け、ロープがかかる岩場を登ると、じきに視界が開け❺投石平に到着。6月上旬頃はヤクシマシャクナゲに彩られる。ここから再び登っていく。投石岳と安房岳の西の山腹を巻くように進むと、笹原の中に巨大な卵や人形のような花崗岩が点在し目を楽しませてくれる。

さらに山腹をたどり、翁岳と栗生岳の鞍部に出たら、宮之浦岳までは登りとなる。笹原のなかに続く気持ちのよい稜線を登っ

> 十分に飲み物を用意したい。スポーツドリンクの粉末を用意し水場を利用することで荷物を減らすことができる。

> 時間と体力に余裕があれば、黒味岳を往復するのもよい。大岩から永田岳、宮之浦岳、翁岳などの大展望が広がる。往復約1時間20分。

ていくと、山上に巨岩がある栗生岳に到着する。宮之浦岳まではもうひと登り。最後に木道が整備された尾根道を登り詰めれば❻宮之浦岳の山頂だ。山頂からは永田岳や黒味岳、愛子岳など屋久島主要の山々と、周囲に広がる青い海、口之永良部島などが見渡せる。天気がよければ、遠く九州の佐多岬や開聞岳、種子島も遠望できる。

下山は往路を戻る。帰りも5時間ほどを要する。疲労もたまってくるので、木の根のつまづきなどに注意しながら下りたい。

6月上旬ごろに見頃を迎えるヤクシマシャクナゲ

小花之江河から湿原越しに高盤岳を望む

欄外情報 入山料◎宮之浦岳への登山の際は、山岳部環境整備推進協力金（日帰り1000円、山中泊2000円）が必要。支払い方法などの詳細は屋久島山岳部保全利用協議会ホームページへ。

299

栗生岳中腹より見た翁岳、安房岳、投石岳（左から）

多くの登山者で賑わう宮之浦岳の山頂

宮之浦岳への最後の登り

プランニングのヒント

　本ガイドでは1泊2日行程で紹介したが、島外の登山者は前日、安房などに宿泊し、翌朝一番で淀川登山口へ車で上がり、日帰り往復する人が多い。淀川小屋に泊まる場合、寝具や食料の用意が必要となり荷物が増えてしまう。宮之浦岳だけでなく縄文杉を訪ねる場合は新高塚小屋に泊まるのが一般的だ。南の島とはいえ、標高は2000m近くあり、春や秋の山上はかなり冷え込む。防寒着も忘れずに用意したい。

サブコース

●宮之浦岳から縄文杉、白谷雲水峡

【コース】宮之浦岳→新高塚小屋（泊）→縄文杉→楠川分れ→白谷雲水峡

　宮之浦岳から北東に延びる宮之浦歩道を下り新高塚小屋に1泊。トップシーズンはかなりの混雑で、到着が遅いと寝場所を確保できないこともある。テントを持参すると安心だ。翌朝一番で縄文杉へ向かえば、荒川登山口からの登山者が来る前にゆっくり縄文杉に対面できる。大株歩道を下り、大株歩道入口からはトロッコ歩道を進む。楠川分れから辻峠へ上がって白谷山荘へと下り、さらに白谷雲水峡を下る。宮之浦岳〜新高塚小屋は約2時間50分。新高塚小屋〜白谷雲水峡は約6時間55分。

屋久島のシンボル「縄文杉」

山小屋情報

淀川登山口から宮之浦岳、縄文杉、白谷雲水峡には4軒の避難小屋がある。●淀川小屋：淀川沿いの標高約1380mに立つ木造小屋。定員約60人。●新高塚小屋：縄文杉へと下っていく標高約1500mに立つ木造小屋。定員約60人。●旧高塚小屋：縄文杉から200mほどにあるブロック小屋。定員20名。●白谷山荘：白谷雲水峡から上がった標高825mのコンクリート小屋。定員40人。※いずれも無人のため、シュラフや食料は持参のこと。

帰りの紀元杉発のバスは14時55分。余裕をもって9時前には下山を開始したい。ゆっくりするなら下山はタクシーを予約する。

白谷雲水峡の「もののけ姫の森」

300 九州自然歩道を歩く大都市近郊の山

三百 | 標高**1055m** 福岡県・佐賀県

脊振山
せふりさん

登山レベル：中級　技術度：★★　体力度：★★★　日程：日帰り
総歩行時間：6時間30分　歩行距離：約14.7km
累積標高差：登り1025m 下り1025m　登山適期：4月上旬～11月下旬

公共交通機関 【往復】JR山陽新幹線博多駅・博多バスターミナル→西鉄バス（約1時間10分）→脇山小学校前（乗り換え）→西鉄バス（約10分）→椎原バス停　**マイカー** 福岡外環状道路・野芥ICから県道136号を経由して椎原登山口の駐車スペースまで約12km。

山の魅力

福岡市と佐賀県神埼市の境にあり、山頂には航空自衛隊とアメリカ軍のレーダーサイトがある。山頂まで車道が通じていて簡単に山頂に立てるが、九州自然歩道の通過点でもあるため、登山コースは数多い。ここでは福岡市早良区の椎原峠コースを紹介しよう。

レーダーが立つ脊振山の山頂

コース概要 椎原バス停から南へとしばらく車道を歩く。駐車スペースのある場所で椎原峠ルートと、帰りに歩く車谷ルートが分岐するのでここは右へ。林道ゲートの先から沢沿いの道を歩く。メタセコイアの林を過ぎると急坂になり、やがて椎原峠だ。ここから南東へと稜線歩きが始まる。展望のすぐれた唐人の舞を過ぎると車道に出て、矢筈峠を通過すれば脊振山の山頂だ。レーダーのすぐ隣に石造りの上宮の神殿が立つ。帰りは矢筈峠から車谷コースを往路の分岐まで下る。途中にガレ場や徒渉があるが困難ではない。

問合せ先
福岡市早良区企画課　☎092-833-4307
神埼市商工観光課　☎0952-37-0107
西鉄お客さまセンター　☎0570-00-1010

---

301 活発な活動を続ける火山を山腹から見上げる

二百 | 標高**1117m**（御岳） 鹿児島県

桜島
さくらじま

登山レベル：初級　技術度：★　体力度：★　日程：日帰り
総歩行時間：2時間　歩行距離：約11.9km
累積標高差：登り413m 下り413m　登山適期：通年

公共交通機関 【往復】JR九州新幹線鹿児島中央駅→市電（約15分）→水族館口→徒歩（約5分）→桜島フェリーターミナル→桜島フェリー（約15分）→桜島港　**マイカー** 東九州自動車道・末吉財部ICから湯之平展望所まで約54km。無料駐車場あり。

山の魅力

今でこそ大隅半島と陸続きの半島状態になっているが、1914年の大正噴火で海峡が埋められるまではその名のとおり、島だった。現在、噴火警戒レベル3の状況にあって残念ながら入山規制が敷かれ、西側中腹の展望台までしか行くことはできない。

桜島フェリーから見た御岳、中岳、南岳（左から）

コース概要 展望スポットの湯之平展望所まで歩くと、フェリーターミナルから往復約2時間。ただし、ずっと車道を歩くことになるので、ここは思いきって観光にしたほうがよさそう。湯之平展望所以外にも、有村溶岩展望所、烏島展望所、黒神ビュースポット、溶岩なぎさ遊歩道、黒神埋没鳥居など桜島の魅力を堪能できる場所は多い。また、日帰り入浴できる温泉も数施設ある。桜島フェリーの船内にある食堂、「やぶ金」のうどんやそばもおすすめだ。

問合せ先
鹿児島市桜島支所　☎099-293-2345
桜島観光案内所　☎099-293-4333
桜島ビジターセンター　☎099-293-2443
桜島フェリー　☎099-293-2525
桜島観光タクシー　☎099-293-2489

九州の火山にツツジが多いのはなぜ？

花は登山の楽しみのひとつ。足元に咲く可憐な高山植物や山野草もいいが、
山体を赤く埋め尽くすツツジのダイナミックさも捨てがたい。

キーワードは「酸性」

九州には久住山や雲仙岳、阿蘇山、霧島山など、ツツジの大群落地がある山が存在する。これらの山々に共通するのが、「火山」であるということ。そして、もうひとつ共通しているのが、主となるツツジの種類がミヤマキリシマということだ。

ツツジを育てたことがある人ならわかるだろうが、植えるときは、酸性の土を必要とする。火山は噴火により火山灰を噴出するが、その際、硫黄分などが付着するため、強酸性の土壌となる。植物にとって厳しい環境下において適応で

きたヤマツツジ（日本の野生ツツジの代表的な品種）だけが生育でき、やがて大群生地となった。ミヤマキリシマは、そのヤマツツジが長い間火山性ガスにさらされ、その環境に対応してできたと考えられている。ちなみに火山活動が終息するとやがて森林化が進むため、ミヤマキリシマは枯れてしまう。

ミヤマキリシマの名は、「日本植物学の父」とよばれる牧野富太郎により1909年に命名された。また、1866年に坂本龍馬が新婚旅行で霧島山に登った際に姉に手紙を送っているが、その一文に「きり島つゝじが一面に～」と記されている。

九州の主なツツジの種類

ミヤマキリシマ

花期＝5月下旬～6月中旬
九州の火山高地に生える。
長崎と鹿児島の県花。

キリシマミツバツツジ

花期＝5月上旬～5月中旬
霧島の固有種だが、2011年の新燃岳の噴火で激減。

ツクシドウダン

花期＝5月上旬～6月下旬
九州の深山に生え、鐘状の花を多数吊り下げる。

ヒカゲツツジ

花期＝4月中旬～5月下旬
ツツジの名がつくが、むしろ形態はシャクナゲに近い。

ツクシアケボノツツジ

花期＝4月中旬～5月中旬
祖母・傾山系を代表する花。淡紅色の五弁花をつける。

コバノミツバツツジ

花期＝4月下旬～5月中旬
その名のとおり、ミツバツツジより葉が小さいのが特徴。

ツツジとシャクナゲの違い

同じツツジ科の花としてシャクナゲがある。花はけっこう違いがあるので見ればわかるが、花が咲いていないときは葉で見分けよう。シャクナゲは葉が大きく厚く、表面に光沢があるのですぐに違いがわかるはずだ。

効率のよいプランニングのヒント

アクセス難易度 高 の山へ

本書では152の山を掲載しているが、登山口に至るまでのアクセスをみると、公共交通で楽に行ける山からアプローチが困難な山までさまざま。特に三百名山は登る季節が限定されたり道路状況がよくないなど、アクセスの難易度の高い山が少なくない。このページでは、できるだけ効率よくアクセスするためのプランニングのヒントを紹介したい。

【上信越・甲信】

新潟・山形・福島県境エリアの山々、新潟県奥部の平ヶ岳、佐渡島の金北山などは車で行くのもなかなか大変。長い歩行時間とのバランスを考えた綿密なプランニングを。

金北山 (P26)

ヒント

人数次第でアクセス方法を変える

新潟港から佐渡島東部の両津港へジェットフォイルとカーフェリー、直江津港から佐渡島南部の小木港へ高速カーフェリーが運航している(寺泊～赤泊航路は廃止。ただし夏～秋は高速船の不定期運航あり)。いずれにしても、車両の航送料金は高いので、人数によってジェットフォイル+タクシーにするか、マイカーを航送するか考えなければならない山だ。

スタート
新潟港(ジェットフォイル)
経由
日本海・両津港(タクシー)・県道45号・81号
ゴール
ドンデン山荘

走行距離	約16km
所要時間	約1時間50分(船含む)

スタート
関越自動車道・小出IC(マイカー)
経由
県道70号・国道352号
ゴール
平ヶ岳登山口

走行距離	約57km
所要時間	約1時間40分

平ヶ岳 (P38)

ヒント

マイカーであっても前泊が安心

新潟・群馬県境の豪雪地帯にそびえる奥深い山。公共交通の場合、本数の少ない長時間のバス乗車や奥只見湖の渡船を利用しなければならず、さらに山麓での前泊が必要になる。マイカー利用がベストだ。なお、この山は歩行時間が非常に長く、これまでは山頂付近のテント場で1泊する人が多かったが、現在、テント場は緊急時以外利用禁止。健脚でないと挑めない山となっている。

【中央アルプスとその周辺】

木曽駒ヶ岳や恵那山など人気の名山があるが、アクセスに恵まれているのは木曽駒ヶ岳と、その稜線続きにある空木岳くらい。バス路線のある南木曽岳や奥三界岳なども歩行時間を考慮するとタクシーやマイカーの利用が望ましい。

木曽駒ヶ岳(P88)

ロープウェイの混雑を避けるには

ヒント

北アルプスの乗鞍岳とともに最も手軽に登れるアルプスの人気の山であり、アクセスにも恵まれているが、ひとつ難問がある。夏の最盛期の強烈な混雑だ。ネックは、しらび平駅と千畳敷駅を結ぶ駒ヶ岳ロープウェイ。ロープウェイの待ち時間で大幅な時間ロスも考えられ、雲やガスの出にくい午前中の行動に影響が出かねない。

混雑の影響を最小限に留めるには、駒ヶ根高原か駒ヶ根市街で前泊し、始発バスに乗ることだ。また、タクシーでもロープウェイのしらび平駅まで行けるので(マイカーは通行禁止)、バスより早くロープウェイ駅に行くことも可能だ。

なお、山小屋に宿泊して木曽駒ヶ岳から空木岳への縦走も考えられるが、途中に宝剣岳の岩場の下りがあるため、山慣れた人以外は控えたほうがいいだろう。

スタート
駒ヶ根菅の台バスセンター
(専用バス)

経由
県道75号・駒ヶ岳ロープウェイ

ゴール
千畳敷駅

走行距離 約10km
所要時間 約50分(ロープウェイ含む)

スタート
中央自動車道・飯田IC(マイカー)

経由
国道256号・県道15号・8号

ゴール
大平宿

走行距離 約20km
所要時間 約40分

安平路山(P94)

無理な林道走行はやめたい

ヒント

JR飯田線飯田駅からタクシーで向かうと登山口の大平宿まで1時間近くかかり、下山後の迎車も考えるとマイカーがベスト。大平宿からは登山道が始まる摺古木山休憩舎まで東沢林道を2時間30分ほど歩くことになるが、摺古木山休憩舎まで車で入って時間短縮すれば日帰りできることから、休憩舎まで車で入る人もいるようだ。だが、この林道は路面状況が悪いうえに崩落の恐れがあり、飯田市観光課や駒ヶ根観光協会では休憩舎へは徒歩で向かってほしいとのこと。稜線上の安平路避難小屋に1泊し、どっぷりと自然に浸かってほしい山である。

なお、大平宿にある休憩舎は避難小屋としても活用できるので、ここに前泊することで翌日の行動がずいぶんと楽になる。

【南アルプスとその周辺】

広大な山域であり、目指す山によって、山梨県、長野県、静岡県からそれぞれアクセスする。ただし、公共交通でのアクセスが整っているのは北部の北岳や甲斐駒ヶ岳周辺など一部だけ。あとの多くの山はマイカーでのアクセスが必至だ。

塩見岳(P122)

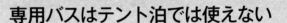

マイカーなら1泊2日で歩ける

公共交通では中央自動車道松川ICかJR飯田線伊那大島から鳥倉登山口まで路線バスがある。高速バスから乗り継ぐ松川ICからは昼便のみのため、その日に行けるのは三伏峠小屋がやっと。一方、伊那大島駅からは朝便があるので、その日のうちに塩見小屋まで行くことも可能だ。マイカーの場合、鳥倉登山口バス停手前の駐車場に停めるが、ここから登山口まで40分ほど歩く。

スタート
中央自動車道・松川IC(マイカー)
経由
県道59号・22号・国道152号・鳥倉林道
ゴール
鳥倉林道ゲート駐車場

走行距離 約36km
所要時間 約1時間30分

スタート
新東名高速新静岡IC(マイカー)
経由
県道27号・60号
ゴール
畑薙湖

走行距離 約73km
所要時間 約2時間

荒川岳・赤石岳(P124)・聖岳(P128)

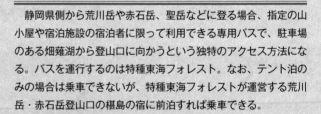

専用バスはテント泊では使えない

静岡県側から荒川岳や赤石岳、聖岳などに登る場合、指定の山小屋や宿泊施設の宿泊者に限って利用できる専用バスで、駐車場のある畑薙湖から登山口に向かうという独特のアクセス方法になる。バスを運行するのは特種東海フォレスト。なお、テント泊のみの場合は乗車できないが、特種東海フォレストが運営する荒川岳・赤石岳登山口の椹島の宿に前泊すれば乗車できる。

光岳(P132)

林道は夜間や雨天時の走行を避ける

飯田市南信濃地区が起点となる。ここから林道赤石線と市道南信濃142号を登山口の芝沢ゲートまで車で走るが、落石や土砂崩れなどによる通行止めがしばしば発生する。情報収集が欠かせない。道路後半は未舗装なので、夜間や雨天時の走行は避けるように。この易老渡から1.5kmほど先にある長野県側の聖岳登山口となる便ヶ島には、衛星式の公衆電話(コイン式)が設置されている。

スタート
中央自動車道・飯田IC(マイカー)
経由
国道153号・県道83号・国道474号矢筈トンネル・国道152号・林道赤石線・市道南信濃142号
ゴール
易老渡

走行距離 約56km
所要時間 約2時間

【東海・北陸】

北海道の日高とともに苦労したエリアと、三百名山完登者がしばしば語るのが東海・北陸の山々。残雪期にしか登れない山（笈ヶ岳・野伏ヶ岳）があることもその理由だが、冠山のように長い林道走行が必要な山はアクセスを困難にさせる。

野伏ヶ岳(P178)・笈ヶ岳(P196)

ヒント

残雪期は道路状況に気をつけて

　いずれも残雪期に道なき道をたどる難コース。特に笈ヶ岳は、人によっては山中でのテント泊が必要になる三百名山最難関の山のひとつだ。いずれもマイカーであればアクセスはそう困難ではないが、問題は残雪期の3、4月に登山口まで走行しなければならないことで、豪雪地帯のこの一帯では路面状況に十分な注意を払う必要がある。

　また、笈ヶ岳の登山口は白山白川郷ホワイトロード（有料）の石川県側にあるが、このホワイトロードの通行可能期間は6月〜11月の昼間のみ。残雪期は岐阜県側からはアクセスできないので注意が必要だ。

　なお、笈ヶ岳の近くには白山以外にも、猿ヶ馬場山、大笠山、大門岳といった通好みの名山があるが、こちらは北陸新幹線新高岡駅、JR城端線城端駅などから世界遺産バス（加越能バス）が、金沢駅（濃飛バス）や高山駅（濃飛バス）、名古屋駅（岐阜バス）からは直行バスが、それぞれの起点となる世界遺産の五箇山や白川郷まで運行している。ここから登山口までタクシーを使うといい。

> **スタート**
> 北陸自動車道・白山IC（マイカー）
> **経由**
> 国道156号・360号
> **ゴール**
> 白山自然保護センター（笈ヶ岳登山口）
>
> 走行距離　約48km
> 所要時間　約1時間20分

冠山(P190)

ヒント

崖上の林道はすれ違いに注意を

　公共交通の場合、岐阜県側からも福井県側からも登山口まで1時間30分前後、タクシーに乗らなければならない山。登山口の冠山峠までは冠山林道を走るが、この林道は岐阜県側・福井県側とも舗装されているものの、すれ違い困難な場所が多い割には車の通行が多く、対向車には十分な注意が必要。

　2023年11月に岐阜・福井両県をつなぐ冠山峠道路が開通し、冠山の下にトンネルが通った。そのおかげで、両県のどちらか側の林道が通行止めになっても、峠まで行けるようになった。

> **スタート**
> 東海環状自動車道・大垣西IC（マイカー）
> **経由**
> 国道417号・冠山林道
> **ゴール**
> 冠山峠
>
> 走行距離　約68km
> 所要時間　約2時間

【 関西 】

アクセスの便利な山々がある一方、八経ヶ岳、釈迦ヶ岳、伯母子岳など奈良県南部の山々は苦労する。タクシーは料金がかさむため、マイカーでのアクセスが現実的なエリアだ。

三峰山（P200）

路線バスは冬の霧氷の一時期だけ

　奈良・三重県境にそびえ、霧氷が美しい山としても知られている。路線バスもあるが、この霧氷が見られる1～2月の土・日曜、祝日だけの季節運行なので注意したい。山中に山小屋や避難小屋がない山なので、歩行時間が4時間ほどと短いことを考慮しても、日帰りを考えればマイカーの利用が必須となる。

スタート
名阪国道・針IC（マイカー）
経由
国道369号
ゴール
みつえ青少年旅行村

走行距離 約42km
所要時間 約1時間10分

スタート
京奈和自動車道・御所南IC（マイカー）
経由
国道309号
ゴール
行者還トンネル西口

走行距離 約48km
所要時間 約1時間20分

八経ヶ岳（P210）

マイカーを使わないと日帰りは無理

　路線バスに1時間乗って天川川合へ、そこからタクシーに乗り換えて登山口まで約30分。バスの本数が少ないため、天川での前夜泊が条件となるが、山頂近くにあって食事もとれる弥山小屋に宿泊すれば前泊は不要だ。ただし、天川川合のタクシーは台数が少ないため、必ず予約しておくこと。一方、マイカーを使えば最寄りの京奈和自動車道・御所南ICから約50kmと、歩行時間を考えても、十分に日帰り圏内となる。

釈迦ヶ岳（P212）

長いアクセスはマイカー必須

　最寄りのJR和歌山線五条駅からタクシーを利用した場合、片道約2時間。運賃や歩行時間を考えても公共交通での日帰りには適さない。マイカーを利用しても南阪奈道路・葛城ICから登山口まで約80kmあり、伯母子岳（P214）ともども、奈良県南部の山々にあって特にアクセスが大変な山だ。せっかくなので、護摩壇山、大台ヶ原、八経ヶ岳、山上ヶ岳などに立ち寄りたい。

スタート
南阪奈道路・葛城IC（マイカー）
経由
国道165号・168号・不動木屋谷林道
ゴール
太尾登山口

走行距離 約80km
所要時間 約2時間20分

【 関西 】

アクセスの便利な山々がある一方、八経ヶ岳、釈迦ヶ岳、伯母子岳など奈良県南部の山々は苦労する。タクシーは料金がかさむため、マイカーでのアクセスが現実的なエリアだ。

三峰山（P200）

路線バスは冬の霧氷の一時期だけ

　奈良・三重県境にそびえ、霧氷が美しい山としても知られている。路線バスもあるが、この霧氷が見られる1～2月の土・日曜、祝日だけの季節運行なので注意したい。山中に山小屋や避難小屋がない山なので、歩行時間が4時間ほどと短いことを考慮しても、日帰りを考えればマイカーの利用が必須となる。

スタート
名阪国道・針IC（マイカー）
経由
国道369号
ゴール
みつえ青少年旅行村

走行距離 約42km
所要時間 約1時間10分

スタート
京奈和自動車道・御所南IC（マイカー）
経由
国道309号
ゴール
行者還トンネル西口

走行距離 約48km
所要時間 約1時間20分

八経ヶ岳（P210）

マイカーを使わないと日帰りは無理

　路線バスに1時間乗って天川川合へ、そこからタクシーに乗り換えて登山口まで約30分。バスの本数が少ないため、天川での前夜泊が条件となるが、山頂近くにあって食事もとれる弥山小屋に宿泊すれば前泊は不要だ。ただし、天川川合のタクシーは台数が少ないため、必ず予約しておくこと。一方、マイカーを使えば最寄りの京奈和自動車道・御所南ICから約50kmと、歩行時間を考えても、十分に日帰り圏内となる。

釈迦ヶ岳（P212）

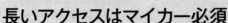
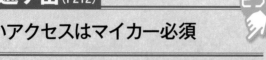

長いアクセスはマイカー必須

　最寄りのJR和歌山線五条駅からタクシーを利用した場合、片道約2時間。運賃や歩行時間を考えても公共交通での日帰りには適さない。マイカーを利用しても南阪奈道路・葛城ICから登山口まで約80kmあり、伯母子岳（P214）ともども、奈良県南部の山々にあって特にアクセスが大変な山だ。せっかくなので、護摩壇山、大台ヶ原、八経ヶ岳、山上ヶ岳などに立ち寄りたい。

スタート
南阪奈道路・葛城IC（マイカー）
経由
国道165号・168号・不動木屋谷林道
ゴール
太尾登山口

走行距離 約80km
所要時間 約2時間20分

【中国・四国】

大山、石鎚山、剣山といった百名山や人気の高い氷ノ山、三瓶山などが揃うエリアで、タクシーを利用しても駅からそう遠くない山が多い。公共交通だと意外に苦労するのが、中国地方の道後山、吾妻山、四国の剣山、三嶺あたりだ。

道後山・吾妻山（P256）

ヒント

マイカーで両山を続けて登る

広島・鳥取県境にある道後山は山麓にスキー場が広がり、広島・島根県境にある吾妻山は草原やブナの森歩きが魅力的な山。いずれもすばらしい展望を有し、ファミリーハイキングを楽しみに地元の人たちが多く訪れる山だが、ほとんどはマイカーでやってくる。両山の間を走るJR芸備線は運行本数が少なく、県境に近い駅にはタクシーの常駐もない。中国自動車道や松江自動車道は比較的近いので、マイカーかレンタカーでアプローチし、2つの山を続けて登るのがいい。両山のコースタイムを合わせても3時間を少し超えるくらいだ。

スタート
中国自動車道・庄原IC（マイカー）

経由
国道432号・県道255号

ゴール
休暇村吾妻山ロッジ（吾妻山登山口）

走行距離 約25km
所要時間 約40分

スタート
徳島阿波おどり空港（レンタカー）

経由
徳島自動車道松茂IC・徳島自動車道美馬IC・国道438号

ゴール
見ノ越（剣山登山口）

走行距離 約105km
所要時間 約2時間20分

剣山（P240）・三嶺（P242）

ヒント

遠いエリアなので、両山を一緒に

百名山の剣山、四国で最も豊かな自然が残るエリアといわれる三嶺、この2つの山へは大阪あたりからならマイカーでそのまま四国に渡れるが、名古屋周辺や首都圏が起点となると、山陽新幹線岡山駅からJR瀬戸大橋線に乗り継いで高松駅に行くか、航空機で徳島阿波おどり空港、あるいは高知龍馬空港に飛ぶかが悩みどころとなる。というのも、この両山は、高松駅、徳島阿波おどり空港、高知龍馬空港のちょうど真ん中あたりにあるのだ。名古屋から徳島への航空便はないが、羽田から両空港へは1日10便ほどあり、時間を考えると航空機＋レンタカーの組み合わせがおすすめになりそうだ。

徳島阿波おどり空港から剣山登山口の見ノ越まで徳島自動車道を経由して約2時間40分、高知龍馬空港から高知自動車道を経由して約3時間。また高松駅からは約3時間。見ノ越から三嶺登山口の名頃は近い。せっかくだから、山麓に1泊して両山を歩いてみたい。

309

九州の各空港からレンタカーを利用すれば、多くの山でアクセスにそう苦労することはないだろう。火山が多いエリアなので、登山には細心の注意を忘れずに。

由布岳(P266)・阿蘇山(P278)など

ヒント

火山では常に不測の事態への心構えを

　アクセスは比較的便利で、5月頃はミヤマキリシマが美しい熊本・大分県境エリアの山々。阿蘇山は一時、噴火の影響で全登山道が閉鎖されていたが、2022年には通行止めが解除され、火口見学もできるようになった。本書で紹介した仙酔峡〜高岳コースも通行可能だ。また由布岳は、お鉢巡りをはじめとした山頂一帯が登山道崩壊や亀裂によって行政から危険情報が広報されている。火山活動は予測が難しい。警戒を怠らないように。

スタート
大分空港(レンタカー)

経由
大分空港道路・東九州自動車道速見IC・大分自動車道別府IC・やまなみハイウェイ

ゴール
由布登山口(由布岳)

走行距離 約57km
所要時間 約1時間10分

スタート
阿蘇くまもと空港(レンタカー)

経由
国道443・445号・県道159号

ゴール
林道ゲート

走行距離 約77km
所要時間 約2時間30分

国見岳(P284)

ヒント

九州最奥の山は前泊して楽しむ

　九州のほぼ中心にそびえ、九州の山々のなかで最もアクセスに苦労すると思われる山。登山の歩行時間は約4時間30分とそう長くはないが、阿蘇くまもと空港に朝一番で飛んでも、レンタカーでの走行時間を考えると前泊が必要になる。山麓は平家の落人が住んだといわれる五家荘で、この地の1泊は味わい深いものになることだろう。

宮之浦岳(P298)

ヒント

夜明け前から歩けば日帰りも可能

　九州の最高峰。時間重視の場合は、鹿児島空港からそのまま屋久島空港へと航空機を利用するといい。鹿児島港から高速船を利用する場合は、宮之浦港行きではなく安房港行きに乗れば、前泊地の安房にそのまま入れる。本書で紹介したコースは、安房からバスで登山口に行って淀川小屋に宿泊するが、レンタカーやタクシー(要予約)でアクセスして夜明け前から登れば日帰りも可能だ。

スタート
安房港(レンタカー)

経由
県道592号

ゴール
淀川登山口

走行距離 24km
所要時間 約45分

日本三百名山全リスト

このリストは、公益社団法人 日本山岳会が選定した日本三百名山と、
深田クラブ選定の日本二百名山に荒沢岳を追加したものです。

日本百名山 （)は深田久弥本での名称

山名	標高	都道府県	上下巻	コースNo	山名	標高	都道府県	上下巻	コースNo
利尻山(利尻岳)	1721m	北海道	上巻	1	水晶岳(黒岳)	2986m	富山県	上巻	134
羅臼岳	1661m	北海道	上巻	2	鷲羽岳	2924m	長野県・富山県	上巻	135
斜里岳	1547m	北海道	上巻	3	槍ヶ岳	3180m	長野県・岐阜県	上巻	140
雌阿寒岳(阿寒岳)	1499m	北海道	上巻	4	常念岳	2857m	長野県	上巻	142
大雪山	2291m	北海道	上巻	7	穂高岳	3190m	長野県・岐阜県	上巻	143
トムラウシ山	2141m	北海道	上巻	8	笠ヶ岳	2898m	岐阜県	上巻	144
十勝岳	2077m	北海道	上巻	11	焼岳	2455m	長野県・岐阜県	上巻	146
幌尻岳	2052m	北海道	上巻	13	乗鞍岳	3026m	長野県・岐阜県	上巻	147
羊蹄山(後方羊蹄山)	1898m	北海道	上巻	22	御嶽山	3067m	長野県・岐阜県	上巻	149
八甲田山	1585m	青森県	上巻	27	越後駒ヶ岳(魚沼駒ヶ岳)	2003m	新潟県	下巻	158
岩木山	1625m	青森県	上巻	28	平ヶ岳	2141m	新潟県・群馬県	下巻	162
八幡平	1613m	岩手県・秋田県	上巻	30	巻機山	1967m	新潟県・群馬県	下巻	163
岩手山	2038m	岩手県	上巻	31	苗場山	2145m	新潟県・長野県	下巻	164
早池峰山(早池峰)	1917m	岩手県	上巻	37	雨飾山	1963m	長野県・新潟県	下巻	169
鳥海山	2236m	秋田県・山形県	上巻	43	妙高山	2454m	新潟県	下巻	170
月山	1984m	山形県	上巻	44	火打山	2462m	新潟県	下巻	171
朝日岳	1871m	山形県	上巻	47	高妻山	2353m	長野県・新潟県	下巻	173
蔵王山	1841m	山形県・宮城県	上巻	51	四阿山	2354m	群馬県・長野県	下巻	178
飯豊山	2105m	福島県	上巻	52	浅間山	2568m	群馬県・長野県	下巻	179
吾妻山	2035m	山形県・福島県	上巻	53	蓼科山	2531m	長野県	下巻	181
磐梯山	1816m	福島県	上巻	55	八ヶ岳	2899m	長野県・山梨県	下巻	183
安達太良山	1700m	福島県	上巻	56	美ヶ原	2034m	長野県	下巻	186
会津駒ヶ岳	2133m	福島県	上巻	61	霧ヶ峰	1925m	長野県	下巻	187
燧ヶ岳(燧岳)	2356m	福島県	上巻	64	木曽駒ヶ岳	2956m	長野県	下巻	190
那須岳	1917m	栃木県・福島県	上巻	65	空木岳	2864m	長野県	下巻	191
男体山	2486m	栃木県	上巻	71	恵那山	2191m	長野県・岐阜県	下巻	198
日光白根山(奥白根山)	2578m	栃木県・群馬県	上巻	72	甲斐駒ヶ岳	2967m	山梨県・長野県	下巻	200
皇海山	2144m	栃木県・群馬県	上巻	73	仙丈ヶ岳(仙丈岳)	3033m	山梨県・長野県	下巻	201
至仏山	2228m	群馬県	上巻	75	地蔵岳(鳳凰山)	2841m	山梨県	下巻	203
谷川岳	1977m	群馬県・新潟県	上巻	77	北岳	3193m	山梨県	下巻	204
武尊山	2158m	群馬県	上巻	79	間ノ岳	3190m	山梨県・静岡県	下巻	205
本白根山(草津白根山)	2171m	群馬県	上巻	81	塩見岳	3052m	静岡県・長野県	下巻	207
赤城山	1828m	群馬県	上巻	82	荒川岳(悪沢岳)	3141m	静岡県	下巻	208
両神山	1723m	埼玉県	上巻	86	赤石岳	3121m	静岡県・長野県	下巻	209
甲武信ヶ岳(甲武信岳)	2475m	埼玉県・山梨県・長野県	上巻	88	聖岳	3013m	静岡県・長野県	下巻	210
金峰山	2599m	山梨県・長野県	上巻	90	光岳	2592m	静岡県・長野県	下巻	213
瑞牆山	2230m	山梨県	上巻	91	白山	2702m	石川県・岐阜県	下巻	232
雲取山	2017m	埼玉県・東京都・山梨県	上巻	94	荒島岳	1523m	福井県	下巻	239
大菩薩嶺(大菩薩岳)	2057m	山梨県	上巻	95	伊吹山	1377m	岐阜県・滋賀県	下巻	244
丹沢山	1567m	神奈川県	上巻	99	大台ヶ原(大台ヶ原山)	1695m	三重県・奈良県	下巻	249
富士山	3776m	山梨県・静岡県	上巻	101	八経ヶ岳(大峰山)	1915m	奈良県	下巻	252
天城山	1406m	静岡県	上巻	103	大山	1729m	鳥取県	下巻	267
筑波山	877m	茨城県	上巻	104	剣山	1955m	徳島県	下巻	269
白馬岳	2932m	長野県・富山県	上巻	115	石鎚山	1982m	愛媛県	下巻	275
五竜岳	2814m	長野県・富山県	上巻	119	久住山(九重山)	1791m	大分県	下巻	286
鹿島槍ヶ岳(鹿島槍岳)	2889m	長野県・富山県	上巻	120	祖母山	1756m	大分県・宮崎県	下巻	288
剱岳(剣岳)	2999m	富山県	上巻	123	阿蘇山	1592m	熊本県	下巻	289
立山	3015m	富山県	上巻	124	霧島山	1700m	宮崎県・鹿児島県	下巻	295
薬師岳	2926m	富山県	上巻	129	開聞岳	924m	鹿児島県	下巻	298
黒部五郎岳	2840m	富山県・岐阜県	上巻	130	宮之浦岳	1936m	鹿児島県	下巻	299

日本二百名山

※太字は日本百名山の選考の際にリストアップされていた山

山名	標高	都道府県	上下巻	コースNo	山名	標高	都道府県	上下巻	コースNo
天塩岳	1558m	北海道	上巻	5	杁差岳	1636m	新潟県	下巻	150
石狩岳	1967m	北海道	上巻	9	二王子岳	1420m	新潟県	下巻	151
ニペソツ山	2013m	北海道	上巻	12	御神楽岳	1386m	新潟県	下巻	152
カムイエクウチカウシ山	1979m	北海道	上巻	14	**守門岳**	1537m	新潟県	下巻	154
ペテガリ岳	1736m	北海道	上巻	15	中ノ岳	2085m	新潟県	下巻	159
芦別岳	1726m	北海道	上巻	17	八海山	1778m	新潟県	下巻	160
夕張岳	1668m	北海道	上巻	18	**荒沢岳※**	1969m	新潟県	下巻	161
暑寒別岳	1492m	北海道	上巻	19	**鳥甲山**	2038m	長野県	下巻	165
樽前山	1041m	北海道	上巻	21	佐武流山	2192m	長野県・新潟県	下巻	166
北海道(渡島)駒ヶ岳	1131m	北海道	上巻	25	**岩菅山**	2295m	長野県	下巻	167
白神岳	1235m	青森県	上巻	29	**黒姫山**	2053m	長野県	下巻	174
秋田駒ヶ岳	1637m	秋田県	上巻	33	**飯縄山(飯綱山)**	1917m	長野県	下巻	176
森吉山	1454m	秋田県	上巻	34	戸隠山	1904m	長野県	下巻	177
姫神山	1124m	岩手県	上巻	36	天狗岳	2646m	長野県	下巻	182
和賀岳	1439m	岩手県・秋田県	上巻	38	経ヶ岳	2296m	長野県	下巻	189
焼石岳	1547m	岩手県	上巻	40	南駒ヶ岳	2841m	長野県	下巻	192
栗駒山	1626m	岩手・宮城・秋田県	上巻	41	安平路山	2363m	長野県	下巻	194
神室山	1365m	秋田県・山形県	上巻	42	小秀山	1982m	長野県・岐阜県	下巻	195
以東岳	1772m	山形県・新潟県	上巻	46	鋸岳	2685m	山梨県・長野県	下巻	199
船形山(御所山)	1500m	宮城県・山形県	上巻	49	農鳥岳	3026m	山梨県・静岡県	下巻	206
会津朝日岳	1624m	福島県	上巻	58	上河内岳	2803m	静岡県	下巻	211
帝釈山	2060m	福島県・栃木県	上巻	63	池口岳	2392m	静岡県・長野県	下巻	214
女峰山	2483m	栃木県	上巻	70	櫛形山	2052m	山梨県	下巻	215
仙ノ倉山	2026m	新潟県・群馬県	上巻	78	**笊ヶ岳**	2629m	山梨県・静岡県	下巻	216
白砂山	2140m	長野県・群馬県	上巻	80	七面山	1989m	山梨県	下巻	217
荒船山	1423m	長野県・群馬県	上巻	83	**大無間山**	2330m	静岡県	下巻	219
御座山	2112m	長野県	上巻	85	金剛堂山	1650m	富山県	下巻	235
和名倉山(白石山)	2036m	埼玉県	上巻	87	大日ヶ岳	1709m	岐阜県	下巻	235
茅ヶ岳	1704m	山梨県	上巻	92	位山	1529m	岐阜県	下巻	236
乾徳山	2031m	山梨県	上巻	93	**能郷白山**	1617m	岐阜県・福井県	下巻	241
三ツ峠山	1785m	山梨県	上巻	97	**笈ヶ岳**	1841m	石川県・岐阜県・富山県	下巻	243
御正体山	1681m	山梨県	上巻	98	**御在所岳**	1212m	三重県・滋賀県	下巻	245
毛無山	1964m	山梨県・静岡県	上巻	100	釈迦ヶ岳	1800m	奈良県	下巻	253
愛鷹山	1504m	静岡県	上巻	102	伯母子岳	1344m	奈良県	下巻	254
榛名山	1449m	群馬県	上巻	106	**武奈ヶ岳**	1214m	滋賀県	下巻	256
浅間隠山(矢筈山)	1757m	群馬県	上巻	107	金剛山	1125m	奈良県	下巻	262
妙義山	1104m	群馬県	上巻	108	氷ノ山	1510m	兵庫県・鳥取県	下巻	264
武甲山	1304m	埼玉県	上巻	109	**蒜山(上蒜山)**	1202m	岡山県・鳥取県	下巻	266
大岳山	1266m	東京都	上巻	110	**三瓶山**	1126m	島根県	下巻	268
雪倉岳	2611m	新潟県・富山県	上巻	116	三嶺	1894m	徳島県・高知県	下巻	270
毛勝山	2415m	富山県	上巻	122	東赤石山	1710m	愛媛県	下巻	271
奥大日岳	2611m	富山県	上巻	125	笹ヶ峰	1860m	愛媛県・高知県	下巻	272
針ノ木岳	2821m	長野県・富山県	上巻	127	英彦山	1199m	福岡県・大分県	下巻	280
烏帽子岳	2628m	長野県・富山県	上巻	132	雲仙岳	1483m	長崎県	下巻	282
赤牛岳	2864m	富山県	上巻	136	**由布岳**	1583m	大分県	下巻	284
餓鬼岳	2647m	長野県	上巻	137	大崩山	1644m	宮崎県	下巻	291
燕岳	2763m	長野県	上巻	138	**市房山**	1721m	宮崎県・熊本県	下巻	293
大天井岳	2922m	長野県	上巻	139	尾鈴山	1405m	宮崎県	下巻	294
有明山	2208m	長野県	上巻	141	高千穂峰	1574m	宮崎県	下巻	296
霞沢岳	2646m	長野県	上巻	145	桜島	1117m	鹿児島県	下巻	301

※先に選定された日本三百名山では山上ヶ岳が選ばれ、荒沢岳は日本二百名山に選ばれている。

日本三百名山

山名	標高	都道府県	上下巻	コースNo	山名	標高	都道府県	上下巻	コースNo
ニセイカウシュッペ山	1883m	北海道	上巻	6	入笠山	1955m	長野県	下巻	188
オプタテシケ山	2013m	北海道	上巻	10	越百山	2614m	長野県	下巻	193
神威岳	1600m	北海道	上巻	16	奥三界岳(奥三界山)	1811m	長野県・岐阜県	下巻	196
余市岳	1488m	北海道	上巻	20	南木曽岳	1679m	長野県	下巻	197
ニセコアンヌプリ	1308m	北海道	上巻	23	アサヨ峰	2799m	山梨県	下巻	202
狩場山	1520m	北海道	上巻	24	茶臼岳	2604m	長野県・静岡県	下巻	212
大千軒岳	1072m	北海道	上巻	26	山伏	2013m	静岡県・山梨県	下巻	218
乳頭山(烏帽子岳)	1478m	岩手県・秋田県	上巻	32	黒法師岳	2068m	静岡県	下巻	220
太平山	1170m	秋田県	上巻	35	高塚山	1621m	静岡県	下巻	221
五葉山	1351m	岩手県	上巻	39	奥茶臼山	2474m	長野県	下巻	222
摩耶山	1020m	山形県	上巻	45	熊伏山	1654m	長野県	下巻	223
祝瓶山	1417m	山形県	上巻	48	白木峰	1596m	富山県・岐阜県	下巻	224
泉ヶ岳	1175m	宮城県	上巻	50	人形山	1726m	富山県・岐阜県	下巻	226
一切経山	1949m	福島県	上巻	54	医王山	939m	富山県・石川県	下巻	227
大滝根山	1192m	福島県	上巻	57	大門山	1572m	富山県・石川県	下巻	228
二岐山	1544m	福島県	上巻	59	**大笠山**	1822m	富山県・石川県	下巻	229
七ヶ岳	1636m	福島県	上巻	60	三方岩岳	1736m	石川県・岐阜県	下巻	230
荒海山	1581m	福島県・栃木県	上巻	62	猿ヶ馬場山	1875m	岐阜県	下巻	231
男鹿岳	1777m	福島県・栃木県	上巻	66	経ヶ岳	1625m	福井県	下巻	233
釈迦ヶ岳(高原山)	1795m	栃木県	上巻	67	野伏ヶ岳	1674m	福井県・岐阜県	下巻	234
八溝山	1022m	福島県・茨城県	上巻	68	川上岳	1625m	岐阜県	下巻	237
太郎山	2368m	栃木県	上巻	69	鷲ヶ岳	1671m	岐阜県	下巻	238
袈裟丸山	1961m	栃木県・群馬県	上巻	74	冠山	1257m	福井県・岐阜県	下巻	240
朝日岳	1945m	群馬県	上巻	76	**藤原岳**	1140m	三重県・滋賀県	下巻	242
諏訪山	1550m	群馬県	上巻	84	倶留尊山	1037m	三重県・奈良県	下巻	246
国師ヶ岳	2592m	山梨県・長野県	上巻	89	三峰山	1235m	三重県・奈良県	下巻	247
黒岳	1793m	山梨県	上巻	96	高見山	1248m	三重県・奈良県	下巻	248
景鶴山	2004m	群馬県・新潟県	上巻	105	竜門岳	904m	奈良県	下巻	250
三頭山	1531m	東京都・山梨県	上巻	111	山上ヶ岳※	1719m	奈良県	下巻	251
大山	1252m	神奈川県	上巻	112	護摩壇山	1372m	奈良県・和歌山県	下巻	255
金時山	1212m	神奈川県・静岡県	上巻	113	蓬莱山	1174m	滋賀県	下巻	257
箱根山	1438m	神奈川県	上巻	114	六甲山	931m	兵庫県	下巻	258
朝日岳	2418m	新潟県・富山県	上巻	117	比叡山	848m	滋賀県・京都府	下巻	259
唐松岳	2696m	長野県・富山県	上巻	118	愛宕山	924m	京都府	下巻	260
爺ヶ岳	2670m	長野県・富山県	上巻	121	大和葛城山	959m	大阪府・奈良県	下巻	261
鍬崎山	2090m	富山県	上巻	126	扇ノ山	1310m	鳥取県	下巻	263
蓮華岳	2799m	長野県・富山県	上巻	128	那岐山	1255m	岡山県・鳥取県	下巻	265
三俣蓮華岳	2841m	長県・富山県・岐阜県	上巻	131	伊予富士	1756m	愛媛県・高知県	下巻	273
野口五郎岳	2924m	長野県・富山県	上巻	133	瓶ヶ森	1897m	愛媛県	下巻	274
鉢盛山	2447m	長野県	上巻	148	三本杭	1226m	愛媛県	下巻	276
粟ヶ岳	1293m	新潟県	下巻	153	道後山	1271m	広島県・鳥取県	下巻	277
浅草岳	1585m	新潟県・福島県	下巻	155	吾妻山	1238m	広島県・島根県	下巻	278
米山	993m	新潟県	下巻	156	篠山	1065m	高知県・愛媛県	下巻	279
金北山	1172m	新潟県	下巻	157	多良岳	996m	佐賀県	下巻	281
青海黒姫山	1221m	新潟県	下巻	168	鶴見岳	1375m	大分県	下巻	283
焼山	2400m	新潟県	下巻	172	大船山	1786m	大分県	下巻	285
斑尾山	1382m	長野県	下巻	175	涌蓋山	1500m	大分県	下巻	287
鉢伏山	1929m	長野県	下巻	180	傾山	1605m	大分県・宮崎県	下巻	290
横手山	2307m	群馬県・長野県	下巻	184	国見岳	1739m	熊本県・宮崎県	下巻	292
笠ヶ岳	2076m	長野県	下巻	185	高隈山	1236m	鹿児島県	下巻	297
					脊振山	1055m	佐賀県・福岡県	下巻	300

※深田クラブの二百名山では荒沢岳を選定

山名索引（五十音順）

山名	読み	ページ	区分け	コースNO
間ノ岳	あいのだけ	118	百	205
赤石岳	あかいしだけ	124	百	209
浅草岳	あさくさだけ	22	三百	155
浅間山（黒斑山）	あさまやま（くろふやま）	70	百	179
アサヨ峰	あさよみね	112	三百	202
四阿山	あずまやさん	68	百	178
阿蘇山	あそさん	278	百	289
愛宕山	あたごやま	224	三百	260
吾妻山	あづまやま	256	三百	278
雨飾山	あまかざりやま	52	百	169
荒川岳（悪沢岳）	あらかわだけ（わるさわだけ）	124	百	208
荒沢岳	あらさわだけ	36	二百	161
荒島岳	あらしまだけ	188	百	239
粟ヶ岳	あわがたけ	18	三百	153
安平路山	あんべいじやま	94	二百	194
飯縄山（飯綱山）	いいづなやま	64	二百	176
医王山	いおうぜん	162	三百	227
池口岳	いけぐちだけ	134	二百	214
石鎚山	いしづちさん	252	百	275
市房山	いちふさやま	286	二百	293
伊吹山	いぶきやま	196	百	244
伊予富士	いよふじ	248	三百	273
岩菅山	いわすげやま	48	二百	167
空木岳	うつぎだけ	90	百	191
美ヶ原	うつくしがはら	83	百	186
雲仙岳	うんぜんだけ	262	二百	282
越後駒ヶ岳	えちごこまがたけ	30	百	158
恵那山	えなさん	102	百	198
杁差岳	えぶりさしだけ	12	二百	150
笈ヶ岳	おいずるがたけ	196	二百	243
青海黒姫山	おうみくろひめやま	50	三百	168
扇ノ山	おうぎのせん	228	三百	263
大笠山	おおがさやま	166	三百	229
大崩山	おおくえやま	282	二百	291
大台ヶ原	おおだいがはら	204	百	249
大峰山（八経ヶ岳）	おおみねさん（はっきょうがだけ）	210	百	252
奥三界岳（奥三界山）	おくさんがいだけ（おくさんかいさん）	98	三百	196
奥茶臼山	おくちゃうすやま	150	三百	222
尾鈴山	おすずやま	288	三百	294
伯母子岳	おばこだけ	214	二百	254

あ

山名	読み	ページ	区分け	コースNO
甲斐駒ヶ岳	かいこまがたけ	108	百	200
開聞岳	かいもんだけ	296	百	298
川上岳	かおれだけ	184	三百	237
笠ヶ岳	かさがだけ	82	三百	185
傾山	かたむきやま	280	三百	290
上河内岳	かみこうちだけ	128	二百	211
上蒜山(蒜山)	かみひるぜん(ひるぜん)	234	二百	266
瓶ヶ森	かめがもり	250	三百	274
冠山	かんむりやま	190	三百	240
木曽駒ヶ岳	きそこまがたけ	88	百	190
北岳	きただけ	118	百	204
経ヶ岳(中央アルプス)	きょうがたけ	86	二百	189
経ヶ岳(北陸)	きょうがたけ	176	三百	233
霧ヶ峰	きりがみね	83	百	187
霧島山	きりしまやま	290	百	295
金北山	きんぼくさん	26	三百	157
櫛形山	くしがたやま	136	二百	215
九重山(久住山)	くじゅうさん(くじゅうさん)	270	百	286
久住山(九重山)	くじゅうさん(くじゅうさん)	270	百	286
国見岳	くにみだけ	284	三百	292
熊伏山	くまぶしやま	152	三百	223
位山	くらいやま	182	二百	236
倶留尊山	くろそやま	198	三百	246
黒姫山	くろひめやま	60	二百	174
黒斑山(浅間山)	くろふやま(あさまやま)	70	百	179
黒法師岳	くろほうしだけ	146	三百	220
御在所岳	ございしょだけ	196	二百	245
越百山	こすもやま	92	三百	193
小秀山	こひでやま	96	二百	195
護摩壇山	ごまだんざん	216	三百	255
金剛山	こんごうさん	225	二百	262
金剛堂山	こんごうどうざん	158	二百	225

か

山名	読み	ページ	区分け	コースNO
桜島	さくらじま	302	二百	301
笹ヶ峰	ささがみね	246	二百	272
篠山	ささやま	256	三百	279
佐武流山	さぶりゅうやま	46	二百	166
笊ヶ岳	ざるがたけ	138	二百	216
猿ヶ馬場山	さるがばばやま・さるがばんばやま	170	三百	231
三瓶山	さんべさん	238	二百	268
山上ヶ岳	さんじょうがたけ	208	三百	251
三方岩岳	さんぼういわだけ	168	三百	230
三本杭	さんぼんぐい	254	三百	276
三嶺	さんれい・みうね	242	二百	270

さ

	山名	読み	ページ	区分け	コースNO
さ	塩見岳	しおみだけ	122	百	207
	地蔵岳（鳳凰三山）	じぞうだけ（ほうおうさんざん）	114	百	203
	七面山	しちめんさん	140	二百	217
	釈迦ヶ岳	しゃかがたけ	212	二百	253
	白木峰	しらきみね	156	三百	224
	守門岳	すもんだけ	20	二百	154
	脊振山	せふりさん	302	三百	300
	仙丈ヶ岳	せんじょうがたけ	110	百	201
	祖母山	そぼさん	276	百	288

	山名	読み	ページ	区分け	コースNO
た	大山	だいせん	236	百	267
	大船山	だいせんざん	268	三百	285
	大日ヶ岳	だいにちがたけ	180	二百	235
	大無間山	だいむげんざん	144	二百	219
	大門山	だいもんざん	164	三百	228
	高隈山	たかくまやま	294	三百	297
	高千穂峰	たかちほのみね	292	三百	296
	高塚山	たかつかやま	148	三百	221
	高妻山	たかつまやま	58	百	173
	高見山	たかみやま	202	三百	248
	蓼科山	たてしなやま	74	百	181
	多良岳	たらだけ	260	三百	281
	茶臼岳	ちゃうすだけ	128	三百	212
	剣山	つるぎさん	240	百	269
	鶴見岳	つるみだけ	264	三百	283
	光岳	てかりだけ	132	百	213
	天狗岳	てんぐだけ	76	二百	182
	道後山	どうごやま	256	三百	277
	戸隠山	とがくしやま	66	二百	177
	鳥甲山	とりかぶとやま	44	二百	165

	山名	読み	ページ	区分け	コースNO
な	苗場山	なえばさん	42	百	164
	中ノ岳	なかのだけ	30	二百	159
	那岐山	なぎさん	232	三百	265
	南木曽岳	なぎそだけ	100	三百	197
	二王子岳	にのうじだけ	14	二百	151
	入笠山	にゅうかさやま	83	三百	188
	人形山	にんぎょうやま	160	三百	226
	能郷白山	のうごうはくさん	192	二百	241
	農鳥岳	のうとりだけ	118	二百	206
	鋸岳	のこぎりだけ	106	二百	199
	野伏ヶ岳	のぶせがだけ	178	三百	234

本三百名山は最も標高の低い比叡山(848m)から最高峰の富士山(3776m)まで4.5倍におよぶ標高の違いがあり、同時に、北は利尻島から南は屋久島まで、気候もまったく異なる。ウエアや装備もそれぞれの山で異なるが、ここではさまざまなシーンで最低限必要と思われる装備を紹介した。

	夏の日帰り	春・秋の日帰り	夏の小屋泊(食事付き)	夏の小屋泊(素泊まり)
●ウエア				
□ パンツ(ズボン)	◎	◎	◎	◎
□ 速乾性下着	◎	◎	◎	◎
□ 長袖シャツ	◎	◎	◎	◎
□ 防寒着(フリースなど)	○	◎	◎	◎
□ 替え下着・替え靴下	○	○	◎	◎
□ アンダータイツ	△	○	○	○
□ 高機能タイツ	△	△	△	△
□ 帽子(日よけ用)	◎	○	○	○
□ 帽子(保温用)	○	◎	◎	○
□ 手袋	○	◎	◎	◎
□ バンダナ・手ぬぐい	◎	○	○	◎
□ ネックウォーマー	×	○	○	△
□ ウインドブレーカー	○	◎	◎	○
●登山装備				
□ 登山靴	◎	◎	◎	◎
□ スパッツ	△	△	△	△
□ ストック	○	○	○	○
□ 軽アイゼン	△	△	△	△
□ ザック	◎	◎	◎	◎
□ ザックカバー	◎	◎	◎	◎
□ 折りたたみ傘	△	△	△	△
□ レインウエア	◎	◎	◎	◎
□ シュラフ・マット	×	×	△	◎
□ 水筒	◎	◎	◎	◎
□ 保温ポット(携帯ポット)	○	○	○	○
□ ヘッドランプ(予備電池も)	◎	◎	◎	◎
□ ナイフ	○	○	○	○
□ サングラス	△	△	△	△
□ カップ	○	○	○	○
□ コンパス	◎	◎	◎	◎
□ 山地図・地形図	◎	◎	◎	◎
□ コースガイドのコピー	◎	◎	◎	◎
□ 高度計・GPS	○	○	○	○

	夏の日帰り	春・秋の日帰り	夏の小屋泊(食事付き)	夏の小屋泊(素泊まり)
□ 時計	◎	◎	◎	◎
□ カメラ	△	△	△	△
□ 手帳・ペン	◎	◎	◎	◎
□ ライター・マッチ	○	○	◎	◎
□ ビニール袋(ジップロック)	◎	◎	◎	◎
□ 新聞紙	○	○	○	○
□ ビニールシート・マット	○	○	○	○
□ ヘルメット	△	△	△	△
●生活用具				
□ タオル	○	○	○	○
□ 洗面用具	△	△	△	○
□ 日焼け止め	◎	◎	○	○
□ ウェットティッシュ	○	○	○	○
□ トイレットペーパー	○	○	○	○
□ コッヘル・食器	△	△	○	◎
□ コンロ(ガスバーナー)	△	△	○	◎
□ 昼食(食料)	◎	◎	○	◎
□ 行動食・おやつ	◎	◎	◎	◎
●緊急時対応品				
□ ファーストエイドキット	◎	◎	◎	◎
□ レスキューシート	◎	◎	◎	◎
□ ラジオ	○	○	○	○
□ 携帯電話	◎	◎	◎	◎
□ 非常食	◎	◎	◎	◎
□ 健康保険証のコピー	◎	◎	◎	◎
□ 超軽量ツエルト	○	○	○	○
□ 細引き・ロープ	△	△	△	△
□ ホイッスル	○	○	○	○
□ ポイズンリムーバー	○	○	○	○
□ クマよけ鈴	△	△	△	△
□ 虫除け	○	△	◎	○
□ ゴーグル・防じんマスク	△	△	△	△

◎は必携、○はあると便利、△はコースや個人差によって必要、×は不要。

夏の避難小屋泊
上記の夏の小屋泊(素泊まり)の装備に加え、シュラフ、シュラフマット、水保管用の折り畳み式ポリタンク、燃料の予備などが必要になる。

残雪期の登山
上記の「春・秋の日帰り」装備のうち、アンダータイツ、ウインドブレーカー、スパッツ、ストック、サングラス、細引き・ロープは必須となり、状況次第では、10本歯以上のアイゼン、ピッケルなども準備したい。

登山計画書

年　　月　　日

御中

氏名 団体名		所在地	
		連絡先	
目的の山域			
予定コース			
交通手段		車のナンバー	

担当	氏　名	性別	生年月日	血液型	現住所	緊急連絡先

月・日	行　動　予　定
・	
・	
・	
・	
・	
・	
・	
・	

エスケープルート、非常時の対応策等

共同装備、個人装備等

＊このページをコピーしてお使い下さい

日本三百名山 山あるきガイド下

2024年6月15日　初版印刷
2024年7月 1日　初版発行

編集人	明石理恵
発行人	盛崎宏行
発行所	JTBパブリッシング
	〒135-8165　東京都江東区豊洲5-6-36
	豊洲プライムスクエア11階

企画・編集	ライフスタイルメディア編集部
	担当：今城美貴子
編集・制作	森田秀巳、秋田範子、片桐恵美
文・写真	伊藤文博、岡田敏昭、熊谷久一、
	小澤欣三、古林鉄平、近藤智則、
	近藤珠美、谷丸宣吉、羽根田治、
	樋口一成、松倉一夫、森田秀巳、
	吉田祐介
写真協力	居駒哲夫、伊藤裕之、島田靖、森田泰夫
	PIXTA、フォトライブラリー、関市市町村
協力	公益社団法人 日本山岳会
表紙・デザイン	トッパングラフィックコミュニケーションズ
	（淺野有子）
	弾デザイン事務所
地図製作	千秋社
組版	千秋社
印刷	TOPPAN

◎本書の地図の作成にあたっては、国土地理院長の承認を得て、同院発行の50万分の1地方図、数値地図（国土基本情報）及び基盤地図情報（数値標高モデル）を使用しました。

◎本書の取材・執筆にあたり、ご協力いただきました関係各位に、厚くお礼申し上げます。

◎本書の掲載データは2024年4月現在のものです。料金はすべて大人料金です。定休日は、年末年始、盆休み、ゴールデンウィークは省略しています。

◎本誌掲載の料金は、原則として取材時点で確認した消費税込みの料金です。ただし各種料金は変更されることがありますので、ご利用の際はご注意ください。

◎宿泊料金は原則として消費税、サービス料込みで掲載しています。別途諸経費がかかることがあります。

◎記載の交通の運賃・料金・割引きっぷ等の金額が変更されていることがありますので、ご利用の際はご注意ください。

◎各種データを含めた掲載内容の正確性には万全を期しておりますが、登山道の状況や施設の営業などは、気象状況などの影響で大きく変動する事があります。安全のために、お出かけ前には必ず電話等で事前に確認・予約する事をお勧めします。山では無理をせず、自己責任において行動されるようお願いいたします。事故や遭難など、弊社では一切の責任は負いかねますので、ご了承下さい。

編集、乱丁、落丁のお問合せはこちら
https://jtbpublishing.co.jp/contact/service/

JTBパブリッシング お問合せ　Q

おでかけ情報満載　https://rurubu.jp/andmore

JTBパブリッシング

https://jtbpublishing.co.jp/